Illustrierte

TERRARIEN-ENZYKLOPÄDIE

Eugène Bruins

Illustrierte TERRARIEN ENZYKLOPÄDIE

DÖRFLER
FAUNA & FLORA

Übertragung aus dem Englischen: Dr. Michael Meyer

Im Internet finden Sie unser Verlagsprogramm unter:
www.edition.doerfler.de

Inhalt

Vorwort

Immer mehr Menschen entdecken, wie aufregend die Beschäftigung mit Terrarientieren sein kann. Es ist faszinierend, die Tiere zum Beispiel bei der Nahrungsaufnahme und bei der Häutung zu beobachten oder ihr artspezifisches Verhalten zu studieren. Die Haltung in Terrarien, wie sie von Tiergärten und seriösen Züchtern betrieben wird, liefert fundierte Kenntnisse und vermittelt die Liebe zur Natur. Die größte Herausforderung ist zweifellos, die Pfleglinge zur Fortpflanzung zu bringen. Hier hat die Terraristik eine besondere Aufgabe gefunden, denn sie kann in einigen Fällen zur Erhaltung gefährdeter Arten beitragen.

Ich möchte möglichst viele Anfänger mit einem leicht verständlichen Buch erreichen. Erfahrenen Terrarianern will ich neue Impulse geben. Mein Ziel ist, dass sich die Terrarientiere wohl fühlen und ihre Besitzer Freude an diesem Hobby haben, dass weniger Tiere in Gefangenschaft sterben und mehr gezüchtet werden, damit weniger Wildfänge eingeführt werden müssen.

Der Bedarf nach geeigneter Information ist groß. Immer wieder beginnen Liebhaber und Händler mit der Haltung von Terrarientieren, ohne sich vorher ausreichend informiert zu haben. Das ist unverantwortlich, da man mit den Konsequenzen, die mit einem Terrarium verbunden sind, bestens vertraut sein muss, bevor man sich ein Tier anschafft.

Ein relativ großer Teil dieser Enzyklopädie befasst sich mit Gliederfüßern, da diese Tiergruppe in der einschlägigen Literatur eher stiefmütterlich behandelt wird. Es werden zwar nur wenige Reptilien- und Amphibienarten vorgestellt, diese werden jedoch ausführlich behandelt, unter anderem finden Sie detaillierte Informationen zur Zucht.

Die Methoden, die ich vorstelle, sind nicht die einzige Möglichkeit, Terrarientiere erfolgreich zu pflegen und zu züchten, aber sie haben sich in der Praxis bewährt.

Ich wünsche Ihnen viel Freude mit dieser Enzyklopädie und mit dem wunderbaren Hobby Terraristik.

Eugène Bruins

Einleitung

Über dieses Buch

In den ersten Kapiteln dieser Enzyklopädie finden Sie einige Hinweise, die Sie beachten sollten, wenn Sie sich für die Haltung von Terrarientieren entscheiden. Hierzu zählen zum Beispiel die Abschnitte über den richtigen Umgang mit den Tieren, die Artenschutzbestimmungen sowie die Fütterung.
Die folgenden Kapitel behandeln unterschiedliche Tiergruppen; sie sind systematisch angeordnet. Vielleicht möchten Sie gerne wissen, was ein Grüner Leguan frisst. Lesen Sie hierzu nicht nur den Abschnitt über den Grünen Leguan, der zur Familie der Leguane gehört. Leguane sind Echsen und diese gehören wiederum zu den Reptilien. Studieren Sie deshalb auch den allgemeinen Teil über Leguane, Echsen und Reptilien. Diese Kapitel sind nach ihrer Bedeutung für den Terrarienfreund unterteilt.
Falls eine bestimmte Vogelspinnenart so gehalten wird, wie im allgemeinen Kapitel über Vogelspinnen beschrieben ist, wird diese Information nicht noch einmal wiederholt.
Damit der Text auch für den Laien verständlich ist, wurde auf viele wissenschaftliche Details verzichtet. Aufgrund der enormen Artenvielfalt der Gliedertiere, Reptilien und Amphibien gibt es von jeder genannten Regel auch eine Ausnahme. Mit den vorgestellten Zuchtmethoden werden Sie gute Erfolge erzielen. Andere Hobbyzüchter und auch professionelle Züchter haben vielleicht mit abweichenden Methoden gute Erfahrungen gemacht.
Fachausdrücke werden im Glossar (S. 300–301) erklärt. Die Maße der Terrarien sind in Länge x Breite x Höhe angegeben.
Beim Kauf eines Tiers ist der wissenschaftliche (lateinische) Name von Bedeutung, deshalb finden Sie zu jedem Tier die lateinische Benennung, die internationale Gültigkeit hat.
Die Beschreibungen äußerlicher Merkmale sind in dieser Enzyklopädie kurz gehalten, denn jede besprochene Gattung ist auch abgebildet.
Nach Möglichkeit wurde die Verwendung von Markenzeichen, zum Beispiel für Lampen, Vitamin- und Mineralstoffpräparate, vermieden. Wenden Sie sich diesbezüglich bitte an sachkundige Händler, erfahrene Hobbyterrarianer oder einen Tierarzt. Sie haben häufig mit einer bestimmten Marke gute Erfahrungen gemacht.
Sie finden in dieser Enzyklopädie auch eine Bauanleitung für ein Terrarium und Anregungen zur Gestaltung des Behälters. Im Handel sind nützliche Produkte für den Terrarienfreund erhältlich. Es schadet nicht, davon Kenntnis zu nehmen.

Vorüberlegungen

Vor der Anschaffung eines Terrarientiers sollten Sie folgende Punkte überdenken:
- Steht die Familie hinter der Anschaffung?
- Was erwarten Sie von diesem Hobby? Für Kinder und auch manche Erwachsene steht das Hantieren

Leopardgecko (Eublepharis macularius)

Pfeilgiftfrosch (Dendrobates tinctorius)

Links: *Eine Kurzfühlerheuschrecke* (Zonocera elegans) *bei der Häutung*

Ist jedermann begeistert über den neuen Zuwachs?

Auf Börsen können Sie Nachzuchttiere kaufen.

mit den Tieren oft im Vordergrund. Sie müssen jedoch bedenken, dass die meisten Terrarientiere gestresst werden, wenn man sie häufig anfasst. Außerdem bewegen sie sich wenig und werden schnell langweilig. Wenn Sie ein Tier zum Streicheln und Spielen möchten, sollten Sie sich besser einen Hund oder eine Katze anschaffen.

- Terraristik ist kein Hobby für einige Wochen: Vogelspinnen, Echsen und Schlangen werden 15 Jahre alt, Schildkröten noch wesentlich älter.

Gute Gründe für dieses Hobby sind, dass man die interessanten Terrarientiere kennen lernen und züchten möchte. Sie sollten sich vor dem Kauf eingehend mit der Tierart beschäftigen, die Sie sich zulegen möchten, und folgende Fragen klären:

- Ist die Futterbeschaffung unproblematisch? Viele Terrarientiere benötigen eine abwechslungsreiche pflanzliche und tierische Kost. Auf dem Speiseplan stehen zum Beispiel Salate, Gemüse, Obst, Insekten, Würmer und Mäuse.
- Welche Kosten sind mit diesem Hobby verbunden? Die Tiere und auch das Terrarium sind zwar eine einmalige Anschaffung, aber dann müssen regelmäßig Futter und Strom bezahlt werden und auch ein Besuch beim Tierarzt wird hin und wieder notwendig sein.
- Wie viel Zeit nimmt das Hobby in Anspruch? Verglichen mit einem Hund braucht ein einziges Terrarientier nicht viel Zeit. Aber wenn man dieses Hobby ausbaut, darf der Zeitfaktor nicht unberücksichtigt bleiben.
- Wie viel Platz braucht man? Kleine Tiere werden manchmal sehr groß und bei einigen Tierarten müssen Männchen und Weibchen getrennt gehalten werden. Wenn die Zucht einmal gelungen ist, benötigen Sie einen Brutapparat und natürlich auch Aufzuchtterrarien.

Informieren Sie sich deshalb vor dem Kauf möglichst eingehend. Lesen Sie Fachliteratur und setzen Sie sich zum Beispiel über Vereine mit anderen Terrarianern in Verbindung, von deren Erfahrungen Sie profitieren können.

Auch fachkundige Händler, die das Interesse des Tiers vor finanzielle Interessen stellen, sind geeignete Ansprechpartner.

Ein Großteil der Literatur kommt aus dem englischen Sprachraum. Zur Umrechnung finden Sie im Folgenden gängige Maße.

1 inch = 2,5 cm
1 foot = 30,5 cm
1 Yard = 91,4 cm
1 amerikanische Gallone entspricht 3,8 l.
1 englische Gallone entspricht 4,5 l.

t °F (Fahrenheit) = $^5/_9$ x (t–32) °C (Celsius)
("t" wird entsprechend eingesetzt):

32 °F = 0 °C	80 °F = 27 °C
40 °F = 4 °C	90 °F = 32 °C
50 °F = 10 °C	100 °F = 38 °C
60 °F = 15 °C	110 °F = 43 °C
70 °F = 21 °C	120 °F = 49 °C

Anschaffung

Vor der Anschaffung der Tiere müssen Sie sich nicht nur entsprechend informiert, sondern auch das Terrarium gekauft haben.

Anfänger sollten sich kein Tier anschaffen, das in der Wildnis gefangen wurde, denn Wildfänge haben größere Umstellungsschwierigkeiten als Nachzuchten. Außerdem stellen sie höhere Ansprüche an Hal-

Der mit Insektiziden präparierte Streifen in diesem Eckterrarium zeigt, dass Wildfänge oft von Milben und anderen Parasiten befallen sind.

tung und Futter, leiden häufig an Innen- und Außenparasiten und sind durch Fang und Transport sehr geschwächt. Folgeschäden sind nicht auszuschließen. Oft lässt sich bei solchen Tieren ein stabiler Gesundheitszustand nicht wiederherstellen.
Auch Tiere aus tropischen Zuchtfarmen beherbergen häufig Parasiten und können durch den Transport gestresst und geschwächt sein.
Beginnen Sie als Anfänger mit einem Nachzuchttier einer mittelgroßen Art, die nicht oder kaum stressanfällig ist. Kaufen Sie kein abgemagertes Tier und lassen Sie sich vorführen, wie das Tier frisst.
Einige empfehlenswerte Beispiele für unerfahrene Terrarianer sind:

Vogelspinnen:	*Brachypelma albopilosum* (Kraushaar-Vogelspinne)
Gottesanbeterinnen:	*Sphodromantis*-Arten
Wandelnde Blätter:	*Extatosoma tiaratum* (Gespenstheuschrecke)
Skorpione:	*Pandinus imperator* (Kaiserskorpion)
Salamander:	*Ambystoma mexicanum* (Axolotl)
Frösche:	*Litoria caerulea* (Korallenfinger)
Kröten:	*Bufo marinus* (Agakröte)
Echsen:	*Eublepharis macularius* (Leopardgecko)
Schlangen:	*Elaphe guttata* (Kornnatter)
Sumpfschildkröten:	*Trachemys scripta elegans* (Rotwangen-Schmuckschildkröte)
Landschildkröten:	*Testudo hermanni* (Griechische Landschildkröte)

Sehr junge Tiere sind gut geeignet, haben jedoch eine relativ hohe Sterblichkeitsrate. Halb erwachsene Tiere sind teurer, aber auch kräftiger.
Kaufen Sie keine Tiere aus überfüllten oder schmutzigen Terrarien. Nehmen Sie niemals ein

Ein Bastard von Brachypelma smithi *und* B. emilia *(Männchen)*

Elaphe guttata guttata *'missing black', eine der bekanntesten Farbvarietäten der Kornnatter*

krankes oder verwahrlostes Tier, auch wenn es noch so erbarmenswert anmutet.

Aufgabe des Terrariums

Wenn Sie feststellen, dass Ihnen das Hobby doch zu zeitaufwändig und kostenintensiv ist oder wenn der zur Verfügung stehende Platz nicht ausreicht, sollten Sie die Zahl der Tiere verringern oder ganz auf Terrarientiere verzichten. Lassen Sie die Tiere keinesfalls verwahrlosen. Geben Sie sie rechtzeitig an andere Terrarianer ab, die bereits Erfahrung im Umgang mit Terrarientieren haben.

Nachzucht

Wenn alles gut geht, können Sie Nachzuchten erwarten. Selbst gezogene Tiere werden gestresst, wenn sie ständig in kleinen Behältern von Börse zu Börse geschleppt werden (einmal pro Monat sollte genügen). Versuchen Sie, die Tiere von zu Hause aus zu verkaufen. Geben Sie Anzeigen auf und wählen Sie einen guten Käufer (Platz vor Preis). Versorgen Sie ihn ausreichend mit Informationsmaterial (Kopien von Artikeln). Wenn Sie ein Tier versenden müssen, sollten Sie es gut verpacken. Lesen Sie hierzu den entsprechenden Abschnitt auf Seite 15–16.

Kreuzungen

Die Einfuhr bedrohter exotischer Tierarten wird per Gesetz stets strengstens kontrolliert. Deshalb ist es unerlässlich zu züchten, um bestimmte Arten für das Terrarium zu erhalten. Der Fortbestand vieler Arten liegt in den Händen seriöser Terrarianer und zoologischer Gärten. Es ist sehr wichtig, dass die Arten nicht untereinander gekreuzt werden. Bastarde tragen nicht zur Erhaltung einer Art bei und vermitteln kein Wissen über die Verwandtschaft der Arten. Sie sorgen lediglich für Unklarheit. Manchmal kann man nicht mehr mit Sicherheit sagen, ob ein Tier reinrassig ist oder nicht.

Farbvarietäten

Temperaturschwankungen während der Inkubation und genetisch bedingte Veränderungen können dafür verantwortlich sein, dass Tiere mit abweichenden Farben entstehen. Es gibt Terrarianer, die solche Mutanten behalten, als Raritäten hegen und weiter züchten. Prinzipiell ist nichts dagegen einzuwenden, solange man die Wildfarbe nicht aus den Augen verliert und die Lebensqualität der Tiere nicht darunter leidet.

Wissenschaftliche Namen

Terrarianer werden unweigerlich mit den wissenschaftlichen (lateinischen) Namen der Tiere konfrontiert. Diese werden verwendet, weil:
- nicht jedes Tier einen deutschen Namen hat.
- einige Tiere mehr als einen deutschen Namen haben.
- jedes Tier prinzipiell nur einen wissenschaftlichen Namen hat.
- Fachliteratur in den unterschiedlichsten Sprachen verfasst ist. Wissenschaftliche Namen haben internationale Gültigkeit.

In dieser Enzyklopädie werden deshalb stets die wissenschaftlichen Namen verwendet. Die deutschen Namen werden genannt, wenn sie populär sind.

Der wissenschaftliche Name ist für jeden wichtig, der sich mit diesem Hobby befasst. Namen von Familien, Gattungen, Arten und anderen systematischen Kategorien lassen auf verwandtschaftliche Beziehungen rückschließen.

Parasphendale affinis, *eine Fangheuschrecke ohne deutschen Trivialnamen*

Jungtier von Phelsuma madagascariensis

Für die meisten dieser taxonomischen Gruppen gibt es eine bestimmte Schreibweise. Ein Beispiel: *Brachypelma smithi* ist der wissenschaftliche (lateinische) Name der mexikanischen Rotknie-, der mexikanischen Rotbein- oder der Rotknie-Vogelspinne (drei nicht offizielle deutsche Namen). Der wissenschaftliche Name einer Art wird kursiv geschrieben.

Zusammen mit *Brachypelma albopilosa* (Kraushaar-Vogelspinne) und vielen anderen gehört diese Art (Spezies) zur Gattung (Genus) *Brachypelma*. Gattungsnamen schreibt man groß und kursiv. Sie dürfen abgekürzt werden *(B. smithi)*, wenn der Name zum wiederholten Mal verwendet wird und wenn dadurch keine Verwirrung entsteht. Der Artname *smithi* wird klein und kursiv geschrieben. Wenn die Art nicht näher bekannt ist, schreibt man *Brachypelma* sp. Die Abkürzung sp. steht für Art, spp. für Arten.

Manchmal steht hinter dem Artnamen noch ein dritter kursiv geschriebener Name, beispielsweise *Iguana iguana rhinolopha* (Grüner Leguan). Der dritte Name weist auf eine Unterart (oder geographische Rasse) hin.

Wenn eine Rasse vom Menschen gezüchtet wurde, wird der Name hierfür nicht kursiv geschrieben: Es

handelt sich um eine Varietät der Rasse *(Elaphe guttata guttata* 'missing black').
Wissenschaftliche Namen haben in den meisten Fällen eine Bedeutung. So kommt der Gecko *Phelsuma madagascariensis* aus Madagaskar und die Eidechse *Takydromus sexlineatus* hat sechs (sex) Längsstreifen (lineata). Das Wandelnde Blatt *Parahyrtacus gorkomi* wurde von einem Liebhaber der Wandelnden Blätter, dem Niederländer Van Gorkom, entdeckt, wie man an dem -i sieht, das am Ende des Artnamens steht. Wenn der Name des Entdeckers auf -i oder -e endet, dann werden diese Buchstaben im Artnamen durch -ii ersetzt. War der Entdecker weiblich, dann wird die Endung -ae angehängt (statt -i).
Stehen nach dem Artnamen ein weiterer Name und eine Jahreszahl, ist dies der Name der Person, die diese Art beschrieben hat, und die Jahreszahl gibt an, wann sie dies getan hat. Wenn Name und Jahreszahl in Klammern stehen, wurde diese Art danach noch unter einer anderen Gattung aufgeführt. Der Artname bleibt in diesem Fall erhalten, es kann jedoch die Endung verändert sein, beispielsweise das weibliche -a anstelle des männlichen -us.
Die Gattungen *Brachypelma* und *Grammostola* gehören zur Unterfamilie Grammostolinae. Unterfamilien schreibt man groß, nicht kursiv und sie enden auf -inae. Diese Unterfamilie gehört zusammen mit anderen Vogelspinnenfamilien zur Familie Theraphosidae (Echte Vogelspinnen). Familiennamen schreibt man groß und nicht kursiv. Sie enden immer auf -idae. Wenn die Unterteilung in Unterfamilien nicht notwendig ist, wird eine Familie direkt in Gattungen unterteilt. Die Familie Theraphosidae gehört zur Unterordnung Orthognatha (Vogelspinnen im weiteren Sinn). Diese gehört zur Ordnung Araneae (Echte Spinnen), sie sind ein Teil der Klasse Arachnida (Spinnentiere). Eine Klasse gehört zu einem Unterstamm, in diesem Fall zu den Chelicerata (Scherentiere), der wiederum zum Stamm Arthropoda (Gliederfüßer) gehört.
Wissenschaftler sind stets damit beschäftigt, die Verwandtschaftsbeziehungen zwischen Tieren und

Grüner Baumpython (Chondropython viridis)

Auch Gliederfüßer wie die Vogelspinne Brachypelma smithi *stehen auf den* CITES-*Listen.*

ihren Vorfahren aufzuklären. Das heißt aber auch, dass sich wissenschaftliche Namen und taxonomische Einteilungen manchmal ändern. Laien empfinden dies als verwirrend, wenn sie sich über viele Jahre lang beispielsweise an *Chondropython viridis* gewöhnt haben. Dieser Baumpython soll nun vielleicht *Python viridis* heißen. Zwischendurch wurde diese Schlange auch *Morelia viridis* genannt. Alte und neue Namen werden häufig (fälschlicherweise) als Synonyme angesehen.

Artenschutzbestimmungen

Dieses Kapitel ist in erster Linie für Liebhaber wichtig, weniger für Händler und Importeure. Fachkundige Händler können ihre Kunden über den neuesten Stand der Gesetze aufklären. Auch Vereine sind meist gut informiert.
Die nachstehenden Informationen betreffen die Schutzbestimmungen auf internationaler und nationaler Ebene.

Internationale Gesetzgebung

CITES (Convention on International Trade in Endangered Species), das Abkommen zum internationalen Handel mit gefährdeten Arten wurde 1975 in Washington unterzeichnet und ist allgemein als „Washingtoner Artenschutzübereinkommen" (WA) bekannt. Seit der Unterzeichnung sind dem WA mehr als 130 Staaten beigetreten. In Deutschland ist es seit 1976 in Kraft. Es enthält drei Anhänge mit Artenlisten, die den Handel (je nach Gefährdungsgrad der jeweiligen Tierart) mehr oder weniger stark einschränken.
Anhang I: Von der Ausrottung bedrohte Arten, die nicht in freier Natur gefangen und nicht international gehandelt werden dürfen. Nachzuchten können mit einer Genehmigung erworben oder gehalten werden. Der Käufer muss auf einer CITES-Bescheinigung bestehen, wenn er eines dieser Tiere erwerben will.

Anhang II: Arten, die als durch den kommerziellen Wildtierhandel gefährdet gelten. Ihre Ein- und Ausfuhr ist genehmigungspflichtig.

Anhang III: Arten, die in einem Land selten, in einem anderen jedoch zahlreich vertreten sind. Beschränkungen betreffen dann nur Erstere und werden von den jeweils betroffenen Ländern festgelegt.

Europäische Gesetzgebung

In der neuen EU-Artenschutzverordnung (gültig seit 1. Juni 1997) werden gefährdete Tier- und Pflanzenarten in vier Anhängen erfasst, die im Wesentlichen den WA-Anhängen entsprechen. Die neue Verordnung regelt einheitlich für alle EU-Staaten die Ein- und Ausfuhr sowie die Vermarktung der betroffenen Tierarten.

Anhang A: Alle Arten des WA-Anhangs I sowie einige Arten aus Anhang II und Arten, die nicht dem WA unterliegen, deren Aufnahme jedoch aus Gründen der Verwechselbarkeit mit vom Aussterben bedrohten Arten notwendig erscheint. Wildfänge dürfen zu kommerziellen Zwecken nicht importiert werden. Nachzuchten benötigen für Verkauf oder Weitergabe zwischen Privatpersonen eine Genehmigung.

Grüne Leguane in einer Zoohandlung. Fragen Sie beim Kauf nach der Kopie des CITES-Formulars.

Anhang B: Alle Arten des WA-Anhangs II sowie weitere Arten, wenn das Überleben oder der Fortbestand einzelner Populationen in bestimmten Herkunftsländern gefährdet sein könnte oder wenn die ökologische Rolle der Art nachteilig beeinflusst wird. Auch hier sind Arten aufgelistet, deren Aufnahme aus Gründen der Verwechselbarkeit mit vom Aussterben bedrohten Arten notwendig erscheint. Außerdem enthält dieser Anhang Arten, von denen erwiesen ist, dass das Einbringen lebender Exemplare in die Lebensräume der EU-Staaten eine ökologische Gefahr für einheimische Tierarten darstellt. Der Importeur benötigt eine Ein- und Ausfuhrgenehmigung.

Anhang C: Alle Arten des WA-Anhangs III sowie alle anderen vom WA erfassten Arten, die nicht in den Anhängen A und B der EU-Verordnung aufgeführt sind. Der Importeur muss der abfertigenden Zollstelle das entsprechende Ausfuhrdokument des Herkunftslands und eine vorbereitete Einfuhrmeldung vorlegen.

Anlage D: Alle anderen Arten, bei denen der Umfang der Importe in die EU eine Überwachung rechtfertigt, um gegebenenfalls zu einem späteren Zeitpunkt auf Grundlage der Bestandssituation in den Herkunftsländern und der ermittelten Handelszahlen strengere Schutzmaßnahmen zu entwickeln. Hier genügt eine Einfuhrmeldung.

In den europäischen Staaten sind neben der EU-Artenschutzverordnung weitere Vorschriften zu beachten, in Deutschland beispielsweise die Bundesartenschutzverordnung und das Tierschutzgesetz.

In dieser Enzyklopädie finden Sie hinter dem Artnamen einen Hinweis darauf, unter welchem Anhang (CITES/EU-Anhang A, B, C oder D) das Tier zu finden ist.

Beim Kauf eines Terrarientiers müssen Sie sich davon überzeugen, dass die erforderlichen Bescheinigungen vorliegen. Wenn Sie bei einem Händler Tiere, die unter Anhang B oder C aufgeführt sind, erwerben möchten, sollten Sie sich eine Kopie der CITES-Bescheinigung (Einfuhrgenehmigung) ge-

Ein fachkundiger Händler informiert Sie über die aktuelle Gesetzesgrundlage und händigt Ihnen die entsprechenden Papiere beim Kauf dieses Tigerpythons (CITES /EU-Anhang B) aus.

ben lassen oder deren Nummer auf der Quittung vermerken. Wenn Sie Tiere von einer Privatperson kaufen, fragen Sie nach einer unterzeichneten Übertragungserklärung mit CITES-Nummer. Außerdem müssen Sie nach der Genehmigung für den Transport von Tieren fragen. Nachzuchten dürfen relativ frei gehandelt werden, aber auch für sie muss man eine Übertragungserklärung (ohne CITES-Nummer) erhalten.
Die Einfuhr von Arten aus Anhang C und D muss beim Zoll angemeldet werden. Entsprechende Formulare erhalten Sie in den CITES-Büros.
Wer all dies unterlässt, begeht eine Straftat und riskiert hohe Geldstrafen.

Gesetzliche Änderungen

Führen Sie genau Buch über Kauf, Ausleihe, Tausch, Tod und Geburten. Geben Sie diese Daten jährlich um den 1. April an das CITES-Büro weiter (das ist keine Verpflichtung), dann ist die Legalität Ihrer Tiere leichter zu beweisen.
Wenn Sie vermeiden wollen, sich strafbar zu machen, sollten Sie sich im Zweifelsfall bei der zuständigen Naturschutzbehörde oder beim Bundesamt für Naturschutz nach dem neuesten Stand der Dinge erkundigen.

Naturschutzgesetze für Flora und Fauna

Nach dem Naturschutzgesetz ist die Haltung aller heimischen Amphibien und Reptilien verboten. Eine Ausnahme bilden die Kaulquappen des Gras- und des Wasserfroschs. Nach der Metamorphose sind die Tiere jedoch wieder geschützt.

Vorschriften zum Transport lebender Tiere

Mit dem Internationalen Verband der Luftverkehrsgesellschaften (IATA; mit Sitz in Montreal) wurden Vorschriften für den Transport lebender Tiere vereinbart. Die großen Luftfrachtunternehmen können Auskunft erteilen, welche Bestimmungen bei der Beförderung von Terrarientieren gelten.

Einige Tierarten, zum Beispiel Wasseragamen, werden handzahm, wenn man sie von klein auf regelmäßig in die Hand nimmt.

Verpacken Sie große Schlangen und Echsen in einem Leinensack. Hier die Graue Erdnatter (Elaphe obsoleta spiloides).

Umgang mit Terrarientieren

Allgemeines

Fassen Sie Terrarientiere möglichst selten an. Nur einige Tierarten werden handzahm, wenn man Sie von klein auf regelmäßig in die Hand nimmt. Sie erfahren bei jeder Tiergruppe, wo und wie man sie anfasst. Als Faustregel gilt, dass man die Kloake beim Hochnehmen von sich weghält, da Reptilien und Amphibien beim Anfassen Exkremente ausscheiden. Unruhe oder unsicheres Verhalten kann bei Tieren Aggressionen auslösen. Geraten Sie in einem derartigen Fall nicht in Panik und lassen Sie das Tier nicht fallen.
Waschen Sie nach dem Anfassen und Versorgen Ihrer Terrarientiere die Hände mit Seife, um eine Salmonellose zu vermeiden, auch wenn die Gefahr einer derartigen Infektion sehr gering ist. Kinder und ältere Menschen mit einer verringerten Widerstandskraft gehen das höchste Risiko ein. Anzeichen für eine Salmonellose sind Erbrechen, Diarrhö, Fieber und Bauchkrämpfe.
Achten Sie auch sonst auf Hygiene. Halten Sie den Platz für Ihr Hobby so weit wie möglich getrennt von Ihrem alltäglichen Leben, stellen Sie nicht schon in der Küche ein Terrarium auf. Berühren Sie die Tiere nicht, wenn Sie offene Wunden an den Händen haben. Achten Sie darauf, dass sich kleine Kinder von den Tieren fern halten.

Die Tiere verpacken

Wechselt ein Tier den Eigentümer oder wird es zur Börse gebracht, muss es verpackt werden. Jedes Tier sollte einzeln eingepackt werden. Die Regeln können Sie bei jeder Tiergruppe nachlesen. Die einzelnen Päckchen werden in eine kräftige, gut iso-

Eine Indische Dosenschildkröte (Cuora) *zum Transport bereit: in einer Kühlbox mit einem Wärmekissen und einem feuchten Handtuch. So fühlt sich das Tier auch während des Transports wohl.*

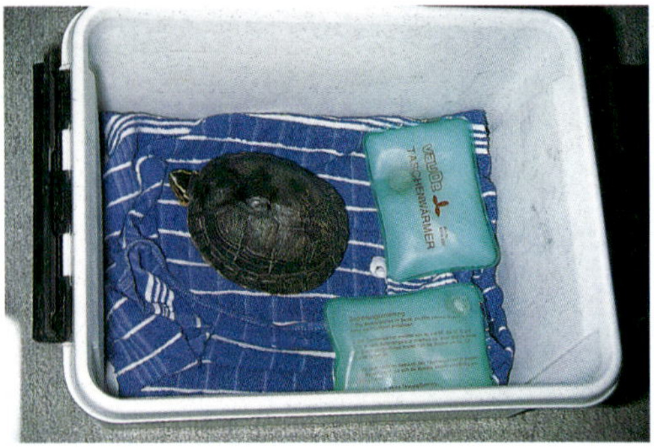

lierte Schachtel gestellt. Die Tiere dürfen nicht in Bedrängnis kommen oder geschüttelt werden. Stopfen Sie deshalb die Schachteln mit Zeitungen, Styropor oder Watte aus. Saugfähiges Papier nimmt Urin auf. Sorgen Sie immer für Belüftung, aber vermeiden Sie Zugluft (beispielsweise sollten sich Belüftungslöcher nicht direkt gegenüberliegen).

Transport

Beim Transport darf die Haltungstemperatur nicht extrem über- oder unterschritten werden. Eine Kiste aus Kunststoff isoliert gut. Sie können die Tiere zusätzlich mit einer Wärmflasche warm halten.
Ein in die Verpackung gestecktes Wärmekissen (heat-pack) erfüllt ebenfalls gute Dienste. Es kann bis zu 50 °C warm werden und darf nicht zu nahe bei den Tieren liegen. Die Tiere bleiben auch warm, wenn man sie unter der Kleidung oder am Körper hält. Ein Transport im Dunkeln erzeugt weniger Stress.

Versand

Es ist riskant, Tiere zu versenden. Bevor Sie sich zu diesem Schritt entschließen, sollten Sie sich erkundigen, ob nicht jemand die Tiere mitnehmen kann. Ist dies nicht möglich, nehmen Sie Express-Dienste in Anspruch. Informieren Sie den Adressaten, dass Sie die Tiere abgeschickt haben.
Zum Versenden verwenden Sie stabile Kartons oder Faltboxen, die Sie am Postschalter kaufen können. Bringen Sie das Paket mit den Tieren direkt an den Schalter.
Füttern Sie Reptilien und Amphibien einige Tage vor der Versendung nicht mehr. Versenden Sie keine Gliedertiere, die kurz vor der Häutung stehen. Futterpflanzen können Sie mit feuchtem Küchenpapier und dann mit Alufolie umwickeln. Stellen Sie die Pflanze fest in die Verpackung. Auf das Paket schreiben Sie „Zerbrechlich“, „No commercial value“ und „Entomological/herpetological material for science study“.

Der Hobbyraum

Wenn sich das Hobby ausweitet, ist ein gut eingerichteter Hobbyraum willkommen. Planen Sie die Raumaufteilung und schneiden Sie hierfür den Grundriss der Terrarien aus Papier aus. Mithilfe dieser Vorlagen können Sie den Raum optimal nutzen. Stellen Sie die Terrarien auf einen stabilen und kräftigen Untergrund. Alle Steckdosen sollten hoch und übersichtlich angebracht sein. Achten Sie auf eine sichere und normgerechte Elektroinstallation. Lassen Sie die Leitungen eventuell von einem Fachmann legen.
Verwenden Sie Zeitschaltuhren. Terrarien mit Schiebetüren lassen sich besser handhaben als solche mit Deckeln und haben den Vorteil, dass man sie übereinander stellen kann. Stellen Sie die Terrarien nicht direkt in die Sonne oder auf eine Heizung und achten Sie darauf, dass die Tiere keiner Zugluft ausgesetzt sind.
Arbeiten Sie sauber. Verwenden Sie kleine Mülltüten und leeren Sie diese regelmäßig. Hängen Sie einen Kalender auf und führen Sie Tagebuch über jedes Tier. Dies kommt Ihnen bei Krankheiten, bei der Zucht oder bei allgemeinen Lernprozessen zugute. Denken Sie auch daran, dass Sie für einen Waschtisch, einen Brutapparat, Aufzuchtterrarien und für eine Zuchtanlage für Futtertiere Platz

Teilansicht des Hobbyraums des Autors

benötigen. Achten Sie außerdem darauf, dass Tiere, die ausbrechen, keine Versteckmöglichkeiten finden.
Legen Sie Papierhandtücher, Reservelampen, Pinzetten, Schälchen, Schachteln, Thermometer, eine Taschenlampe, Vitamin- und Mineralstoffpräparate und eine 5-l-Druckpumpe mit Sprühkopf bereit. Eine kleine Notapotheke sollte Medikamente gegen Würmer, Flagellaten und Amöben enthalten, ebenso Desinfektionsmittel, Verbandmaterial, Pinzetten und Wattestäbchen.
Züchten Sie Futtertiere wie Ratten und Mäuse möglichst in einem gesonderten Gebäude, zum Beispiel in einem Schuppen oder Gartenhaus. Wenn es im Hobbyraum warm ist (23–25 °C), brauchen viele Gliedertiere keine eigene Heizung. Für einige Amphibien ist dies bereits zu warm.

VERSORGUNG

Die Versorgung der Tiere wird in den Kapiteln „Haltung“ (S. 18–26) und „Futter“ (S. 39–57) detailliert beschrieben. Grundsätzlich gilt, dass Sie das gesamte Terrarium, inklusive Zubehör wie Dekorationen, Lampen und Filter stets sauber halten müssen. Nach Verwendung von Reinigungsmitteln spülen Sie gründlich mit klarem Wasser nach.

Auf eine große Druckpumpe sollten Sie nicht verzichten.

Lassen Sie Ihre Tiere während des Urlaubs von jemandem versorgen, der sich gut auskennt, am besten von einem Terrarianer. Vermeiden Sie Veränderungen während Ihres Urlaubs oder testen Sie diese vorher. Halten Sie das Substrat etwas feuchter als sonst. Geben Sie klare schriftliche Anweisungen und stellen Sie alles bereit. Der Pfleger muss auch wissen, wo er Futter beschaffen kann. Hinterlassen Sie die Adresse eines erfahrenen Terrarianers und informieren Sie diesen über Ihre Abwesenheit.

Diese Steckdose war unter einem lecken Terrarium angebracht. Vermeiden Sie solche Gefahrenquellen!

Bringen Sie Steckdosen hoch und übersichtlich an.

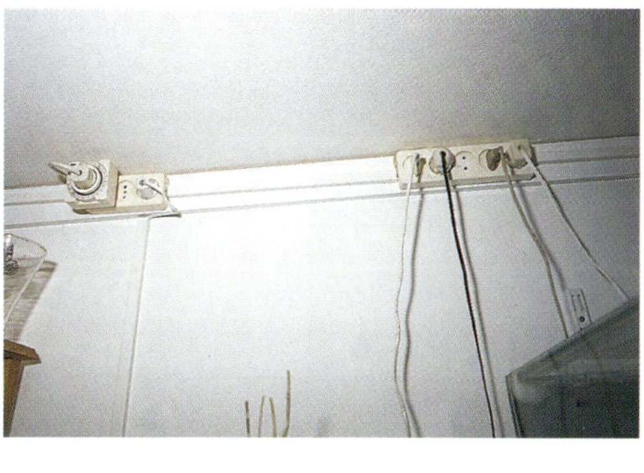

Ein Sumpfterrarium (Paludarium)

Haltung

Kaltblüter

Die Körpertemperatur wechselwarmer Tiere (Kaltblüter) ist von der Umgebungstemperatur abhängig, mit der sie steigt oder fällt. Zu den Kaltblütern zählen Kriechtiere, Fische, Lurche und Wirbellose.
Auch Terrarientiere gehören in der Regel zu den wechselwarmen Tieren und sind somit auf äußere Wärmequellen angewiesen, um ihre optimale Körpertemperatur (25–35 °C für viele Reptilien) zu erreichen und zu halten. Bei dieser Temperatur funktioniert ihr Stoffwechsel optimal; sie ändert sich je nach Art, Lebensalter und dem entsprechenden Zeitpunkt (Tag, Jahreszeit).
Kaltblüter können ihre Körpertemperatur erhöhen durch:

- eine hohe Luft- oder Wassertemperatur.
- den Kontakt mit einer warmen Oberfläche.
- Strahlungswärme, deren Werte über der jeweiligen Lufttemperatur liegen. Sie ist oft erforderlich, um die optimale Körpertemperatur zu erreichen.

Temperaturen ab 47 °C sind für viele Reptilien tödlich. Sie besitzen keine Schweißdrüsen und müssen kühlere Orte aufsuchen (Schatten, Höhlen, Wasser) oder eine hellere Farbe annehmen, um sich abzukühlen.
Denken Sie immer daran, dass Terrarientiere Kaltblüter sind! Eine Eidechse, die in eiskaltes Wasser gleitet, wird immobil und ertrinkt. Eine Rotwangen-Schmuckschildkröte frisst zwar bei einer Temperatur von 20 °C noch ausreichend, verdaut aber kaum etwas.

Eine Heizlampe spendet diesen Echsen die nötige Strahlungswärme.

In einem Biotop gibt es viele Mikrohabitate, zum Beispiel Ufer, Baumkronen und Waldboden.

BIOTOPE

Ein Biotop ist der natürliche Lebensraum einer Tierart. Für einen Pfeilgiftfrosch kann dies eine Bromelie sein, im Falle einer Bartagame sind es hingegen einige Hektar Halbwüste.
Reptilien, Amphibien und Gliederfüßer sind oft sehr spezifisch an ihren Lebensraum angepasst. Wenn das Terrarium nicht entsprechend eingerichtet ist, haben die Tiere nur geringe Überlebenschancen. Sie verkümmern, geraten in Stress oder werden von Parasiten befallen. Deshalb sollten Sie das jeweilige Biotop möglichst exakt imitieren. Dies beginnt bereits mit dem Bau beziehungsweise dem Kauf und der Platzierung des Terrariums. Denken Sie auch an unterschiedliche Mikrohabitate innerhalb eines Biotops: So findet zum Beispiel ein

Chamaeleo dilepis *im Tschad. Es kann zwischen 20 % rF (in der Sonne) und 70 % rF (im Laub der Baumkronen) wählen.*

Chamäleon auch in einer trockenen Halbwüste zwischen den Blättern dicht belaubter Bäume noch eine bemerkenswert hohe Luftfeuchtigkeit vor.
Wenn eine Art mit einem großen Verbreitungsgebiet verschiedene Biotope bewohnt, kann man über die richtigen Haltungsbedingungen nur Vermutungen anstellen. Im Internet können Sie Klimatabellen studieren. Wenn auch die technische Entwicklung bei diesem Hobby nur langsam voranschreitet, dauert es sicher nicht mehr lange, bis man computergesteuerte Geräte herstellen kann, die das Klima des jeweiligen Herkunftslands simulieren.

STELLPLÄTZE FÜR TERRARIEN

Stellen Sie das Terrarium nicht in direktes Sonnenlicht oder auf die Heizung. Vermeiden Sie Zugluft und wählen Sie einen ruhigen Standort, am besten in der Nähe einer Steckdose. Platzieren Sie den Behälter auf einer stabilen Unterlage. Der Abstand zu den Wänden sollte mindestens 1 cm betragen, um Schimmelbildung zu vermeiden.

Bau eines Terrariums

Fertige Terrarien werden in den unterschiedlichsten Größen und Formen angeboten. Wenn Sie allerdings spezielle Wünsche haben oder bei großen Terrarien Geld sparen möchten, ist ein Eigenbau durchaus lohnend. Als Material wird vorwiegend Glas verwendet. Es ist stabil, kratzfest und hygienisch. Auch die Verarbeitung ist nicht übermäßig schwer.

GLAS

Es muss nicht immer neues Glas sein. Oft sind größere Scheiben aus ehemaligen Schaufenster oder Türverglasungen sehr günstig erhältlich. Eventuelle Reste von Kleber oder Kitt entfernen Sie vorsichtig mit einem Messer oder mit feiner Stahlwolle, die Sie in Terpentin getaucht haben.
Die benötigte Glasstärke hängt von der Größe und dem Typ des Terrariums ab. Für ein 50–100 cm langes oder hohes Becken genügen 6 mm, bei größeren Behältern sind 8 mm notwendig. Aquarien erfordern grundsätzlich stärkeres Glas.

Das Schneiden von Glas

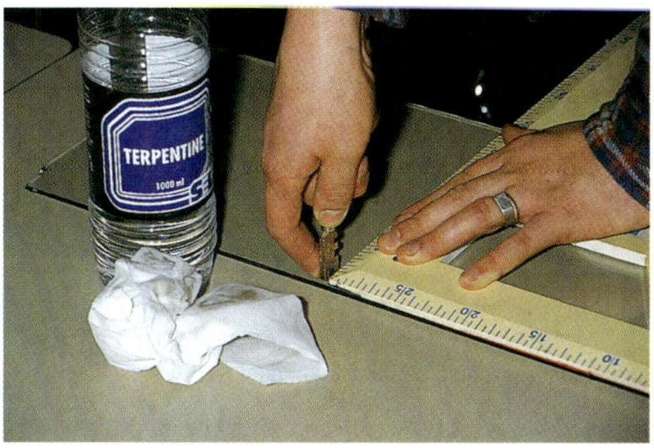

So bricht man Glasplatten fachmännisch ab.

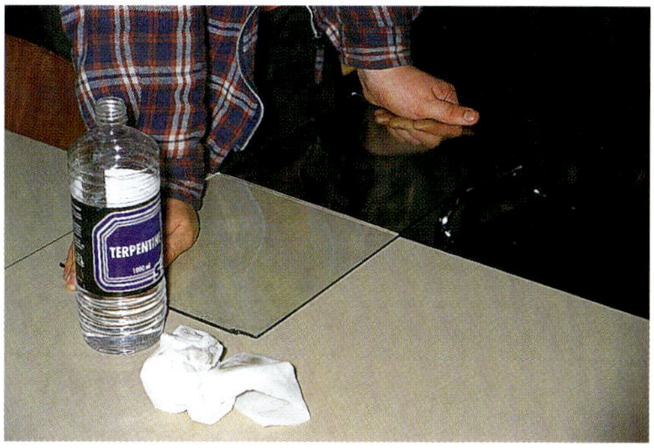

Das Auftragen von Silikonkautschuk

Skizzieren Sie die Form und die Abmessungen des Terrariums und erstellen Sie dann einen exakten Plan für die einzelnen Flächen. Berücksichtigen Sie dabei nicht nur die Glasstärke, sondern rechnen Sie auch 1 mm für die Silikonmasse, mit der die Scheiben verklebt werden, hinzu. Für die größte Stabilität sorgt das folgende Konstruktionsprinzip: Die Bodenplatte liegt zwischen den stehenden Scheiben. Die vordere und die hintere Scheibe sind um die doppelte Glasstärke plus 2 mm breiter als die Bodenplatte. In diesen Überstand werden die beiden Seitenscheiben eingepasst.
Zum Schneiden legen Sie die Glasplatten auf einen sauberen, ebenen Tisch, sodass die Glaskante mit der Tischkante abschließt. Markieren Sie die Schnittlinie mit einem Folienstift. Tauchen Sie den Glasschneider in Terpentin und setzen Sie ihn senkrecht auf. Ziehen Sie ihn mit gleichmäßigem, kräftigen Druck an einem Lineal entlang zu sich hin, sodass die Oberfläche in einer feinen, durchgehenden Linie angeritzt wird. Dieses Anreißen muss in einem Zug erfolgen. Es gelingt meist nicht, einzelne Stellen nachzubearbeiten, denn dann entsteht fast zwangsläufig eine zweite Risslinie neben der ersten; dies führt unweigerlich zu unsauberen Kanten.
Legen Sie die Risslinie nun exakt über die Tischkante und brechen Sie den überstehenden Teil der

Scheibe mit einem beherzten Ruck ab. Aufgrund der besonderen Materialstruktur von Glas ist es wichtig, dass das Brechen möglichst unmittelbar nach dem Anreißen erfolgt.
Schmale Streifen greifen Sie beim Abbrechen am besten mit einer Zange oder der dafür vorgesehenen Einkerbung des Glasschneiders. Unebenheiten der Schnittkante lassen sich mit einem Diamantschleifer oder mit einem Wetzstein entfernen.
Als Klebemittel für Glas hat sich Silikonkautschuk bewährt. Dieses Material ist chemisch nahezu unangreifbar, alterungs- und UV-beständig, pilzhemmend und elastisch. Sehr praktisch zu handhaben sind die in Baumärkten angebotenen Kartuschen mit Spritztülle und passenden Pressen.
Vor dem Kleben müssen die Glasflächen und -kanten sorgfältig gesäubert und entfettet werden, beispielsweise mit Spiritus. Kleben Sie den Rand ab und bringen Sie einen Silikonstreifen auf das Glas auf. Setzen Sie die einzelnen Scheiben mit Unterstützung einer zweiten Person zusammen, richten Sie alle Kanten sorgfältig aus und fixieren Sie die Scheiben mit Klebeband. Entfernen Sie das hervorquellende Silikon in den Innenwinkeln vorsichtig mit Küchenpapier. Überschüssiger Kleber an den Außenkanten lässt sich später problemlos mit einem Teppichmesser oder einer Rasierklinge abschneiden. Nach 24 Stunden hat das Silikon abgebunden, dann können Sie mit dem Einbau der Deckscheibenteile und der U-Profile für die Tür beginnen. Als Lüftungsgitter eignen sich Aluminiumlochbleche, die in vielen Ausführungen erhältlich sind.
Stellen Sie das Terrarium probehalber im Waschraum oder im Bad auf und füllen Sie es mit Wasser. Sollten sich Leckstellen zeigen, dichten Sie diese von innen mit Silikon ab.
Nicht jedem gelingt schon mit dem ersten Eigenbau ein Vorzeigestück, aber vielleicht wagen Sie sich schon bald an ein fünf-, sechs- oder gar achteckiges Terrarium. Auch der Umbau eines alten Aquariums zu einem Terrarium ist eine reizvolle Aufgabe.

WEITERE MATERIALIEN

Industriell gefertigte Kleinterrarien werden heute meist nahtlos aus transparentem Kunststoff gespritzt. Solche Behälter sind sehr leicht und preiswert, allerdings auch kratzempfindlich. Für den Selbstbauer interessant ist Acrylglas, das in Plattenform erhältlich ist und sich ohne größere Probleme bearbeiten lässt. Löcher, Aussparungen und Ausschnitte beliebiger Form sind auch für Ungeübte kein Problem.
Wüstenterrarien können auch aus Holz gebaut werden, wobei Boden, Rück- und Seitenwände aus wasserfest verleimtem Sperrholz oder aus Multi-

Bringen Sie das U-Profil mit der größten Wangenhöhe oben an.

Ein Uferterrarium (Riparium) mit Deckel.

plexplatten bestehen. Um eine wasserdichte, hygienische Oberfläche zu erhalten, muss das Holz allerdings mehrfach lackiert werden, beispielsweise mit Bootslack oder einem ähnlich widerstandsfähigen Produkt. Der Nachteil dieser Variante besteht darin, dass das Terrarium erst nach frühestens sechs Wochen in Betrieb genommen werden kann, wenn alle im Lack enthaltenen Lösungsmittel verflogen sind.

Vielfältige Möglichkeiten bieten auch Materialkombinationen, zum Beispiel ein Holz- oder Aluminiumrahmen, in den Wandflächen aus Glas, Acrylglas, Lochblech, Gaze oder Holz eingesetzt werden.

Anregungen und Ideen liefern außerdem die vielen Module, die heute für den Selbstbau von Möbeln angeboten werden. Metallprofile, Scharniere, Verschlüsse und Gestellsysteme ermöglichen fast jede Konstruktion.

FORMAT

Berücksichtigen Sie bei der Planung, wie groß die erwachsenen Tiere werden und welches Verhalten sie zeigen. Nur allzu oft wissen die neue Eigentümer einer jungen Rotwangen-Schmuckschildkröte oder eines kaum unterarmlangen Grünen Leguans nicht, worauf sie sich eingelassen haben.

Auf dem Boden lebende Tiere brauchen eine große Fläche, Baumbewohner ein hohes Terrarium. Aktive Arten beanspruchen mehr Raum als ruhige Spezies. Die in diesem Buch aufgeführten Maße sind stets in der Reihenfolge Länge x Breite x Höhe angegeben.

ÖFFNUNGEN

Die Öffnungen des Terrariums müssen bestimmte Kriterien erfüllen: Sie müssen dem Pfleger ein bequemes Hantieren im gesamten Terrarium ermöglichen und sich gleichzeitig so schnell schließen lassen, dass die Tiere nicht ausbrechen können, während man im Terrarium arbeitet.

Meist dient eine aufklapp- oder verschiebbare Frontscheibe als Terrarientür. In selteneren Fällen werden Seiten oder Rückwände als Tür eingerichtet. Es empfiehlt sich nicht, dekorativ gestaltete Rückwände aufklappbar zu montieren.

Vor allem bei der Haltung von Gifttieren müssen weitere separate kleine Luken installiert werden, durch die man zum Beispiel den Wasserbehälter mithilfe einer Zange greifen und herausnehmen kann. Auch die Fütterung kann durch solche Luken erfolgen.

Terrarium mit Korkplatten

Ein Computerventilator mit Netzteil

Am Metallgitter sitzt ein Strahler hinter einer Reflexionsklappe. Dies sorgt für eine gute Belüftung.

BELÜFTUNG

In jedem Terrarium muss ein stetiger Luftaustausch stattfinden, damit die Tiere nicht unter Sauerstoffmangel leiden. Eine gute Durchlüftung verhindert zudem Kondenswasserbildung, Fäulnis und Schimmel. In Glasterrarien werden Teile der Wände durch Metallgitter oder feinmaschige Netze aus Kunst- oder Glasfaser ersetzt.

Die Luftumwälzung kann durch einen Strahler verstärkt werden, der vor einer aluminiumbeschichteten Abschirmung montiert wird. Die erwärmte Luft steigt nach oben und saugt frische Luft an. Dieser Kamineffekt wird sichtbar, wenn man etwas Kalk in das Terrarium bläst. In einem 40 cm hohen Behälter entweicht die Luft am Boden bei einer Lampenleistung von 40 Watt innerhalb von fünf Sekunden.

Gut geeignet sind auch kleine Ventilatoren, die man im Computer-Ersatzteilhandel erhält. Diese können über ein passendes Netzgerät an die Steckdose angeschlossen werden.
Kalkschlieren können mit destilliertem oder demineralisiertem Wasser, dem eventuell etwas Zitronensaft beigemengt wurde, von den Scheiben entfernt werden.
Sehr feuchte Terrarien können zusätzlich durch Gitter im Deckel und am unteren Rand der Frontscheibe belüftet werden. Sie müssen dabei jedoch darauf achten, dass keine Zugluft entsteht, damit sich die Tiere nicht erkälten.
Drähte und Schläuche für Apparate und Filter können durch eine Öffnung geführt werden, die in eine Seitenscheibe oder in die Bodenplatte geschnitten wird. Dichten Sie dabei entstehende Zwischenräume mit Silikonkautschuk ab.

Terrarientypen

Grundsätzlich sollte nur eine Tierart pro Terrarium gehalten werden. Vermeiden Sie Konkurrenz um Futter, Sonnenplätze, Verstecke, Eiablageplätze und Weibchen. Bei der Beschreibung der einzelnen Spezies finden Sie Hinweise darauf, welche Tierarten Sie eventuell vergesellschaften können.
Ein Terrarium ist ein Becken mit Erde (lat. terra). Es gibt viele unterschiedlichen Terrarientypen. Behälter, die für spezielle Tiergruppen, zum Beispiel Schlangen, geeignet sind, werden im Zusammenhang mit den einzelnen Arten behandelt.

QUARANTÄNETERRARIEN

Für neu erworbene oder kranke Tiere benötigen Sie ein Quarantäneterrarium. Viele Fachgeschäfte haben keine eigene Quarantäneabteilung, deshalb sollten Sie die Tiere zunächst vier bis acht Wochen in einem gesonderten Behälter unterbringen. Beobachten Sie das Verhalten und die Art der Nahrungsaufnahme. Lassen Sie außerdem den Kot untersuchen, denn es kommt oft vor, dass ein gesund aussehendes Tier zu Artgenossen gesetzt wird und dann alle anderen Tiere ernsthaft erkranken. Der Neuling, dessen Kot nicht untersucht wurde, war in diesem Fall Träger einer Krankheit, gegen die er selbst resistent geworden ist. Arbeiten Sie hygienisch und sorgen Sie dafür, dass Krankheitserreger nicht auf andere Terrarien übertragen werden können.
Quarantänebehälter müssen sich leicht reinigen lassen und deshalb mit einer einfachen Rückwand, schlichten Verstecken und einem problemlos auswechselbaren Substrat eingerichtet sein.
Gönnen Sie den Tieren erst ein paar Tage Ruhe, bevor Sie sie vorbeugend gegen Parasiten behandeln.

Quarantäneterrarium mit kranker Perleidechse

AQUARIEN

Aquarien eignen sich zum Beispiel für aquatisch lebende Amphibien. Um Fluchtversuche zu vermeiden, genügen ein 5 cm breiter, an der Innenseite umlaufender Streifen aus Glas oder ein Deckel aus Gaze, wobei diese zwischen Aluminium- oder Glasstreifen montiert ist.
Rückwand, Seitenwände und Verstecke vermitteln den Tieren Sicherheit und reduzieren Stress.
Setzen Sie Pflanzen in eine mindestens 4 cm hohe Kiesschicht (Körnung der Steine: 4–6 mm); sie brauchen ausreichend Licht.
Filtrieren Sie das Wasser gut (siehe S. 27) und wechseln Sie regelmäßig ein Drittel aus.
Eine gute Pumpe zur Belüftung und eine Lichtquelle (eventuell auch eine Aquarienheizung)

Paludarium (Sumpfterrarium)

gehören zur Grundausstattung. Nach ungefähr zwei Wochen, wenn sich alles gut eingespielt hat, können Sie die ersten Tiere in das Aquarium setzen.

AQUATERRARIEN

Dies sind Terrarien mit einem Wasser- und einem Landteil. Es gibt viele Typen und Übergangsformen. Die beiden wichtigsten sind das Paludarium (Sumpfterrarium) und das Riparium (Uferterrarium. In einem Paludarium wird eine Sumpfzone (lat. palus) imitiert. Es ist mit einem relativ kleinen, seichten Wasserteil und vielen Pflanzen ausgestattet. Wenn Rück- und Frontscheibe aus Baumfarnplatten bestehen und mittels einer Pumpe (Wasserfall) befeuchtet werden, wachsen daraus Moose und Farne. Auch Bromelien und Orchideen werden gerne gepflanzt. Bei der Wahl der Lampen richtet man sich deshalb nach den Bedürfnissen der Pflanzen (Leuchtstofflampen mit UV-Anteil).

Mithilfe eines Vorratsgefäßes wird ein konstanter Wasserspiegel erreicht: Es arbeitet wie ein biologischer Filter ohne Filtertopf. Wenn Sie kalkarmes (zum Beispiel destilliertes) Wasser verwenden, bilden sich an den Scheiben keine Kalkablagerungen.

Der Landteil, der aus Mexifarn-Platten („Chachi"), Torf oder Orchideensubstrat besteht, darf nicht faulen. Eine hohe Luftfeuchtigkeit erreichen Sie, indem Sie das Terrarium regelmäßig mit Wasser besprühen, mittels eines Wasserfalls oder mit einer Beregnungsanlage. Zur Belüftung können Sie einen kleinen Ventilator einsetzen.

Ein Wasserfall in einem Uferterrarium (Riparium)

Ein 2,3 x 2 x 2,5 m großes, tropisches Regenwaldterrarium mit Ventilatorofen, Lampen, einem 1,2 m langen Aquarium als Wasserteil und einem Wasserfall. In diesem großzügigen Terrarium sind Helmbasilisken, Wasseragamen und Riesenkröten untergebracht.

Die idealen Bewohner eines Paludariums sind Pfeilgiftfrösche. Beachten Sie, dass es dort für viele Amphibien schnell zu warm wird.

Kleine Echsen (beispielsweise *Anolis*- oder *Phelsuma*-Arten) und einige Schlangen (*Thamnophis*- und *Opheodrys*-Arten) werden oft in ein durchweg feuchtes Paludarium gesetzt; dort siechen sie vor sich hin. Sie brauchen unbedingt einen warmen, trockenen Platz unter einer Heizlampe.

In einem Riparium wird ein Ufer (lat. ripa) nachgebildet. Der Wasserteil ist hier größer als in einem Paludarium, sodass auch Fische darin schwimmen können. Gestalten Sie das Ufer so, dass Landtiere problemlos aus dem Wasser kriechen können. Glattes Material können Sie anrauen, indem Sie es beispielsweise mit Bootslack streichen und dann mit Sand bestreuen. Sie können auch Kieselsteine mit Silikonkautschuk verarbeiten. Gestalten Sie große Wasserteile wie Aquarien.

Mithilfe einer Beregnungsanlage können Sie Regenzeiten simulieren, durch die einige Baumsteigerfroscharten in Paarungsstimmung versetzt werden. Mit einer Pumpe wird Wasser nach oben geleitet und dann durch perforierte Leitungen oder Schläuche versprüht. Überschüssiges Wasser kann mit einem Drainagesystem abgeführt werden. Viele wasserliebende Amphibien- und Reptilienarten eignen sich für ein Riparium.

TROPISCHE REGENWALDTERRARIEN

Der Wasserteil ist bei diesem Terrarientyp relativ klein. Bedecken Sie den Boden mit Walderde, Torfmull oder Orchideensubstrat und richten Sie das Becken mit (Zimmer-)Pflanzen, Holzstrünken und Zweigen ein. Die Pflanzen benötigen viel Licht, statten Sie den Behälter also entsprechend aus.

Die Temperatur ist in tropischen Regenwäldern relativ konstant; tagsüber liegt sie bei mindestens 23–26 °C (höchstens bei 27–30 °C), in der Nacht fällt sie um ca. 5 °C. Hängen Sie einige Strahler auf und installieren Sie eine schwache Boden- oder Wasserheizung, um die Bedingungen im natürlichen Biotop zu simulieren. Vermeiden Sie jede Überhitzung. Die Luftfeuchtigkeit sollte 80–100 % betragen. Beleuchten Sie das Terrarium täglich etwa 12 Stunden.

WÜSTENTERRARIEN

Solche Terrarien benötigen als Substrat eine tiefe Schicht Sand oder eine Mischung aus Lehm und Sand. Bauen Sie Höhlen und Klettermöglichkeiten aus Steinen und Holzstrünken. Höhlen dienen als Verstecke, Ruhemöglichkeit und Eiablageplätze. Die Temperatur sollte tagsüber mindestens bei 30 °C liegen, im Mittel zwischen 40 und 45 °C. Unter Wärmestrahlern (Spots) darf es 45–55 °C warm werden. Pro Tier sollten Sie einen Strahler aufhängen. Da dieser Terrarientyp gut belüftet werden muss, ist es nicht immer leicht, die Temperatur konstant auf dem gewünschten Niveau zu halten.
In der Wüste kann es nachts sehr kalt werden. Sie müssen die Temperatur in Wüstenterrarien jedoch nicht drastisch senken, da es in den manchmal metertiefen Höhlen der Wüstentiere in der Regel 15–25 °C warm bleibt. Schalten Sie lediglich alle

Wüstenterrarium mit Rückwand aus Schiefer

Auch in Wüsten- und Steppenterrarien sollte immer ein kleines flaches Schälchen mit frischem Wasser bereitgestellt werden.

Dieses 2 x 2,5 m große Steppenterrarium hat drei Höhlen und ein 1 m großes Aquarium.

Wärmequellen über Nacht aus. Mithilfe einer Bodenheizung können Sie auch die nachts von der Erde abgestrahlte Wärme simulieren; dies ist vor allem für nacht- oder dämmerungsaktive Tiere von Vorteil.
Eine intensive Beleuchtung fördert bei vielen Reptilien Gesundheit, Aktivität und Paarungsbereitschaft. Setzen Sie auch UV-Strahler ein. Mit Thermostaten und Ventilatoren vermeiden Sie Unterkühlung beziehungsweise Überhitzung.
Besprühen Sie das Terrarium morgens und abends, um Taubildung zu simulieren. Im Sprühwasser können Sie Vitamine und Mineralstoffe auflösen. Das Wasser muss jedoch innerhalb weniger Stunden vollständig verdampft sein, denn ein Wüstenterrarium darf nicht dauerhaft feucht sein. Stellen Sie außerdem eine flache saubere Schale mit frischem Wasser in den Behälter.

STEPPENTERRARIEN

Als Steppe bezeichnet man die Übergangszone zwischen Wüste und Savanne. Richten Sie das Steppenterrarium in etwa wie ein Wüstenterrarium ein, verwenden Sie jedoch mehr Holz oder Steine und robustere Pflanzen. Sorgen Sie tagsüber für eine Maximaltemperatur von 35–45 °C, nachts für 15–20 °C.
Ein Savannenterrarium wird ähnlich eingerichtet. In Savannen gibt es ebenfalls Trocken- und Regenzeiten. Auch Tiere aus dem Mittelmeergebiet werden häufig in Steppenterrarien untergebracht. Simulieren Sie einen warmen, relativ trockenen Sommer und einen kühlen, feuchten Winter (für den Winterschlaf).

GESELLSCHAFTSTERRARIEN

In einem Gesellschaftsterrarium sind mehrere Tierarten zusammen untergebracht. Diese Form der Haltung missglückt jedoch häufig, da die Tiere miteinander konkurrieren und sich gegenseitig stressen. Setzen Sie nur solche Arten zusammen, die ein ähnliches Verhalten zeigen und keine Feinde sind oder als solche angesehen werden. Eine kleine Eidechse kennt den Unterschied zwischen einer Insekten fressenden Schlange und einer für sie gefährlichen Spezies nicht und reagiert immer gestresst.

ZIMMERTERRARIEN

Viele Liebhaber von Chamäleons, Grünen Leguanen, Taggeckos oder Waranen stellen ihren Lieblingen ein eigenes Zimmer zur Verfügung. Es ist jedoch verantwortungslos, Terrarientiere dauerhaft in normalen Wohnräumen frei laufen zu lassen. Die Tiere erhalten meist zu wenig Wärme und Nahrung und die Gefahr ist groß, dass sie verunglücken (zertreten werden, vom Balkon fallen oder unter eine aufgehende Tür geraten).

Ein Zimmerterrarium sollte eine Schleuse besitzen, damit man beim Öffnen der Tür kein Tier zerdrücken kann. Sie muss so hoch sein, dass die Tiere nicht darüber klettern können. Denken Sie beispielsweise an ein Mäuerchen für Schildkröten oder an einen Duschvorhang für kletternde Arten.

Versehen Sie die Wände mit einem Wasser abweisenden Anstrich oder Putz. Wenn Sie die Tiere in einem Kellerraum oder einem Schuppen halten, müssen Sie die Wände gut isolieren. Sorgen Sie stets für eine gute Belüftung. Sie können zum Beispiel im Sommer die nach Süden gerichteten Fensterscheiben durch stabile Drahtgitter ersetzen.

Bei Terrarientieren, die in einem Zimmerterrarium gehalten werden, besteht stets die Gefahr, dass sie verletzt werden.

Europäische Landschildkröten eignen sich gut für ein Freilandterrarium.

Sorgen Sie für genügend Strahlungswärme und heizen Sie bei Bedarf zusätzlich mit Ventilatoröfen oder mit einer Zentral- beziehungsweise Fußbodenheizung.

Schaffen Sie warme Plätze, Verstecke und Klettermöglichkeiten. Stellen Sie den Tieren Trinkschalen und ausreichend Futter zur Verfügung. Bieten Sie Futterinsekten wie Grillen in einer flachen Plastikschale mit glatten Wänden an, aus der sie nicht so leicht herauskrabbeln können. Hängen Sie eventuell einen Zweig zur Hälfte in die Schale, wenn die Gefahr besteht, dass sich hineingefallene Terrarientiere ohne Hilfsmittel nicht befreien können.

FREILANDTERRARIEN

Vor allem Schildkröten und Echsen pflegt man, wenn die Temperatur es zulässt, gerne in einem Freilandterrarium. Da solche Gehege überwiegend aus Drahtgeflecht und Plexiglas bestehen, erhalten die Tiere die gewünschte UV-A- und UV-B-Strahlung.

Ein Freilandterrarium muss so angelegt sein, dass die Tiere nicht entwischen und ungebetene Gäste, zum Beispiel Greifvögel oder Katzen, nicht hineingelangen. Decken Sie den eingefriedeten Raum mit Drahtgitter ab, um Räuber fern zu halten. Katzen können Sie auch mit einem Elektrozaun (2900 Volt, 3 W) abschrecken. Verwenden Sie Beton als Bodenbelag, um grabende Tiere wie Ratten, Mäuse und Maulwürfe fern zu halten. Herabgefallene Zweige dürfen, zum Beispiel für Eidechsen, keine Fluchtmöglichkeit bieten.

Belüften Sie das Freilandterrarium gut, um Überhitzung zu vermeiden. Platzieren Sie es so, dass möglichst lange (mindestens einen halben Tag) Sonne auf einen Teil des Terrariums fällt. Beugen Sie Überschwemmungen vor, indem Sie eine Drainage legen oder das Terrarium an einem Hang errichten. Sorgen Sie auch dafür, dass die Tiere keiner Zugluft ausgesetzt sind und immer ihre bevorzugte Tempe-

Stellen Sie ein (transportables) Freilandterrarium so auf, dass ein Bereich im Schatten und der andere in der Sonne liegt.

ratur aufsuchen können. Sorgen Sie stets für Schattenzonen. Die Ausgänge von Verstecken sollten nach Südosten weisen, sodass die Morgensonne die Tiere immer wärmt.

Geeignete (subtropische) Pflanzen für Freilandterrarien sind verschiedene *Yucca*-Sorten, immergrüne Eichen, Feigenkakteen *(Opuntia*-Arten), Bananenpflanzen *(Musa basjoo* oder *M. japonica)*, Bambus, Zypressen und Feigenbäume. Schützen Sie die Pflanzen während längerer Frostperioden. Stauden sind gleichermaßen gute Bodendecker und Futterpflanzen.

Die Tiere müssen frostfrei überwintert werden. Viele europäische Echsen können in Tonnen überwintern, die im Boden versenkt werden und mit Steinen sowie einer Mischung aus Lehm und Sand gefüllt sind. Sumpfschildkröten brauchen einen Teich, der tief genug ist, Landschildkröten ein warmes Versteck unter einer dicken Strohlage. Holen Sie tropische und subtropische Tierarten im Winter ins Haus. Es gibt auch transportable Freilandterrarien, in denen man die Tiere an sonnigen Tage ins Freie stellen kann.

TREIB- ODER GEWÄCHSHÄUSER

Für Treib- oder Gewächshäuser, die als Terrarien umfunktioniert werden sollen, gelten ähnliche Voraussetzungen wie für Zimmer- und Freilandterrarien. Verwenden Sie starkes Plexiglas. Bringen Sie notfalls außen Isoliermaterial (Noppenfolie) an und installieren Sie Heizungen mit Thermostat (Schutz vor Unterkühlung), Ventilatoren (Schutz vor Überhitzung) sowie einen Luftbefeuchter mit Zeitschaltuhr. Legen Sie eine Drainage und bringen Sie einen Betonfußboden an. Eine (temperaturgesteuerte) Dachluke, die sich öffnen lässt (mit einem Drahtgitter darunter), ist sinnvoll.

Das Inventar des Terrariums

HYGIENE

Die verwendeten Materialien müssen sich problemlos reinigen lassen und dürfen in einem Feuchtterrarium nicht schnell verrotten, schimmeln oder sich zersetzen. Sie dürfen außerdem weder giftig noch scharfkantig sein. Halten Sie das Terrarium sauber: Schimmel und Bakterien im Kot könnten durch Futtertiere übertragen werden!

Verwenden Sie ausschließlich Desinfektionsmittel auf Peroxid- und Alkoholbasis, verzichten Sie auf alle Mittel, die Phenole enthalten. Spülen Sie das Terrarium nach dem Reinigen gründlich mit warmem Wasser aus.

WASSER

Die Tiere sollten stets frisches, sauberes Wasser zur Verfügung haben. Legen Sie auch hier größten Wert auf Hygiene, da viele Infektionen, zum Beispiel Bakterien und Amöben, über das Trinkwasser verbreitet werden. Wenn das Trinkgefäß durch Kot oder anderen Schmutz verunreinigt ist, wechseln Sie das Wasser sofort. Säubern Sie die Schale mit einem Scheuerschwamm und einem Putzmittel, spülen Sie mit klarem Wasser gut nach und trocknen Sie das Gefäß ab, bevor Sie es wieder in das Terrarium stellen.

Eine Wasserschale mit einer schmierigen Innenseite enthält ca. 8 Millionen Bakterien pro Liter Wasser!

Die Wasserschale muss so schwer sein, dass sie nicht umfallen kann. Stellen Sie sie nicht auf

Arbeiten Sie hygienisch und entfernen Sie Exkremente regelmäßig.

Viele Tiere setzen den Kot in der Wasserschale ab. Wechseln Sie das Wasser daher täglich.

„Straßen", sonst wird das Wasser schnell verschmutzt.

Stellen Sie Reptilien handwarmes (20–25 ° C) Wasser zur Verfügung, da sie beim Baden in kaltem Wasser inaktiv werden und ertrinken könnten. Viele Amphibienarten bevorzugen dagegen relativ kaltes Wasser. Bei Bedarf legen Sie einen Stein in die Wasserschale, sodass hineingefallene Tiere ohne Probleme wieder herauskriechen können.

Ein großer Wasserteil muss gut filtriert werden und lässt sich über einen Ausguss mit Stöpsel problemlos entleeren. Man kann das Aquarienwasser aber auch mit einem Schlauch abziehen. Tauschen Sie wöchentlich ein Drittel bis die Hälfte des Wasserteils aus.

Eine Filteranlage reinigt das Wasser und hält es in Bewegung, sodass es mit Sauerstoff angereichert wird. Es gibt ein großes Sortiment an Filtern und Pumpen; in einem Zoofachgeschäft können Sie sich beraten lassen.

Die Kapazität (in Litern pro Stunde) einer Pumpe darf nicht zu gering sein. Bestimmte Bakterien können Kotbestandteile in Nitrat umwandeln (biologische Kläranlage). Diese Bakterien brauchen Futter (Kot), einen sicheren Standort (im Filtersubstrat) und ausreichend Sauerstoff. Hierfür muss das gesamte Wasser pro Stunde ungefähr zweimal durch den Filter strömen.

Ein selbst gebastelter Innenfilter kann zur Belüftung dienen: Eine Luftpumpe bläst Luft durch einen dicken Schlauch, der in einem Marmeladeglas steht. Die Luft drückt das Wasser empor. Füllen Sie das Glas mit Filterwatte.

Bei starker Wasserverschmutzung ist ein biologischer Filter hilfreich. Bei diesem Modell bringt eine Pumpe das Wasser zum Wasserfall und/oder zur anderen Filterseite.

Fische zerkleinern Exkremente und fressen vom Futter. Hier sieht man Guppys und einen Ancistrus-*Algenfresser.*

Für Aquarien mit einem Fassungsvermögen bis maximal 100 l sind leistungsfähige Innenfilter erhältlich. Spülen Sie die Filterpatronen ein- bis zweimal pro Woche aus. Für Aquarien mit einem Fassungsvermögen von maximal 50 l kann man luftbetriebene Filter kaufen oder selbst herstellen (siehe Foto links). Ab 100 l verwendet man Außenfilter. Sie werden alle vier bis sechs Wochen gereinigt.

Bei starker Wasserverschmutzung ist ein biologischer Filter äußerst hilfreich: Eine Pumpe im Filter pumpt dabei das Wasser (über einen Wasserfall oder die Rückwand) in das Terrarium. Danach gelangt es durch einen Überlauf wieder in den Filter. Im Filtertopf fließt es durch das Filtersubstrat (mit einer großen Oberfläche, auf der sich die Bakterien befinden) wieder zurück zur Pumpe. Ein zweiter Überlauf sorgt dafür, dass das Becken nicht überlaufen kann, wenn der erste Überlauf verstopft sein sollte.

Viele Fische fressen Exkremente. Bei Schildkröten müssen hierfür schnell schwimmende Arten eingesetzt werden.

Mit einer Pumpe und Sprühdüsen kann man eine Beregnungsanlage installieren. In sehr feuchten Terrarien muss neben der Pumpe und dem Filter auch ein Abfluss vorhanden sein, falls lang dauernder Regen simuliert werden soll. In Wüsten- und Steppenterrarien muss das Wasser innerhalb weniger Stunden wieder verdampft sein.

TEMPERATUR

Die Temperatur ist niemals völlig konstant. Simulieren Sie nach Möglichkeit die natürlichen Temperaturschwankungen (Tag und Nacht und saisonal). Die entsprechenden Temperaturen sind bei den Terrarientypen sowie den Beschreibungen der einzelnen Tierarten aufgeführt. Viele Spezies können zwar kurze Zeit niedrige Temperaturen aushalten, erkälten sich dann jedoch schnell.

Die Temperatur lässt sich mit Thermostaten regulieren. Wenn Sie Glühlampen verwenden, können Sie automatische Dimmer einsetzen, sodass die Lampen stufenlos mehr oder weniger Licht spenden. Mit einer Zeitschaltuhr können Sie die Temperatur nachts absenken.

Für welchen Heizungstyp Sie sich auch entscheiden: Kontrollieren Sie erst einige Tage lang die Temperatur an den Stellen, an denen sich die Tiere aufhalten sollen, bevor Sie sie in das Terrarium setzen. In der Praxis haben sich Thermometer bewährt, die Minimal- und Maximalwerte angeben. Kontrollieren Sie damit die Werte an mehreren Stellen, um zu sehen, wie sich das Temperaturgefälle gestaltet.

BELEUCHTUNG

Die Aktivität der Terrarientiere hängt zum größten Teil von ihrem Tag-Nacht-Rhythmus ab. Viele Arten beginnen, unabhängig von der Temperatur, bei abnehmender Tageslänge mit einer Ruheperiode. Nachzuchten lassen sich weniger vom (natürlichen) Biorhythmus beeinflussen. Nur bei ausreichender Beleuchtung zeigen viele Reptilien ihre schönste Färbung. Licht lässt die Pflanzen wachsen und verschafft den Tieren die nötige (Strahlungs-)Wärme.

Standardterrarium mit Belüftungsgitter und Lampe mit Reflektor

Simulieren Sie möglichst exakt die Lichtdauer des Herkunftslands der Tiere. Schalten Sie nachts alle weißen und gelben Lampen aus, um Stress zu vermeiden. Tiere aus der Äquatorialzone leben bei einer Tageslänge von konstant 12 Stunden. In Westeuropa (bei 50° nördlicher Breite) variiert die Tageslänge zwischen 16 Stunden im Sommer und 8,5 Stunden im Winter.

Folgende Lichtquellen sind für Terrarien geeignet:

Glühlampen: Sie erzeugen viel Wärme, die sie nach allen Seiten abstrahlen, sodass im Terrarium überall etwa die gleiche Temperatur herrscht. Sie allein reichen jedoch nicht aus, denn sie geben das Farbspektrum des natürlichen Lichts nur unzureichend wieder und die oftmals benötigte Temperatur von 35 °C wird nicht erreicht. Außerdem verbreiten diese Lampen nur wenig Licht. Für (sub)tropische Tierarten ist jedoch die Lichtintensität von Bedeutung, denn in den natürlichen Lebensräumen der Tiere misst man in der vollen Sonne 100 000 Lux, am Boden (im Regenwald) nur 200–500 Lux.

Strahler: Sie konzentrieren Wärme und Licht auf einen Fleck, sodass im Behälter ein Temperaturgefälle entsteht. Verwenden Sie für Terrarien mit einer Mindesthöhe von 40 cm 40-Watt-Lampen. Damit erreichen Sie in einer Höhe von 30 cm etwa eine Temperatur von 35–45 °C. 60-Watt-Strahler können bei einem Abstand von weniger als 50 cm Brandwunden verursachen!

Keramische Wärmestrahler: Sie geben zwar kein Licht, aber sehr viel Wärme ab und stellen bei falscher Anwendung eine Gefahrenquelle dar, da sich viele Tiere bei Überhitzung diesem unsichtbaren Wärmestrahl nicht entziehen. Verwenden Sie solche Strahler, um ein großes Terrarium nachts zu erwärmen. Sie werden in eine Porzellanfassung geschraubt.

Leuchtstofflampen: Sie sind eine energiesparende und universell einsetzbare Lichtquelle, da sie viel Licht und wenig Wärme abgeben. Deshalb sind sie vor allem für Paludarien mit vielen Pflanzen geeignet, in denen es nicht zu warm werden darf. Ein sachkundiger Händler oder Terrarianer weiß, welche Lichtfarben das Wachstum der Pflanzen anregen. Verwenden Sie wasserdichte Lampenfassungen. Im Handeln sind stabförmige Leuchtstoffröhren sowie ring- und u-förmige Varianten in unterschiedlichen Maßen, Lichtstärken und Tönungen erhältlich. Achten Sie beim Kauf darauf, dass die Lampen das gleiche Spektrum wie das Sonnenlicht enthalten, also auch UV-Strahlen.

Die Abwärme von Vorschaltgeräten kann eventuell zum Beheizen des Terrariums genutzt werden. Schrauben Sie diese Geräte nicht auf Holz (Brandgefahr), sondern auf Metall oder Aluminium. Leuchstoffröhren flackern etwa 50-mal pro Sekunde. Dies können nur Tiere wahrnehmen. Verwenden Sie deshalb nur Hochfrequenz-Vorschaltgeräte. Die Leuchtstoffröhre flackert dann beim Anschalten nicht und anschließend weniger oft pro Sekunde; dadurch stört sie die Tiere nicht.

UV-STRAHLUNG

UV-Strahlung ist für die Synthese des lebenswichtigen Vitamins D_3 notwendig. Sie ist für das menschliche Auge unsichtbar. Man unterscheidet folgende Bereiche der UV-Strahlung, die in Nanometern (nm) gemessen wird:

- UV-A (Wellenlänge 320–400 nm).
- UV-B (280–320 nm).
- UV-C (unterhalb 280 nm).

Das Spektrum von UV-Lampen ist meist auf der Verpackung vermerkt.

UV-A-Strahlung aktiviert und ernährt die Haut, wodurch diese unter anderem eine gesunde Farbe erhält. UV-B-Strahlung wird zur Synthese von Vitamin D_3 (aus Provitamin D) benötigt und hilft unter anderem Rachitis vorzubeugen.

Zuviel UV-Strahlung ist abträglich, aber vor allem UV-C-Strahlung stellt für alle Lebewesen eine Gefahr dar. Sie verursacht Augenprobleme und kann zu Hautkrebs führen. Die Ozonschicht unserer Atmosphäre ist deshalb lebenswichtig, denn sie absorbiert diesen gefährlichen Anteil der UV-Strahlung.

Die Lichtqualität, welche die Tiere jeweils benötigen, hängt von der Art („Sonnenanbeter" oder nicht), der Herkunft (Steppe oder Regenwald), der Pigmentierung und der Nahrung ab.

Die nützliche UV-Strahlung kann Glas nicht durchdringen, deshalb muss sie durch ein Gitter in das

In Paludarien brauchen die Pflanzen (vor allem Orchideen) viel Licht. Hier die Blüte von Masdevallia militaris.

Leuchtstoffröhre und UV-Strahler

Mit einer Zeitschaltuhr können Sie zum Beispiel die Beleuchtungsdauer regulieren. Dieses digitale Modell arbeitet auf die Sekunde genau.

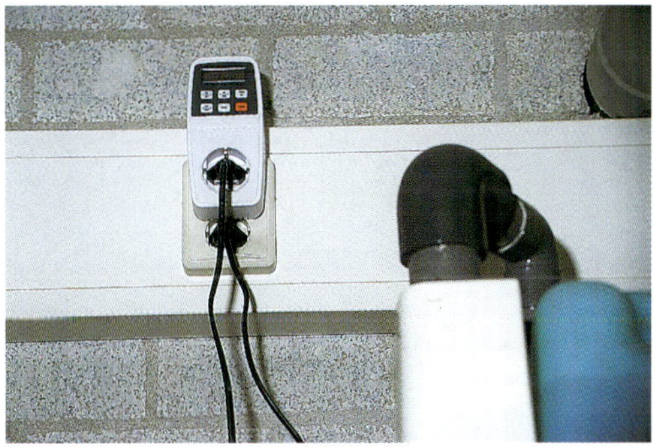

Terrarium gelangen. UV-Strahlung dringt durch transparentes Polystyrol, greift aber Kunststoffe auf Dauer an.

Über den Einsatz von UV-Strahlung in Terrarien sind sich die Experten nicht einig. Einige sind der Meinung, dass die Versorgung mit Vitamin D_3 über die Nahrung einen gleichwertigen Ersatz für UV-Strahlung darstellt. Experimente haben jedoch bewiesen, dass Reptilien auch mit solchen Nahrungszusätzen schlecht gedeihen, wenn ihnen die UV-Strahlung vorenthalten wird.

Beim Kauf einer Lampe sollten Sie stets auf die Wellenlänge von 260–320 nm im UV-Bereich achten, denn dieser Spektralanteil fördert die Synthese von Vitamin D_3.

Die speziell für Terrarien konstruierten röhrenförmigen UV-B-Lampen können den ganzen Tag eingeschaltet bleiben. Auch Breitspektrumlampen geben ein wenig UV-Strahlung ab.

Die Wirksamkeit der meisten UV-Lampen lässt nach einigen Monaten nach. Tauschen Sie die Röhren deshalb nach ca. acht Monaten aus.

UV-Lampen können derart viel UV-Strahlung oder Wärme abgeben, dass bei unsachgemäßer Anwendung Verbrennungen sowie Augen- und Knochenprobleme auftreten. Informieren Sie sich über den nötigen Sicherheitsabstand und die maximale Brenndauer pro Tag. Sie können zum Beispiel eine

300-Watt-Lampe über einem mindestens 2 m^3 großen Terrarium 15–60 Minuten pro Tag brennen lassen. Die Lampe sollte mindestens 75 cm von den Tieren entfernt sein.
Bei Tieren, die nicht an UV-Strahlung gewöhnt sind, erhöhen Sie die Dosis der UV-Strahlung allmählich (auch wenn eine alte Lampe durch eine neue ersetzt wird). Die Tiere müssen sich langsam an die UV-Strahlung gewöhnen können.
Halogenlampen ohne Schutzglas: Sie haben eine hohe Lichtintensität, strahlen ein breites Lichtspektrum ab (einschließlich UV-Strahlung) und spenden viel Wärme. Diese kleinen Lampen eignen sich für kleine Terrarien. Stellen Sie sie nicht zu dicht neben brennbaren Gegenständen auf.
Quecksilberhochdrucklampen (HQL-Strahler): Diese Leuchten haben sich in der Praxis für mittlere bis große Steppen- und Wüstenterrarien sehr gut bewährt. Sie strahlen viel Wärme ab und weisen zudem eine große Lichtausbeute auf. HQL-Strahler sollten einmal pro Jahr ausgetauscht werden.
Energiesparlampen: Diese Leuchten spenden zwar ein „kälteres" Licht, sind dafür aber in der Regel feuchtraumsicher.
Es gibt im Fachhandel spezielle Leuchtentypen für Terrarien. Lassen Sie sich ausführlich beraten, welche für Ihre Zwecke am besten geeignet sind.

Paludarium-Beleuchtungskasten mit Refraktionsgitter

BELEUCHTUNGSKÄSTEN

Oft werden mehrere Lampen in einem Beleuchtungskasten installiert. Aufgrund der Wärme und des Gewichts ist es besser, das Vorschaltgerät nicht im Kasten anzubringen. Befestigen Sie es unter dem Terrarium in möglichst geringem Abstand (maximal 1,5 cm) auf einer Metallunterlage, um die Wärme so gut wie möglich abzuleiten. Dies erhöht auch die Lebensdauer der Anlage.
Im Beleuchtungskasten entsteht relativ viel Wärme (40–50 °C), er muss deshalb gut belüftet werden. Streichen Sie seine Innenseite zur optimalen Lichtreflexion mattweiß. Bringen Sie ein Refraktionsgitter zwischen den Lampen und dem Terrarium an (siehe Foto oben links).

WEITERE HEIZAGGREGATE

Neben Licht als Wärmequelle kommen auch Infrarotlampen, Heizkabel, -platten und -matten sowie Wärmesteine zum Einsatz. Verwenden Sie diese nur für Tiere, die an einen stark erwärmten Boden angepasst sind, wie zahlreiche Echsen.
Eine Bodenheizung wird stets mit einer Heizlampe kombiniert. Tagaktive Reptilien brauchen Wärme aus einem Strahler, der in entsprechendem Abstand über dem Terrarium installiert wird.
Beim Kauf von Heizanlagen sollten Sie stets die geringste mögliche Raumtemperatur und die maxi-

Leopardgeckos (Eublepharis macularius) *auf einem Wärmestein*

Sorgen Sie dafür, dass Heizkabel einander nicht kreuzen. Hier wurden sie zwischen Glasplatten angeklebt.

male Terrarientemperatur berücksichtigen. Seien Sie vorsichtig mit Wärmesteinen und Heizkabeln; sie können sich auf bis zu 50 °C erhitzen! Da viele Tiere an ihrer Körperunterseite keine Wärmerezeptoren haben, verbrennen sie sich leicht. Mit Temperaturfühlern, Zeitschaltuhren oder einem Kontaktthermometer wird die abgestrahlte Wärmemenge reguliert. Kontrollieren Sie stets die Werte im Terrarium, bevor Sie die Tiere einsetzen.

An den Außenseiten des Behälters können Sie Heizplatten anbringen. Bringen Sie Kabel so (zwischen Glasscheiben) an, dass sie einander nicht kreuzen und keine Überhitzung entstehen kann.

Ventilatoröfen und kleine Radiatoren können Terrarien mit einem Rauminhalt von mehr als 5 m^3 erwärmen. Verwenden Sie diese Aggregate stets in Kombination mit Strahlern und Glühlampen, um die nötige Strahlungswärme zu erzeugen.

Aquarienstabheizer mit Thermostat halten den Wasserteil von Feuchtterrarien warm. Sorgen Sie für eine Leistung von 0,5 Watt pro Liter und achten sie darauf, dass der Heizstab von Wasser umströmt ist und nicht über die Oberfläche hinausragt.

FEUCHTIGKEIT

Im Terrarium sind die Bodenfeuchtigkeit, die Niederschlagsmenge und die relative Luftfeuchtigkeit (rF) sehr wichtig. Letztere ist ein Maß für die Wassermenge in der Luft und wird in Prozent angegeben. In Wohnungen beträgt die rF ca. 50 %; das Maximum liegt bei 100 % (absolute Sättigung). In zu trockenen Terrarien häuten sich die Tiere schlecht, in zu feuchten Behältern treten Probleme mit Schimmelpilzen auf.

Ein Luftbefeuchter befeuchtet über PVC-Schläuche vier Terrarien.

Aus dem Luftbefeuchter strömt kalter Dampf.

Eine dunkle Schachtel, gefüllt mit Torfmoos – ein idealer Platz als Versteck oder zur Eiablage

Korkplatten werden gerne für die Rückwand des Terrariums verwendet.

Die rF kann je nach Mikroklima tagsüber sehr stark variieren und ist nachts am höchsten. Die idealen Werte sind bei der Besprechung der einzelnen Arten vermerkt. Erhöhen Sie die rF durch Sprühen mit handwarmem Wasser, einen erwärmten Wasserteil, einen Wasserfall oder einen Luftbefeuchter. Raumluftbefeuchter für den häuslichen Gebrauch produzieren mittels Ultraschallschwingungen kalten Dampf. Dieser kann über PVC-Schläuche in mehrere Terrarien geleitet werden. Lassen Sie die Schläuche immer leerlaufen, sodass darin kein Wasser zurückbleibt. Mit Silikonkautschuk können Sie alle Öffnungen, durch die der Dampf entweichen könnte, abdichten. Achten Sie darauf, dass die Temperatur nicht zu stark absinkt. Kaufen Sie bevorzugt ein Gerät, das mit Leitungswasser gefüllt werden kann und nicht auf destilliertes Wasser angewiesen ist.

Auch die Bodenfeuchtigkeit ist wichtig. Viele Tiere aus trockenen Biotopen ziehen sich gerne in einen feuchten Unterschlupf zurück und legen dort ihre Eier ab. Stellen Sie eine Schachtel mit einer Öffnung auf, die Sie mit Torfmoos oder Sand füllen.

Grauer Schiefer und roter Sandstein

RÜCKWÄNDE

Naturnah verkleidete Rückwände spenden Schutz und vermeiden so Stress. Außerdem sind sie dekorativ und bieten zusätzliche Klettermöglichkeiten. Eine Rückwand mit Terrassen und Plateaus vergrößert den Aktionsraum und steigert das Temperaturgefälle (warme Luft steigt nach oben). Die meisten Materialien können mit Silikonkautschuk an der Rückseite festgeklebt werden.

Korkplatten werden häufig zur Gestaltung von Rückwänden verwendet. In vielen Zoogeschäften gibt es sie zu kaufen. Sie sind zwischen 2 und 6 cm dick, problemlos anzubringen und nicht allzu teuer. Verwenden Sie gepresste Korkplatten ohne Leim, da diese keine Giftstoffe abgeben. Der Nachteil dieser Verkleidung besteht darin, dass im Lauf der Zeit zum Beispiel Schaben Löcher in die Korkplatten fressen und dass dieses Material in Feuchtterrarien irgendwann abbröckelt.

Korkrinde sorgt für eine natürlich wirkende Rückwand, die weder verrottet noch schimmelt. Sie ist jedoch in der Regel nicht eben und deshalb schwer zu befestigen. Schaben kriechen dahinter, kleine Amphibien und Reptilien können stecken bleiben. Die verbleibenden Lücken können Sie mit Schäummitteln auffüllen.

Dünne **Torfplatten** sind weich und werden manchmal für Paludarien verwendet, denn Pflanzen gedeihen darauf gut. Auch Torfplatten kann man als Rückwand verwenden. Sie werden mit Angelschnur an Plexiglas gebunden und danach an die Rückwand geklebt. Achten Sie immer darauf, dass einige Zentimeter Platz zwischen dem Torf und den Seitenscheiben sind, da sich dieses Material bei Befeuchtung ausdehnt.

Eine Rückwand aus **Holzlatten** wirkt sehr dekorativ. In zu feuchten Becken können sich die Bretter jedoch verziehen und/oder schimmeln.

Baumfarnplatten und -stäbe („Mexifarn") werden in Paludarien gerne verwendet. Man sollte jedoch bedenken, dass sie aus langsam wachsenden tropischen Baumfarnen gewonnen werden, deren Bestände stark gefährdet sind. Außerdem wird der Urwald hierfür gerodet. Immer mehr Länder verbieten deshalb die Ausfuhr dieses Materials. Prinzipiell

Eine Rückwand aus Lavabrocken und Zement

Wenn Baumfarnplatten ausreichend befeuchtet werden, wachsen dort spontan Moose und Farne.

benötigen Sie für Mexifarn eine CITES-Bescheinigung.
Bei ausreichend hoher Feuchtigkeit werden sich die Platten spontan mit Moosen und Farnen begrünen. Besprühen Sie sie tagsüber einige Minuten lang mit Wasser. Bedenken Sie, dass Baumfarnplatten (ebenso wie Torf und Kork) das Biotop versauern.
Schieferplatten für Dächer oder Fassaden sind sehr dünn (ca. 5 mm) und können mit Silikonkautschuk an die Rückwand des Terrariums geklebt werden. Legen Sie hierzu den Behälter auf die Rückseite.

So lötet man Styroporstücke in ein Terrarium ein.

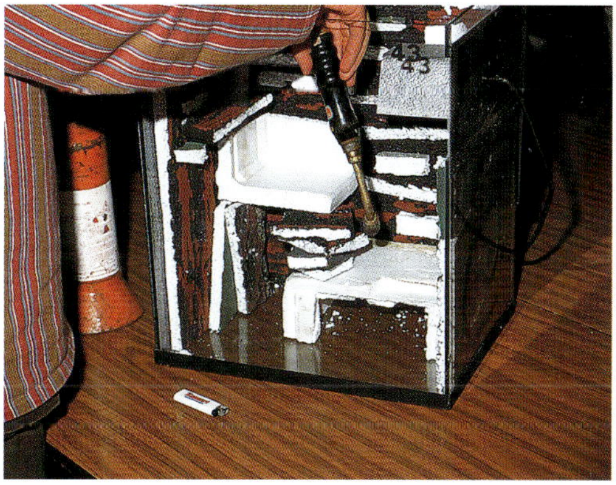

Nach dem Auftragen von mit Sand bestreutem Gips erhält man dieses Resultat.

Polyesterfasern auf einem Maschendrahtgeflecht, bestrichen mit Polyesterharz

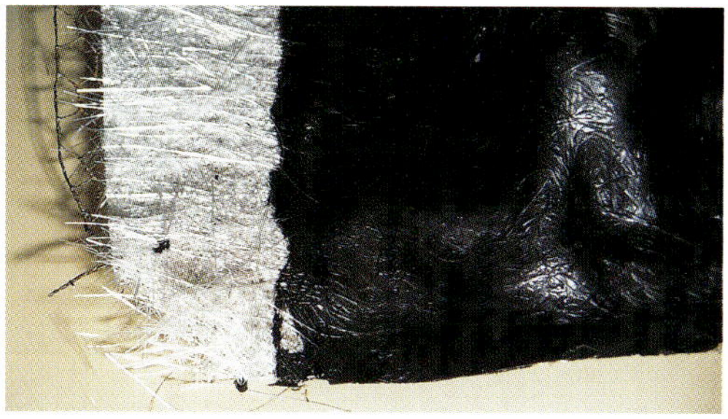

Eine Rückwand aus Styropor

Wenn Sie die Schieferplatten auf eine Zementschicht betten, vermeiden Sie störende Zwischenräume. Dickere Schieferplatten (1 oder 2 cm) werden mit PUR-Schaum angebracht, der nicht an die Scheibe oder auf die Tiere gelangen darf.
Lavagestein in Zement ergibt eine hübsche graubraune Rückwand. Bringen Sie diese Schicht für Schicht an.
Große **Felspartien** werden aus einem Grundmaterial mit Oberflächenlackierung hergestellt. Verwenden Sie als Grundmaterial physiologisch verträgliche Schäummasse, Styropor oder Styrodur. Bei der Verarbeitung von Schäummitteln müssen Sie für eine gute Belüftung sorgen. Schäummittel verhalten sich wie Rasierschaum, nur dass sie hart werden. Man kann sie beispielsweise mit Autolack (aus der Sprühdose) einfärben. Geschieht dies nach dem Erhärten des Schaums, liegt der Lack glatt auf. Trägt man ihn direkt nach dem Sprühen auf, entstehen kleine Vertiefungen und die Masse ähnelt Lavagestein. Zehn Minuten nach dem Aufsprühen des Schaums kann auch anderes Dekorationsmaterial (wie Kiesel) in den Schaum gedrückt werden.
Bestreichen Sie das Grundmaterial mehrfach mit einer kräftigen Schicht aus Zement, Schnellzement, Fliesenkleber oder Gips. Sie können anschließend Polyesterharz oder Latexfarbe auf das Grundmaterial auftragen. Die noch glatte Oberfläche lässt sich überdies mit Sand oder Steinchen bestreuen. Auch in den „Verputz“ können Sie Vermiculit, Sägemehl, Sand oder Steine einrühren. Wenn Sie nur Lack auftragen, kann nach Kratzern das weiße Styropor wieder sichtbar werden. Verwenden Sie lackiertes

Styropor deshalb nur für Terrarien mit Amphibien, an die keine nagenden Futtertiere verfüttert werden. Wenn Sie Polyesterharz verwenden, müssen Sie ein „Stützkorsett“ (Polyesterfasern) auf einer Grundierungsschicht mit einem Spachtel aufbringen. Nach dem Trocknen wiederholen Sie diese Behandlung. Polyester sollte anschließend gefärbt werden, da er von Natur aus kaum einer Felspartie ähnelt.
Sie können auch Farbpuder mit Wasser vermischen, wobei Sie pro Liter drei Esslöffel Holzleim hinzufügen. So erhalten Sie eine kräftige Farbe. Wischen Sie, um eine lebendige Wirkung zu erzielen, mit einem Stofflappen über die Farbfläche. Schalten Sie die vorgesehene Terrarienbeleuchtung ein, sodass Sie den endgültigen Effekt beurteilen können.
Styropor ist durch und durch gefärbt und auch leicht anzubringen. Pflanzen wurzeln fest in diesem Material ein. Echsen können es zerkratzen und Schaben und Mehlwürmer fressen Löcher hinein.
Dunkel gefärbte Scheiben oder ein von außen an die Rückwand geklebtes Poster schaffen einen hygienischen Hintergrund, bieten aber keine Klettermöglichkeiten. Verwenden Sie solche Materialien für Quarantäneterrarien.

DEKORATIONEN

Schaffen Sie mit unterschiedlichen Dekorationsmaterialien Verstecke, Eiablageplätze und Klettermöglichkeiten. Höhlen sollten zwei Öffnungen haben. Die Dekorationen müssen sich problemlos säubern lassen.
Mit Dekorationsmaterial können Terrarien auch verschönert werden, beispielsweise zum Kaschieren von technischem Inventar. Das verwendete Material muss stabil und absolut ungiftig sein.
Lebende Pflanzen sind dekorativ und schaffen Möglichkeiten zum Verstecken und Klettern. Zur Sauerstoffversorgung werden sie im Terrarium nicht benötigt. Pflanzen werden oft angefressen oder von Reptilien und Futtertieren beschädigt. Sie dürfen weder gefährliche Stacheln haben (wie einige Kakteenarten) noch giftig sein. Ihr Gift kann auch von Pflanzen fressenden Futtertieren aufgenommen werden!
Vor allem in Trockenterrarien gedeihen Pflanzen nicht, wenn dort zu wenig Licht, Wasser oder ein falsches Substrat vorhanden ist. Oft ist feuchte Pflanzenerde außerdem eine Infektionsquelle. Wenn Sie die Pflanzen in Töpfen belassen, ist das Problem geringer und sie können zwischendurch aus dem Terrarium genommen werden. Wenn Sie diese Nachteile im Auge behalten, können Sie in Trockenterrarien eventuell sukkulente Pflanzen wie Agaven, Kakteen und *Euphorbia, Crypthantus-* sowie *Sanseveria*-Arten setzen.
Für Feuchtterrarien eignen sich zum Beispiel folgende Pflanzengattungen: *Anthurium, Aphelandra, Bambus, Begonia, Caladium, Calathea, Codiaeum, Columnea, Cordyline, Ctenanthe, Dieffenbachia* (giftig!), *Dracaena, Epipremnum, Ficus, Fittonia, Marantha, Monstera, Peperomia, Philodendron, Spathiphyllum* und *Stromanthe* sowie viele Farne, Bromelien und Orchideen.
Ficus repens (syn. *F. pumilio)* wächst in feuchtwarmen Terrarien sehr schnell. *Marantha leuconeura* und alle *Syngonium*-Arten brauchen eine hohe Luftfeuchtigkeit, einen feuchten Boden und viel Licht. *Scindapsus*-Arten benötigen eine hohe rF, einen halbfeuchten Boden und genügend Licht. *Philodendron scandens* gedeiht bei mäßiger rF, einem feuchten Boden und wenig Licht. Bieten Sie *Hoya caya* trockene Luft, einen stets feuchten Boden und viel Licht. Efeu *(Hedera*-Arten) und Pfennigkraut sind Pflanzen, die nur wenig Licht brauchen. Am Boden kriechende Wasserschlaucharten *(Utricularia)* gedeihen gut zwischen dem Moos von Paludarien.
Viele ***Bromelia-* und *Tillandsia*-Arten** eignen sich für (gut belüftete) Terrarien. Es handelt sich fast immer um amerikanische Epiphyten, also um Pflanzen, die auf Zweigen und an Stämmen wachsen. Sie können, wenn man ihre Wurzeln mit Torfmoos *(Sphagnum)* umwickelt, mit Angelschnur an einem Ast festgebunden werden.
Aufgrund ihrer kurzen Blattstiele wachsen Bromelien rosettenförmig und bilden so einen häufig mit Wasser gefüllten Trichter, der ein ausgezeichnetes Biotop für viele Pfeilgiftfrösche darstellt. Feuchtigkeit wird vorwiegend über die Blätter aufgenommen. Nach der Blüte sterben die meisten Arten ab und es werden einige Kindel gebildet.

Efeutute (Scindapsus *sp.)*

Kleinblättriger Ficus repens *und* Philodendron *sp.*

Guzmania *sp., eine Bromelie*

Masdevallia ionea, *eine Orchidee*

Die meisten Tillandsia-*Arten sind Epiphyten.*

Wurzelstock der Weinrebe

Grüne glattblättrige Arten (wie Gattungen aus der Familie Bromeliaceae) eignen sich für Feuchtterrarien ebenso wie Vertreter von *Vriesea, Guzmania, Aechmea, Neoregelia* und *Nidularium.*

Graue, silberfarbene und/oder behaarte Arten sind an trockenere Klimate angepasst. Die farbenprächtigen *Cryptanthus*-Arten sind meist klein und haben stachelige Blattränder. Sie wachsen bei unterschiedlichen Bedingungen am Boden.

Orchideen brauchen viel Licht. Wählen Sie für warme Terrarien (tagsüber 18–27°C; rF 60–80%) hauptsächlich kleine Arten aus, die keine Ruheperiode bei Kälte oder Trockenheit brauchen. Spezies, die auf eine Ruheperiode angewiesen sind, kann man leicht an den Bulben (Verdickungen an der Blattbasis) erkennen. Es kommen beispielsweise Arten der folgenden Gattungen in Frage: *Brassavola, Dendrobium, Dryadella, Encyclia, Epidendrum, Ionopsis, Ionopsis, Leptotis, Mastevallia, Maxillaria, Notylia, Odontoglossum, Oncidium, Phalaenopsis, Pleurothallus* und *Stelis.*

Orchideen brauchen eine gute Belüftung. Halten Sie sie frei von Exkrementen und achten Sie bei neuen Pflanzen auf Läuse und Spinnmilben. Insektizide dürfen in Terrarien nicht eingesetzt werden. Gießen und besprühen Sie Orchideen mit weichem Wasser. Einige Arten leben epiphytisch.

Tropische **Farne** gedeihen in feuchten Terrarien gut; viele Arten sogar bei mäßiger Beleuchtung.

Moose sind sehr dekorativ und brauchen wenig Licht. Tropische Arten wachsen aus Baumfarnplatten, wenn diese ausreichend befeuchtet werden. Heimische Moose vertragen keine hohen Temperaturen und gehen in der Regel schnell ein. Javamoos, eine Aquarienpflanze, wächst auch an sehr feuchten Ufern und Wasserfällen.

Im Wasserteil können Sie verschiedene Aquarienpflanzen einsetzen. Arten mit dunkleren Blättern brauchen weniger Licht als Spezies mit hellen Blättern. Geeignet sind zum Beispiel *Cryptocorine, Ceratophyllum, Anubias, Microsorum* und *Vesicularia.* Sumpfpflanzen (vor allem solche mit kräftigen Stängeln) wachsen über der Wasseroberfläche weiter. Die Gattungen *Pistia, Eichhornia* und *Salvinia* sind „terrarientaugliche" Schwimmpflanzen.

Künstliche Pflanzen brauchen kaum Pflege. Ihre Anordnung kann ganz auf die Bedürfnisse der Tiere ausgerichtet sein. Sie werden nicht schnell beschädigt, wenn auch ein Grüner Leguan (als Pflanzenfresser) gerne daran knabbert. Allerdings können verschluckte Blätter für die Tiere gefährlich werden. Manchmal bleibt eine kleine Eidechse auch in der Blattachsel einer steifen Kunstpflanze stecken.

Holz wirkt ansprechend und kann auf unterschiedliche Weise verwendet werden. Natürliches Holz mit vielen Spalten, Öffnungen und einer rauen Rinde ist weniger hygienisch und wirkt sich bei einer Parasiteninfektion nachteilig aus. Desinfizieren Sie es eventuell mit einem chlorhaltigen Mittel und/oder imprägnieren Sie es. Schnecken und ähnliches Ungeziefer können durch Einfrieren oder Austrocknen abgetötet werden. Viele Holzarten vermodern auf Dauer und können nur in Trockenterrarien verwendet werden. Tropisches Wurzelholz verrottet

Tropisches Wurzelholz

hingegen nicht, wenn es feucht wird. Kochen Sie es jedoch erst in einem Topf mit Salzwasser aus. Korkrinde ist vielseitig verwendbar; sie ist feuchtigkeitsbeständig. Das Holz der Weinrebe wirkt aufgrund seiner zahlreichen Windungen und der rauen Rinde sehr dekorativ. Epiphyten können sich gut daran festsetzen. Unter feuchten Bedingungen verrottet es jedoch. Ein „Kaktusskelett" ist in Wüstenterrarien sehr dekorativ. Grillen finden dort jedoch stets einen Schlupfwinkel.
Steine lassen sich vielseitig einsetzen, dürfen jedoch nicht zu scharfkantig sein. Tiere, die viel im Wasser sitzen, vertragen es manchmal nicht, wenn ein kalkhaltiger Stein im selben Becken liegt. Kalk macht das Wasser (zu) hart. Sorgen Sie dafür, dass die Steine fest aufliegen und grabende Tiere nicht erdrücken können. Lesen Sie auch im Abschnitt „Rückwände" (S. 32–34) nach. Dort wird beschrieben, wie man künstliche Felsen herstellt.
Im Fachhandel sind fertige Verstecke erhältlich, die den Bedürfnissen der jeweiligen Tierart angepasst werden können.

BODENGRUND

Die Wahl des Bodensubstrats ist vom Terrarientyp und seiner Besetzung abhängig. Viele Materialien können im Backofen desinfiziert werden, indem man sie in dünnen Lagen 30 Minuten lang bei 200–250 °C durchglüht.
Sand ist für viele Terrarientiere als Substrat geeignet. Es sind jedoch einige Punkte zu bedenken: Da Flüssigkeit, zum Beispiel aus Exkrementen und Futter, in den Sand sickert, bildet dieser einen guten Nährboden für Bakterien. Tauschen Sie ihn deshalb mindestens einmal pro Jahr vollständig aus. Probleme kann es auch mit einer Bodenheizung geben, da Sand viel Wärme aufnimmt und nur langsam wieder abgibt; dadurch kann es zu Überhitzung kommen.
Verschluckte Partikel können sich im Magen der Tiere festsetzen und zu Verletzungen führen. Sie können dies weitgehend vermeiden, wenn Sie die Nahrung in Schälchen anbieten. Verwenden Sie keinen Sand mit einer Körnung unter 1 mm (beispielsweise feinen „Silbersand"), da dieser in die Körperöffnungen der Tiere eindringen kann.
Quarzsand (Spielsand) verklebt aufgrund seiner Kornstruktur nicht so leicht. Lehmsand wird hart,

Terrarium für Leopardgeckos (Eublepharis macularius) *mit Quarzsand (auch unter der Bezeichnung Spielsand angeboten)*

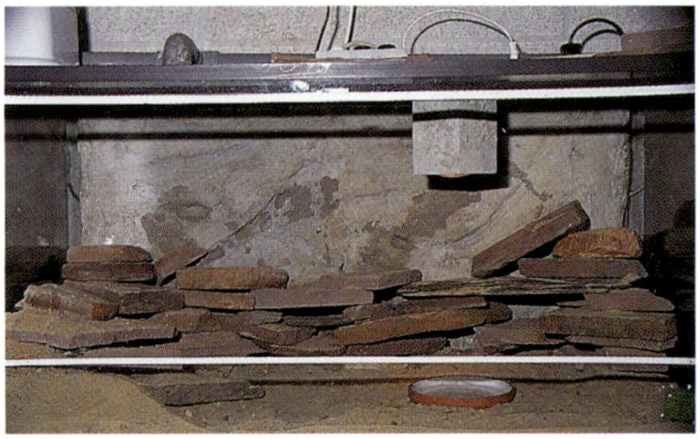

Die Rückwand dieses Terrariums wurde dekorativ mit Schieferbruch gestaltet.

wenn er feucht ist; er eignet sich für Wüsten- und Steppenterrarien. Dieser orangegelbe Sand ist ideal für viele Wüstenbewohner, die Höhlen graben. Wüstensand ist orangerot. Er wird nach Anfeuchtung noch härter als Lehmsand.
Aquarienkies ist hart und kann zu Verstopfung führen, wenn er gefressen wird. Außerdem können sich Futtertiere darin verstecken und Abfallstoffe festsetzen. Verwenden Sie Aquarienkies nur im Wasserteil. Reinigen Sie den Kies, indem Sie ihn sorgfältig mit Leitungswasser durchspülen.
Blähton (Granulat für Hydrokulturen) nimmt Feuchtigkeit gut auf. Die Kügelchen eignen sich für Quarantäneterrarien, vorausgesetzt es besteht keine Verschluckungsgefahr. Futtertiere und Schmutzpartikel können zwischen die Kügelchen geraten. Wechseln Sie das Granulat daher regelmäßig aus.
Blumenerde kann verrotten und übel riechen, wenn sie nass wird. Darüber hinaus enthält frische Erde oft Pestizide und/oder Düngemittel, die für Terrarientiere schädlich sein können. Alte Blumenerde ist für Trockenterrarien ein gutes Substrat. Verwenden Sie keinesfalls Produkte mit Perlit!
Torf verrottet nicht, wenn er nass wird, und speichert die Feuchtigkeit. Er versauert jedoch den Boden (und das Wasser). Eine dünne Torfschicht trocknet außerdem schnell aus und viele Pflanzen wachsen in diesem Substrat nur mäßig.
Torfziegel können in Aquaterrarien zum Anlegen von Inseln verwendet werden. Sie lassen sich gut begrünen (vor allem mit Moosen). Sorgen Sie

dafür, dass sich der Torf während der Wasseraufnahme angemessen ausdehnen und die einzelnen Fasern auseinander quellen können.

Walderde, Baumrinde und **Lauberde** wirken zwar natürlich, sind aber nicht sehr hygienisch. Man kann sie 30 Minuten bei einer Temperatur von 200–250 °C im Backofen desinfizieren. Pflanzen wachsen in diesen Substraten gut und Reptilien finden darin Verstecke oder Eiablageplätze. Diese Substrate können jedoch verrotten und schimmeln. Daher werden sie je nach Inanspruchnahme regelmäßig ausgetauscht. Auch bei Krankheiten oder Parasitenbefall müssen sie sofort entfernt werden. Geben Sie eventuell Regenwürmer hinzu: Sie vertilgen die Abfälle und dienen vielen Tieren als Futter.

Orchideensubstrat ist für Feuchterrarien (gesiebt) geeignet; es schimmelt und verrottet kaum.

Moos eignet sich für Feuchtterrarien mit Amphibien. Es kann Wasser gut speichern, vermodert jedoch und muss deshalb regelmäßig ausgetauscht werden. Auch Torfmoos hält die Feuchtigkeit gut und gibt sie langsam ab. Es stirbt zwar relativ schnell ab, vermodert aber danach kaum. Aus Torfmoos können Sie feuchte Schlupflöcher bauen.

Rindenspäne der Buche werden gerne verwendet. Sie wirken natürlich und Schmutz kann problemlos entfernt werden. In Feuchtterrarien können die Späne allerdings schimmeln und/oder vermodern. Achten Sie darauf, dass sie nicht an feuchtem Futter haften und dann verschluckt werden. Tauschen Sie dieses Substrat etwa viermal pro Jahr aus.

Hobelspäne müssen regelmäßig ausgetauscht werden. Schlangen graben sich gerne darin ein. Viele Echsen und Schildkröten verschlucken Hobelspäne manchmal, dann besteht Verstopfungsgefahr.

Maispellets und Trockenfutter für Forellen sind genießbar und deshalb ungefährlich, wenn sie verschluckt werden. Sie eignen sich für Trockenterrarien, in denen nicht gegraben wird.

Inseln und Uferbereiche aus **PUR-Schaum** oder ähnlichen Schäummitteln sind hygienisch. Verarbeiten Sie diese Materialien, wie im Abschnitt „Rückwände" (S. 32–34) beschrieben. Diese Stoffe enthalten zahllose Luftblasen und müssen fest verankert werden, indem man Steine hineinarbeitet.

Ein Terrarium mit einer Rückwand aus Holz und einer Substratschicht aus Walderde

Ein Terrarium mit Hobelspänen auf dem Boden. Rückwand und Versteck bestehen aus Korkplatten. Die Belüftungsgitter befinden sich an der Vorder- und Oberseite.

Bei diesem Behälter sind Boden, Rückwand und Versteck mit Fußbodenbelag überzogen.

Kunstrasen kann problemlos gereinigt werden und ist deshalb hygienisch.

Fußbodenbelag auf dem Boden und an der Rückwand ist leicht zu reinigen. Er kann weitgehend frei von Parasiten und Schmutz gehalten werden und ist deshalb sehr hygienisch. Bei Tieren, die Probleme mit der glatten Oberfläche haben, streuen Sie etwas Rinde oder Hobelspäne auf den Boden. Sorgen Sie immer für Verstecke und andere Dekorationen. Dieser Belag ist für Schlangen ideal.

Zeitungs- und Küchenpapier kann täglich ausgetauscht werden und ist deshalb hygienisch. Man verwendet es gerne in Quarantäneterrarien.

FUTTER

Obwohl man immer mehr Fertigfutter für Terrarientiere kaufen kann, ist es preiswerter (und manchmal besser), selbst ein Menü zusammenzustellen. Probleme durch unkorrekte Fütterung kommen meist erst ans Tageslicht, wenn es zu spät ist. Halten Sie sich beim Füttern an folgende Regeln:

- Füttern Sie erwachsene Reptilien und Amphibien ungefähr dreimal pro Woche. Junge Tiere erhalten täglich mehrere Male eine geringe Futtermenge. Riesenschlangen bekommen nur alle drei bis vier Wochen ein großes Beutetier. Bei vielen Fleisch fressenden Gliederfüßern ist die Fütterung vom Zeitpunkt ihrer Häutung abhängig. Pflanzen fressende Gliederfüßer sollten stets frisches Futter zur Verfügung haben.
- Nicht gefressene Futtertiere können ruhende Terrarientiere stören oder verletzen. Wenn es kalt ist (nach dem Abschalten der Beleuchtung) sind warmblütige aktive Nagetiere eine Bedrohung für kaltblütige inaktive Terrarientiere. Reichen Sie frisches Futter und entfernen Sie älteres Futter, bevor es verschimmelt.
- Das Nahrungsangebot sollte nicht eintönig sein. Variieren Sie auch je nach Jahreszeit. Geben Sie einer Pflanzen fressenden Eidechse, die aus dem Winterschlaf erwacht ist, im Frühling grüne Blätter, im Sommer auch Blüten und im Herbst Samen und Früchte. Bestäuben Sie Grünfutter, Insekten und Fleisch für Reptilien, Amphibien, Skorpione und Tausendfüßer immer mit Vitamin- und Mineralstoffpräparaten. Bewahren Sie die Präparate im Kühlschrank auf.
- Wie beim Menschen ist auch bei den Terrarientieren zu viel Futter nicht gut. Überfütterte Tiere sind weniger fruchtbar und sterben früher.
- Schwächere Tiere können beim Fressen in einer Gruppe immer mehr in Rückstand geraten und dadurch gestresst werden. Hierdurch wird ihre Widerstandskraft gegenüber Parasiten geschwächt. Füttern Sie solche Tiere getrennt. Versuchen Sie, den Unterschied auszugleichen und halten Sie die Tiere eventuell separat.
- Füttern Sie tagaktive Terrarientiere, wenn sie sich unter einer Lampe aufgewärmt haben, das heißt etwa um 11 Uhr morgens. Füttern Sie nachtaktive Tiere (viele Geckos und Baumsteigerfrösche), nachdem die Beleuchtung abgeschaltet ist. Arbeiten Sie sauber und reinigen Sie Wasser- und Futternäpfe vor jeder Futtergabe.
- Tauen Sie tiefgefrorenes Futter nicht in der Mikrowelle oder im heißen Wasserbad auf. Legen Sie es einen Tag vor dem Verfüttern in den Kühlschrank.

Vitamine und Mineralstoffe

Das natürliche Nahrungsangebot der Terrarientiere ist wesentlich abwechslungsreicher, als das Futter, das der Mensch ihnen bieten kann. Deshalb müssen dem Futter Vitamine und Mineralstoffe zugefügt werden.

Bei vielen Gliederfüßern, die weniger als ein Jahr leben, muss man das Futter nicht derartig ergänzen. Sie haben ein einfaches Verdauungssystem und ihre Lebenserwartung ist so gering, dass sie keine Zeit haben, um an Vitaminmangel zu leiden.

KALZIUM UND PHOSPHOR

Reptilien und Amphibien haben ein Innenskelett. Zum Aufbau des Skeletts brauchen sie vor allem

Vermischen Sie Früchte, Endivie und Insekten immer mit einem Vitamin- und Mineralstoffpräparat.

Links: Calumma parsonii *beim Verzehren einer Heuschrecke*

Nestjunge Ratten eignen sich sehr gut als Futter für viele Echsen und kleine Schlangen, aber auch für große Vogelspinnen.

Kalzium (Ca) und Phosphor (P) in einem guten Verhältnis. Das Futter muss für die meisten Arten eineinhalbmal mehr Kalzium (Kalk) als Phosphor enthalten. Vor allem trächtige Reptilienweibchen und junge Tiere brauchen viel Kalzium. Skorpione und Tausendfüßer benötigen Kalk, um ihre Cuticula aufzubauen.

In der Natur liefern abwechslungsreiches Futter, Tau oder Regenwasser und die zusammen mit dem Futter aufgenommene Erde das nötige Kalzium. Im Durchschnitt besteht die Nahrung zu ca. 1 % aus Kalzium.

Wenn das Nahrungsangebot kalkarm ist, kann Rachitis auftreten. Dies führt zu schwammartigen, schwachen oder missgebildeten Knochen oder Eiern mit dünnen Schalen, schlechten Gelegen, wenigen, missgebildeten oder sogar toten Jungen. Ein Reptil mit Rachitis entzieht seinen Knochen Kalk. Die Folge ist, dass die Knochen weich werden. Solche Tiere haben dann keine dicke Muskelschicht, sondern eine kräftige harte Masse, die von einer dünnen Muskelfaserschicht umgeben ist. Wirbeltiere, Stücke eines Schulps (Schale eines Tintenfischs), Vogelkot und Eierschalen sind für Fleischfresser eine gute Kalziumquelle. Gliederfüßer, Fleisch ohne Knochen, Gemüse und Früchte enthalten meist zu wenig Kalzium im Verhältnis zum vorhandenen Phosphor. Diese Nahrung muss deshalb durch ein Kalziumpräparat ergänzt werden. Die verschiedenen Marken haben jeweils eine andere Zusammensetzung; verwenden Sie bei phosphorreichem Futter eine Mischung mit einem hohen Kalziumgehalt.

Zusätzliches Kalzium kann verabreicht werden, wenn man einen Esslöffel (4 g) milchsauren Kalk einem Liter Trinkwasser zusetzt und dies unter das Futter mischt.

WEITERE MINERALSTOFFE

Neben Kalzium und Phosphor müssen auch Natrium (Na) und Kalium (K) für den Flüssigkeitshaushalt und Magnesium (Mg) für den Enzym- und Eiweißstoffwechsel in entsprechendem Maße vorhanden sein.

Spurenelemente sind in geringen Mengen notwendig; ein Mangel daran kann zu ernsthaften Gesundheitsschäden führen. Jod (J) wird benötigt für die Schilddrüsenfunktion, Kupfer (Cu) für den Stoffwechsel und die Blutbildung, Mangan (Mn) und Zink (Zn) für die Enzymbildung, Selen (Se) für die Bildung von Vitamin E und Eisen (Fe) für den Blutfarbstoff Hämoglobin und den Stoffwechsel.

VITAMINE

In Abhängigkeit von der Tierart und ihrer Nahrung müssen neben Mineralstoffen auch Vitamine zugefüttert werden. Ein Mangel an Vitaminen verursacht Probleme. So wird zum Beispiel die Widerstandskraft der Tiere gegen Krankheiten und Parasiten verringert. Bestäuben Sie deshalb das Futter mit einem Vitamin- und Mineralstoffpräparat. Die fettlöslichen Vitamine A, D, E und K werden in der Leber aufgeschlossen und können auch zu hoch dosiert werden (Hypervitaminose). Ein Überschuss an den wasserlöslichen Vitaminen B, C und H wird über den Urin ausgeschieden.

Vitamin A sitzt als Provitamin in tierischen Fetten (Leber) und in Karotin. Ein Mangel an Vitamin A führt zu Haut- und Augenproblemen. Sumpfschildkröten zum Beispiel, die nicht ausgewogen ernährt werden, leiden oft an Augenkrankheiten. Schwierigkeiten bei der Häutung sind die Folge eines zu trockenen Terrariums oder eines Mangels an Vitamin A.

Ernsthafte Probleme können mit Vitamin-A-Gaben gelöst werden: Verabreichen Sie 2000–10 000 Internationale Einheiten pro Kilogramm (IE/kg) Futter oder lassen Sie 15 000–20 000 IE/kg Tier subkutan von einem erfahrenen Tierarzt injizieren. Nach der Injektion häuten sich die Tiere innerhalb kurzer Zeit mehrmals.

Bei einer Überdosierung von Vitamin A wird Vitamin D_3 niedrig gehalten. Landschildkröten fressen beispielsweise viel karotinreiches Grünfutter, erhal-

Eine Folge von Rachitis: missgebildete Jungtiere

Bestäuben Sie die Futterinsekten mit Vitamin- und Mineralstoffpräparaten.

ten somit viel Vitamin A und dürfen mit diesem Vitamin so wenig wie möglich zusätzlich versorgt werden.
Vitamin B kommt vor allem in Hefe, Leber, Muskelfleisch und Hülsenfrüchten vor. Ein Mangel an Vitamin B verursacht Probleme mit der Haut und der Verdauung.
Vitamin B_1 (Thiamin) hat eine wichtige Aufgabe bei der Funktion des Nervensystems. Mangelerscheinungen sind zum Beispiel Appetitlosigkeit und Trägheit.
Vitamin C erhöht die allgemeine Widerstandskraft eines Tiers. Es kommt vor allem in Zitronen, grünen Pflanzen, Kartoffeln, Milch und Leber vor.
Vitamin D_3, das wichtigste Vitamin für den Terrarianer, ist notwendig zur Kalziumaufnahme. Ein Mangel führt zu ähnlichen Erscheinungen wie bei Kalziummangel. Eine Überdosierung führt zu einer Anreicherung in den Organen und auf Dauer zu Vergiftungen und Problemen mit dem Skelett.
Vitamin D_3 wird mithilfe von UVB-Strahlen in der Haut produziert. Verwenden Sie für Ihre Terrarien Lampen, die solche Strahlen abgeben, halten Sie die Tiere in einem Freilandterrarium oder versorgen Sie sie mit Vitamin D_3. Sie können Vitamin D_3 in Tropfen- oder Pulverform dem Trinkwasser oder dem Futter zugeben.
Die Dosierung wird sehr unterschiedlich angegeben. Sie ist immer nur schwer anzupassen, da nicht jedes Tier gleich viel frisst oder trinkt. Geben Sie bei jungen Tieren 500–1000 IE/kg Tier pro Woche, bei erwachsenen Tieren 100–500 IE/kg und fügen Sie 10 000 IE/l Trinkwasser hinzu. Sie müssen mit Fingerspitzengefühl dosieren.
Vitamin E spielt unter anderem bei der Fortpflanzung und bei der Bildung einer Reihe anderer Vitamine eine Rolle. Hülsenfrüchte und Keime enthalten viel Vitamin E. Ein Mangel an Vitamin E zeigt sich beispielsweise darin, dass Reptilien schlecht aus dem Ei schlüpfen sowie in Veränderungen im Bindegewebe.
Vitamin H (Biotin) brauchen die Tiere für den Stoffwechsel. Ein Mangel an Biotin führt zu einer schuppenförmigen Haut, Muskelschwäche und einem verlangsamten Wachstum.
Unbefruchtete sowie rohe Eier enthalten Avidin, einen Eiweißkörper, der Biotin bindet und inaktiviert. Avidin führt bei hoher Dosierung zu Biotinmangel. Wenn das Ei gekocht wird, wird das Avidin unwirksam. Füttern Sie Eier fressende Reptilien deshalb nur mit befruchteten oder gekochten Eiern.

Futtertiere

Viele Terrarientiere brauchen lebendes Futter. Gekaufte Futtertiere wie Grillen, Heuschrecken, Fruchtfliegen und Nagetiere sind oft mager und haben einen geringen Nährwert. Dieser wird erhöht, wenn man die Futtertiere erst einige Tage lang selbst füttert. Versorgen Sie Fruchtfliegen mit Bananen und Grillen mit Fischfutter und Früchten. Selbst gezogene Futtertiere sind von einer besseren Qualität und wesentlich preiswerter als gekaufte Futtertiere.
Insekten brauchen ein Kalzium-Phosphor-Verhältnis von 1:3 bis 1:15. Für viele Terrarientiere muss dieses mithilfe eines Mineralstoffpräparats auf 2:1 korrigiert werden (siehe Abschnitt „Vitamine und Mineralstoffe" S. 39–41). Bestäuben Sie deshalb Futterinsekten mit einem Vitamin- und Mineralstoffpräparat.
Milben (kleine Plagegeister) werden hauptsächlich durch zu feuchtes oder verfaultes Futter angezogen. Sie meiden eine Futterzucht, wenn man getrocknetes Wermutkraut *(Artemisia absinticum)* aus der Apotheke aufhängt.

GRILLEN

Vier der ca. 2000 Grillenarten (Überfamilie Grylloidea) werden häufig als Futterinsekten gezüchtet.
Halten Sie in einem Zuchtterrarium niemals mehrere Grillenarten: Es wird immer nur eine Art überleben.

Strumpfbandnattern (hier eine junge Thamnophis proximus) *leiden oft unter einem Mangel an Vitamin B_1.*

Immer mehr Zoohandlungen verkaufen Grillen und andere Futterinsekten.

ACHETA DOMESTICA (HAUSGRILLE, HEIMCHEN)

Beschreibung

Diese häufigste Futterinsektenart wird 2,5 cm lang, hat kräftige Sprungbeine und ca. 3 cm lange Antennen. Die Tiere sind hell- und dunkelbraun gezeichnet. Beide Geschlechter haben lange Flügel, fliegen aber nur selten.

Verbreitungsgebiet

Die Hausgrille stammt ursprünglich aus Nordafrika, ist aber auch in Westeuropa an warmen Plätzen (zum Beispiel in Bäckereien) zu finden.

Haltung

Verwenden Sie ein mindestens 40 cm hohes Gefäß, damit die Grillen nicht herausspringen können, wenn der Deckel geöffnet ist. Der Behälter muss ausbruchssicher sein. Ein ausgedientes Aquarium mit einer Abdeckung ist bestens geeignet.

Das Zuchtbecken auf dem Foto oben rechts hat die Maße 80 x 50 x 50 cm. Auf dem Deckel ist links ein Stück äußerst feine Nylongaze zwischen Glasstreifen geklebt

Rechts davon befindet sich der grillendichte Deckel. Er liegt auf der vorderen und der hinteren sowie zwischen der linken und rechten Glasscheibe. Kleben Sie Silikonkautschuk auf die Ränder, decken Sie diese mit einem dünnen Plastikstreifen ab und setzen Sie den Deckel darauf. Der Silikonkautschuk wird sich innerhalb von 24 Stunden verfestigen. Kleben Sie Glasstreifen so unter den Deckel, dass er genau auf dem Silikonkautschuk zu liegen kommt.

Erwärmen Sie das Zuchtterrarium mit Lampen, Heizplatten oder -kabeln auf eine Temperatur von ca. 30 °C. Wenn es im Terrarium zu kalt ist, wachsen die Grillen nicht so schnell.

Bei Zimmertemperatur schlüpfen die Jungen nach zwei bis drei Monaten. Die Entwicklung der Jungtiere verläuft in 13 Stadien und dauert fünf bis acht Monate. Wenn die Temperatur bei ca. 30 °C liegt, schlüpfen die Jungen nach acht bis zehn Tagen. Die Grillen sind nach einem Monat und sieben Larvenstadien erwachsen.

Selbst gezüchtete Futtertiere sind preiswert und von guter Qualität.

Eine Grillenzuchtanlage

Das Abdichten eines Terrariums zur Zucht von Grillen

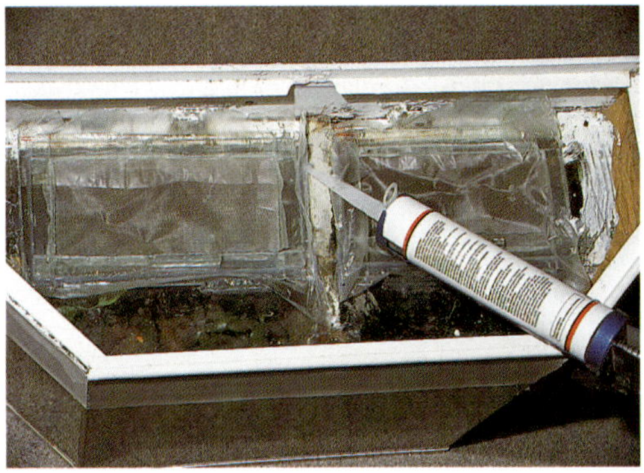

Sorgen Sie für eine rF von 50–70 %. In einem zu feuchten Becken können Milben zur Plage werden. Achten Sie also darauf, dass das Terrarium gut belüftet ist. Verwenden Sie leere Eierkartons als Brutstätten. Sie können sie übereinander stellen und damit jüngere Grillen von älteren trennen, um Kannibalismus zu verhindern.

Ein anderer Terrarientyp zur Aufzucht (ohne Deckel) hat eine gute Belüftung. Bekleben Sie den obersten Randstreifen der Innenseite des Behälters mit Plastikfolie oder bestreichen Sie ihn mit Paraffinöl. Auf glatten Oberflächen haben die Grillen keinen Halt. Fluchtversuche sind jedoch nicht ganz auszuschließen.

Geschlechtsunterschiede

Nur männliche Grillen zirpen (stridulieren), indem sie die Flügelränder übereinander reiben und dabei ihre Deckflügel steil aufwärts stellen. Damit locken sie Weibchen an und vertreiben andere Männchen aus ihrem Revier.

Grillenweibchen aller Arten sind an ihrem Legebohrer (Ovipositor) zu erkennen, einem Stachel zwischen den beiden Tastborsten (Cerci) am Hinterleib. Bei der Hausgrille ist der Legebohrer 1 cm lang und schwarz.

Eiablage

Grillenweibchen beginnen zwei Wochen nach der letzten Häutung mit der Ablage von 3 mm langen

weißen Eiern. Pro Tag legt ein gut gefüttertes Weibchen 150–200 Eier in Näpfchen mit angedrückter alter Erde. Bedecken Sie die Näpfchen mit Drahtgitter aus Metall, sodass Eifraß durch die Grillen verhindert wird. In zu nassem Boden verfaulen die Eier, wenn das Substrat zu trocken ist, vertrocknen sie.
Die Erdschicht sollte mindestens 6 cm tief sein. Halten Sie die Feuchtigkeit konstant.

Futter

Versorgen Sie die Grillen mit Hühnerfutter, Brot oder Fischfutter. Flüssigkeit geben Sie über Früchte und grüne Blätter (Gras oder Endiviensalat). Schlingen Sie ein Gummiband um eine Hand voll Gras, dann können Sie die Grillen nach einigen Tagen abschütteln und das Gras austauschen.
Sprühen Sie zweimal pro Woche etwas Wasser. Zu viel Feuchtigkeit fördert Milben und Schimmelpilze. Legen Sie Watte oder einen Schwamm in den Wassernapf, um zu verhindern, dass die Grillen ertrinken.
Wenn Sie die Grillen auf diese Weise versorgen, haben sie im Vergleich mit Mehlwürmern, Fliegenmaden oder Heuschrecken einen hohen Nährwert. Diesen können Sie noch steigern, wenn Sie Vitamin- und Mineralstoffpräparate über die Grillen stäuben.

Infektionen

Mit Torf oder Futter werden oft Milben eingeschleppt, die zwar für die Grillen nicht gefährlich sind, aber durch ihre starke Vermehrung lästig werden. Richten Sie die Zuchtkästen vorbeugend zwei- bis dreimal pro Jahr völlig neu ein. Tauschen Sie die Eierkartons aus und wechseln Sie den Bodengrund. Frieren Sie das Substrat für die Eiablage ein, damit alle unerwünschten Organismen absterben.

Verfütterung

Stellen Sie einen Eimer oder einen hohen Becher mit glatten Rändern in das Zuchtterrarium und schütteln Sie die Grillen aus einigen Eierkartons in den Becher. Verfüttern Sie hauptsächlich Männchen, alte Weibchen (mit einem gut gefüllten, dunklen Hinterleib) und kleine erwachsene Tiere. Selektieren Sie für die weitere Zucht große Grillen. Man braucht in einem Zuchtkasten zwar einige Männchen, aber die Produktivität ist vor allem von der Anzahl der Weibchen abhängig.
In Terrarien, in denen erwachsene Grillen leben, können Sie verhindern, dass es zu Nachzucht kommt. Eine Möglichkeit ist das Abknipsen des Legebohrers; die Weibchen können die Eier dann nicht mehr im Boden ablegen, sodass sie verschimmeln oder vertrocknen.
Nicht gefressene Grillen können ruhende Terrarientiere stören oder verletzen und die Dekoration im Terrarium, zum Beispiel Korkplatten, zerfressen. Verfüttern Sie die Grillen eventuell mit einer Pinzette oder setzen Sie sie erst einige Stunden in den Kühlschrank, sodass sie träge werden.
Füttern Sie kleine Amphibien nicht mit zu vielen Grillen, denn sie haben Probleme mit den stacheligen Füßen und dem relativ dicken Chitinpanzer.
Niemand kann verhindern, dass die Grillen auch einmal entwischen. Sie sitzen im Haus gerne an warmen Plätzen (hinter dem Kühlschrank). Stellen Sie hohe Gefäße mit einer glatten Innenwand mit Lockfutter (Obst mit Hefe) an Plätzen auf, die die Grillen bevorzugen.
Vermischen Sie zu gleichen Teilen Borax, Natriumfluorid und Traubenzucker, füllen Sie das Gemisch

Grilleneier in alter Blumenerde

Eiablageschale

Eine gut laufende Zucht bringt einen beachtlichen Ertrag.

in Näpfchen und stellen Sie diese an Plätzen auf, die für Kinder und Haustiere nicht erreichbar sind. Grillen, die davon fressen, sterben schnell. Sie dürfen sie nicht mehr an Ihre Terrarientiere verfüttern.

Zuchtkästen

Wenn Sie einen Grillenzuchtkasten für die Eiablage und einen weiteren für die Aufzucht der Jungen verwenden, können Sie mehr Grillen züchten.

Richten Sie einen Grillenkasten wie beschrieben für die Muttertiere ein. Nehmen Sie regelmäßig die Näpfchen heraus und legen Sie diese in einen Aufzuchtkasten. Nach zwei Wochen sind alle Grillen aus den Eiern geschlüpft und nach sechs Wochen sind sie erwachsen.

Setzen Sie die größten Tiere in den Kasten der Mütter und verfüttern Sie die restlichen Grillen. Säubern Sie das leere Aufzuchtbecken, bevor Sie eine neue Brut darin großziehen. Auf diese Weise vermeiden Sie aufgrund der ähnlichen Größe der Grillen ausgeprägten Kannibalismus und Eifraß. Darüber hinaus sind die Tiere gut sortiert. Berufszüchter haben viele Grillenkästen in einem beheizten Raum stehen, entfernen die Eier täglich und verfüttern relativ viel Kleie.

WEITERE GRILLENARTEN

Die folgenden drei Grillenarten werden häufig als Futtertiere gezüchtet. Die Zucht verläuft wie bei der Hausgrille, jedoch brauchen sowohl die Eier als auch die geschlüpften Tiere dieser Arten mehr Feuchtigkeit.

GRYLLUS BIMACULATUS (ZWEIFLECKENGRILLE)

Diese Art zirpt lauter als die Hausgrille, hat einen härteren Panzer und ist aggressiver gegenüber ruhenden Terrarientieren. Im Gegensatz zur Hausgrille überleben entwischte Exemplare nicht lange.

Beschreibung

Diese bis 3,5 cm lange Art ist überwiegend schwarz. Auf der Flügelbasis tragen die Tiere zwei gelbe Flecken.

Feldgrillen bei der Eiablage (auf dem Gitter) und eine Trinkschale mit einem Schwamm

Verbreitungsgebiet

Diese Feldgrille lebt in Küstengebieten des Mittelmeerraums und östlich davon bis Westasien.

GRYLLUS ASSIMILIS (STEPPENGRILLE)

Diese Art zirpt wenig und lebt nicht lange, wenn sie entwischt ist.

Beschreibung

Von der Form her ähnelt die Steppengrille einer großen Zweifleckengrille. Die Tiere sind gelbbraun und braun gezeichnet.

Verbreitungsgebiet

Afrika.

GRYLLODES SIGILLATUS (GEBÄNDERTE GRILLE)

Diese Art zirpt lange und ausdauernd. Sie überlebt im Haus nicht.

Beschreibung

Die Gebänderte Grille ähnelt stark der Hausgrille. Auf Brustteil und Abdomen verlaufen zwei schwarze Querstreifen. Die Flügel der Männchen bedecken die Hälfte des Hinterleibs, die der Weibchen sind unterentwickelt (rudimentär).

Die Tiere fressen kaum an Orchideen und Bromelien, deshalb eignen sie sich vor allem für Paludarien. Diese Art ist sehr produktiv. Frisch geschlüpfte Tiere durchlaufen eine lange Entwicklungszeit.

Regal mit einem Kasten für die Muttertiere (100 x 40 x 40 cm, Mitte) und mit Aufzuchtkästen (50 x 40 x 40 cm)

Steppengrillen (Gryllus assimilis)

Gebänderte Grille (Gryllus sigillatus), *Weibchen*

Verbreitungsgebiet
Afrika.

LOCUSTA MIGRATORIA UND *SCHISTOCERCA GREGARIA* (WANDER- UND WÜSTENHEUSCHRECKE)

Diese Heuschrecken gehören zu den Arten, die regelmäßig in Afrika zur Plage werden. Ihre riesigen Schwärme bestehen aus vielen Millionen bis Milliarden von Individuen, die täglich 30–50 km zurücklegen können.

Beschreibung
Locusta migratoria tritt in zwei verschiedenen Formen (Phasen) auf. Die Solitärphase mit einem großen Körper und braunen Flügeln lebt einzeln und wird nie schädlich.

Terrarianer kennen in der Regel die gregäre Form (Wanderphase), die zum Zusammenschluss und zur Wanderung neigt und zur Plage werden kann.

Die Weibchen dieser Form werden 6 cm lang, die Männchen nur 4 cm. Beide Geschlechter sind hellbraun, haben eine dunkelbraune Zeichnung und lange dunkelbraune Flügel. Sie können gut fliegen. Die Nymphen sind orangeschwarz.

Bei *Schistocerca gregaria* tritt die gregäre Form mit mehr als 500 erwachsenen Heuschrecken oder 5000 großen beziehungsweise 50 000 kleinen Nymphen pro Hektar auf. Die Tiere sind rosabraun mit einer dunkelbraunen Zeichnung auf dem Körper und den

Nymphe der Wüstenheuschrecke (Schistocerca gregaria)

Flügeln. Erwachsene Männchen sind gelblich gefärbt.

Die Weibchen werden bis 8 cm lang, die Männchen nur 6 cm. Die Augen sind vertikal gestreift. Beide Geschlechter können gut fliegen. Die Nymphen sind gelb, grün und schwarz gezeichnet (siehe Foto oben rechts).

Verbreitungsgebiet
Beide Arten sind Boden- und Strauchbewohner trockener, warmer Klimaregionen.

L. migratoria lebt rund um die Sahelzone, in Asien und manchmal auch in Südeuropa.

S. gregaria kommt von Nordafrika bis Mittelasien vor.

Haltung
Sorgen Sie tagsüber 16 Stunden lang für eine Temperatur von 32–40 °C und nachts für 25–30 °C. Der lange Tag sorgt für eine hohe Eiproduktionsrate. Setzen Sie die Tiere in Drahtkäfige (Maschenweite 0,8 mm), um die rF im Käfig niedrig zu halten. Exkremente, die durch das Gitter fallen, müssen täglich entfernt werden. Die Bodenschicht, zum Beispiel eine Mischung aus Erde und Sand, sollte mindestens 12 cm tief sein.

Futter
Diese Heuschrecken fressen verschiedene Blattgemüse, Heu und Obst. Meist wird frisches, trocke-

Wanderheuschrecke (Locusta migratoria), *erwachsenes Weibchen*

Aufzuchtbehälter für Heuschrecken

nes Gras, Weizen, Roggen oder Gerste gefüttert. Geben Sie auch Haferflocken oder in Milch aufgeweichtes Brot. Füttern Sie *S. gregaria* außerdem mit Laubblättern, Brombeerblättern, Kohl oder Salat. Im Winter können Sie Weizenkeime und Gras verfüttern.

Besprühen Sie die Terrarien nicht mit Wasser, auch ein Wasserschälchen ist nicht notwendig.

Geschlechtsunterschiede

Die Weibchen sind größer als die Männchen. Bereits bei halberwachsenen Weibchen ist der Legebohrer unter dem Ende des Hinterleibs sichtbar.

Die Männchen haben einen einfachen Genitalapparat. Sie machen eine schwaches Geräusch, indem sie ihre Beine am Körper entlangreiben.

Eiablage

Die Paarung dauert einige Stunden. Die Weibchen stecken ihren Hinterleib bis zu 12 cm tief in den Boden und legen ein rosaweißes, schaumiges Eipaket mit 40–140 Eiern ab. *L. migratoria* ist am produktivsten. Die Jungen schlüpfen je nach Temperatur nach zehn Tagen bis drei Monaten.

Zucht

Geben Sie die Eiablagegefäße in Zuchtkästen und säubern Sie diese nach jeder Generation. Die Nymphen sind beim Schlüpfen 6 mm lang und schwarz. Sie sind mit drei bis vier Wochen erwachsen und zwei Wochen später geschlechtsreif. Sie leben danach noch zwei Monate.

Verfütterung

Wanderheuschrecken werden von Terrarientieren gerne gefressen. Sie machen kaum Lärm, können jedoch Pflanzen anknabbern, wenn sie nicht sofort verzehrt werden.

TENEBRIO MOLITOR (MEHLWURM)

Mehlwürmer haben einen sehr geringen Nährwert. Sie sind fett und enthalten ca. 15-mal mehr Phosphor als Kalzium. Ihr harter unverzehrbarer Panzer kann die Därme von Reptilien und Amphibien verstopfen. Darüber hinaus schlucken diese Tiere die Würmer manchmal bei lebendigem Leib, sodass sie Magen- und Darmwände verletzen können.

Nymphe der Wanderheuschrecke (Locusta migratoria)

Verfüttern Sie Mehlwürmer nur an Vogelspinnen und Skorpione. An Reptilien und Amphibien können Sie sehr sparsam die frisch gehäuteten (weißen) Mehlwürmer verfüttern. Der Nährwert wird erhöht, wenn Sie die Futtertiere einige Stunden in ein Vitamin- und Mineralstoffpräparat legen.

Beschreibung

Mehlwürmer sind die Larven des Mehlkäfers. Aus den Eiern dieser 8 mm langen, schwarzen Käfer entwickeln sich goldbraune Mehlwürmer. Die Puppe hat keine Umhüllung und liegt frei auf dem Substrat. Die Käfer fliegen selten und dürfen wegen der harten Panzer nicht verfüttert werden.

Zucht

Verwenden Sie, um Fluchtversuche zu verhindern, einen Plastikkasten mit mindestens 3 cm hohen, glatten Wänden. Legen Sie einige Zentimeter Maismehl, Weizenkeime oder andere Mehlprodukte in den Kasten und verfüttern Sie regelmäßig ein Stückchen Obst oder Gemüse. Besprühen Sie ein Tuch (zum Beispiel einen Scheuerlappen) zweimal pro Woche. Darauf legen die Käfer ihre Eier ab. Auf dem Tuch können auch die Würmer versammelt werden. Bei einer Temperatur von 25–30 °C dauert der Zyklus ca. 16 Wochen.

Verfütterung

Geben Sie die Würmer in Näpfchen mit mindestens 3 cm hohen, glatten Wänden und legen Sie ein Apfelstückchen hinein. Würmer, die nicht sofort gefressen werden, können Terrarientiere und deren

Mehlwürmer und Mehlkäfer

Zuchtbecken für Mehlwürmer

Larven des Getreideschimmelkäfers (Alphitobius leavigatus)

Eier stören oder verletzen. Darüber hinaus zerfressen sie Dekorationen aus Kork.

ALPHITOBIUS LAEVIGATUS (GETREIDESCHIMMELKÄFER)

Auch die Larven des Getreideschimmelkäfers haben einen geringen Nährwert.

Beschreibung

Die Larven der braunschwarzen Käfer werden maximal 1,5 cm lang und sind goldbraun.

Zucht

Sorgen Sie für eine Temperatur von 28–30 °C. Setzen Sie die Käfer in einen geschlossenen Kasten mit einer Schicht aus fein gemahlenem Weizenmehl, Auszugsmehl und Maismehl (Verhältnis 15: 4:1) und verfüttern Sie einmal pro Woche eine halbe Frucht (zum Beispiel einen Apfel). Nehmen Sie die Käfer wöchentlich heraus und setzen Sie sie in einen neuen Kasten. Die Larven erreichen nach drei Wochen ihre Maximalgröße. Füttern Sie eventuell Hunde-, Katzen- oder Nagetierfutter zu.

Verfütterung

Geben Sie die Larven in eine Schale und stellen Sie diese in eine Schüssel. Die Tiere, die aus der Schale krabbeln, werden verfüttert. Lassen Sie die anderen Larven sich zwischen Eierkartons verpuppen und verwenden Sie diese zur Weiterzucht. Füttern Sie die Larven in Näpfchen mit mindestens 2 cm hohen glatten Wänden mit einem Stück Apfel. Larven, die aus dem Näpfchen krabbeln, können Terrarientiere stören oder verletzen. Darüber hinaus zerfressen sie Dekorationen aus Kork.

ZOPHOBAS MORIO (GROSSER SCHWARZKÄFER)

Dieser bodenbewohnende Käfer kommt aus dem tropischen Süd- und Mittelamerika. Verfüttern Sie nur die Larven von *Zophobas morio.*

Beschreibung

Die Larven werden 5 cm lang und ähneln Mehlwürmern. Die Käfer werden bis zu 3,5 cm lang.

Zucht

Geben Sie eine 10 cm tiefe Schicht mäßig feuchte Lauberde oder Torf (mit Sand vermischt), auf den Boden eines 10-l-Kastens. Hierauf legen Sie vermodertes Holz und Korkeichenrinde. Auch Eierkartons dienen als Versteck oder Verpuppungsplatz. Sorgen Sie für eine Temperatur von 25–30 °C und eine rF von 70 % ohne starke Beleuchtung. Entfernen Sie regelmäßig die Milben.

Larven des Großen Schwarzkäfers (Zophobas morio)

Füttern Sie diese Allesfresser mit Fleisch, Obst und Gemüse. Die Eier werden in die Ritzen der Rinde gelegt. Die Jungen schlüpfen nach acht bis 12 Tagen. Sprühen Sie einmal täglich. Auch die Larven sind Allesfresser; sie verzehren Insektenlarven (auch Artgenossen).

Nach zwei bis acht Wochen suchen sich die Larven einen geeigneten Platz zum Verpuppen. Sie bohren Gänge in das vermoderte Holz oder verpuppen sich zwischen den Eierkartons. Der Käfer kriecht nach drei bis vier Wochen aus der Puppe und lebt noch fünf Monate.

Verfütterung

Verfüttern Sie die Larven möglichst kurz nach der Häutung. Sie sind dann weiß.

SCHABEN

Schaben werden häufiger als „Zierinsekten“ gezüchtet und gelten nicht unbedingt als Futtertiere, da die ungeflügelten Arten von vielen Tieren nur ungern gefressen werden. Die grüne flugfähige *Panchlora nivea* eignet sich zum Beispiel gut für Chamäleons.

Schaben können sich bei einer optimalen Temperatur, einer normalen Luftfeuchtigkeit und dem richtigen Futter sehr schnell fortpflanzen.

DROSOPHILA-ARTEN (FRUCHTFLIEGEN)

Diese kleinen Fliegen haben keine harten Körperteile. Sie eignen sich für kleine Insekten fressende Terrarientiere, hauptsächlich also für Frösche, Kröten und junge Gliedertiere.

Beschreibung

Fruchtfliegen werden ca. 5 mm lang. Terrarianer züchten vor allem folgende flugunfähige Rassen:

- eine kleine Rasse mit unterentwickelten (rudimentären) Flügeln *(Drosophila melanogaster* 'vestigal').

Gläser mit Fruchtfliegen

Die beiden am häufigsten gezüchteten Fruchtfliegenarten. Sie können mit einem Stück Banane im Terrarium gehältert werden.

- eine große schwarze, rotäugige Art mit vollständig entwickelten, aber unbrauchbaren Flügeln *(D. hydei)*.
- eine Rasse, die abwechselnd ein Stückchen läuft und wieder stillsitzt. Sie ist für viele Terrarientiere attraktiv.

Zucht

Zur Zucht benötigen Sie einen Nährboden für die Fruchtfliegenmaden. Hierfür gibt es zahlreiche Rezepte mit Hefe, Früchten und einem Mehlprodukt als feste Bestandteile. Hier ein Beispiel: Erwärmen Sie etwas Wasser, Milch und Hefe in einem Topf (nicht kochen lassen). Rühren Sie Haferflocken darunter, bis ein dicker Brei entsteht. Geben Sie nun zwei Blatt Gelatine, $^1/_2$ Päckchen Backpulver, eine zerdrückte Banane, Zucker, einige Tropfen eines Vitaminpräparats und eine Messerspitze eines Fungizids dazu und verrühren Sie das Ganze. Die Masse muss so dick sein, dass sie nicht von selbst von einem Löffel gleitet. Nach Bedarf können Sie mit Haferflocken oder Wasser andicken beziehungsweise verdünnen.

Geben Sie die Masse in das Gefäß, in dem Sie die Fliegen züchten möchten, und decken Sie dieses sofort mit Küchenpapier ab. Warten Sie 24 Stunden. Geben Sie ein Knäuel aus Küchenpapier oder Holzwolle in das Gefäß, sodass die Puppen (und später die Fliegen) einen trockenen Platz finden. Schütten Sie dann 200–300 Fruchtfliegen auf den Nährboden. Die ersten Fliegen müssen Sie kaufen. Danach haben Sie schnell Fruchtfliegen aus eigener Zucht. Sie legen Eier, aus denen Maden schlüpfen, die die Hefe aus dem Medium fressen. Die Maden verpuppen sich, in Abhängigkeit von der Temperatur, innerhalb von zwei bis drei Wochen zu Fliegen.

Beginnen Sie wöchentlich eine neue Zucht. Die Nährböden können Sie einige Wochen im Kühl- oder Gefrierschrank aufbewahren. Geben Sie vor der Verwendung etwas Fruchtmasse und Hefe dazu. Legen Sie, wenn der Behälter durch die hohe Madenzahl zu feucht wird, noch ein Küchenpapierknäuel dazu. Wenn es zu viele Larven sind und das Futter verbraucht ist, geben Sie ein Stück Banane auf den Boden. Mit einem Stück reifer Banane kann außerdem ein zu trockener Nährboden befeuchtet werden. Auch die Fliegen können mit einem Stück Obst länger am Leben gehalten werden.

Eine derartige Zucht wird unangenehm riechen. Im Handel gibt es kommerzielle Instant-Medien, die geruchlos sind.

Verfütterung

Füttern Sie magere, mangelhaft entwickelte Fruchtfliegen einige Tage mit etwas Nährmedium oder einem Stück Obst. Verfüttern Sie sie dann restlos. Sie können in das Terrarium gestreut werden. Sie bleiben an einem bestimmten Platz im Behälter, wenn dort ein Stück Obst liegt. Auch das Glas mit übrig gebliebenen Fliegen kann in das Terrarium gestellt werden.

Fliegende Fruchtfliegen können mit überreifen Obststückchen in ein Marmeladeglas gelockt werden. Decken Sie das Glas schnell ab, wenn genügend Fliegen darin sind und stellen Sie es in das Terrarium.

MUSCA DOMESTICA (GROSSE STUBENFLIEGE)

Beschreibung

Diese aktiven Beutetiere halten Terrarientiere in Bewegung. Eine bestimmte Rasse kann nicht fliegen.

Zucht

Decken Sie einen Eimer mit einem Nylonstrumpf ab. Seitlich schneiden Sie ein Loch von ca. 15 cm Durchmesser heraus. Darin befestigen Sie ein etwa 10 cm langes Stück PVC-Schlauch, an dem ein

Zuchtbehälter für Stubenfliegen (Musca domestica)

80 cm langer Nylonstrumpf befestigt wird. Schneiden Sie den Fuß ab und verknoten Sie den Strumpf. Durch den Strumpf können Sie die Zucht im Eimer versorgen, ohne dass Fliegen entkommen.
In den Eimer stellen Sie Gefäße mit einem der folgenden drei Nährböden:

- Geben Sie zu 1,3 l Wasser 54 g Agar-Agar und kochen Sie das Ganze. Vermischen Sie 1,3 l Wasser mit 265 g Hefe sowie 265 g Milchpulver und mengen Sie diese Masse unter die noch nicht abgekühlte erste Mischung. Verteilen Sie den Brei auf die Gefäße im Eimer und legen Sie Holzwolle oder Sägemehl darauf.
- Mischen Sie aus Wasser, Hundefutter und Kleie einen Brei, geben Sie davon eine mehrere Zentimeter dicke Schicht in das Gefäß und legen Sie etwas Holzwolle darauf.
- Füllen Sie die Gefäße mit Erde, gemischt mit Weizenkleie und eingeweichtem Hundefutter und geben Sie darauf etwas Milchpulver. Die Fliegen werden durch das Milchpulver angezogen und legen ihre Eier auf das Substrat.

Verfütterung

Wenn die Maden verpuppt sind, stellen Sie das Gefäß mit den Puppen in das Terrarium. Vergessen Sie nicht, die Zuchtpopulation im Eimer wieder nachzufüllen. Nährwert und Lebensdauer der Fliegen werden erhöht, wenn sie im Terrarium mit überreifem Obst und Milchpulver gefüttert werden.
Fliegen, Maden und Puppen kann man bis zu zwei Wochen im Kühlschrank aufbewahren. Schon nach einigen Stunden sind die Fliegen so stark unterkühlt, dass es ca. zwei Minuten dauert, bis sie fliegen, wenn sie sich wieder bei Raumtemperatur aufhalten.

CALLIPHORIDAE (FLEISCHFLIEGEN)

Fleisch- oder Schmeißfliegen können Sie als Maden in Anglerfachgeschäften kaufen. Sie sind zwar nicht teuer, haben jedoch einen geringen Nährwert. Lassen Sie die Maden zur Erhöhung des Nährwerts in mit Sägemehl und Milchpulver vermischter Erde herumkriechen und sich verpuppen. Sie können die Tiere im Kühlschrank aufbewahren. Verwenden Sie niemals rot gefärbte Maden!
Fliegenmaden werden von Terrarientieren gerne gefressen, nur können sie aufgrund ihrer derben Haut manchmal nicht getötet und zerkaut werden. Deshalb werden sie lebendig verschluckt und können Magen und Darm der Terrarientiere verletzen.
Fleischfliegen schlüpfen bei einer Temperatur von 25 °C nach sechs Tagen. Sie werden mit einer Mischung aus Milchpulver, Zucker und Hefe oder mit überreifen Früchten gefüttert.

Füttern Sie Fliegen (im Terrarium) mit überreifem Obst und Milchpulver.

Maden, Puppen und Imago der Fleischfliege (Calliphora *sp.*)

Zuchtkästen für die Große Wachsmotte (Galleria mellonella)

GALLERIA MELLONELLA (GROSSE WACHSMOTTE)

Die ca. 1 cm langen Kleinschmetterlinge leben von alten Bienenwaben. Terrarientiere fressen die Motten und ihre bis zu 2 cm langen Raupen gerne. Die Wachsmotten haben einen geringeren Nährwert als die Raupen. Die Motten sind nachtaktiv und deshalb ein ideales Futter für nachtaktive Terrarientiere wie Geckos und Baumsteigerfrösche.

Zucht

Wachsmottenraupen fressen sich überall durch. Aus Blechbüchsen, Plastik- und Glasgefäßen können sie jedoch nicht entweichen. Nur zu Beginn der Zucht muss man die Behälter auf eine Temperatur von 25–28 °C erwärmen; eine gut laufende Zucht produziert Eigenwärme. Verwenden Sie zur Belüftung feinstes Drahtgitter. Ein Zyklus dauert fünf bis acht Wochen.

Raupe der Großen Wachsmotte (Galleria melonella)

Eine Große Wachsmotte auf einer alten Bienenwabe

Geben Sie ein Medium auf Honigbasis in den Zuchtbehälter. Folgende Rezepte haben sich in der Praxis bewährt:

- Erhitzen Sie 900 g Honig, 880 g Glyzerin und 200 g Kunsthonig, bis der Honig geschmolzen ist. Mischen Sie 400 g Hefe und 1360 g Vollkornmehl darunter. Bedecken Sie den Boden und die Seitenwände des Zuchtbehälters mit Kartonstreifen und geben Sie hierauf eine Schicht Nährboden. Legen Sie darauf wieder Kartons usw.
- Verkneten Sie 500 g Haferflocken, 250 g Hefeflocken, 250 g Weizenkeime, 250 g Glyzerin, 150 ml handwarmes Wasser und 100 ml Rosenöl zu einem feuchten Teig.

Sie können den Zuchtkasten auch mit alten Bienenwaben (vom Imker) füllen.

Terrarienliebhaber züchten am liebsten die Große Wachsmotte. Alte Bienenwaben sind oft mit der Kleinen Wachsmotte *(Achroea grisella)* infiziert, einer Art, die mit der Großen Wachsmotte konkurriert. Erhitzen Sie deshalb die Bienenwaben oder frieren Sie sie ein.

COLLEMBOLA (SPRINGSCHWÄNZE)

Diese 0,5–4 mm langen, weißen Tiere eignen sich gut für kleine Terrarientiere wie Pfeilgiftfrösche.

Zucht

Züchten Sie Springschwänze in kleinen, gut schließenden, ca. 15 cm hohen Gefäßen, auf deren Böden sich stets feuchte Torfplättchen, Erde oder Hydrokultursubstrat (in einem Netz) befinden. Verfüttern Sie Fischfutter (in einem Deckel) oder Scheiben von Gurken, Möhren und Kartoffeln. Stellen Sie die Zucht an einen feuchten, dunklen und kühlen Platz (10–20 °C).

Springschwänze (Collembola *sp.)*

ENCHYTRAEA-ARTEN

Die Gemeine Enchyträe *(Enchytraea albidus)* und das Grindalwürmchen *(E. bucholzi)* sind weiße Würmer. Enchyträen werden 2–2,5 cm lang, Grindalwürmchen ca. 1 cm. Beide Arten bleiben im Wasser bis zwei Tage am Leben. Sie sind für aquatische Amphibien und ihre Larven relativ fett.

Grindalwürmchenzucht

Geben Sie auf den Boden eines 1-l-Plastikeimers 2 cm feuchten, ungedüngten Torf und verteilen Sie darauf etwas Futter für die Grindalwürmchen. Decken Sie die Futterstelle mit einer Glasscheibe ab, verschließen Sie den Eimer mit einem Deckel mit Belüftungsmöglichkeit und stellen Sie ihn bei einer Raumtemperatur von ca. 20 °C auf. Verfüttern Sie kleine Würfel der Fruchtfliegenmischung (siehe S. 48), der kein Obst und kein Zucker zugefügt wurde. Vor dem Verfüttern können Sie die Glasplatte mit den Würmern in ein Gefäß abspülen.

Enchyträenzucht

Zur Zucht verwendet man kleine flache Holzkisten mit einer Höhe von 15 cm. Eine Mischung aus ungedüngter Blumenerde, Walderde, gesiebtem Sand und Torf dient als Substrat. Als Deckel eignet sich feine Gaze oder ähnliches feinmaschiges Gewebe. Formen Sie in der Mitte der Erdmischung eine kleine Mulde, die den Futterbrei aus Haferflocken mit einer Spur Zucker sowie etwas Margarine (und Vitaminen) oder überbrühtes Legemehl aufnimmt. Entfernen Sie verdorbenes Futter vollständig. Über die Futterstelle legen Sie eine Glasscheibe. Stellen Sie die Holzkiste im Dunkeln bei einer Temperatur von 10–20 °C auf und besprühen Sie die Erde gelegentlich mit Wasser. Legen Sie nach acht Wochen eine neue Kultur an.

REGENWÜRMER

Regenwürmer eignen sich bestens für fast alle Amphibien, viele Echsen und Schildkröten und einige

Schlangenarten. Sie haben einen hohen Nährwert und das Kalzium-Phosphor-Verhältnis liegt bei 1:1.

Regenwürmer sammeln

Stecken Sie eine Mistgabel in eine Wiese mit nicht zu trockenem Boden und bewegen Sie diese auf und ab. Nach kurzer Zeit krabbeln die Würmer aus dem Boden. Sie lassen sich am leichtesten im Dunkeln oder nach einem Regenschauer fangen. Den Überschuss an Würmern heben Sie in Eimern an einem kühlen Platz auf. Füllen Sie die Eimer mit der Erde, aus der Sie die Regenwürmer gesammelt haben. Verschließen Sie sie mit einem Deckel mit Belüftungslöchern und beleuchten Sie die Behälter, damit die Würmer nicht herauskrabbeln.

Zucht

Regenwürmer züchtet man in einer Styroporkiste (60 x 40 x 40 cm), deren Deckel mit Belüftungslöchern versehen ist. Eine kleine Lampe am Deckel verhindert Fluchtversuche. Füllen Sie die Kiste mit einer lockeren Schicht lehmiger Erde. Zweimal pro Woche werden an einer Futterstelle etwas klein geschnittenes Gemüse (keine Zwiebeln oder Lauch) und gemahlene Haferflocken angeboten.

Sorgen Sie für eine Temperatur von 15–20 °C. Der Boden darf nicht austrocknen und muss ausreichend belüftet sein. Achten Sie darauf, dass Sie, wenn Sie die Regenwürmer ausgraben, die kleinen glasigen Eier nicht beschädigen. Ein Zyklus kann bis zu drei Monate dauern.

Fast alle Amphibien schätzen Regenwürmer.

Das Sammeln von Regenwürmern

Mäuse sind ein geeignetes Futter für viele Terrarientiere.

Verfüttern Sie nestjunge Ratten unmittelbar nach der Geburt.

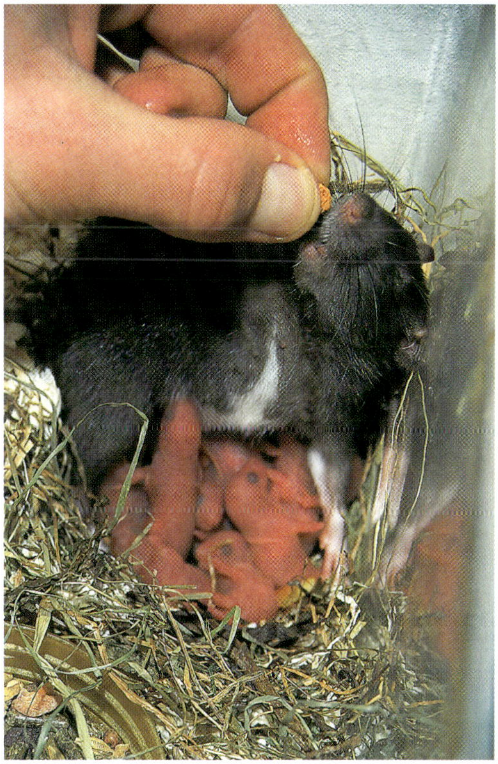

WIRBELTIERE ALS FUTTERTIERE

Wirbeltiere müssen nicht mit Vitamin- und Mineralstoffpräparaten angereichert werden.

NAGETIERE UND KANINICHEN

Neben Mäusen und Ratten können Sie auch Hamster und Wüstenratten verfüttern. Große Schlangen fressen sogar Kaninchen.

Mäuse

Mäuse werden bis zu 60 g schwer und können ein bis drei Jahre alt werden. Eine Maus ist mit etwa sechs Wochen geschlechtsreif, die Weibchen sollten jedoch erst mit vier Monaten gedeckt werden. Nach einer Tragezeit von 19–21 Tagen werden bis zu zehn rosafarbene blinde Junge geboren. Mit einiger Erfahrung kann man nach etwa zwei Wochen die Zitzen der Weibchen erkennen. Bei erwachsenen Tieren beträgt der Abstand zwischen Anus und Geschlechtsöffnung bei Weibchen ca. 5 mm, bei Männchen ca. 15 mm. Die Männchen verhalten sich meist aggressiver untereinander. Zum Züchten sind Mäuse etwa ein Jahr lang geeignet.

Haltung

Mäuse werden in Laborkäfigen oder in einem mit Gaze abgedeckten alten Aquarium gehalten. Achten Sie darauf, dass die Tiere nicht herausspringen können. In einem 43 x 17 x 15 cm großen Käfig können fünf erwachsene Mäuse mit ihren Jungen versorgt werden. Legen Sie eine Schicht Kleintierstreu, Sägemehl oder Hobelspäne auf den Boden. Torf nimmt Urin besser auf als Sägemehl, staubt aber mehr. Bieten Sie als Nistmaterial Papier und Heu an. Ein- bis zweimal pro Woche werden die Käfige gereinigt. Mäuse und Ratten sind Allesfresser. Verfüttern Sie handelsübliches Mäusefutter oder gemischtes Futter für Nagetiere und etwas Gemüse. Hängen Sie eine Trinkflasche auf.

Mäuse packt man am sichersten an der Schwanzwurzel. Mit Erfahrung kann man sie auch im Nacken greifen.

Ratten

Eine erwachsene Ratte wird bis 25 cm groß und wiegt bis zu 700 g (Weibchen) beziehungsweise 500 g (Männchen). Ratten werden ca. drei Jahre alt. Sie sind mit sechs Wochen geschlechtsreif, sollten aber erst mit vier Monaten gedeckt werden. Nach einer Tragezeit von 20–23 Tagen werden zehn bis 12 rosafarbene blinde Junge geboren. Mit einiger Erfahrung kann man bereits nach zwei Wochen erkennen, dass nur die Weibchen Zitzen haben. Bei erwachsenen Tieren beträgt der Abstand zwischen Anus und Geschlechtsöffnung bei Weibchen ca. 1,5 cm, bei Männchen 4 cm. Die Männchen sind im Umgang miteinander selten agressiv.

Haltung

Halten Sie Ratten wie Mäuse. In einem Laborkäfig (60 x 38 x 20 cm) können ca. drei erwachsene Tiere mit ihren Jungen versorgt werden. Sie verbreiten keinen solch unangenehmen Geruch wie Mäuse. Auch Ratten werden an der Schwanzwurzel gepackt.

Verfütterung

Nagetiere verfüttert man an Terrarientiere lebend und zu deren bevorzugten Fresszeiten. Ein hungriges Tier wird die Beute schnell ergreifen und verzehren. So vermeidet man auch, dass sie die Terrarientiere verletzen. Falls die Nagetiere bereits mit Vitamin D_3 oder A gefüttert wurden, muss man Terrarientiere nicht zusätzlich damit versorgen.

Nestjunge Mäuse und Ratten müssen nach dem Entfernen von der Mutter sofort verfüttert werden. Die noch vorhandene Muttermilch enthält viele wertvolle Nährstoffe und nur dann hat eine nestjunge Maus ein Kalzium-Phosphor-Verhältnis von 1:1. Ihr Skelett ist noch wenig verfestigt.

Eine nestjunge Maus lebt noch 22–48 Stunden nachdem sie von der Mutter getrennt wurde. Tiere, die nach 24 Stunden noch nicht gefressen wurden, müssen entfernt und gegebenenfalls getötet werden.

WEITERE WIRBELTIERE

Fische

Futterfische wie Guppys oder Schwertträger können schnell in einem Aquarium mit hartem Wasser bei einer Temperatur von 25–27 °C und ausreichender Strömung gezüchtet werden. Füttern Sie die Fische auch mit Gemüse.

Küken

Eintagsküken haben einen geringen Nährwert und dürfen nur als Beifutter gegeben werden.

WIESENPLANKTON

Wiesenplankton ist eine Mischung von Fliegen, Heuschrecken, Spinnen, Ameisen, Schwebfliegen, Mücken und Wanzen. Aufgrund der Vielfalt ist dies ein sehr gesundes Futter.

Wiesenplankton sammeln

Schlagen oder ziehen Sie ein Schmetterlingsnetz durch eine trockene hohe Wiese oder eine Grasfläche. Neben den genannten Tieren werden Sie

Regal mit Laborkäfigen für Mäuse und Ratten

Bänderteju (Tupinambis teguixin; *CITES-EU-Anhang B) beim Verzehren eines Kükens*

Das Sammeln von Wiesenplankton

Wiesenplankton, ein gesundes Futter

Schnecken können am besten bei feuchter Witterung (morgens oder nach einem Regenschauer) gefangen werden.

auch Grassamen und anderes Pflanzenmaterial einsammeln. Füllen Sie den Fang in Marmeladegläser.

Sammeln Sie Wiesenplankton nicht entlang viel befahrener Straßen oder an Stellen, die möglicherweise mit Insektiziden oder Ähnlichem verseucht sind (landwirtschaftliche Gebiete, Parks).

Verfütterung

Entfernen Sie unerwünschte Tiere (Bienen und Wespen) und stellen Sie das Glas in das Terrarium. Die Insekten krabbeln heraus und werden gefressen. Entfernen Sie das Glas am nächsten Tag.

Wiesenplankton wird nicht mit Vitamin- und Mineralstoffpräparaten bestäubt. Sie können es etwa eine Woche im Kühlschrank aufbewahren.

Mit Baumbändern können Sie auch im Winter Insekten fangen.

Auch Tanzmücken (ab Februar), Springschwänze (auf Holz), Spinnen und Heuschrecken (im Spätsommer) können Sie fangen und verfüttern. Schwebfliegen können Sie in großer Zahl von Blüten absammeln. Wenn Sie die Tiere im Hobbyraum freilassen, fliegen sie gegen die Fensterscheiben. Dort können sie mit einer Pinzette gepackt und dann in den entsprechenden Terrarien verteilt werden.

Nackt- und Gehäuseschnecken sind ein ausgezeichnetes Futter für viele Schildkröten, Echsen und Amphibien. Sie werden morgens oder nach einem Regenschauer gefangen. Man kann sie bei einer Temperatur von 15–20 °C in einer mäßig belüfteten Schachtel aufbewahren und züchten. Für Nacktschnecken verwenden Sie eine 10 cm tiefe Schicht aus Laub und Erde, für Gehäuseschnecken Gartenerde oder Torf. Füttern Sie die Schnecken mit gekochtem Gemüse, Gehäuseschnecken auch mit altem Brot. Bauen Sie Verstecke aus Rindenstücken. Säubern Sie die Schneckenzucht alle acht Wochen.

BAUMBÄNDER

Im Winter sind Futtertiere oft schwer ausfindig zu machen. Mithilfe von Baumbändern können Sie kleine natürliche Futtertiere zum Beispiel für Pfeilgiftfrösche fangen.

Das Anbringen eines Baumbands

Tubifex

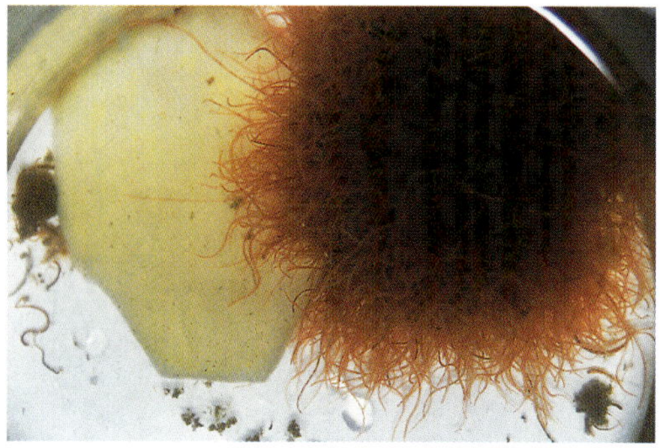

Ein Baumband besteht aus einem stabilen Kartonstreifen, über den ein Stück wasserfestes Papier und darüber ein relativ großes Stück Jute gelegt wird (siehe Foto S. 53 rechts). Das Band wird mit der offenen Seite nach unten mit einem Draht um den Baum gewickelt. Es ist ein ausgezeichnetes trockenes und warmes Versteck für überwinternde Insekten.
Befestigen Sie die Baumbänder im Juli am Stamm von Obstbäumen oder Eichen (höchste Ausbeute). Notieren Sie den Standort der Bäume, im Januar müssen Sie sie wiederfinden.
Bis zum Winter kriechen Insekten in die Baumbänder. Nehmen Sie die Bänder bei Bedarf ab und ziehen Sie sie über einem Eimer auseinander. Entfernen Sie unerwünschte Tiere und verfüttern Sie den Fang.

Ausbeute

Beispiel: Aus einem Baumband um einen Hochstamm-Apfelbaum wurden 200 Spinnen, 200 Tausendfüßer, 100 Käfer und 35 Wanzen geleert. Aus dem Band an einem Niedrigstamm-Apfelbaum kamen elf Motten, 24 Käfer, eine Wanze und 36 Spinnen. An jedem Band sitzen außerdem unzählig viele Tierchen, die kleiner als 0,5 cm sind.

PLANKTON

Hierzu zählen verschiedene kleine Wassertiere, wie Wasserflöhe, schwarze, weiße und rote Mückenlarven sowie Tubifex.
Für aquatische Amphibien und Sumpfschildkröten sind diese Tierchen ein ausgezeichnetes Futter. Die Mücken, die sich aus den Larven entwickeln, werden von kleinen Insektenfressern verzehrt, beachten Sie aber, dass sich aus den schwarzen Mückenlarven die berüchtigten Stechmücken entwickeln.
Kaulquappen sind ein gutes Futter für Strumpfbandnattern. Denken Sie jedoch daran, dass nach dem Gesetz alle Frösche in Deutschland geschützt sind.

Fangen, kaufen und aufbewahren

Wasserflöhe *(Daphnia)*, Hüpferlinge *(Cyclops)*, weiße und schwarze Mückenlarven können Sie in Gräben und Tümpeln fangen. Ziehen Sie einen feinmaschigen Kescher in horizontalen Achtern durch das Wasser. So wird zwar das Plankton, aber nicht der schmierige Boden aufgewirbelt. Schwarze Mückenlarven hängen an der Oberfläche und schießen bei Störung schnell auf den Boden.
Geben Sie den Fang zu Hause durch einen Filter und entfernen Sie zu große Tiere wie Larven von Libellen und Käfern.
Überschüssige Wasserflöhe bewahrt man am besten in Eimern mit großer Oberfläche bei schwacher Belüftung durch eine Luftpumpe auf. Stellen Sie den Eimer an einen halbsonnigen Platz bei einer Temperatur von maximal 25 °C. Verfüttern Sie wenig Milch, Hefe, Fischmehl oder Eipulver.
Rote Mückenlarven und Tubifex (rote, dünne Würmer) sitzen in verschmutztem Schlamm und können in Aquarienhandlungen preiswert erworben werden. Beide Tierarten dürfen maximal zweimal pro Woche verfüttert werden. Rote Mückenlarven dürfen nicht braunrot, ausgetrocknet und leblos sein. Sie werden in feuchter Zeitung im Kühlschrank aufbewahrt.
Tubifex in weißgrauen Klumpen sind von mäßiger bis schlechter Qualität. Setzen Sie die Tubifex in ein seichtes Becken mit langsam fließendem Wasser bei einer Temperatur von 10–20 °C. Verfüttern Sie scheibchenweise gekochte Kartoffeln.
Salinenkrebschen *(Artemia salina)* sind kleine garnelenartige Tiere, die zum Beispiel an Wasserflöhen (im Winter) verfüttert werden können. Sie werden als Eier gekauft. Belüften Sie das Wasser,

Rote Mückenlarven

dem Sie 20–25 g Salz pro Liter zufügen, und streuen Sie darauf einige Eier. Nach 24–48 Stunden schlüpfen die Larven (Nauplien) aus dem Ei. Wenn die Belüftung abgestellt wird, sinken sie auf den Boden und können herausgehoben werden. Die unverzehrbaren Eischalen treiben auf dem Wasser. Die Krebschen können mit ein wenig Hefe oder Brennnesselpulver gefüttert werden.

Fleisch

Fleisch von Wirbeltieren wird von vielen Terrarientieren (Echsen, Schildkröten und aquatischen Amphibien) gerne gefressen. Ein Übermaß an tierischer Nahrung kann jedoch zu (Nieren)problemen führen. Dosenfutter für Hunde und Katzen enthält oft Knochenmehl und ist bezüglich der Vitamine und Mineralstoffe ein relativ vollständiges Futter. Es muss jedoch frei von Farbstoffen sein und einen niedrigen Fettgehalt haben. Meist enthält es 0,2–0,3 % Kalzium, etwas weniger Phosphor und häufig sehr viel Vitamin A (2500–17000 IE/kg) sowie viel Vitamin D_3 (100–400 IE/kg). Reichern Sie das Dosenfutter mit ein wenig Kalziumlaktat an, aber nicht mit einem Vitamin- und Mineralstoffpräparat, um eine Überdosis von Vitamin A und D zu vermeiden und trotzdem das richtige Verhältnis von Kalzium zu Phosphor zu erzielen. Ein solches Futter sollte nicht mehr als 15 % der gesamten Nahrungsmenge ausmachen.

Für eingeweichtes Trockenfutter gilt das gleiche Verhältnis. Da es nicht aus 80 % Feuchtmasse besteht (wie Dosenfutter), ist hier ca. 1 % Kalzium enthalten (und wieder etwas weniger Phosphor). Rinderherz enthält 100-mal mehr Phosphor als Kalzium. Pro 100 g enthält es nur 2 mg Kalzium, kaum Ballaststoffe und viel Eiweiß. Man sollte es besser nicht verfüttern. Leber ist ähnlich problematisch und enthält zusätzlich noch viele Giftstoffe.
Beim Verfüttern von rohem Geflügel (Hühnchen) ist eine Infektion mit *Salmonella entiritidis* vollständig auszuschließen.

Pflanzliches Futter

Gemüse und Obst wird gut gewaschen, klein geschnitten und gemischt. Geben Sie diese Mischung in eine Schale und stellen Sie diese zum Beispiel auf ein Stück Fußbodenbelag, damit nicht zu viel Bodensubstrat zusammen mit dem Futter aufgenommen wird.
Wenn Sie pflanzliches Futter wie Gemüse und Früchte reichen, sollten Sie folgende Punkte beachten:
- Das Kalazium-Phosphor-Verhältnis (siehe Tabelle S. 56–57). Gehen Sie von mindestens eineinhalbmal mehr Kalzium (Ca) als Phosphor (P) aus. Ungünstige Verhältnisse können mit Multivitamin- und Mineralstoffpräparaten korrigiert werden. Die Werte, die in der Tabelle aufgeführt

Sumpfschildkröten und viele Echsen sind „wild" auf Dosenfutter für Katzen.

sind, werden unter anderem aufgrund unterschiedlicher Analysemethoden von anderen Tabellen etwas abweichen.

- Fasergehalt (siehe Tabelle unten). Für eine gut funktionierende Verdauung brauchen die Tiere viele Ballaststoffe.
- Eiweißgehalt. Dieser muss sich, jedenfalls bei Tieren, die hauptsächlich Pflanzen fressen, an der Obergrenze befinden, wie auch bei jungen Tieren und trächtigen Weibchen (siehe Tabelle unten). Auch Tofu kann als eiweißreiches Ergänzungsfutter gegeben werden.
- Vitamine. Vitamin C ist vor allem in Zitrusfrüchten, Vitamin A beispielsweise in Möhren enthalten.
- Abwechslung. Füttern Sie möglichst abwechslungsreich und testen Sie verschiedene Obstsorten, Gemüse oder Wiesenpflanzen.
- Oxalsäure. Sie kann Kalzium binden, sodass dieses nicht mehr für den Skelettaufbau verwendet werden kann. Oxalsäure ist außerdem für den Blutkreislauf problematisch. Rhabarber, Spinat, Petersilie, Mohrrüben und Brokkoli enthalten viel Oxalsäure.
- Nitrat vermindert das Sauerstofftransportvermögen des Bluts. Dies kann zu Krämpfen führen. Zu hohe Konzentrationen sind unter anderem in Schwarzwurzel und Spinat enthalten.
- Tannine können die Leber schädigen. Verfüttern Sie keine Erbsen und Gartenbohnen, da sie einen hohen Tanningehalt aufweisen.
- Zyanid kann Probleme mit dem Kehlsack (zum Beispiel bei Schildkröten) verursachen. Verfüttern Sie deshalb nicht zu viel Kohl.
- Sammeln Sie Futter wegen möglicher Schadstoffe nicht an viel befahrenen Straßen.

Allerlei Pflanzen können verfüttert werden. Pflücken Sie diese nicht entlang von viel befahrenen Straßen.

TABELLE

Die Tabelle gibt die Werte für frische rohe Gemüse- und Obstsorten an.

Gemüse	*Ca mg/100 g*	*P mg/100 g*	*Ca:P*	*Ballaststoffe g/100 g*	*Eiweiß g/100 g*	*Bemerkung*
Aubergine	7	22	0,3:1	2,5	1,0	
Bleichsellerie	40	25	1,6:1	1,7	0,8	
Blumenkohl	22	44	0,5:1	2,5	2,0	
Brechbohne	37	38	1,0:1	3,4	1,8	
Brokkoli	48	66	0,7:1	3,0	3,0	reich an Oxalsäure
Chinakohl	105	37	2,8:1	1,0	1,5	++
Endivie	52	28	1,9:1	3,1	1,3	
Erbse	25	108	0,2:1	5,1	5,42	zu reich an Gerbstoffen
Gartenbohne	22	95	0,2:1	4,2	5,6	zu reich an Gerbstoffen
Grünkohl	135	56	2,4:1	2,0	3,3	++
Gurke	14	20	0,7:1	0,8	0,7	
Kartoffel (geschält)	7	46	0,2:1	1,6	2,1	
Kürbis	15	32	0,5:1	1,2	1,2	
Lauch	59	35	1,7:1	1,8	1,5	
Löwenzahnblatt	187	66	2,8:1	3,5	2,7	++
Mais	2	89	0,02:1	2,7	3,2	
Mohrrüben	27	44	0,6:1	3,0	1,0	reich an Vitamin A, reich an Oxalsäure
Paprika	9	19	0,5:1	1,8	0,9	

Gemüse *(Fortsetzung)*	*Ca mg/100 g*	*P mg/100 g*	*Ca:P*	*Ballaststoffe g/100 g*	*Eiweiß g/100 g*	*Bemerkung*
Pastinake	36	71	0,5:1	4,9	1,2	++
Petersilie	138	58	2,4:1	3,3	3,0	reich an Oxalsäure
Raps	190	42	4,5:1	2,4	1,5	++
Rhabarber	86	14	6,1:1	1,8	0,9	
Rotkohl	51	42	1,2:1	2,0	1,4	
Salat, einzelne Blätter	68	25	2,7:1	1,9	1,3	
Salat, Eisberg	19	20	1:1	1,4	1,0	
Salat, Kopf	32	23	1,4:1	1,0	1,3	
Sojabohnenkeime	13	54	0,2:1	1,8	3,0	reich an Vitamin B
Spinat	99	49	2,0:1	2,7	2,9	reich an Oxalsäure
Spitzkohl	47	23	2,0:1	2,3	1,4	
Sprossen	42	69	0,6:1	4,2	3,4	
Tomate	5	24	0,2:1	1,1	0,9	
Weißkohl	47	23	2,0:1	2,3	1,4	
Wirsing	35	42	0,8:1	3,1	2,0	
Zichorie	19	26	0,7:1	3,1	0,9	

Früchte	*Ca mg/100 g*	*P mg/100 g*	*Ca:P*	*Ballaststoffe g/100 g*	*Eiweiß g/100 g*	*Bemerkung*
Apfel (ungeschält)	7	7	1,0:1	2,7	0,2	
Banane	6	20	0,3:1	2,4	1,0	
Birne (ungeschält)	11	11	1,0:1	2,4	0,4	
Dattel (getrocknet)	32	40	0,8:1	7,5	1,9	
Erdbeere	14	19	0,7:1	2,3	0,6	
Feige	35	14	2,5:1	3,3	0,8	
Kaktusfeige	56	24	2,3:1	3,6	0,7	
Kiwi	26	40	0,7:1	3,4	1,0	
Kokosnuss	14	113	0,1:1	9,0	3,3	
Mandarine	14	10	1,4:1	2,3	0,6	
Mango	10	11	0,9:1	1,8	0,5	
Papaya	24	5	4,8:1	1,8	0,6	
Pfirsich	5	12	0,4:1	2,0	0,7	
Pflaume	4	10	0,4:1	1,5	0,8	
Trauben	11	13	0,9:1	1,0	0,7	
Wassermelone	8	9	0,9:1	0,5	0,6	

Neben den in der Tabelle aufgeführten empfohlenen Gemüsearten und Früchten können auch Alfalfagras, Weinlaub, Echte Kamille, Himbeere, Hirtentäschelkraut, Kirschen, Klee (Blatt und Blüte), Kohlrabi (Blätter und geraspelte Knolle), Kräuter, Kürbis, Löwenzahn (Blatt und Blüte, keine Stängel), Veilchen und Wegerich verfüttert werden.

Lassen Sie Bohnen, Sonnenblumenkerne, Linsen (orange) und andere Saaten eventuell erst keimen oder weichen Sie die Samen ein, bevor sie verfüttert werden.

Keimlinge von Linsen, Luzerne (Alfalfa), Kohlsaaten, Rettich, Weizen und Sonnenblumen sind ein ausgezeichnetes Futter.

Der Stamm Arthropoda (Gliederfüßer)

Der Stamm der Gliederfüßer umfasst ungefähr drei Viertel der Gesamtzahl aller bisher beschriebenen Tierarten und bietet eine ungeheure Mannigfaltigkeit an Formen und Farben. Zu diesem Stamm wirbelloser Tiere gehören der Unterstamm Chelicerata (Scherenfüßer oder Fühlerlose) mit den Klassen Merostomata (Hüftmünder), Arachnida (Spinnentiere) und Pantopoda (Asselspinnen).
Weitere Unterstämme bilden die Diantennata (Zweiantennentiere) mit der Klasse Crustacea (Krebstiere) und Tracheata (Tracheentiere) mit der Klasse Myriapoda (Tausendfüßer).

BESCHREIBUNG

Bei den Gliederfüßern sind die Beine und meist auch der Körper in Segmente unterteilt. Sie haben kein Innenskelett wie Wirbeltiere, sondern einen starren Außenpanzer (Chitin-Cuticula). Dieses „Außenskelett" besteht aus einer Eiweißverbindung (Arthropodin) und einem Kohlenhydrat (Chitin). An vielen Stellen ist es dank eines Phenols verhärtet, (sodass Sklerotin entsteht) oder durch Mineralstoffe wie Kalzium. Die auf diese Weise entstandenen kräftigen Platten oder Röhren sind durch elastische Häute (Gelenke) miteinander verbunden. Der Panzer dient als Schutz, ist wasserdicht und kann zu allerlei nützlichen Werkzeugen ausgeformt sein.
Der Panzer wächst nicht mit den Tieren. Deshalb müssen sich Gliederfüßer regelmäßig häuten. Dabei kriechen die Tiere aus ihrer alten Haut heraus, unter der sich bereits eine neue gebildet hat. Schnell wird Luft in die Därme gepumpt, wodurch der Körper größer wird und die neue Haut sich dehnt. Dann kann diese trocknen und aushärten. Während des Häutungsprozesses sind die Tiere äußerst verletzbar.
Gliederfüßer haben einfache Augen oder zusammengesetzte Facettenaugen. Mit anderen Sinnesorganen (Antennen mit Sensoren, Haaren, Ohren) werden Geruchs- und Geschmackssignale sowie Geräusche wahrgenommen.
Das Nervensystem zieht sich wie eine Strickleiter durch den Körper hindurch, wobei sich im Kopf ein zentrales Nervenbündel befindet, das alles koordiniert.
Das Blut strömt frei durch den ganzen Körper und wird von einer pumpenden Ader im Rücken (dem Herzen) in Fluss gehalten.

Stabheuschrecke aus Süd-Kamerun

REGENERATION

Gliederfüßer können verloren gegangene Gliedmaßen (nach ca. drei Häutungen) ersetzen. An den Beinen befinden sich oft „Sollbruchstellen". Wenn ein Glied an einer solchen Stelle abbricht, schließt sich die Wunde sehr schnell, sodass wenig Körperflüssigkeit verloren geht.

DAS PRÄPARIEREN VON HÄUTEN ODER TOTEN TIEREN

Die alte Haut besitzt noch alle äußerlichen Kennzeichen des Tiers. Nach der Häutung bleibt sie noch ein bis zwei Tage elastisch. Sie kann mit Nadeln in eine schöne Form gebracht werden. Eine Woche später ist sie getrocknet und kann unbegrenzt aufbewahrt werden.
Tote Tiere kann man auf die gleiche Weise präparieren: Lassen Sie Arten mit einem harten Panzer,

Die alte Haut (Exuvie) einer Fangheuschrecke

wie zum Beispiel Käfer, trocknen. Andere Spezies besprühen Sie mit 70–100%igem Alkohol und lassen sie länger trocknen. Große Teile von Tieren, wie der Hinterleib einer Vogelspinne, werden am besten entleert und mit Watte oder PUR-Schaum ausgestopft.

VERBREITUNGSGEBIET

Gliederfüßer sind mit Ausnahme der Polarregionen auf der ganzen Welt verbreitet. Ihre größte Mannigfaltigkeit erreichen sie in den Tropen.

KRANKHEITEN

Gliederfüßer können von Viren, Bakterien und Schimmelpilzen befallen werden. Meist werden diese über die Nahrung aufgenommen. Solche Krankheiten bleiben oft unbemerkt, sodass das Tier ohne erkennbare Ursache stirbt. Arbeiten Sie deshalb hygienisch und spülen Sie pflanzliche Nahrung gründlich mit Wasser ab.
Wildfänge können mit Innenparasiten wie Schlupfwespenlarven verseucht sein. Dagegen können Sie nichts unternehmen. Die Tiere sterben oft kurz darauf und die Schlupfwespen kommen zum Vorschein. Auch Würmer sind eine häufige Todesursache. Insekten werden außerdem manchmal von Fliegenlarven aus der Familie Phoridae befallen.
Seien Sie vorsichtig im Umgang mit Insektiziden und anderen Giftstoffen! Sie haften oft an neu gekauften Zimmerpflanzen, frischer Blumenerde oder Korkplatten.

Lassen Sie tote Gliederfüßer (hier eine Fangheuschrecke) in der gewünschten Stellung trocknen.

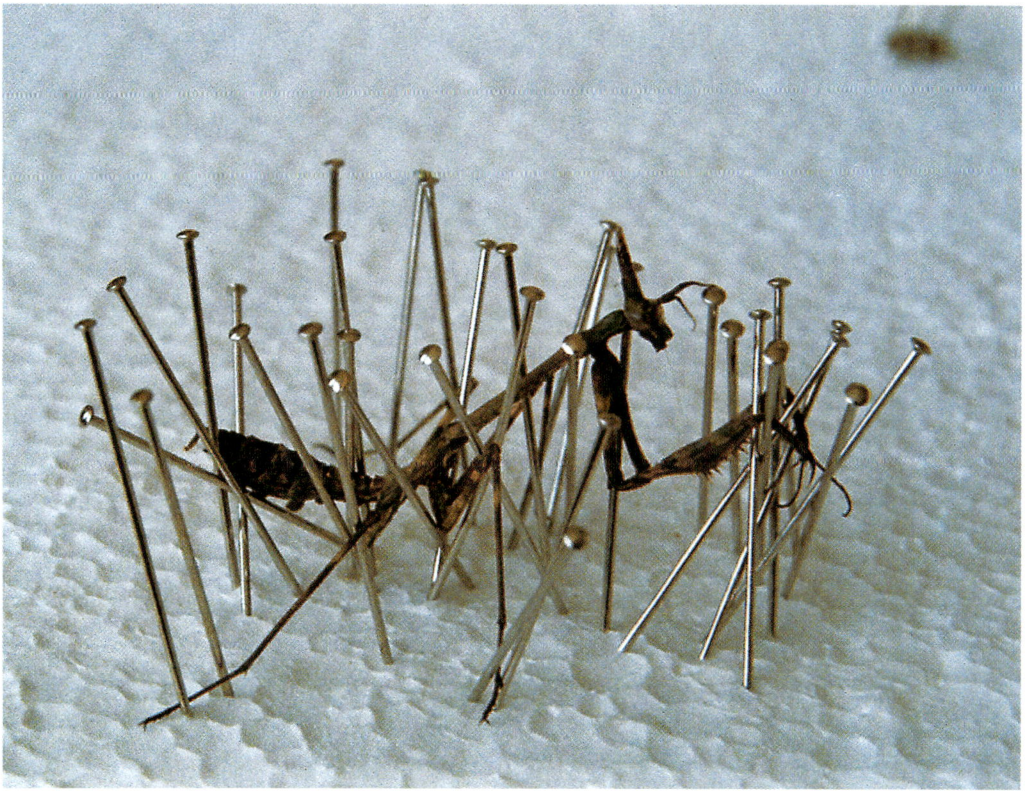

Weibchen der Malaiischen Riesengespenstheuschrecke (Heteropteryx dilatata) *bei der Häutung*

Die Klasse Insecta (Insekten)

Insekten erfreuen sich keiner großen Beliebtheit. Sie werden meist als Plagegeister betrachtet. Denken Sie zum Beispiel an Wespen, Mücken und Schädlinge in der Landwirtschaft. Dadurch bleiben Schönheit, Eigentümlichkeit und Reiz dieser Tiergruppe vielen Menschen verborgen.

BESCHREIBUNG

Die Vielfalt innerhalb dieser größten Tierklasse ist enorm. Man unterscheidet 26 Ordnungen. Ungefähr 850 000 der etwa eine Million Arten wurden bisher beschrieben, doch nur einige Dutzend Spezies kennt man wirklich gut. Vom Rest weiß man kaum mehr als den wissenschaftlichen Namen.

Ein Insektenkörper besteht aus drei Teilen: Kopf (Caput), Bruststück (Thorax) und Hinterleib (Abdomen). Am Kopf befinden sich die Mundwerkzeuge. An der Unterlippe (Labium) sitzen Taster. Die Unterkiefer sind oft sehr hart (sklerotisiert). Sie zermahlen oder zerreißen die Nahrung und arbeiten wie Messer. Oft sitzt an ihnen auch ein Kiefertaster. Die Oberkiefer (Mandibeln) schieben die Nahrung nach innen und arbeiten gewissermaßen wie Gabeln. Bei Schmetterlingen sind die Mandibeln zu einem Röhrchen, bei Fliegen zu einem saugfähigen „Stempel" umgebildet. Die Oberlippe (Labrum) ist unpaarig ausgebildet. Die Fühler am Kopf sind mit Geruchs- und Tastorganen ausgestattet und können unterschiedliche Formen haben.

Insekten besitzen in der Regel zwei Facettenaugen, die aus hunderten bis tausenden kleiner Augen und/oder einigen einfachen Augen (Ocellen) bestehen. Fangheuschrecken und verwandte Arten haben auf dem Kopf zusätzlich drei Punktaugen.

Das Bruststück besteht aus drei Segmenten: Hinter dem Kopf befindet sich das Pronotum, in der Mitte der Mesothorax und vor dem Hinterleib der Metathorax. An jedem Segment sitzt ein Beinpaar; an den hintersten beiden tragen erwachsene Insekten meist zwei Flügelpaare. Das Bruststück enthält größtenteils die Muskulatur der Fortbewegungsorgane.

Die Beine bestehen aus fünf Segmenten. Vom Körper aus betrachtet sind dies die (meist kurze) Coxa (Hüfte), der sehr kurze Trochanter (Hüftring), der lange Femur (Schenkel), die lange Tibia (Schienbein) und der Tarsus (Fuß). Der äußerst gelenkige Fuß besteht aus verschiedenen kleinen Segmenten (Tarsomeren) und zwei Krallen; dazwischen sitzt meist eine Haftscheibe. Das Ende des Fußes, der

Anatomie eines Insekts

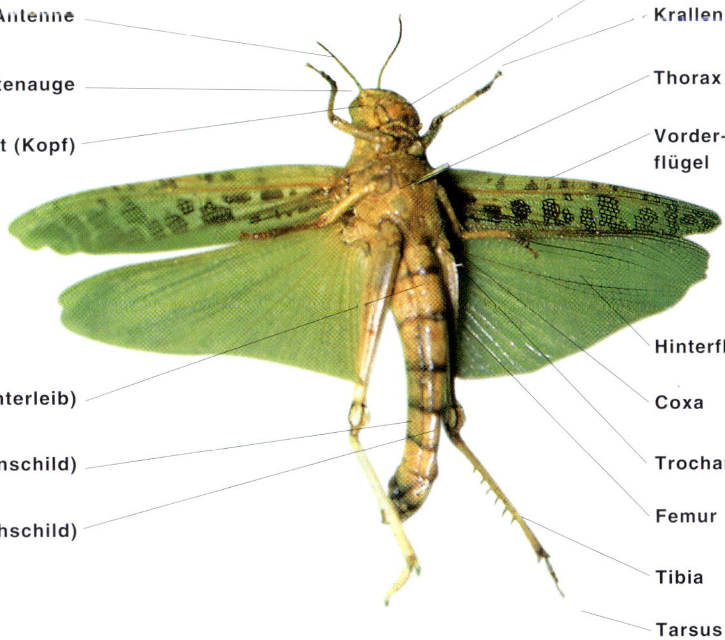

Prätarsus, wird manchmal als abgetrenntes sechstes Segment betrachtet. Die Beinglieder können auf unterschiedlichste Weise umgebildet sein, sodass einige Insekten damit springen, graben, schwimmen oder ihre Beute fangen und festhalten können. Insekten haben keine oder zwei Flügelpaare. In letzterem Fall sind die häutigen Hinterflügel unter den kräftigen Vorderflügeln verborgen. Mit ihnen fliegen die Tiere, produzieren Geräusche und schrecken Feinde ab (Warnfarben). Sie dienen zur Tarnung und zum Schutz des Körpers. Insektenflügel sind keine vergrößerten Gliedmaßen (wie bei Vögeln), sondern eigenständige Neubildungen.

FORTPFLANZUNG

Insekten sind in der Regel getrenntgeschlechtig und pflanzen sich normalerweise durch Begattung und innere Befruchtung fort. Bei einigen Arten oder Populationen entwickeln sich auch aus unbefruchteten Eiern Nachkommen, man spricht dann von Parthenogenetischer Fortpflanzung (Jungfernzeugung).
Die meisten Insekten legen Eier, einige Arten sind (ei-)lebend gebärend. Die Eier haben eine Hülle aus Chitin und sind in Form und Farbe dem Ablageplatz angepasst.
Bei geflügelten Insektenordnungen können die Jungen wie die Eltern aussehen (Nymphen) oder ganz anders. Nymphen unterliegen einer unvollständigen Verwandlung ohne Puppenstadium (hemimetabole Metamorphose). Nach einigen Häutungen sind sie erwachsen und häuten sich dann nicht mehr. Bei der letzten Häutung werden die Flügel entfaltet, zum Beispiel bei Fang- und Gespenstheuschrecken.
Bei Insektenarten, die eine vollkommene Umwandlung (holometabole Metamorphose) durchlaufen, nennt man die Jungtiere Larven. Sie machen nach einigen Häutungen ein Puppenstadium durch. Aus der Puppe schlüpft das erwachsene Insekt. Zu diesen Insektenarten gehören zum Beispiel Schmetterlinge und Käfer. Es gibt außerdem Insektenarten, die keiner Metamorphose (ametabol) unterliegen, die Ur-Insekten. Voll entwickelte Insekten bezeichnet man als Vollkerf oder Imago.

Gespenstheuschrecken machen eine unvollständige Verwandlung durch. Die Flügel sind bei den Nymphen sichtbar.

Die Larven von Insekten mit vollständiger Metamorphose durchlaufen ein Puppenstadium, bevor sie erwachsen werden. Hier ist die Puppe eines Rosenkäfers zu sehen.

VERTEIDIGUNG UND UMGANG

Verteidigungsstrategien und der Umgang mit der jeweiligen Insektenart werden bei den verschiedenen Ordnung besprochen. Man sollte bedenken, dass man auf alle Insekten allergisch reagieren kann, was sich zum Beispiel in heuschnupfenartigen Symptomen ausdrücken kann.

Die Ordnung Phasmida (Gespenstheuschrecken)

Gespenstheuschrecken (fünf Familien mit 16 Unterfamilien) und Wandelnde Blätter (Familie Phyllidae) bilden zusammen die Ordnung Phasmida. Sie verdanken ihren Namen dem griechischen Wort „phasma", das „Gespenst" bedeutet. Es handelt sich fast immer um nachtaktive Tiere, die tagsüber auf ihre Tarnung vertrauen und sich nur wenig bewegen.
Viele Menschen kennen nur eine Art, die Gemeine oder Indische Stabheuschrecke *(Carausius morosus)*. Weltweit wurden bisher ca. 2600 Arten beschrieben; die Gesamtzahl wird auf 4000 geschätzt. In Europa gibt es ca. 100 Arten. Liebhaber suchen auf der ganzen Erde neue Spezies und versuchen sie zu züchten.

Carausius morosus, *die bekannteste Stabheuschrecke*

Beschreibung

Gespenstheuschrecken sind meist stab- oder blattförmig oder imitieren mit ihrem relativ robusten Körper ein Stück Rinde. Die Tarnung ist häufig mit einer ruckartigen Bewegungsweise kombiniert, sodass die Tiere wie vom Wind bewegte Pflanzenteile wirken.

Bei Gespenstheuschrecken sind die letzten beiden Thoraxsegmente sehr lang; die Tiere laufen mit allen Beinen. Ihr Hinterleib besteht aus zehn Segmenten. Das erste ist mit dem letzten Thoraxsegment verschmolzen.

Die meisten Spezies tragen Flügel. Bei einigen Arten haben sowohl die Männchen als auch die Weibchen vollständig entwickelte Flügel. Bei anderen sind diese bei den Männchen vorhanden, bei den Weibchen hingegen nur rudimentär. Einige Spezies sind flügellos.

Verbreitungsgebiet

Vertreter der Ordnung Phasmida kommen auf der ganzen Erde in den Tropen und Subtropen vor. Die größte Artenvielfalt ist in Südostasien und Südamerika zu finden. In Afrika leben hauptsächlich Grasfresser. In Südeuropa sind die Gattungen *Bacillus, Leptynia* und *Clonopsis* beheimatet. Letztere kommt in der Bretagne vor.

Haltung

Ein Insektarium für Gespenstheuschrecken muss mindestens dreimal so hoch wie das längste Tier sein (Häutung). Sie brauchen außerdem nicht so oft zu füttern, wenn Sie größere Futterzweige mit vielen Blättern in das Insektarium stellen können.

Folgende Behälter sind als Insektarien geeignet:

- Ein aufrecht gestelltes Aquarium, dessen Ober- und/oder Vorderseite zur Belüftung teilweise mit Gaze bespannt ist.
- Standardterrarien: Hier sollte die Hälfte einer Seite aus Aluminiumgaze bestehen, die übrigen Seiten aus Glas.
- Plastikgefäße und -becken, deren Öffnung mit einem Nylonnetz überzogen ist.
- Gitterkäfige, denn sie werden optimal belüftet.

An diesem Grashalm sitzt eine unbestimmte Ramulus-*Art (die Aufnahme stammt aus dem Tschad).*

Ein Insektarium mit Stabheuschrecken

Sorgen Sie tagsüber mit einer kleinen Glühlampe für eine Temperatur von 21–28 °C. Nachts schalten Sie die Lampe aus (17–22 °C). Bei hohen Temperaturen fressen Gespenstheuschrecken mehr und ihr Lebenszyklus läuft schneller ab. In der vollen Sonne oder auf der Heizung werden Insektarien zu warm. Viele Gespenstheuschrecken trinken gerne und eine hohe Luftfeuchtigkeit fördert die Häutung. Besprühen Sie das Insektarium täglich am Abend mit (Regen-)Wasser, vor allem, wenn Sie Jungtiere halten. Verwenden Sie einen feinen Sprühkopf, denn an zu großen Tropfen können kleine Nymphen haften bleiben und ertrinken. Die Tröpfchen müssen innerhalb weniger Stunden verdunstet sein, um Krankheiten und Schimmelpilzinfektionen zu vermeiden. Belüften Sie den Behälter gut; mindestens eine Seitenwand sollte aus Gaze sein. Zugluft ist für die Häutung problematisch.

Stellen Sie die Futterzweige in ein Gefäß mit Wasser, das Sie mit Aquarienfilterwatte abdecken, damit die Insekten nicht darin ertrinken. Geben Sie eventuell einen Esslöffel Zucker pro Liter Wasser hinzu, die Futterzweige bleiben dann länger frisch. Sie werden ausgetauscht, wenn sie zu welken beginnen.

Gespenstheuschreckenarten, die ihre Eier in den Boden legen, zum Beispiel die Gattungen *Aretaon, Eurycantha, Haaniella* und *Heteropteryx,* brauchen als Bodengrund eine mindestens 5 cm tiefe Schicht

aus mäßig feuchter, ungedüngter Blumen- oder Kakteenerde (mit Sand gemischt). Die Eier der meisten anderen Arten sind für Schimmelbildung anfällig und sollten auf trockenem Boden abgelegt werden. Sie werden hin und wieder besprüht.
Zu viele Dekorationsgegenstände behindern den Austausch der Futterpflanzen. Eine Rückwand aus Kork schafft Klettermöglichkeiten. Das Insektarium ist überbevölkert, wenn Tiere mit beschädigten Beinen herumlaufen.

Häutung

Wenn eine Gespenstheuschrecke einige Zeit an der gleichen Stelle hängt und sich krümmt, wird sie sich bald häuten. Die Haut reißt genau hinter dem Kopf auf, wonach der Prothorax nach außen geschoben wird. Es folgen Kopf und Fühler, dann der Rest von Thorax und Abdomen.
Die hinterste Spitze des Hinterleibs bleibt in der alten Haut stecken. Die Beine müssen nun noch aus der alten Haut herausgezogen werden. Danach lässt das Insekt die neue Hülle noch einige Stunden trocknen, bevor es wieder aktiv wird. Meist wird die alte Haut aufgefressen. Weibchen häuten sich in der Regel sechsmal, Männchen fünfmal.
Bei der Häutung können folgende Probleme auftreten:

- Das Insektarium ist zu feucht, wodurch die alte Haut zu weich oder der Hängeplatz zu glitschig ist. Deshalb fällt die sich häutende Gespenstheuschrecke auf den Boden, dort kann die Häutung nicht mehr normal ablaufen. Wenn man dies rechtzeitig bemerkt, kann man die Gespenstheuschrecke mit ihren Krallen mit einer Wäscheklammer an einem Zweig befestigen. Falls es schon zu spät ist, wird das Tier an einen Insektenfresser, zum Beispiel eine Vogelspinne, verfüttert oder getötet (eingefroren).
- Das Insektarium ist zu trocken, deshalb trocknet die neue Haut bereits, bevor das Tier ganz aus der alten herausgekrochen ist. Meist ist es unmöglich, die alte Haut vom Tier abzulösen. Auch in diesem Fall ist es das Beste, das Tier zu töten (einfrieren). Vermeiden Sie derartige Komplikationen, indem Sie das Insektarium besprühen, kurz bevor sich die Häutung ankündigt.
- Das Insektarium ist niedrig, die Gespenstheuschrecke hat daher zur Häutung einen ungeeigneten Platz gewählt oder eine falsche Haltung eingenommen; sie trocknet aus und ist meist nicht zu retten. Wenn Missbildungen auftreten, können diese bei den folgenden Häutung korrigiert werden. Verlorene Gliedmaßen beispielsweise sind nach drei Häutungen vollständig regeneriert.
- Im Insektarium werden zu viele Gespenstheuschrecken gehalten, sodass sie einander bei der Häutung stören. Auch dann kann das Tier herabfallen oder verletzt werden.

Gespenstheuschrecken verschiedener Arten mit gleichen Haltungsansprüchen können vergesellschaftet werden. Bestachelte Arten können allerdings leicht verletzliche Spezies beschädigen. Vor allem Wandelnde Blätter werden oft von anderen Vertretern ihrer Ordnung angefressen.

Auch im Winter findet man noch Brombeerblätter. Schneiden Sie braune Blattränder ab.

Drei immergrüne Eichenarten

Tausendfüßer, Saftkugler, Laubheuschrecken und Rosenkäfer können ebenfalls in begrenzter Zahl mit Gespenstheuschrecken vergesellschaftet werden. Bedenken Sie jedoch, dass Laubheuschrecken Beutetiere anfallen, die bis doppelt so groß sind wie sie selbst.

Futter

Gespenstheuschrecken verzehren frisches Laub. Einige Arten fressen nur eine, andere viele Pflanzenarten. Brombeerblätter *(Rubus* spp.) werden von den meisten Spezies angenommen. Auch im Winter kann man grüne Brombeerblätter in Wäldern oder Hecken unter dem Schnee finden. Braune Blattränder müssen entfernt werden, da sie nicht gefressen werden. Blattränder, die für Nymphen zu hart sind, zum Beispiel solche von Rhododendren, werden abgeschnitten oder größeren Tieren angeboten. Entfernen Sie bei Rhododendren die klebrigen Triebe und Blütenknospen. Einige Arten fressen nur, wenn die Luft bewegt ist, setzen Sie deshalb einen kleinen Ventilator ein. Im Frühling können Probleme auftreten, wenn die alten Brombeerblätter abgestorben sind und die jungen im ersten Monat noch hohe Giftstoffkonzentrationen enthalten.
Einige Eichenarten, Rhododendron, Efeu, Zwergmispel *(Cotoneaster)* und Schneeball *(Viburnum*

rhytidophyllum) sind immergrüne Pflanzen, die zum Beispiel in Parks zu finden sind und manchmal als Futter akzeptiert werden.

Außerdem können Sie Feuerdorn *(Pyracantha* spp.), Croton *(Codiaeum variegatum),* Kirschlorbeer *(Prunus laurocerasus)* und Lorbeer *(Laurus* spp.) anbieten.

Weitere Futteralternativen finden Sie bei der Besprechung der einzelnen Arten. Die am besten geeignete Pflanze wird zuerst aufgeführt, die anderen werden oft nur von semiadulten oder erwachsenen Tieren gefressen.

Sammeln Sie Futterpflanzen nicht in der Nähe von Industriegebieten und landwirtschaftlich intensiv genutzten Flächen. Entfernen Sie abstehende Dornen, bevor Sie die Zweige abschneiden, sowie die untersten Blätter, da sie im Wasser verfaulen würden. Kontrollieren Sie die Äste auf Spinnen und entfernen Sie alle Verunreinigungen.

Geschlechtsunterschiede

Bei einer sich sexuell fortpflanzenden Population sind die Männchen stets kleiner und schlanker als die Weibchen. Bei geflügelten Arten haben die Männchen oft längere Flügel. Die Weibchen können meist nicht fliegen.

Das Männchen trägt an der Unterseite der letzten beiden Abdominalsegmente einen Genitalapparat, der wie eine Verdickung aussieht. Dieser passt ausschließlich bei der gleichen Art exakt in die Gruben im weiblichen Hinterleib. Auf diese Weise werden Kreuzungen vermieden.

Bei weiblichen Nymphen ist oft schon frühzeitig der Legebohrer (Ovipositor) an der Unterseite der letzten drei Hinterleibssegmente zu sehen.

Bei einige Arten kommen Gynander vor, das sind Zwittertiere mit teils männlichen, teils weiblichen Geschlechtsmerkmalen.

Fortpflanzung

Zwei bis vier Wochen nach der letzten Häutung sind die Tiere geschlechtsreif und paaren sich. Dabei reitet das Männchen auf das Weibchen auf. Es krümmt seinen Hinterleib um den seiner Partnerin und gelangt so mit dem Ende seines Abdomens an ihre Unterseite. Dabei wird ein weißes Spermapaket (Spermatophore) übertragen, das nach der Paarung oft noch am Weibchen sichtbar ist. Manchmal liegen leere Spermatophoren auf dem Boden des Insektariums. Die Paarung kann Stunden bis Tage dauern. Das Weibchen kann Sperma speichern und damit noch monatelang Eier befruchten.

Eine unbestimmte Aplopus-*Art bei der Paarung. Beim Weibchen ist der Legestachel zu erkennen.*

Die Eier von Lopaphus caesius *(oben links),* Eurycantha calcarata *(unten links),* Phobaeticus serratipes *(oben rechts),* Baculum thaii *(unten rechts) und von zwei unbestimmten Arten.*

Die meisten Arten können sich parthenogenetisch fortpflanzen, wenn es keine Männchen gibt: Auch aus unbefruchteten Eiern entwickeln sich dann Jungtiere. Die Inkubationszeit dauert in diesem Fall meist länger und der Prozentsatz geschlüpfter Tiere ist niedriger als bei befruchteten Eiern. Bei einigen *Carausius*- und *Sipyloidea*-Arten hat die parthenogenetische Fortpflanzung allerdings keine nachteiligen Effekte.

Aus den Eiern der Indischen Stabheuschrecke *(Carausius morosus)*, einer sich parthenogenetisch fortpflanzenden Art, schlüpfen bei Temperaturen von 28–30 °C manchmal auch auffällig viele „Männchen". Diese sind in Wirklichkeit Weibchen, die männliche Kennzeichen aufweisen. Sie versuchen sich zu paaren, aber eine Befruchtung kommt nicht zustande. Dieses Phänomen nennt man Gynandromorphismus.

Eiablage

Innerhalb von zwei bis vier Wochen nach der letzten Häutung fressen die Weibchen übermäßig viel und beginnen dann mit der Eiablage. Je nach Art sind dies meist drei bis 15 Eier pro Nacht, manchmal aber nur eines pro Woche. Insgesamt kann ein Weibchen (je nach Art) 50–1000 Eier legen. Die hartschaligen Eier sind oft getarnt; sie ähneln Pflanzensamen oder Exkrementen. Die Stelle, an der das Sperma in das Ei eindringen kann, nennt man Micropilar. Sie ist meist als tropfenförmiger, ovaler oder länglicher Fleck gut sichtbar. Der Deckel, durch den die Nymphe nach außen kriecht, heißt Operculum.

- Die meisten Arten lassen ihre Eier einfach auf den Boden fallen (zum Beispiel *Carausius morosus)* oder schleudern sie mit dem Hinterleib weg (zum

Beispiel *Extatosoma tiaratum).* Auf dem Deckel dieser Eier befindet sich oft eine Kappe (Capitulum). Diese ist für Ameisen eine Delikatesse: Sie tragen die Eier in ihr Nest und verbreiten sie auf diese Weise.

- Vor allem Gattungen aus kälteren Regionen legen ihre Eier im Boden ab, wie zum Beispiel *Eurycantha* und *Heteropteryx.*
- Einige Arten befestigen ihre Eier an Blättern, Rückwänden und manchmal sogar an anderen Gespenstheuschrecken, zum Beispiel *Sipyloidea sipylus.*

Lassen Sie die Eier im Insektarium oder nehmen Sie sie heraus und betten Sie sie bei Temperaturen von 22–24 °C auf oder in eine Mischung aus einem Teil Sand und drei Teilen ungedüngter Blumen- oder Kakteenerde. Das Substrat sollte leicht feucht gehalten werden.

Ein Ei im Hinterleibsende einer Australischen Gespenstheuschrecke (Extatosoma tiaratum), *bereit zum Wegschleudern.*

Dieses Weibchen der Art Eurycantha calcarata *versenkt seine Eier im Boden.*

Die Geflügelte Stabheuschrecke (Sipyloidea sipylus) *hat ihre Eier auf ein Brombeerblatt geklebt.*

Eier, die in Gruben abgelegt wurden, dürfen nicht aus dem Boden herausschauen. Sprühen Sie mindestens einmal pro Woche. In zu feuchter Erde verschimmeln die Eier. Springschwänze *(Collembola)* verhindern Schimmelbildung.

Die Eier sind in Abhängigkeit von der Art und den Umweltbedingungen nach zwei Monaten bis einem Jahr entwickelt. Kontrollieren Sie sie regelmäßig und sorgen Sie dafür, dass die Nymphen Futter vorfinden. Es ist normal, dass sich nicht alle Eier entwickeln.

Bei Temperaturen von 17–20 °C machen vor allem europäische Arten und auch deren Eier manchmal eine Ruheperiode (Diapause) durch, die einige Monate bis drei Jahre dauern kann.

Zucht

Es ist faszinierend zu beobachten, wie sich eine relativ große Nymphe aus einem kleinen Ei herauswindet. Nach dem Schlüpfen bleibt manchmal die Eischale an einem Fuß der Nymphe hängen. Sie fällt von selbst ab, helfen Sie nicht nach! Oft laufen die Tiere in den ersten Tagen viel umher.

Versprühen Sie jeden Abend feine Wassertröpfchen. Die Jungen trinken viel, dürfen aber nicht an Wassertropfen oder an der Scheibe des Insektariums festkleben.

Schneiden Sie harte Blattränder ab, denn die Nymphen selbst können kein frisches Blatt anschneiden (zum Beispiel *Rhaphiderus scabrosus* auf *Rhododendron* spp.). Setzen Sie eventuell die Nymphen auf zartere Zweige, die sie anfressen können.

Gespenstheuschrecken durchlaufen eine unvollkommene Metamorphose. Nach meist fünf (Männchen) beziehungsweise sechs Häutungen (Weibchen) ist eine Gespenstheuschrecke erwachsen. Sie ist dann in der Regel drei bis sechs Monate alt. Als erwachsenes Insekt lebt sie noch drei Monate bis drei Jahre.

Verteidigung

Gespenstheuschrecken haben folgende Verteidigungsstrategien entwickelt:

Eine Australische Gespenstheuschrecke (Extatosoma tiaratum) *schlüpft aus dem Ei.*

Diese Nymphe von Extatosoma tiaratum *imitiert eine bissige australische Ameisenart.*

Malaiische Riesengespenstheuschrecken (Heteropteryx dilatata) *in Drohhaltung. Das Weibchen striduliert mit den Flügeln.*

Diese aufgestörte Flechtenstabheuschrecke (Orxines macklottii) *versucht den Angreifer mit grellen Farben abzuschrecken.*

- Tarnung (Anpassung der Körperform und -farbe an die Umgebung)
- Nachtaktive Lebensweise.
- Mimikry (Nachahmung giftiger oder ungenießbarer Tiere); die Nymphen von *Extatosoma tiaratum* beispielsweise ähneln bissigen australischen Ameisen und eine erwachsene *Eurycantha* sieht aus wie ein Skorpion.
- Viele Arten lassen sich fallen, wenn sie gestört werden, und stellen sich tot (Katalepsie).
- Angriff: *Eurycantha-* und *Heteropteryx*-Arten zum Beispiel haben an ihren Hinterbeinen große

Acrophylla titan, *Weibchen*

Stacheln, mit denen sie schmerzhaft zustechen können.
- Warnfarben: Viele Gattungen präsentieren ihre grell gefärbten Hinterflügel, wenn sie gestört werden, wie *Orxines, Aplopus* und *Creoxylus.*
- Stridulieren: Die Weibchen von *Heteropteryx dilatata* produzieren mit ihren Flügeln ein zischendes Geräusch.
- Wehrsekrete: Einige Gespenstheuschreckenarten spritzen Säure aus Nackendrüsen. *Anisomorpha buprestoides* ist hierfür die bekannteste Art. Die Säure riecht unangenehm, reizt die Schleimhäute und nimmt einem den Atem. Sie verursacht außerdem Entzündungen in Wunden. Achten Sie vor allem darauf, dass die Säure nicht mit Ihren Augen in Berührung kommt! Auch *Eurycantha, Orxines* und *Sipyloidea* sondern bei Gefahr ein übel riechendes Wehrsekret ab.
- Flucht. Einige Arten können sehr schnell laufen.
- Selbstverstümmelung (Autotomie): Manche Arten wie *Phobaeticus serratipes,* aber auch Vertreter der Gattungen *Acrophylla, Sipyloidea* und *Orxines* werfen ein Bein ab, wenn man sie anfasst.

Umgang

Lassen Sie die Tiere auf die Hand oder in ein Gefäß laufen. Fassen Sie sie vorsichtig und sanft an. Mit einer normalen Pinzette zwickt man sie schnell, mit einer Federpinzette passiert dies nicht. Ergreifen Sie die Tiere zwischen Mittel- und Hinterbeinen. Bei Arten, die Säure verspritzen, sollten Sie Handschuhe tragen. Nymphen können Sie mit einem Pinsel oder einer Federpinzette hochheben.

ACROPHYLLA-ARTEN UND *PHASMA GIGAS*

Beschreibung

Die Weibchen der Art *Acrophylla wuelfingi* werden bis 18 cm lang und sind braun oder braungrün. Ihr Körperdurchmesser beträgt bis zu 10 mm. Auf den Vorderflügeln befindet sich ein deutlicher weißer Fleck. Auf den dunklen Hinterflügeln sind durchsichtige braune Bänder zu erkennen. Die Flügel bedecken drei Viertel des Hinterleibs. Die Tiere haben einen langen Legebohrer. Bruststück und Beine sind bedornt. Die wesentlich schlankeren Männchen werden 11–13 cm lang und zeigen die gleiche

Färbung. Sie können flatternd fliegen. Beide Geschlechter haben kleine Cerci (Hinterleibstaster).
A. titan ähnelt stark *A. wuelfingi;* die Weibchen werden jedoch bis 23 cm, die Männchen nur 13 cm lang. Die Weibchen haben einen kurzen Legebohrer. Beide Geschlechter besitzen lange Cerci.
Phasma gigas ähnelt den beiden genannten *Acrophylla*-Arten. Die Weibchen werden ca. 20 cm lang und sind grün. Ihr Körper wird 1,5 cm breit. Das Weibchen trägt am sechsten Segment beiderseits einen Lappen. Das Mesonotum ist bestachelt. Auf den orangeroten Hinterflügeln verlaufen viele schwarze Bänder. Die Flügel bedecken die Hälfte des Hinterleibs. Beide Geschlechter haben lange Fühler (größer als bei *A. wuelfingi)* und die Weibchen tragen keinen Legebohrer. Das kleinere, schlankere Männchen kann fliegen.

Verbreitungsgebiet

Acrophylla-Arten bewohnen trockene Eukalyptuswälder in Queensland (Nordostaustralien).
P. gigas stammt aus Papua-Neuguinea.

Futter

Brombeere, Eukalyptus und Hasel. *P. gigas* frisst auch immergrüne Eichenblätter.

Eiablage und Zucht

Die 4 mm großen Eier der *Acrophylla*-Arten werden mit dem Hinterleib weggeschleudert. Sie sind nach sechs bis 12 Monaten entwickelt. Die 2 cm langen Nymphen sind grün. Nur männliche Nymphen haben einen weißen Rückenstreifen. Halten Sie beide Arten relativ warm und trocken in einem großen Insektarium.
Die Eier von *P. gigas* sind groß, schwarz und rund. Sie benötigen eine lange Inkubationszeit. Halten Sie diese Art bei Temperaturen von 25–28 °C und einer hohen rF in einem großen Insektarium.

ANISOMORPHA BUPRESTOIDES (STREIFEN-STABHEUSCHRECKE)

Beschreibung

Die Weibchen werden ca. 7 cm lang, die Männchen nur 4–5 cm. Beide Geschlechter sind glänzend braunschwarz, gelbbraun gestreift und flügellos.

Anisomorpha monstrosa, *Weibchen*

Bei Bedrohung wird aus den Nackendrüsen eine stinkende, die Schleimhaut reizende, ätzende Flüssigkeit bis 50 cm weit gezielt ausgestoßen. Wenn diese Flüssigkeit in die Augen gelangt, kann man vorübergehend erblinden. Erwachsene Männchen besteigen ein Weibchen und werden sich den Rest ihres Lebens ausschließlich mit ihm paaren.

Verbreitungsgebiet

Diese tagaktive Art stammt aus den subtropischen Trockengebieten der USA (Florida).

Futter

Rhododendron.

Eiablage und Haltung

Die 4 mm großen Eier ähneln den Exkrementen dieser Tiere. Das Weibchen legt bis zu zehn Eier in selbst gegrabene Gruben. Nach drei Monaten schlüpfen die 1,5 cm langen Nymphen. Sie ähneln den Eltern.
Diese Art wird trocken gehalten, man sprüht selten und nur auf den Boden.
Vergesellschaften Sie diese Spezies möglichst nicht mit anderen Arten, da das Wehrsekret auch ihnen schaden kann.

Streifen-Stabheuschrecken (Anisomorpha buprestoides) *bei der Paarung*

Die Männchen der Gattung Aplopus *präsentieren bei Bedrohung ihre entfalteten Hinterflügel.*

Eine unbestimmte Aplopus-*Art bei der Paarung*

Aretaon asperrimus, *Pärchen*

ANISOMORPHA MONSTROSA

Beschreibung

Die Weibchen werden 7 cm lang, die Männchen nur 4 cm. Beide Geschlechter sind glänzend schwarz und rotbraun gezeichnet. Sie haben keine Flügel.

Verbreitungsgebiet

Belize (Mittelamerika).

Futter

Liguster.

Eiablage und Haltung

Aus den 4 mm großen Eiern schlüpfen nach drei bis vier Monaten 15 mm lange Nymphen. Halten Sie diese Art relativ trocken, sprühen Sie abends wenig Wasser auf den Boden des Insektariums.

APLOPUS-ARTEN

Beschreibung

Von den 19 *Aplopus*-Arten werden in Europa bisher nur zwei gezüchtet. Beide Spezies ähneln einander. Die Flügel der 12–17 cm langen, grünen oder braunen Weibchen sind nur 1,5 cm lang. Die Weibchen besitzen einen Legebohrer. Die Flügel der 9,5 cm langen Männchen bedecken zwei Drittel des Hinterleibs. Bei Bedrohung breiten sie ihre Flügel aus, sodass die weinroten Hinterflügel sichtbar werden. Ihr Körper ist grün oder braun, die Beine sind immer grün. Bei beiden Geschlechtern befinden sich auf dem Bruststück sechs, auf dem Kopf zwei Dornen.

Verbreitungsgebiet

Bäume und Sträucher in der Dominikanischen Republik.

Futter

Rose, Brombeere, Eukalyptus, Weißdorn, Eiche, Himbeere und Zwergmispel.

Eiablage und Haltung

Die eine Art legt größere Eier mit einem Deckel, die andere kleinere ohne Deckel. Nach vier bis sechs Monaten schlüpfen die Nymphen. Weibliche Nymphen sind 2,6 cm lang, männliche 2,2 cm. Halten Sie die Jungtiere feucht.

ARETAON ASPERRIMUS

Beschreibung

Die 8–9 cm langen Weibchen sind braun mit heller Unterseite. Ihr Hinterleib endet in einem Legebohrer. Die schlankeren, bis 6 cm langen Männchen sind dunkelbraun und tragen Längsstreifen auf Rücken und Flanken. Beide Geschlechter haben keine Flügel. Die Männchen sind stark bestachelt.

Verbreitungsgebiet

Sabah (malaiischer Teil von Borneo).

Futter

Brombeere, Eiche, Hasel, Feuerdorn, Rose, Himbeere, Zwergmispel und Buche.

Eiablage und Haltung

Die Weibchen versenken ihre 5 mm großen Eier in der Erde. Die 1,5 cm langen Nymphen schlüpfen nach zwei bis sechs Monaten. Halten Sie das Insektarium feucht, indem Sie täglich sprühen.

BACILLUS ROSSIUS (SÜDEUROPÄISCHE STABHEUSCHRECKE)

Beschreibung

Die Weibchen werden 6,5–10,5 cm lang. Die Basis des Femurs ist an der Innenseite rot, an der Außenseite schwarz. Die Männchen werden nur 5–8 cm lang. Beide Geschlechter haben keine Flügel und sind braun oder grün gefärbt. Die Fühler bestehen aus jeweils 20–25 Gliedern.

Verbreitungsgebiet

B. rossius lebt in Südeuropa und Nordafrika. In diesen Regionen kommen noch mindestens neun weitere *Bacillus*-Arten vor.

Annam-Stabheuschrecken (Baculum extradentatum) *bei der Paarung*

Nymphe einer Annam-Stabheuschrecke (Baculum extradentatum)

Futter

Brombeere, Rose, Pflaume, Apfel, Zwergmispel, Weißdorn, Birne, Heidelbeere, Eukalyptus und Ginster.

Fortpflanzung und Haltung

Einige Populationen pflanzen sich sexuell fort, andere parthenogenetisch. Die bläulichen Eier sind bei einer Temperatur von ca. 25 °C und einer hohen rF nach zwei bis drei Monaten entwickelt. Unbefruchtete Eier sind erst nach drei bis neun Monaten reif. Die Nymphen sind 1 cm lang und grün mit braunroten Antennen. Halten Sie *B. rossius* bei Temperaturen von 20–22 °C und einer rF von ca. 70 %. Besprühen Sie die Insekten nicht.

BACULUM EXTRADENTATUM (ANNAM-STABHEUSCHRECKE)

Beschreibung

Die Weibchen werden 9–11 cm lang, die Männchen nur 7 cm. An den mittleren Beinen der Weibchen befinden sich kleine Lappen. Sie tragen zwei Dornen zwischen den Augen. Die Tiere sind braun mit dunklen und gelblichen Flecken und flügellos.

Verbreitungsgebiet

Sträucher in Vietnam.

Futter

Brombeere, Weißdorn, Feuerdorn, Eiche, Hasel, Rose, Erdbeere, Johannisbeere und Geranie.

Fortpflanzung und Eiablage

Diese Art kann sich parthenogenetisch fortpflanzen. Die Eier von *Baculum*-Arten sind unterschiedlich geformt, oft platt oder zylindrisch. Die Eier von *B. extradentatum* sind rund und 3 mm groß. Die 1 cm langen Nymphen schlüpfen nach zwei bis sechs Monaten.

BACULUM THAII

Beschreibung

Die stabförmigen Weibchen werden 10,5–11,5 cm lang. Sie sind meist grün, manchmal auch braun. Auf dem Kopf sitzen zwei nach vorne gerichtete abgeflachte Hörnchen. Die schlankeren Männchen werden bis 8 cm lang und sind braun. Beide Geschlechter sind flügellos und haben gelbe Augen.

Baculum thaii, *Pärchen*

Verbreitungsgebiet

Thailand.

Futter

Brombeere, Eukalyptus, Weißdorn, Eiche, Feuerdorn, Rose, Pflaume, Birke, Vogelbeere und Vogelkirsche.

Fortpflanzung

Diese Art kann sich parthenogenetisch fortpflanzen. Die flachen, eckigen, braunen Eier sind ca. 3 mm groß. Nach sechs bis 12 Wochen schlüpfen die 1,5 cm langen Nymphen. Besprühen Sie das Insektarium täglich.

CALYNDA BROCKI

Beschreibung

Die Weibchen dieser stabförmigen Art werden 14–18 cm lang und sind grün oder gelbbraun. Sie tragen am Hinterleib einen 1,5 cm langen Legebohrer und auf dem Kopf zwei Hörnchen. Die schlankeren Männchen werden nur 8–10 cm lang und sind meist braun. Beide Geschlechter sind flügellos.

Verbreitungsgebiet

Costa Rica.

Futter

Brombeere, Feuerdorn, Rose, Eiche und Zwergmispel.

Calynda brocki, *Pärchen*

Stabheuschrecke (Carausius abbreviatus), *Weibchen*

Carausius morosus, *Weibchen und Gynander*

Fortpflanzung
Die Jungen schlüpfen nach vier Monaten aus den Eiern. Weitere vier Monate später sind die Tiere erwachsen.

CARAUSIUS ABBREVIATUS (STABHEUSCHRECKE)

Beschreibung
Die braunen Weibchen werden 11 cm lang. An den Vorder- und Mittelbeinen sitzen lange Lappen mit Stacheln. Die bis 8 cm langen Männchen sind weniger gelappt und weisen am vorletzten Segment eine 5 mm breite Verdickung auf. Beide Geschlechter sind flügellos. Auffällig sind die kurzen Hinterbeine, die bei den Weibchen am vierten, bei den Männchen am siebten Hinterleibssegment sitzen.
Verbreitungsgebiet
Sarawak und Sabah auf Borneo.
Futter
Brombeere, Eukalyptus, Weißdorn, Feuerdorn, Himbeere und Rose.
Fortpflanzung
Nach drei Monaten schlüpfen die Nymphen.

CARAUSIUS AURICULATUS

Alter Name: *Phenacophorus auriculatus*
Beschreibung
Die Weibchen werden 7,5 cm lang und sind braun. An den Beinen haben sie lange Lappen. Am Kopf entspringen merkwürdige Fortsätze. Die schlankeren Männchen werden 6,5 cm lang und sind braungrün. Beide Geschlechter tragen keine Flügel.
Verbreitungsgebiet
Brunei.
Futter
Brombeere, Rose, Feuerdorn und Eukalyptus.
Fortpflanzung
Die Nymphen schlüpfen nach fünf Monaten. Nach der ersten Häutung kann man die Weibchen an ihren Beinlappen erkennen, die Glieder der Männchen sind glatt.

Carausius auriculatus, *Weibchen*

CARAUSIUS MOROSUS (INDISCHE STABHEUSCHRECKE)

Die Indische Stabheuschrecke (auch Gemeine Stabheuschrecke) ist ein populäres Insekt, das von vielen Terrarianern gehalten wird.
Beschreibung
Die Weibchen werden 7–8 cm lang, sind stabförmig und braun oder grün gefärbt. Bei erwachsenen Weibchen ist die Innenseite der Vorderbeine rot. Aus den Eiern, die (während des ersten Monats) bei einer Temperatur von 28–30 °C inkubiert wurden, können viele Gynander schlüpfen, die 5,5 cm groß und braun oder grün gefärbt sind. Die Vorderbeine und die Unterseite des Bruststücks sind rot gefärbt. In Indien gibt es in Populationen, die sich sexuell fortpflanzen, echte Männchen. Alle Vertreter dieser Art sind flügellos. Bei Gefahr lassen sich die Tiere fallen und stellen sich tot.
Verbreitungsgebiet
Indien.
Futter
Brombeere, Liguster, Efeu, Weißdorn, Feuerdorn, Rose, Forsythie, Flieder, Eiche, Hasel, Rhododendron, Tradeskantie, Ficus, Narzisse, Avocado, Schönmalve, Kannenpflanze, Petersilie, Kartoffel, Croton und Geranie.
Haltung
Diese anspruchslose Art kann gut bei Zimmertemperatur gehalten werden.
Fortpflanzung
C. morosus pflanzt sich parthenogenetisch fort. Die 1 mm langen braunen Eier haben einen kleinen

Clonopsis gallica

Dares validispinus, *Weibchen*

Dares verrucosus, *Weibchen*

Deckel und sind nach drei bis acht Monaten entwickelt.

CLONOPSIS GALLICA

Beschreibung

Die Weibchen werden 6,2–7 cm lang, Gynander ca. 5 cm. Diese grünen oder braunen Insekten ähneln Ästen und tragen keine Flügel.

Verbreitungsgebiet

Südeuropa.

Futter

Brombeere, Ginster, Pflaume, Weißdorn, Rose, Erdbeere und Eiche.

Fortpflanzung und Zucht

Diese Art pflanzt sich parthenogenetisch fort. Bewahren Sie die Eier im Winter bei Temperaturen von 4–10 °C auf. Aus den grauen, 3 mm langen Eiern schlüpfen im April grüne Nymphen. Halten Sie diese Art trocken und nicht zu warm.

CREOXYLUS SPINOSUS

Beschreibung

Die Weibchen werden 5–7 cm lang und sind grün oder braun. Sie sind relativ füllig und haben sehr

Creoxylus spinosus, *Weibchen*

kleine unterentwickelte Flügel. Die schlankeren, 5 cm langen Männchen tragen die gleiche Farbe; manchmal zeigen sie eine Warnfärbung auf den Hinterflügeln. Ihre grauen Flügel bedecken den gesamten Hinterleib. Bei beiden Geschlechtern sitzen auf dem Kopf zwei Hörnchen. Die Weibchen tragen acht, die Männchen zwei Stacheln auf dem Bruststück. Bei Bedrohung stellen sich die Tiere tot.

Verbreitungsgebiet

Sträucher auf Trinidad.

Futter

Brombeere, Weißdorn, Feuerdorn, Efeu, Eiche, Himbeere, Rose und Hasel.

Eiablage

Mit einem kurzen Legebohrer versenken die Weibchen ihre Eier in der obersten Bodenschicht. Aus den 2,5 mm langen hellbraunen Eiern schlüpfen nach drei Monaten graubraune Nymphen mit gelb- und braun gebänderten Beinen.

DARES-ARTEN

Beschreibung

Die Weibchen dieser Gattung werden 4–5 cm lang und haben einen gedrungenen Körperbau. Bei legereifen Weibchen ist die Hinterleibsmitte verbreitert. Die schlankeren Männchen werden 3,5–4 cm lang. Oft sind die Tiere dunkelbraun und bestachelt; die Männchen ähneln jenen von *Epidares nolimetangere*. Beide Geschlechter sind flügellos. Tagsüber verstecken sie sich unter Rindenstücken.

Unbestimmte Dyme-*Art, Weibchen*

Verbreitungsgebiet

Borneo. *D. ulula* und *D. validispinus* stammen aus Sarawak, *D. verrucosus* aus Sabah.

Futter

Einige Arten verzehren Brombeere und Eiche. *D. ulula* frisst auch Feuerdorn und Himbeere. *D. validispinus* verzehrt Rose und Hasel. *D. verrucosus* kann mit all diesen Pflanzen sowie mit Weißdorn, Kirschlorbeer, Buche, Birke, Erle und Zwergmispel gefüttert werden.

Eiablage und Haltung

Die Weibchen legen pro Woche zwei bis drei Eier und werden zwei Jahre alt. Die Eier von *D. ulula* und *D. validispinus* sind kaum, die von *D. verrucosus* sind behaart. Lassen Sie die ca. 4 mm langen, tonnenförmigen Eier auf oder in der Erde liegen. Die Nymphen schlüpfen bei einer Temperatur von 24 °C nach vier bis sechs Monaten. Sie sind dunkelbraun und 0,7–1,5 cm lang.

Halten Sie die Tiere in einem nicht zu luftigen Insektarium feucht und sprühen Sie täglich.

DYME-ARTEN (OHNE *D. RAROSPINOSA*)

Beschreibung

Die Weibchen dieser Gattung sind stabförmig und haben keine Flügel. Sie werden ca. 10,5 cm lang und sind grün. Wenn die Tiere sich bedroht fühlen, spreizen sie die Vorderbeine ab, sodass das hellrote

Eurycantha calcarata, *Männchen*

Maul und eine blaugrüne Beinbasis sichtbar werden.

Verbreitungsgebiet

Ecuador.

Futter

Brombeere und Rose.

Fortpflanzung

Diese Art pflanzt sich parthenogenetisch fort. Nach fünf bis sechs Monaten schlüpfen die 18 mm langen grünen Nymphen.

EPIDARES NOLIMETANGERE

Alter Name: *Dares nolimetangere*

Beschreibung

Die Weibchen werden bis 4,5 cm lang und sind dunkelbraun mit einem undeutlichen orangebraunen Rückenstreifen. Der Hinterleib von legereifen Weibchen ist deutlich verdickt. Die bis 3,5 cm langen Männchen sind glänzend braun und dunkelgrün oder schwarz gezeichnet. Beide Geschlechter tragen keine Flügel und haben kräftige Dornen auf dem Rücken. Bei den Männchen sind diese orangerot.

Verbreitungsgebiet

Niedrige Vegetation im Regenwald von Sarawak (Borneo).

Futter

Brombeere, Himbeere, Eiche, Feuerdorn, Rose und Hasel.

Epidares nolimetangere, *Weibchen*

Die Männchen von Eurycantha calcarata *tragen einen spitzen Dorn am Femur des Hinterbeins.*

Eiablage und Haltung
Das Weibchen legt wöchentlich ein bis drei behaarte Eier auf oder in den Boden. Dort sollten sie liegen bleiben. Die ca. 7 mm langen Nymphen schlüpfen bei einer Temperatur von 24 °C nach vier bis sechs Monaten. Sprühen Sie täglich, die rF sollte bei 85–95 % liegen.

EURYCANTHA CALCARATA

Beschreibung
Die Weibchen dieser robusten Art werden 12,5–15 cm lang und wiegen bis 20 g. Sie tragen einen 1,5 cm langen Legebohrer am Hinterleib. Die Männchen werden 10,5–12 cm lang und haben einen 1 cm langen Stachel am Femur der Hinterbeine. In Drohhaltung richten die Tiere ihren Hinterleib auf. Die Beine stehen vom Körper ab und werden hin und wieder „zusammengeklappt".
Beide Geschlechter sind glänzend braun, flügellos und tragen Dornen auf dem Rücken und an den Beinen. Die Männchen tragen (im Gegensatz zu den Männchen der nahe verwandten Art *E. horrida)* keinen Stachel auf dem obersten Drittel der Tibia (gegenüber dem großen Stachel am Femur). Darüber hinaus besitzt *E. horrida* auf den Hinterleibssegmenten nach hinten gerichtete Stacheln.

Verbreitungsgebiet
Bäume und Sträucher in den Regenwäldern von Papua-Neuguinea. Tagsüber verstecken sich die Tiere unter und zwischen Baumrinde.

Futter
Brombeere, Weißdorn, Efeu, Eiche, Rose, Buche, Birne, Apfel, Erle, Weißdorn, Hasel, Kirsche, Zwergmispel, Rhododendron, Kirschlorbeer, Ulme, Vogelbeere, Schneeball, Croton, Tradeskantie, Sauerampfer und Weinrebe.

Fortpflanzung und Zucht
Die Weibchen versenken ihre Eier im Boden. Nach vier bis sechs Monaten schlüpfen 1,5–2 cm lange braune, manchmal grüne Nymphen. Bereiten Sie für die Nymphen ein Versteck, zum Beispiel ein Korkstück oder ein Kästchen, vor. Decken Sie eine flache Wasserschale mit Watte ab, damit die Nymphen nicht ertrinken. Halten Sie die Tiere nicht zu feucht.

Eurycantha coriacea

Extatosoma tiaratum, *Männchen*

Extatosoma tiaratum, *Weibchen*

EURYCANTHA CORIACEA

Beschreibung
E. coriacea ähnelt *E. calcarata,* ist aber weniger stark bestachelt. Die Dornen auf dem Körper sind grün, die an den Beinen braun. Die Weibchen werden 11–12 cm lang, die Männchen 7–8 cm. Erwachsene Tiere zeigen unterschiedliche Brauntöne. Die Männchen sind, verglichen mit denen anderer *Eurycantha*-Arten, schlank und haben keinen verdickten Femur am Hinterbein.

Verbreitungsgebiet
Neuguinea (Papua-Neuguinea und Irian Jaya).

Futter
Brombeere, Himbeere, Efeu, Eiche, Rhododendron, Feuerdorn, Zwergmispel, Hasel und Schneeball.

Eiablage
Die Weibchen versenken ihre hell gefärbten Eier in der Erde. Nach vier Monaten schlüpfen 2,5 cm lange, braungrüne Nymphen.

EXTATOSOMA TIARATUM (AUSTRALISCHE GESPENSTHEUSCHRECKE)

Beschreibung
Die bis 14 cm langen Weibchen sind hellbraun oder braungrün. Ihr Körper ist leicht bedornt, an Beinen und Hinterleib haben sie Lappen. Ihre Flügel sind kurz (1,5 cm). Die wesentlich schlankeren Männchen werden nur 9 cm lang. Ihr dunkelbrauner Körper ist nicht bedornt und die Flügel bedecken fast den gesamten Hinterleib.

Haaniella echinata, *Weibchen in Drohhaltung*

Ein Ei von Haaniella *im Legebohrer*

Verbreitungsgebiet

Trockene Wälder Australiens und Neuguineas.

Futter

Brombeere, Eukalyptus, Weißdorn, Eiche, Rose, Buche, Birke, Erle, Hasel, Apfel, Zwergmispel, Guave, Sauerampfer, Salat und Citrus.

Fortpflanzung und Zucht

E. tiaratum kann sich parthenogenetisch fortpflanzen. Die runden Eier sind glänzend weiß und braun gezeichnet. Nach sechs Monaten schlüpfen die knapp 2 cm langen Nymphen. Bis zur ersten Häutung sind sie schwarzbraun mit einem orangefarbenen Kopf, orangebraunen Beinen und einem weißen Fleck im Nacken. Sie ähneln australischen Ameisen *(Leptomyrmex* spp.) und sind deshalb für Insektenfresser unattraktiv. Vom zweiten Stadium an sind bei den Weibchen auf dem Rücken Stacheln zu sehen. Besprühen Sie die kleinen Nymphen täglich und ziehen Sie sie (nicht mit einer anderen Art) in einem großen Insektarium mit viel Futter auf.

HAANIELLA-ARTEN

Diese breit gebauten Tiere imitieren welke Blätter des Urwaldbodens. Sie sind meist (dunkel-)braun; Körper und Beine sind in der Regel grünblau bestachelt. Die Flügel sind bei beiden Geschlechtern kurz; bei einigen Arten ist ein Teil cremefarben. Bei Bedrohung heben die Tiere ihren Hinterleib, schlagen mit den Hinterbeinen, stridulieren mit den Flügeln und sondern ein Wehrsekret ab.

Haaniella dehaanii, *Weibchen*

Verbreitungsgebiet

Haaniella-Arten bewohnen tropische Regenwälder auf Borneo (Sabah, Sarawak und Brunei), *H. muelleri* lebt in Malaysia. Tagsüber verstecken sich die Tiere am Boden unter Rindenstücken.

Futter

Die Vertreter dieser Arten sind nicht wählerisch. Bieten Sie ihnen eine Mischung aus harten und zarten Blättern an. Geeignet sind Brombeere, Efeu, Rhododendron, Rose, Himbeere, Eiche, Weißdorn, Hasel, Feuerdorn, Apfel und Birne.

Eiablage und Haltung

Die Weibchen legen im ersten Jahr etwa ein Ei pro Woche, danach noch weniger. Die Eier größerer Arten sind ca. 11 x 7 mm groß, die kleinerer Spezies 7 x 5 mm. Sie werden einige Zentimeter tief im Boden versenkt und entwickeln sich in einer feuchten Mischung aus Sand und Blumen- oder Kakteenerde in sechs bis 18 Monaten. Die ca. 3 cm langen Nymphen wachsen langsam und sind mit acht bis 18 Monaten erwachsen. Danach leben die Weibchen noch ca. zwei Jahre. Halb erwachsene Tiere brauchen eine Wasserschale mit einem Schwamm. Halten Sie alle *Haaniella*-Arten feucht; sprühen Sie täglich. Die Temperaturen sollten tagsüber bei 23–26 °C liegen, nachts bei 17–20 °C.

HAANIELLA DEHAANII

Beschreibung

Die Weibchen dieser dunkelbraunen Art werden ca. 9 cm lang, die Männchen ca. 6,5 cm.

Haaniella echinata, *Männchen*

Haaniella grayii, *Weibchen*

Haaniella grayii, *Männchen*

Haaniella muelleri

Verbreitungsgebiet

Dieser Art lebt am Serapi in Sarawak (Borneo).

Futter

Brombeere, Efeu, Eiche, Feuerdorn, Himbeere, Rose und Hasel.

HAANIELLA ECHINATA

Beschreibung

Die Weibchen werden 10–11 cm lang, die Männchen 7,5 cm. In Drohhaltung ist zwischen den Bauchschilden eine blaugrüne Verbindungshaut zu erkennen.

Verbreitungsgebiet

Tieflandregenwälder von Sabah (Borneo).

Futter

Brombeere, Weißdorn, Eiche, Rhododendron, Vogelbeere, Rose, Apfel, Hasel, Berberitze und Mahonie (Fiederberberitze).

HAANIELLA GRAYII

Beschreibung

Die Weibchen werden 9–12 cm lang, die Männchen 7–9 cm.

Verbreitungsgebiet

Dieser Art lebt in den Bergen Serapi Bengoh und Santubong in Sarawak (Borneo).

Futter

Brombeere, Efeu, Eiche, Feuerdorn, Himbeere, Rose und Hasel.

Haaniella saussurei, *Weibchen*

Haaniella saussurei, *Männchen*

Haaniella scabra, *Weibchen*

Haaniella scabra, *Männchen*

HAANIELLA MUELLERI

Beschreibung

Die Weibchen werden bis 8,5 cm lang, die Männchen 6 cm. Beide Geschlechter sind braungrau mit grüner Tönung und hellen Flecken.

Verbreitungsgebiet

Wälder in West-Malaysia und auf Sumatra.

Futter

Brombeere, Rose, Eiche, Buche, Efeu, Feuerdorn, Zwergmispel, Hasel und Schneeball.

HAANIELLA SAUSSUREI

Beschreibung

Die Weibchen werden bis 9 cm lang, die Männchen 7 cm.

Hesperophasma lobata

Verbreitungsgebiet

Wälder in Sarawak (Borneo).

Futter

Brombeere, Rose, Eiche, Efeu, Himbeere und Eukalyptus.

HAANIELLA SCABRA

Beschreibung

Die Weibchen werden 7,5 cm lang, die Männchen 5,5 cm. Die Nymphen messen 2,4 cm.

Verbreitungsgebiet

Diese Art lebt am Kinabalu in Sabah (Borneo).

Futter

Brombeere, Eiche und Hasel.

HESPEROPHASMA LOBATA

Nach neueren Untersuchungen ist nicht sicher, ob der Name korrekt ist.

Beschreibung

Die Weibchen werden 6 cm lang und sind flügellos. Ihre Farbe variiert von Grün bis Braun. Das siebte Hinterleibssegment ist cremefarben. Auf dem Kopf sitzen zwei Lappen. Die geflügelten Männchen werden 5,5 cm lang und sind dunkelbraun. An den Beinen beider Geschlechter befinden sich Lappen.

Verbreitungsgebiet

Panama.

Futter

Brombeere, Eiche, Feuerdorn und Himbeere.

Eiablage

Die Eier werden in den oberen Erdschichten versenkt.

HETEROPTERYX DILATATA

Beschreibung

Die Weibchen werden 15 cm lang, wiegen 45–65 g und zählen somit zu den schwersten Insekten. Erwachsene Exemplare sind grün bis grüngelb gefärbt. Die Flügel bedecken ein Drittel des Hinterleibs. Die Männchen werden nur 9 cm lang und

Heteropteryx dilatata, *Männchen*

Ein Weibchen der Art Heteropteryx dilatata *kurz nach der letzten Häutung*

Libethra regularis *bei der Paarung*

wiegen 5–15 g. Sie sind wesentlich schlanker und braun mit hellbraunen Bändern auf den Vorderflügeln. Die entfalteten Hinterflügel sind rot mit schwarzer Äderung. Beide Geschlechter strecken bei Bedrohung die Hinterbeine in die Luft und klappen sie zusammen, sobald etwas dazwischen gelangt. Die Weibchen stridulieren dann laut, die Männchen spreizen ihre Hinterflügel.

Verbreitungsgebiet

Baum- und Strauchbewohner aus West-Malaysia.

Futter

Brombeere, Kirschlorbeer, Weißdorn, Efeu, Eiche, Lorbeer, Rose, Buche, Ulme, Birne, Apfel, Pflaume, Zwergmispel, Rhododendron, Schneeball, Hasel, Guave und Vogelbeere.

Haltung

Die Temperatur sollte 23–28 °C betragen. Sprühen Sie ein- bis zweimal pro Woche. Als Substrat dient eine 10 cm tiefe, mäßig feuchte Schicht ungedüngte Blumenerde oder eine Torf-Sand-Mischung. Die Bodenwärme sollte bei 21–23 °C liegen.

Eiablage und Zucht

Das Weibchen versenkt die ungefähr 1 cm langen, tonnenförmigen Eier bis zu 4 cm tief im Boden. Nach acht bis 12 Monaten schlüpfen die 2 cm langen Nymphen. Manchmal dauert die Inkubation dreieinhalb Jahre! Tagsüber verstecken sich die Nymphen zwischen welken Blättern, die beim Substrattausch immer gut kontrolliert werden müssen. Außerdem nehmen die Nymphen tagsüber eine Schlafhaltung ein. Schon frühzeitig sind bei den Männchen ein helles Hinterleibssegment und Einschnürungen zwischen den Segmenten zu sehen. Die Weibchen tragen einen Legebohrer und sind in den letzten drei Stadien grün oder braun gefärbt. Nach 12–18 Monaten sind die Jungtiere erwachsen.

LIBETHRA REGULARIS

Beschreibung

Die Weibchen werden 5 cm lang. Sie sind braun und gelbbraun gefärbt. Auf der Oberseite ist meist eine dreieckige Zeichnung sichtbar. Die Haut hat eine raue Struktur. Während der Legeperiode ist der Hinterleib deutlich verdickt. Die bis 4,5 cm langen, schlankeren Männchen sind braun mit einem grünen, weiß gefleckten Seitenstreifen. Beide Geschlechter sind flügellos.

Verbreitungsgebiet

Karibik (Trinidad).

Futter

Brombeere, Weißdorn, Feuerdorn, Efeu, Eiche, Ulme, Hasel, Himbeere, Ginster, Rose und Wasserranke.

Eiablage und Haltung

Aus den 4 x 2 mm großen, ovalen Eiern schlüpfen nach fünf bis sechs Wochen ca. 24 mm lange Nymphen. Sie sind strohgelb, färben sich aber nach der ersten Nahrungsaufnahme grün oder braun.
Halten Sie die Tiere feucht.

LONCHODES-ARTEN

Bei den zahlreichen Arten dieser Gattung sind beide Geschlechter flügellos. Die Tiere sind lang, dünn und stabförmig. Die mittleren Beinpaare sind oft abgeknickt.

LONCHODES AMAUROPS

Beschreibung

Die Weibchen werden 9–11 cm lang, die Männchen 7,5–9 cm. Bei beiden Geschlechtern sitzt am fünf-

Lonchodes amaurops, *Weibchen*

Lonchodes brevipes, *Männchen*

ten Hinterleibssegment ein Stachel. Dieses Segment wirkt wie ein viertes, denn das erste ist mit dem Kopfbruststück verwachsen. Am sechsten Hinterleibssegment sitzt beim Weibchen ein warzenähnlicher Knauf.

An den Beinen befinden sich bei beiden Geschlechtern einige Stacheln; am Kopf sitzen zwei weitere.

Die Weibchen sind braun oder gräulich gefärbt, die Männchen sind grün oder hellbraun und grün gefärbt.

Verbreitungsgebiet

Regenwälder von Sarawak (Borneo).

Futter

Brombeere, Weißdorn, Liguster, Feuerdorn, Himbeere, Rose, Efeu und Eiche.

Fortpflanzung

Aus den 3,5 mm langen runden Eiern schlüpfen nach drei bis vier Monaten braungrüne Nymphen. Vom vierten Stadium an ist bei den Weibchen die Warze sichtbar, bei den Männchen das gegabelte Hinterleibsende.

LONCHODES BREVIPES

Beschreibung

Diese Art hat eine warzige Oberfläche. Die Weibchen werden ca. 12 cm lang, sind dunkelbraun und tragen manchmal hellbraune Flecken. Ihre Vorder- und Hinterbeine können auch grün sein. Die Männchen werden ca. 9 cm lang und sind dunkelbraun mit dunkelgrünen Beinen. Am sechsten Segment sitzt bei den Weibchen ein kleines Häkchen. An den Beinen befinden sich Stacheln und Lappen.

Verbreitungsgebiet

Malaysia und Sumatra.

Futter

Verfüttern Sie eine Mischung aus Rhododendron und Brombeere.

Fortpflanzung und Haltung

Aus den 2,5 mm langen Eiern schlüpfen nach drei bis fünf Monaten schwarze Nymphen. Sie haben weiß gebänderte Beine. Nach einigen Häutungen sind die olivgrünen Männchen schlanker als die bräunlichen Weibchen. Halten Sie diese Art warm (24–26 °C) und feucht.

Lonchodes brevipes, *Weibchen*

Lonchodes hosei herberti, *Weibchen*

Lonchodes modestus, *Weibchen*

Lopaphus perakensis, *Männchen*

LONCHODES HOSEI HERBERTI

Beschreibung

Die Weibchen werden 12–14 cm lang und sind in verschiedenen Tönungen brauncremefarben mit schwarzen Pünktchen. Die schlankeren glänzenden Männchen werden 9,5 cm lang und sind meist braun. Vor allem bei den Weibchen sind die Beine bestachelt und belappt. Die Männchen haben kurz vor den Hinterbeinen zwei seitliche Stachel.

Verbreitungsgebiet

Borneo und Java.

Futter

Brombeere, Weißdorn, Liguster, Feuerdorn und Rose.

Fortpflanzung

Nach zwei bis drei Monaten schlüpfen aus den Eiern 1,5 cm lange Nymphen.

LONCHODES MODESTUS

Beschreibung

Die Weibchen werden 10,5–12 cm lang und sind braun oder grün. Die Unterseite der Vorderbeine ist rot, ebenso wie die der Hinterbeine. Die Beine sind gelappt. Zwischen den Augen befinden sich zwei Dornen. Am siebten Hinterleibssegment sitzt ein kurzes Anhängsel.

Die Männchen werden 9 cm lang und variieren in der Farbe von Grün bis Braun. Beide Geschlechter tragen keine Flügel. Bei Bedrohung stellen sie sich tot.

Verbreitungsgebiet

Auf Borneo in Sabah und Kalimantan.

Futter

Brombeere und Efeu.

Fortpflanzung

Aus den 3,5 mm langen Eiern schlüpfen nach vier bis sechs Monaten 2 cm lange grüne Nymphen.

LOPAPHUS PERAKENSIS

Beschreibung

Die Weibchen werden 9 cm lang. Sie sind dunkelbraun bis olivgrün gefärbt und stabförmig. Am Körper befinden sich einzelne graue bis weiße unregelmäßige Flecken. Die 7 cm langen Männchen sind schlanker und grünbraun gezeichnet. Die erwachsenen Tiere beider Geschlechter besitzen rote Mundwerkzeuge und sind flügellos.

Verbreitungsgebiet

Lopaphus perakensis ist in West-Malaysia beheimatet.

Futter

Brombeere.

Fortpflanzung und Zucht

Aus den 2 mm langen Eiern schlüpfen nach acht bis 12 Wochen die Nympen. Sie sind 1,5 cm lang, grün und tragen einen braunvioletten Rückenstreifen. Um den Prozentsatz der schlüpfenden Nympen zu erhöhen, können Sie die Eier zur Hälfte in Sand betten.

NEOHIRASEA MAERENS

Beschreibung

Die Weibchen werden 7,5–8,5 cm lang, sind braun und tragen einen dunklen Seitenstreifen. Die Oberseite des Hinterleibs ist bis zum dritten Segment bedornt. Auch an den Flanken und an den Beinen sitzen Dornen.

Die 5–6,5 cm langen Männchen tragen am braunen Körper einen dunklen Streifen.

Verbreitungsgebiet

Vietnam.

Futter

Brombeere, Efeu, Eiche, Rose, Himbeere und Rhododendron.

Fortpflanzung

Aus den 2,5 mm großen, runden Eiern schlüpfen nach fünf bis sechs Monaten 13 mm lange Nymphen.

Neohirasea maerens, *Pärchen*

Farnheuschrecken (Oreophoetes peruanas) *bei der Paarung*

Männchen der Flechtenstabheuschrecke (Orxines macklotti)

OREOPHOETES PERUANAS (FARNHEUSCHRECKE)

Beschreibung

Die bis 7 cm langen Weibchen sind schwarz. Ihr Kopf ist grell orangegelb mit sieben schwarzen Flecken. Auch die „Kniegelenke", die Ansatzstellen der Beine und die hintersten Körpersegmente sind teilweise orangegelb. Über den Körper laufen blassgelbe Längsstreifen. Die Männchen werden 6 cm lang und sind dunkelrot mit schwarzen Beinen und Fühlern. Beide Geschlechter sind flügellos.

O. peruanas ist oft tagaktiv. Bei Bedrohung sondern die Tiere ein stinkendes weißes Wehrsekret ab.

Verbreitungsgebiet

Unterwuchs von Bergwäldern in Peru und Ecuador.

Futter

Farne. Gekaufte Pflanzen müssen gründlich gewaschen werden, da sie meist mit Insektiziden behandelt wurden.

Haltung

Sorgen Sie für eine Temperatur von 20–25 °C und eine hohe rF. Besprühen Sie das mit vielen Farnen bepflanzte Insektarium einmal täglich. Die Eier entwickeln sich auf feuchtem Substrat ausgezeichnet.

Fortpflanzung

Diese Art kann sich sowohl parthenogenetisch als auch sexuell fortpflanzen. Die Weibchen lassen täglich ein 2–3,5 mm langes Ei auf den Boden fallen. Bei einer Temperatur von 20 °C und einer hohen rF schlüpfen die 1,5 cm langen, schwarzorangefarbenen Jungen nach neun bis 12 Wochen. Wenn die Luft zu trocken ist, entwickeln sich die Eier nicht oder die Jungen haben missgebildete Beine. Vom dritten Stadium an ist bei den Weibchen auf der Unterseite des letzten Segments ein dunkler y-förmiger Fleck zu sehen, bei den Männchen nur ein schwarzes Pünktchen. Die rote Farbe des Männchens entwickelt sich erst nach der letzten Häutung.

ORXINES MACKLOTTII (FLECHTENSTABHEUSCHRECKE)

Beschreibung

Die Weibchen werden 7–8 cm lang, die Männchen 5,5 cm. Beide Geschlechter ähneln mit der schwarzbraunen, braunen und grünen Färbung Flechtenpolstern auf Baumrinden. Am Kopf sitzen zwei Hörnchen. Sowohl die schlanken Männchen als auch die Weibchen haben 5,5 cm lange Antennen. Die Hinterflügel bedecken die Hälfte des Hinterleibs. Bei Bedrohung werden sie entfaltet, sodass die orangeschwarzen Innenseiten mit weißen Flecken sichtbar werden (siehe Foto S. 67 unten links).

Verbreitungsgebiet

Bergwälder auf Java.

Futter

Rhododendron.

Eiablage und Zucht

Die 5 mm langen, dünnen Eier werden in Moos, in Spalten, zum Beispiel von Kork, oder in den Boden gelegt. Die Nymphen schlüpfen bei einer Temperatur von 23–25 °C und einer hohen rF nach vier bis neun Monaten. Halten Sie die 1,5 cm langen, graugrün getüpfelten Nymphen bei einer rF von 85–95 %. Besprühen Sie das Insektarium täglich. Vor allem die Larven werfen bei Bedrohung schnell ihre Beine ab.

PARAHYRTACUS GORKOMI

Beschreibung

Die Weibchen werden maximal 9,5 cm lang und sind grün oder hellbraun mit hellen Bändern zwischen den Segmenten. Der Hinterleib läuft spitz zu. Die schlanken Männchen werden 6–7 cm lang. Sie sind hellbraun mit einem dunklen Streifen auf der

Parahyrtacus gorkomi, *Weibchen*

Paramenexenus laetus, *Weibchen*

Brustseite und zwei hellen Streifen auf dem Kopf. Beide Geschlechter sind flügellos und haben 6,5 cm lange Antennen.

Verbreitungsgebiet

Philippinen.

Futter

Brombeere, Eukalyptus, Himbeere, Hasel, Feuerdorn, Zwergmispel und Guave.

Zucht

Aus den 4 mm langen, zylindrischen Eiern schlüpfen die Nymphen bei einer Temperatur von 20 °C nach fünf bis sechs Monaten, bei einer Temperatur von 27 °C nach sieben Wochen. Sie sind 2 cm lang und dunkelgrün mit einem gelbgrünen Streifen.

PARAMENEXENUS LAETUS

Beschreibung

Die Weibchen werden 10–11 cm lang und sind auf der Oberseite hell-, auf der Unterseite dunkelgrün. Seitlich verläuft ein weißer Längsstreifen. Sie tragen einen Legebohrer. Die Männchen werden bis 8,5 cm lang und zeigen die gleiche Färbung. Auf ihrem Bruststück sitzen sechs bis acht schwarze Dornen. Beide Geschlechter sind flügellos.

Verbreitungsgebiet

Nord-Vietnam.

Futter

Brombeere, Rose und Efeu.

Fortpflanzung

Aus den 3,5 cm großen, runden Eiern schlüpfen nach drei Monaten 2 cm lange hellgrüne Nymphen.

Parapachymorpha spinosa, *Weibchen*

Phaenopharos herwaardani, *Weibchen*

Diese werden später graubraun und erst nach der letzten Häutung erneut grün.

PARAPACHYMORPHA SPINOSA

Beschreibung

Die Weibchen werden ca. 6 cm lang, die Männchen ca. 5 cm. Beide Geschlechter sind grünbraun bis hellbraun, haben 1 cm lange Antennen und besitzen keine Flügel. Der Körper und die Beine sind bei den Weibchen dichter mit Stacheln besetzt als bei den Männchen.

Verbreitungsgebiet

Thailand.

Futter

Brombeere, Efeu, Feuerdorn, Rose, Himbeere und Hasel.

Phaenopharos herwaardani, *Spielart 'red-microwing'*

Phaenopharos herwaardani, *Männchen*

Phenacophorus cornucervi, *Weibchen*

Zucht

Die 7–8 mm langen braunen Nymphen schlüpfen bei einer Temperatur von 20 °C nach vier bis fünf Monaten auf feuchter Erde aus den Eiern.

PHAENOPHAROS HERWAARDANI

Beschreibung

Die stabförmigen Weibchen der Spielart 'redmicrowing' werden 13 cm lang, die Männchen nur

Phobaeticus serratipes, *Pärchen*

7 cm. Beide Geschlechter sind beige bis dunkelbraun mit dunklen Flecken. Die 3 mm langen, feuerroten Flügel werden bei Bedrohung entfaltet.

Verbreitungsgebiet

Thailand.

Futter

Brombeere, Eukalyptus, Eiche, Himbeere, Rose, Rhododendron, Efeu, Hasel, Feuerdorn und Schneeball.

Fortpflanzung

Nach knapp fünf Monaten schlüpfen die 2,2 cm langen Nymphen aus den Eiern.

PHENACEPHORUS CORNUCERVI

Beschreibung

Das relativ dicke, braune Weibchen wird bis 7,5 cm lang. Auf ihrem Körper sitzen einige Lappen, auf dem Kopf wächst scheinbar eine Pflanze. Die Beine sind gelappt. Die schlanken braungrünen Männchen werden ca. 6,5 cm lang und nehmen oft eine „eckige" Haltung ein. Beide Geschlechter sind flügellos.

Verbreitungsgebiet

Sabah (Borneo).

Futter

Brombeere, Efeu, Rose, Hasel, Himbeere und Feuerdorn.

Fortpflanzung

Die Nymphen sind nach fünf Monaten ausgewachsen. Bereits nach der ersten Häutung kann man die Weibchen an den Lappen erkennen (die Männchen besitzen glatte Beine).

PHOBAETICUS SERRATIPES

Alter Name: *Pharnacia acanthopus*

Beschreibung

Mit 23–33 cm Körperlänge sind die flügellosen Weibchen dieser Art die längsten Gespenstheuschrecken. Ihre Gesamtlänge beträgt 40–57 cm. Die Männchen werden 16–18 cm lang, ihre Flügel messen nur 3 cm. Beide Geschlechter sind stabförmig, grün oder braun gefärbt und tragen manchmal weiße Flecken auf dem Rücken. Die Beine sind bedornt. Bei Bedrohung stellen sich die Tiere tot oder werfen ihre Beine ab. Sie sind zwar auch mit nur

Prisomera malaya, *Weibchen*

zwei Beinen noch lebensfähig, doch man sollte stets behutsam mit ihnen umgehen.

Verbreitungsgebiet

West-Malaysia, Java, Sumatra und Borneo.

Futter

Brombeere, Eiche, Buche und Hasel.

Fortpflanzung

Aus 5 mm langen flachen Eiern schlüpfen nach fünf bis sechs Monaten 3 cm lange Nymphen (6 cm Gesamtlänge).

PRISOMERA MALAYA

Beschreibung

Die stabförmigen Weibchen werden ca. 10 cm lang und sind hell- bis dunkelbraun. Die Männchen werden 8,5 cm lang und sind schlanker. Die mittleren Beinpaare beider Geschlechter sind leicht gelappt.

Verbreitungsgebiet

Tiefland und Regenwald in Singapur.

Futter

Brombeere und Eiche.

Eiablage und Zucht

Das Weibchen legt wöchentlich ein bis zwei große, braune, flache Eier. Halten Sie diese feucht; die Inkubationszeit dauert lange. Halten Sie auch die Nymphen feucht.

RHAPHIDERUS SCABROSUS

Beschreibung

Die Weibchen werden 7–8,5 cm lang und sind hellgrün bis grüngelb. Auf ihrem Bruststück sitzen

Rhaphiderus scabrosus, *Weibchen*

Sipyloidea sipylus, *Weibchen*

sechs bis 12 kleine, gelbe Dornen mit braunen Spitzen. Die schlankeren braunen Männchen werden 5–6,5 cm lang. Beide Geschlechter sind flügellos.

Verbreitungsgebiet

Feuchte Gebiete auf Réunion.

Futter

Rhododendron.

Fortpflanzung und Haltung

Diese Art kann sich parthenogenetisch fortpflanzen. Aus den 3 mm langen Eiern schlüpfen nach drei bis sechs Monaten 1,5 cm lange, hellgrüne Nymphen. Schneiden Sie, wenn keine großen Tiere im Käfig sitzen, um Blattränder anzufressen, die Ränder derber Futterblätter ab. Die Temperatur im Insektarium

Sipyloidea sipylus, *Weibchen*

sollte bei 20–25 °C liegen. Vor allem die Nymphen brauchen eine hohe rF.

SIPYLOIDEA-ARTEN

Beschreibung

Die 9–10 cm langen Weibchen sind grünbraun bis beige. Die grünen Männchen werden 6,5 cm lang. Beide Geschlechter haben Flügel, die mehr als zwei Drittel des Hinterleibs bedecken, und können fliegen. Der Flügelsaum ist bei den Männchen rot.

Verbreitungsgebiet

Thailand.

Futter

Brombeere, Eukalyptus, Himbeere, Rose, Feuerdorn, Hasel und Kirschlorbeer.

Eiablage

Die Weibchen lassen ihre braunen Eier auf den Boden fallen. Nach ca. drei Monaten schlüpfen die 1,2 cm langen hellgrünen Nymphen.

SIPYLOIDEA SIPYLUS

Beschreibung

Die Weibchen werden 9–10 cm lang. In Südostasien kommen 6–6,5 cm lange echte Männchen vor (in Gefangenschaft ist Gynandromorphismus bekannt). Beide Geschlechter sind strohgelb und tragen Flügel, die fast den gesamten Hinterleib bedecken.

Sipyloidea-*Art, Weibchen (mit Männchen)*

Verbreitungsgebiet

Südostasien; die auf Madagaskar eingeführten Tiere pflanzen sich parthenogenetisch fort.

Futter

Brombeere, Rose, Rhododendron, Weißdorn, Feuerdorn, Geranie, Eiche, Buche, Birke, Erle, Hasel, Ulme, Hirschholunder, Weißdorn, Buddleie und Vogelbeere.

Fortpflanzung und Haltung

Im Insektarium pflanzt sich diese Art parthenogenetisch fort. Die Weibchen kleben 4 mm lange Eier auf Blätter (siehe Foto S. 66 unten links). Die Nymphen schlüpfen nach zweieinhalb bis vier Monaten. Sie sind grün und 2 cm lang.

Halten Sie *Sipyloidea*-Arten relativ trocken.

PHYLLIUM-ARTEN (WANDELNDE BLÄTTER)

Die Familie der Wandelnden Blätter (Phyllidae) besteht aus drei Gattungen. Nur *Phyllium*-Arten werden erfolgreich in Insektarien gehalten.

Beschreibung

Wandelnde Blätter imitieren Blätter, selbst solche mit angefressenen oder abgestorbenen Rändern.

Phyllium bioculatum, *Weibchen*

Gaze-Insektarium für Wandelnde Blätter

Beide Geschlechter tragen breite Hautsäume an Körper und Beinen. Der Hinterleib der Weibchen ist etwa sechseckig. Seine Deckflügel sind breit und bedecken zwei Drittel des Hinterleibs. Die Hinterflügel fehlen meist. Die Antennen sind kürzer als der Kopf. Die lanzettförmigen Männchen sind schlanker und haben längere Antennen. Ihre Deckflügel sind kurz (maximal 1,5 cm), aber ihre schmalen, fast durchsichtigen Unterflügel reichen bis zum Ende des Hinterleibs. Die Antennen überragen die ausgestreckten Vorderbeine. Beide Geschlechter sind grün, braun oder grün mit braunen Flecken.

Verbreitungsgebiet

Lichte tropische und subtropische Wälder in Südasien.

Haltung

Die Temperatur sollte tagsüber 20–25 °C betragen, nachts 18–22 °C. Das Insektarium sollte größtenteils aus Gaze bestehen und mit einem kleinen Ventilator ausgestattet sein. Wichtig sind außerdem viel Licht und Sauberkeit. Als Substrat dient Torfstreu oder Fußbodenbelag. Die rF sollte bei 80–95 % liegen; besprühen Sie das Insektarium deshalb täglich, ohne jedoch die Tiere zu benetzen. Die Nymphen kleben leicht an Wassertropfen fest.

Halten Sie halb erwachsene Männchen notfalls kühler (18–20 °C), weil sie sonst ein oder zwei Häutungen früher erwachsen sind als die Weibchen und nur einige Wochen lang als Imago leben. Man erkennt semiadulte Männchen an den längeren Flügelansätzen und an den längeren Fühlern.

Vergesellschaften Sie Wandelnde Blätter nicht mit anderen Phasmiden oder zu vielen Artgenossen, da sie sonst angefressen werden.

Futter

Viele Arten brauchen, solange sie jung sind, frische Eichenblätter. Wechseln Sie diese oft. Wenn Sie Eichenblätter verfüttern, überleben mehr Tiere, als

Junge Wandelnde Blätter verschmähen oft Brombeerblätter, verzehren aber gerne Eichenlaub.

wenn Sie Brombeerblätter reichen. Als Wintervorrat können Sie Eicheln aussäen. Sie können auch immergrüne Eichenblätter verfüttern, zum Beispiel von *Quercus ilicifolia.* Wenn Sie im Winter keine Eichenblätter zur Verfügung haben, können Sie vom dritten oder vierten Stadium an Brombeerblätter verfüttern. In der Natur fressen die Tiere vor allem Guave *(Psidium guajava).*

P. celebicum verzehrt auch Zwergmispel- und Haselblätter. Spülen Sie das Futter gut mit Wasser ab, bevor Sie es verfüttern.

Fortpflanzung und Zucht

Parthenogenetische Fortpflanzung ist möglich. Die Weibchen schleudern die eckigen Eier mit ihrem Hinterleib weit weg.

Die 1,5–2 cm langen rotorangefarbenen Nymphen schlüpfen bei einer Temperatur von 23–28 °C in feuchtem Torf nach sechs *(P. bioculatum)*, drei bis sechs *(P. celebicum)* oder sechs bis acht Monaten *(P. giganteum)*. Nach der ersten Nahrungsaufnahme verfärben sie sich grün. Sprühen sie zwei-bis dreimal wöchentlich.

PHYLLIUM BIOCULATUM

Beschreibung

Die Weibchen dieser schwer zu haltenden Art werden 7–8,5 cm lang. Der breite Abschnitt des Hinterleibs ist typisch trapezförmig. Die Männchen werden 5 cm lang. Die Nymphen sind 17 mm lang.

Die Nymphen von Wandelnden Blättern sind in den ersten Tagen oft rotorange gefärbt.

Verbreitungsgebiet
Tropische Bergwälder auf Java, Borneo, Sumatra, den Seychellen und Sri Lanka.

PHYLLIUM CELEBICUM

Beschreibung
Die Weibchen werden 9 cm lang. Die Lappen an ihren Beinen sind kleiner als bei *P. bioculatum*. Der breite Abschnitt des Hinterleibs ist rechteckig. Diese Art hat gut entwickelte Hinterflügel. Die Männchen werden 6 cm lang. Die 17 mm langen Nymphen sind rotbraun mit weißen Flecken.
Verbreitungsgebiet
Seychellen, Philippinen, Celebes, Laos, Vietnam, Thailand und Malaysia.

PHYLLIUM GIGANTEUM

Beschreibung
Die Weibchen werden 10–11 cm lang, Gynander bis 8 cm. Die dunkelroten Larven haben einen rautenförmigen Hinterleib.
Verbreitungsgebiet
West-Malaysia.
Haltung
Die Temperatur sollte bei 26–30 °C liegen. Sprühen Sie täglich.
Fortpflanzung
Diese Art pflanzt sich parthenogenetisch fort.

PHYLLIUM PULCHRIFOLIUM

Beschreibung
Die Weibchen werden 7–9 cm lang, die Männchen 5–6 cm.
Verbreitungsgebiet
Tropische Wälder in West-Malaysia.

Acanthops falcata *aus Venezuela*

Eine Nymphe von Coptopteryx argentina *aus Argentinien*

Die Ordnung Mantodea (Fangheuschrecken)

Die ca. 2500 Arten der Fangheuschrecken (Gottesanbeterinnen) sind auf mehr als 400 Gattungen verteilt. Ein Terrarianer pflegt meist nicht mehr als fünf Arten gleichzeitig, da sie viel Zeit, Platz und Futterinsekten beanspruchen. Ihr Name leitet sich von dem griechischen Wort „mantis“ ab und bedeutet „Prophet“ oder „Wahrsager“.
Beschreibung
Gottesanbeterinnen haben drei auffällige Kennzeichen:
- Sie haben einen großen dreieckigen Kopf mit großen Augen. Die enorme Beweglichkeit des Kopfs stellt im Insektenreich eine Ausnahme dar. Sie können gezielt eine Beute oder einen Partner fixieren und Entfernungen exakt einschätzen.
- Sie haben ein verlängertes Bruststück (Prothorax) mit Fangbeinen.
- Die zu Fangbeinen umgebildeten, ventral bedornten Profemora und Protibiae: Sie fungieren als Klappmesser.

In Ruheposition, wenn die Fangheuschrecke auf eine Beute wartet, erinnert ihre Haltung an eine betende Person, daher der Name. Wenn die Beute nah genug ist, schlagen die Fangbeine blitzschnell zu. Die meisten Arten sind perfekt als Blatt, Blüte,

Rinde oder Sandboden getarnt. Sie werden weder von ihrer Beute noch von Feinden wahrgenommen. Die kleinste Art wird ca. 1,5 cm lang, die größte etwa 25 cm.

Verbreitungsgebiet

Gottesanbeterinnen kommen in wärmeren gemäßigten Gebieten, vor allem in den Subtropen und Tropen vor. *Mantis religiosa* ist auch in Süddeutschland anzutreffen. Sie bewohnen unterschiedliche Biotope, von Wüsten bis zu tropischen Regenwäldern, von Baumkronen bis zum Wüstensand.

Haltung

Gottesanbeterinnen müssen wegen ihres kannibalischen Verhaltens einzeln im Insektarium gehalten werden. *Empusa*-Arten und ihre Verwandten können allerdings gut in Gruppen gehalten werden.

Wenn Sie eine Gruppe von 20 Tiere gemeinsam halten möchten, muss das Insektarium entsprechend groß sein und folgende Ansprüche erfüllen:

- Der Behälter sollte, ebenso wie für andere Insekten, die sich hängend häuten, mindestens dreimal so hoch sein, wie das Insekt lang ist (siehe S. 64 „Häutung“ bei Stabheuschrecken).
- Die Gottesanbeterinnen brauchen einen guten Sitz- beziehungsweise Hängeplatz. Hierzu dient ein Ast, der sich nach oben hin horizontal verzweigt. Wenn sich zu viele Äste im Insektarium befinden, besteht die Gefahr, dass die Tiere bei der Häutung daran hängen bleiben und dann nicht richtig aushärten.
- Nylonnetze oder (Metall-)Gaze sorgen für eine gute Belüftung.
- Das Insektarium muss für einige Arten beheizt werden. Gottesanbeterinnen sonnen sich gerne und bevorzugen Temperaturen zwischen 25 und 30 °C. Niedrigere Temperaturen verlängern den Zeitraum zwischen zwei Häutungen. Zu kalt gehaltene Tiere sitzen am wärmsten Fleck: möglichst hoch oben im Insektarium. Wenn die Temperaturen zu hoch sind, trocknen vor allem junge Gottesanbeterinnen schnell aus. Sie trinken dann sehr viel.

Für eine erfolgreiche Einzelhaltung der Tiere eignen sich Flaschen, Büchsen und Gefäße aus Plastik,

In jeder Flasche sitzt eine Gottesanbeterin

Gottesanbeterinnen fressen bevorzugt Insekten und verschmähen dabei auch Artgenossen nicht.

Erwachsene Weibchen sind fülliger und oft länger als die Männchen. Außerdem haben sie nur sechs, Männchen acht Sternite.

die mit einigen Zweigen versehen und mit Nylonnetzen oder Gaze verschlossen werden. Stellen Sie die Gefäße eventuell in ein beheiztes Terrarium oder in einen Klimaschrank. Gottesanbeterinnen brauchen viel Licht, das Insektarium darf aber nicht überheizt werden. Je nach Art wird einmal wöchentlich bis täglich mit Wasser gesprüht. Verwenden Sie eine feine Sprühdüse, damit die Nymphen nicht an den Tropfen festkleben.

Zigarettenrauch kann für Insekten und Spinnen schädlich sein. Sie sollten deshalb in dem Raum, in dem die Tiere untergebracht sind, nicht rauchen.

Futter

Gottesanbeterinnen sind gefräßige Räuber. Regungslos warten sie in ihrer charakteristischen „betenden“ Haltung auf Beute. Wenn diese in den Bereich ihrer zu Fangbeinen umgewandelten Vorderbeine gelangt, wird sie innerhalb von einer Zehntel- bis Hundertstelsekunde gepackt. Nur ein sehr hungriges Tier wird seine Beute aktiv jagen. Einige Wüstenarten verfolgen allerdings ihre Beute. Gefressen werden Insekten oder Wirbeltiere, die kleiner als oder maximal eineinhalbmal so groß wie die Gottesanbeterin sind. Die Beutetiere werden bei lebendigem Leib verzehrt.

Verfüttern Sie verschiedene Insekten und achten Sie darauf, Ihre Gottesanbeterinnen nicht zu überfüttern. Auch tote Beutetiere werden akzeptiert, wenn man sie mit einer Pinzette hin- und herbewegt. Erwachsene Weibchen brauchen für die Eiproduktion mehr Futter als erwachsene Männchen. Die Fang-

beine der Blütenmantisgattungen *(Creoboter, Hymenopus* und *Pseudocreobotra)* sind oft nur schwach oder wenig bezahnt, sodass die Tiere keine großen Insekten wie Grillen erbeuten können.
Eine gesättigte dicke Gottesanbeterin wird bis einige Tage nach der Häutung nichts mehr fressen. Während dieser Phase darf kein Beutetier in ihrer Nähe sein, denn es könnte bei der Häutung stören. Manchmal geht eine Gottesanbeterin ohne erkennbaren Grund in „Hungerstreik". Erhöhen Sie dann die Temperatur, schieben Sie ihr ein halbiertes Beutetier ins Maul oder warten Sie ab.
Legen Sie ein Stück reifes Obst in das Insektarium, damit die Futtertiere (Hausfliegen, Fruchtfliegen, Grillen und Mehlwürmer) länger leben, einen höheren Nährwert haben und sich fortpflanzen (Fruchtfliegen). Halten Sie das Insektarium sauber.

Geschlechtsunterschiede

Nach der fünften Häutung kann bei vielen Arten das Geschlecht bestimmt werden. Die Weibchen tragen sechs Sternite (Rückenschilde am Hinterleib), die Männchen acht. Die ersten sind teilweise unter den Hinterbeinansätzen verborgen. Das Männchen kann sich mithilfe der zusätzlichen Sternite während der Paarung um den Hinterleib des Weibchens winden. Nur im letzten (spitzeren) Sternit des Weibchens befindet sich eine Spalte.
Adulte Weibchen sind größer, haben kürzere Flügel und Antennen und sind gefräßiger als erwachsene Männchen. Vor allem bei den Arten, bei denen die Männchen wesentlich kleiner sind als die Weibchen, werden Erstgenannte viel früher erwachsen und leben dann nur noch einige Wochen oder Monate. Halten Sie die Männchen bei einer Temperatur von 15 °C und füttern Sie sie weniger, damit sie ungefähr gleichzeitig mit den Weibchen erwachsen werden.

Fortpflanzung

Ein bis zwei Wochen nach der letzten Häutung machen sich die erwachsenen Männchen auf die Suche nach einer Partnerin. Sie folgen den von den Weibchen abgesonderten Lockstoffen. Das Männchen kann gut fliegen. Wenn es ein Weibchen gefunden hat, muss es aufpassen, dass es nicht schon vor der Paarung gefressen wird. Das Balzritual kann viele Stunden in Anspruch nehmen.

Hierodula parviceps *von den Philippinen bei der Paarung*

Dieses Weibchen der Gattung Hierodula, *verzehrt das Männchen nach der Paarung.*

Füttern Sie die Weibchen vor einer Paarung reichlich, um die Gefahr von Kannibalismus zu verringern. Frühestens zwei Wochen nach der letzten Häutung beider Tiere werden ein Männchen und ein Weibchen zusammen in einen geräumigen Behälter oder auf eine Pflanze gesetzt. Kontrollieren Sie regelmäßig, ob sich die Tiere sich paaren.
Träge Männchen können Sie anspornen, indem Sie dem Weibchen eine Grille anbieten. Das Männchen erkennt dann, dass es sich nun in nicht allzu großer Gefahr befindet, weil das Weibchen frisst.
Bei Männchen von *Sphodromantis* spp. und *Hierodula* spp. erfolgt die Begattung meist innerhalb von fünf Minuten. Männchen von *Hymenopus* spp. brauchen mehr Zeit und Raum.
Nachdem das Männchen das Weibchen besprungen hat, kann es lange dauern, bis die Tiere kopulieren. Die Männchen „trillern" mit ihren Fühlern oder berühren die Weibchen mit ihren Fangbeinen zur Beruhigung am Halsschild.
Zur Begattung bringen die Tiere ihre Hinterleiber in Kontakt und das Männchen überträgt eine Spermatophore. Eine Paarung dauert meist vier bis sieben Stunden. Manchmal kann man danach die weißliche Spermatophore in der weiblichen Geschlechtsöffnung sehen.
Die Männchen der meisten Arten springen nach der Begattung vom Weibchen und fliehen. Sie machen sich sogleich auf die Suche nach einem zweiten Weibchen. Die Männchen anderer Arten, zum Beispiel *Hymenopus* spp., bleiben auf dem Weibchen

Ein Weibchen von Hierodula *spp. legt ein Eipaket.*

Ein halbiertes vertrocknetes Eipaket

Schlüpfende Nymphen von Sphodromantis gastrica

sitzen um zu verhindern, dass ihr Sperma mit dem eines zweiten Männchens konkurrieren muss. Eine Paarung genügt dem Weibchen zur Befruchtung aller Eier.

Während der Kopulation kann ein hungriges Weibchen das Männchen verspeisen, wobei es ihm zunächst den Kopf abbeißt. Das Männchen ist selbst dann noch in der Lage, die Begattung fortzusetzen, da die Kopulationsbewegungen vom letzten Abdominalganglion gesteuert werden. Das Männchen liefert so das Eiweiß für seine eigenen Nachkommen. Dieses Ritual wird aber nur selten beobachtet, da Weibchen im Insektarium vor einer Paarung gut gefüttert werden.

Folgende Arten pflanzen sich auch parthenogenetisch fort: *Brunneriana borealis, B. subaptera, Miomantis* spp., *Parasphendale affinis, Sphodromantis viridis* und *Tenodera sinensis.*

Eiablage

Wenn ein Weibchen genug gefressen hat, wird es den ersten Eikokon (Oothek) bilden. Mit seinen Hinterleibsanhängseln bildet es eine schaumige Masse, in der sich 30–300 Eier befinden. Der Schaum härtet und schützt die Eier vor Austrocknung und anderen Widrigkeiten. Je mehr und hochwertiges Futter ein Weibchen zu sich genommen hat, desto größer werden die Eikokons. Die meisten Arten bilden drei bis sechs dieser Ootheken, einige sogar 20. Trennen Sie Weibchen von den Eiern.

Die Feuchtigkeit ist der entscheidende Faktor für eine erfolgreiche Zeitigung. Wenn man zu wenig sprüht und die Eikokons nicht an einen feuchten Platz hängt, vertrocknen sie. Zu feucht gehaltene Eier verfaulen. Bei einigen Arten ist die Feuchtigkeit eher nebensächlich. Die Eier von *Sphodromantis* entwickeln sich, wenn man einmal täglich sprüht, aber auch wenn nicht gesprüht wird, sofern die rF mindestens 70 % beträgt. Stellen Sie hierfür das Gefäß mit den Ootheken in einen größeren

Behälter, zum Beispiel mit einem nassen Schwamm oder feuchtem Sand auf dem Boden.
Ein Inkubationsterrarium darf nicht mit Paketband verklebt werden, denn Gottesanbeterinnen kriechen in jede Ritze und könnten daran festkleben. Auch in Kondenswasser an den Wänden und in einer Wasserschale ertrinken die kleinen Nymphen schnell.
Bei einer Temperatur von 23–30 °C schlüpfen die meisten Jungen nach fünf bis sechs Wochen. Das erste Larvenstadium ist durch fadenförmige Hinterleibsanhänge charakterisiert. Die merkwürdig aussehenden Nymphen häuten sich sofort und laufen nach allen Seiten weg. Sie schlüpfen meist alle gleichzeitig. Bei einigen Arten schlüpfen die Jungen an mehreren aufeinander folgenden Tagen, bei anderen kommen die letzten Jungen erst zwei Monate nach den ersten zum Vorschein *(Coptopteryx)*.
Jungtiere, die aus Eiern schlüpfen, die relativ kühl und/oder trocken gehalten wurden, unterziehen sich einer Winter- oder Trockenruhezeit.

Zucht

Gottesanbeterinnen fressen sofort nach dem Schlüpfen. Stellen Sie deshalb ein Gefäß mit Fruchtfliegen bereit. Alternativ verzehren die Tiere auch Blattläuse, Springschwänze und Artgenossen.
Viele Gottesanbeterinnen sind vom ersten Tag an Kannibalen. Sie können den Kannibalismus einschränken, wenn Sie für das ganze Nest ein größeres Insektarium mit vielen Kletterzweigen oder Pflanzen und reichlich Futter einrichten. Halten Sie die Jungen getrennt, sobald noch ca. 25 Jungtiere von gebührender Größe übrig sind.

Häutung

Je nach Art und Umweltbedingungen häuten sich Gottesanbeterinnen sieben- bis neunmal (Männchen) beziehungsweise acht- bis zehnmal (Weibchen). Die erste Häutung findet unmittelbar nach dem Schlüpfen statt. Die Tiere sind in dieser Phase eine leichte Beute für Räuber, außerdem sind sie anfällig für übermäßige Feuchtigkeit oder für Trockenheit. Vor einer Häutung frisst eine Gottesanbeterin einige Tage nichts und bewegt sich von einem bestimmten Moment an nicht mehr vom Fleck. Meist hängt sie dann kopfüber irgendwo oben im Insektarium. Die Häutung der Gottesanbeterinnen verläuft wie bei den Wandelnden Blättern und geht mit den gleichen Probleme und Gefahren einher. Eine Gottesanbeterin lässt ihre alte Haut hängen.

Hierodula parviceps *während der Häutung*

Tenodera aridifolia sinensis *in Drohhaltung*

Parasphendale affinis *bringt die Fangbeine in Drohhaltung.*

Verteidigung

Gottesanbeterinnen haben in der Natur viele Feinde (sie sind zum Beispiel das Lieblingsfutter von Chamäleons). Sie vertrauen in erster Linie auf ihre Tarnung und ihre ruhigen, schwankenden Bewegungen, die vom Wind bewegte Zweige nachahmen. Einige Spezies nehmen bei Bedrohung eine deutliche Tarnhaltung ein. *Popa*-Arten ahmen zum Beispiel dürre Äste nach, indem sie ihre Fangbeine nach vorne strecken. Viele Arten versuchen zu fliehen, lassen sich fallen oder fliegen weg. Letzteres können jedoch nur erwachsene Männchen. Schließlich ver-

In Drohhaltung sieht man, dass auch die Weibchen von Hierodula parviceps *schön gefärbt sind.*

mögen viele Spezies eine spektakuläre Drohhaltung einzunehmen: Sie halten die Fangbeine seitlich neben den Körper oder strecken sie ganz aus, entfalten die Flügel und reißen die (roten) Kiefer auf.

Umgang

Gottesanbeterinnen sind nicht giftig. Nur wenige Arten halten Angreifer mit ihren Fangbeinen fest und lassen nur schwer wieder los. Man lässt Gottesanbeterinnen am besten auf die Hand laufen, ohne die Tiere zu umklammern. Die Nymphen lässt man in ein Gefäß laufen. Entwischte Tiere können anhand ihrer Häutungsreste aufgespürt werden.

CREOBOTER-ARTEN

Beschreibung

Diese Gottesanbeterinnen imitieren Blüten. Die Weibchen werden 3–4 cm lang, die Männchen 3 cm. Beide Geschlechter sind grün gefärbt und weiß gezeichnet. Alle Arten tragen auf den Flügeln einen Augenfleck von unterschiedlicher Form. *C. pictipennis* zum Beispiel hat einen ovalen, weißen Fleck mit schwarzer Umrandung. In Drohhaltung sieht man, dass die Hinterflügel an der Basis rosa gefärbt sind und einen abschreckenden schwarzen Fleck tragen.

Verbreitungsgebiet

Creoboter-Arten warten in blühenden Sträuchern auf Nektar suchende Insekten. *C. pictipennis* stammt aus Sri Lanka und Süd-Indien, *C. meleagris* aus Vietnam und *C. gemmatis* aus Thailand.

Creoboter pictipennis, *Pärchen*

Creoboter meleagris

Haltung

Tagsüber sollte die Temperatur bei 25–32 °C liegen, nachts bei 17 °C. Besprühen Sie das Insektarium jeden Abend leicht. Gleich große Tiere sind, wenn genügend Futter zur Verfügung steht, wenig kannibalisch.

Eiablage und Zucht

Ein Weibchen legt ca. fünf abgeflachte, weiße oder braune Eipakete, die 2–6 cm lang sind. In jedem Paket befinden sich 25–50 Eier. Die Jungen schlüpfen bei einer Temperatur von 28–32 °C und zweimal wöchentlichem Sprühen nach vier bis sechs Wochen. Sehr junge Tiere sind braun oder schwarz. Später wird diese Grundfarbe mit Weiß, Grün und Rosa gemischt und die Tiere sind von bestimmten Blüten manchmal nicht zu unterscheiden.

DEROPLATYS-ARTEN

Beschreibung

Deroplatys-Arten sind bräunlich gefärbt und imitieren welke Blätter. Ihr Halsschild ist, vor allem bei den Weibchen stark verbreitert. Bei ihnen verläuft diese Verbreiterung an den Seiten spitz zu. Außerdem ist (vor allem bei den Weibchen) der Hinterleib verbreitert und die Beine sind gelappt. Die Weibchen von *D. desiccata* werden 7,5–8 cm lang, die Männchen bleiben ca. 1 cm kleiner.

Deroplatys desiccata, *fast erwachsenes Weibchen*

Deroplatys truncata, *Nymphe*

In Drohhaltung entfaltet *D. lobata* ihre Flügel und breitet die Fangbeine aus. Die Deckflügel sind im oberen Abschnitt orangebraun gefärbt, im unteren rosa. Auf dem rosafarbenen Teil befinden sich dunkle Flecken. Die Hinterflügel sind schwarz mit weißer Äderung.

Die nah am Körper getragenen Fangbeine sind prächtig orangefarben mit einer Reihe weißer Punkte und einem schwarzen Fleck.

Verbreitungsgebiet

Deroplatys-Arten leben in tropischen Regenwäldern in Bodennähe. *D. desiccata* bewohnt Indonesien und Malaysia. *D. lobata* stammt aus Malaysia und *D. truncata* aus Malaysia, Borneo und Sumatra.

Haltung

Halten Sie *Deroplatys*-Arten in Insektarien mit einer relativ großen Bodenfläche (15 x 15 cm). Bedecken Sie den Boden mit einer 5–10 cm tiefen Laubschicht und legen Sie einen dicken Ast oder ein Stück Kork in das Gefäß. Besprühen Sie das Substrat regelmäßig.

Empusa pennata, *fast erwachsenes Exemplar*

Eiablage

Die Weibchen legen ca. drei Eipakete in Holzspalten. Bei einer Temperatur von 28 °C schlüpfen nach etwa sieben Wochen 20–40 Junge.

Die frisch geschlüpften Jungen haben noch kein verbreitertes Halsschild. Es wird mit jeder Häutung breiter.

EMPUSA PENNATA

Beschreibung

Die Weibchen dieser Art werden bis 6,5 cm lang, die Männchen bleiben 0,5–1,5 cm kleiner. Aufgrund ihres schlanken Körpers und des Halsschilds fallen die Tiere im Gras nicht auf. Auf dem Kopf befindet sich eine große kegelförmige Ausstülpung, sie ist beim Weibchen größer als beim Männchen. Die Männchen haben größere federförmige Antennen, mit deren Hilfe sie die Weibchen anhand der Duftspur aufspüren. Beide Merkmale sind erst bei semiadulten Tieren zu erkennen. Erwachsene Tiere sind braun gefärbt und haben grüne Flügel.

Verbreitungsgebiet

Diese Art lebt im gesamten Mittelmeerraum auf trockenen, heißen Wiesen und an Sträuchern.

Haltung

E. pennata frisst Artgenossen von ungefähr gleicher Größe nur selten und kann deshalb gut in Gruppen gehalten werden. An wenigstens einem Platz im Insektarium sollte die Temperatur tagsüber 30–35°C betragen. Sprühen Sie einmal pro Woche.

Zucht

Lassen Sie die Jungtiere im letzten Nymphenstadium (im Dezember und Januar) bei einer Temperatur von 10–15 °C überwintern. Im Frühling werden

Männchen von Idolomorpha lateralis *aus dem Tschad. Diese Art ist nahe verwandt mit der Gattung* Empusa.

Gongylus gongylodes

Hierodula tenuidentata

Weibchen von Hierodula parviceps *auf den Philippinen*

sie erwachsen. Bei einer Temperatur von 32 °C schlüpfen aus den länglichen Eipaketen nach fünf Wochen bis zu 40 Larven.

GONGYLUS GONGYLODES

Beschreibung

Beide Geschlechter dieser bizarr geformten Art werden 8,5–10 cm groß. Der Prothorax ist sehr lang und dünn. An den Beinen und am Hinterleib befinden sich Lappen.

Die Weibchen sind braun; ihre Flügel bedecken drei Viertel des Hinterleibs. Bei den dunkleren Männchen bedecken die Flügel das gesamte Abdomen. Ihre Antennen sind breiter als die der Weibchen und gefiedert.

Verbreitungsgebiet

G. gongylodes ist in Süd-Indien und auf Sri Lanka beheimatet.

Haltung

Halten Sie diese Tiere bei einer Temperatur von 30–35 °C (bis 60 °C möglich) und sprühen Sie dreimal wöchentlich wenig Wasser.

Diese Art ist nicht kannibalisch und kann gruppenweise in geräumigen Insektarien (40 x 40 x 50 cm) gehalten werden.

Zucht

Das Weibchen legt bis zehn Eipakete. Wenn die Temperatur bei 30–35 °C liegt und Sie dreimal pro Woche sprühen, schlüpfen nach ca. sechs Wochen 30–40 Nymphen.

HIERODULA-ARTEN

Diese Gattung ähnelt *Sphodromantis* und wird häufig mit ihr verwechselt.

Beschreibung

Hierodula-Arten sind typische Gottesanbeterinnen. Sie sind grün oder braun, manchmal auch rotbraun oder gelbgrün.

Die Weibchen von *H. membranacea* werden bis 9 cm lang, die Männchen bis 8 cm. Bei *H. parviceps* werden die Weibchen 6,5–7 cm lang, die Männchen 5,5–6 cm. Bei beiden Geschlechtern bedecken die Flügel den gesamten Hinterleib.

Verbreitungsgebiet

Diese Gattung bewohnt in Südostasien warme, feuchte Klimaregionen. Die Tiere leben in Sträuchern und Bäumen.

Fortpflanzung

Die Weibchen verhalten sich gegenüber den Männchen aggressiv. Die auf Seite 89 beschriebene Methode, bei der das Weibchen mit einer Grille abgelenkt wird, funktioniert gut, wenn das Weibchen lange genug (vier Wochen) erwachsen ist.

Jedes Weibchen legt sechs bläuliche oder weiße Eipakete, die schnell braun werden. Bei einer Temperatur von 25–30 °C schlüpfen nach fünf bis sechs Wochen 100–200 Junge.

HYMENOPUS CORONATUS (ORCHIDEEN-GOTTESANBETERIN)

Diese schwer zu züchtende Spezies, die Orchideenblüten imitiert, gilt als schönste Art.

Hymenopus coronatus, *fast erwachsene Nymphe*

Hymenopus coronatus, *frisch geschlüpfte Nymphe*

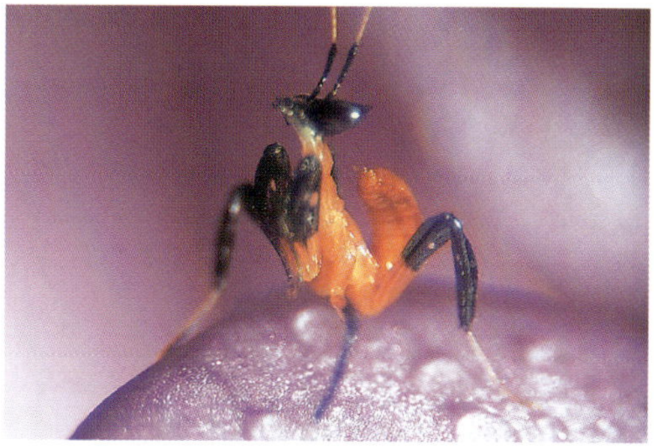

Beschreibung

Erwachsene Weibchen werden ca. 6 cm lang und sind weiß mit brauner Zeichnung und einer grünen Wachsschicht auf den Flügeln. Erwachsene Männchen werden nicht länger als 3 cm und sind weißbraun gezeichnet. Junge Tiere sind rosa, weiß oder weißbraun gefärbt. An den Laufbeinpaaren sitzen halbrunde Hautlappen, die Augen sind kegelartig zugespitzt.

Verbreitungsgebiet

West-Malaysia, Borneo und Sumatra. Diese Art versteckt sich zwischen großen weißen oder rosafarbenen (Orchideen-)Blüten. Dort lauert sie auf Insekten.

Haltung

Die Temperatur sollte bei 25–30 °C, die rF bei 80–90 % liegen. Sprühen Sie zwei- bis dreimal täglich und belüften Sie das Insektarium gut (Ventilator).

Futter

Verfüttern Sie Insekten, die Blüten besuchen, wie Bienen, Schmetterlinge und Fliegen. Bestäuben Sie eventuell das Futter mit einem Vitamin- und Mineralstoffpräparat. Minderwertiges Futter ist oft ein Grund dafür, dass die Zucht misslingt.

Fortpflanzung

Das Männchen lässt sich nicht leicht zur Paarung stimulieren. Es wird hierfür zusammen mit einem Weibchen, das mindestens zwei Wochen erwachsen sein muss, in ein großes Insektarium gesetzt. Bei der Paarung trommelt das Männchen gut hörbar mit seinen Fangbeinen auf das Weibchen ein.

Die ca. fünf Eipakete sind bis 6 cm lang, messen 1 cm im Durchmesser und sind weiß gefärbt. Auch das Eipaket braucht frische Luft und eine rF von 80–90 %. Sprühen Sie ein- bis zweimal täglich.

Nach 44–46 Tagen schlüpfen bei einer Tagestemperatur von 23 °C (nachts etwas kühler) ca. 100 grellrotschwarze Nymphen. Nach der ersten Häutung werden sie rosaweiß.

Zucht

Versorgen Sie die Jungen wie die Eltern. Die Männchen sind wesentlich früher erwachsen als ihre Schwestern. Trennen Sie deshalb, wenn Sie Männchen zum Befruchten brauchen, die Geschlechter frühzeitig. Junge Männchen haben grö-

Hymenopus coronatus, *Paarungsversuch*

Gemeine Gottesanbeterin (Mantis religiosa), *Weibchen*

ßere Flügel als gleich alte Weibchen; sie werden bei einer Temperatur von 20 °C gehalten.

MANTIS RELIGIOSA (GEMEINE GOTTESANBETERIN)

Dies ist die bekannteste Art. Die Weibchen werden 4,5–8 cm lang, die Männchen 4–6,5 cm. Beide Geschlechter sind grün oder braun. Auf der Innenseite der Coxae der Fangbeine sitzt ein weißer Fleck.

Verbreitungsgebiet

Mantis religiosa ist in Süddeutschland zwar geschützt, kommt hier jedoch selten vor (zum Beispiel am Kaiserstuhl). In großen Teilen Südeuropas ist diese Art jedoch weit verbreitet. Sie lebt auch auf anderen Erdteilen, zum Beispiel in Nordamerika.

Haltung

Die Temperatur sollte bei 20–30 °C liegen. Sprühen Sie einmal pro Woche.

Fortpflanzung

Die Eipakete werden im Spätsommer und Herbst meist unter Steinen abgelegt und überwintern dort. Die 80–200 Jungen schlüpfen im Mai oder Juni.

MIOMANTIS-ARTEN

Beschreibung

Vertreter dieser Gattung werden 3,5–4,5 cm lang und sind hellbraun oder grün. Die Männchen werden oft einen halben Zentimeter länger als die Weibchen, ihre Fühler doppelt so lang. Mit ihren großen durchsichtigen Flügeln können die Männchen ausgezeichnet fliegen. Die Weibchen haben farbige Flügel. *M. pharaonica* kennzeichnen schwarze Punkte auf den Coxae der Fangbeine.

Verbreitungsgebiet

M. paykullii stammt aus Nord- und Ostafrika, *M. pharaonica* aus Ägypten und in Tansania lebt *M. abyssinica*. Alle drei Arten bewohnen Sträucher und Grasland.

Haltung

Diese Gottesanbeterinnen vertragen Temperaturen zwischen 22 und 33 °C. Die rF sollte bei 60–70 % liegen. Sprühen Sie zweimal pro Woche.

Fortpflanzung und Zucht

Einige Spezies pflanzen sich parthenogenetisch fort. *Miomantis*-Arten sind leicht zu züchten, wenn für die frisch geschlüpften Jungen genügend kleines Futter (Springschwänze, Blattläuse und kleinste Fruchtfliegen) vorhanden ist. Ein gut genährtes Weibchen kann bis zu 20 Eipakete ablegen. Sie sind hellbraun, dreieckig und 2–3 cm lang. Bei einer Temperatur von ca. 25 °C schlüpfen die 20–50 Nymphen nach ca. 30 Tagen. Sie sind 5 mm lang.

PARASPHENDALE AFFINIS

Beschreibung

Die Weibchen werden bis 5 cm lang und sind hellbraun mit hellgrauer Zeichnung. Die Flügel bedecken drei Viertel des Hinterleibs. Die Innenseite

Miomantis abyssinica *aus Tansania, sich putzendes Weibchen*

Miomantis pharaonica *aus Ägypten bei der Paarung*

Miomantis pharaonica *aus Ägypten bei der Paarung*

Parasphendale affinis, *Weibchen*

der Vorderflügel ist leuchtend braun mit schwarzer Zeichnung, die Hinterflügel sind rotviolett. Auch die Innenseite der Fangbeine ist leuchtend braun. *P. affinis* nimmt schnell eine Drohhaltung ein (siehe Foto S. 91 unten rechts).
Die Männchen werden bis 3,5 cm lang, sind kontrastreicher gezeichnet und haben lange Flügel.

Verbreitungsgebiet

Bäume und Sträucher in Äthiopien, Kenia und Somalia.

Haltung

Die Temperatur sollte bei 25–30 °C liegen. Sprühen Sie dreimal pro Woche.

Fortpflanzung

Die maximal sechs Eipakete enthalten jeweils ca. 150 Eier; die Larven schlüpfen bei einer Temperatur von 25–30 °C nach ca. sechs Wochen. Sie sind zunächst schwarz, später braun gezeichnet.

PHYLLOCRANIA PARADOXA

Beschreibung

Diese Art trägt auf dem Kopf ein asymmetrisches blattförmiges Anhängsel. An den Beinen und am Hinterleib befinden sich Lappen. Das Halsschild ist

Phyllocrania paradoxa, *Weibchen über ihren Eiern*

Popa undata, *Nymphe in Tarnhaltung*

Popa undata *bei der Paarung*

rautenförmig verbreitert. Die Weibchen werden ca. 4,5 cm lang und sind dunkelbraun. Die Hinterflügel sind durchsichtig braun mit dunkelbraunen Flecken. Die Männchen werden 5 cm lang und sind dunkel- bis hellbraun, manchmal auch grünbraun mit durchsichtigen graubraunen Flügeln. Ihre Antennen sind wesentlich länger als die der Weibchen.

Verbreitungsgebiet

Offene Strauch- und Waldgebiete von Somalia bis Südafrika.

Haltung

Die Temperatur sollte bei 25–30 °C liegen. Sprühen Sie vier- bis sechsmal pro Woche.

Fortpflanzung und Zucht

Die ca. 4 cm langen, dünnen Eipakete sind zunächst weiß. Bei einer Temperatur von 25 °C schlüpfen nach fünf Wochen 25–40 Junge. Sie können gemeinsam aufgezogen werden.

POPA-ARTEN

Beschreibung

Popa-Arten imitieren trockene, dürre Äste. Sie sind dunkelbraun gefärbt. Nur bei älteren Larven sind die vordere Körperhälfte und das letzte Segment des Hinterleibs (auf der Oberseite) hellbraun. *P. undata* zeigt auf der Innenseite der Fangbeine eine violette, *P. batesi* eine gelbe Färbung. Die Weibchen werden 6,5 cm lang und haben 2,8 cm lange Flügel mit einem hellen Querstreifen in der Mitte.

Die schlanken Männchen messen 5,5 cm mit 3,5 cm langen Flügeln. Die Hinterflügel sind dunkel gefärbt. Wenn die Tiere gestört werden, nehmen sie sofort eine Abwehrstellung ein, indem sie die Fangbeine ausstrecken und sich nicht mehr bewegen.

Verbreitungsgebiet

P. undata kommt in Südafrika vor. *P. batesi* lebt im Süden von Madagaskar.

Haltung

Die Temperatur sollte bei 25–30 °C liegen. Sprühen Sie einmal pro Woche.

Fortpflanzung und Zucht

Setzen Sie ein Männchen und ein Weibchen gemeinsam in einen Behälter und stören Sie sie nicht. Die Weibchen verhalten sich aggressiv.

Alle drei Wochen legt das Weibchen ein ca. 20 x 16 x 7 mm großes Eipaket (insgesamt fünf Gelege). Die ca. 100 schwarzen, 7–8 mm langen Nymphen schlüpfen bei einer Temperatur von 30 °C und wöchentlichem Sprühen nach fünf bis sieben Wochen. Sie sind von Geburt an kannibalisch. Semiadulte Weibchen sind an einem kleinen Lappen am hintersten Laufbeinpaar zu erkennen und tragen auf ihrem Hinterleib einige Auswüchse.

PSEUDOCREOBOTRA-ARTEN

Beschreibung

Diese Gottesanbeterinnen imitieren Blüten. Sie sind weiß oder rosaweiß mit einer breiten grünen Bänderzeichnung. Auf den Flügeln tragen sie eine weißschwarze Spirale mit blauem Mittelpunkt. Am Hinterleib und an den Laufbeinen sitzen viele Lappen. In Abwehrhaltung ist die gelbe Farbe der ausgebreiteten Hinterflügel zu sehen.

P. wahlbergii wird 4–8 cm lang; ihr Bruststück ist breiter als lang. *P. ocellata* wird 4–5 cm lang; ihr Bruststück ist länger als breit und die Bezahnung der Fangbeine ist feiner als bei *P. wahlbergii*.

Verbreitungsgebiet

Diese Gottesanbeterinnen sind vor allem an (blühenden) Sträuchern anzutreffen. *P. wahlbergii* kommt im östlich Abschnitt des ostafrikanischen Hochlands vor. *P. ocellata* bewohnt den Westteil des ostafrikanischen Hochlands.

Pseudocreobotra ocellata, *Weibchen bei ihren Eiern*

Haltung

Die Temperatur sollte bei 25–32 °C liegen. Sprühen Sie jeden Abend.

Fortpflanzung und Zucht

Das dunkelbraune Eipaket ist 3–8 cm lang, 0,5 cm breit, 0,3–0,5 cm hoch und hat eine abgerundete Form. Besonders gut ist es auf einem Ast getarnt. Wenn die Temperatur bei 25–30 °C liegt und Sie zweimal täglich sprühen, schlüpfen nach ca. sechs Wochen 35–70 schwarze Nymphen. Nach einigen Häutungen sind sie prächtig rosaweiß (mit grünen Akzenten).

PSEUDOHARPAX UGANDANUS

Beschreibung

Beide Geschlechter dieser Art werden 2–2,5 cm lang und sind grün mit einer gelbweißen Unterseite. Die Augen sind konisch zugespitzt.

Verbreitungsgebiet

Waldgebiete und Kulturland in Ruanda, Uganda und den Nachbarländern.

Haltung

Die Temperatur sollte bei 25–30 °C liegen. Sprühen Sie zweimal pro Woche.

Fortpflanzung

Diese Art ist wenig aggressiv, eine Paarung daher möglich. Das Weibchen produziert bis zu 15 Eipakete mit je zehn bis 16 Eiern. Die 4 mm langen Nymphen schlüpfen nach fünf Wochen.

Pseudocreobotra ocellata *frisst eine Fliege*

Pseudoharpax ugandanus, *Pärchen*

Sphodromantis gastrica *bei der Paarung*

Stagmatoptera hyaloptera *bei der Paarung*

SPHODROMANTIS-ARTEN

Diese häufig gehaltene Gattung ähnelt *Hierodula.* Bei *Sphodromantis*-Arten sitzt jedoch zwischen den Augen und den Antennen ein dünnes Knötchen.

Beschreibung

Sphodromantis-Arten sind grün oder braun gefärbt. Beide Geschlechter der Arten *S. centralis, S. lineola, S. gastrica* und *S. balachowski* werden 6–8 cm lang, die von *S. viridis* 10 cm. Männchen und Weibchen haben lange Flügel mit einem kleinen weißen oder gelben Augenfleck.

Verbreitungsgebiet

West- und Ostafrika mit Ausnahme der Sahara. *S. viridis* lebt in Nordafrika bis zur Mittelmeerküste.

Haltung

Die Temperatur sollte bei 22–30 °C liegen. Sprühen Sie ein- bis zweimal pro Woche.

Fortpflanzung und Zucht

Das Weibchen legt bis zu sechs weiße Eipakete, die sich schnell braun färben. Wenn die Temperatur 25–30 °C beträgt und Sie ein- bis zweimal pro Woche sprühen, schlüpfen nach sechs Wochen 70–400 Nymphen. Sie sind gelbbraun mit dunklen Augen, werden aber noch vor der ersten Häutung braun.

STAGMATOPTERA HYALOPTERA

Beschreibung

Die Weibchen werden 5,7 cm lang und haben ca. 1 cm lange Fühler. Ihre transparenten Flügel sind so lang wie der Hinterleib. Die Fühler der ebenfalls 5,7 cm langen Männchens sind 2,7 cm lang. Ihre durchsichtigen Flügel sind 0,7 cm länger als der Hinterleib. Beide Geschlechter sind grasgrün und tragen auf den Flügeln einen 4 mm großen Augenfleck (schwarzbraun mit einem weißen „Licht“).

Taumantis ehrmannii *bei der Paarung*

Verbreitungsgebiet

Argentinien.

Fortpflanzung und Zucht

Diese Art ist sehr aggressiv. Die Eipakete überwintern während des Nordsommers. Die Jungen schlüpfen über viele Wochen verteilt; das macht die Aufzucht mühsam. Halten Sie diese Art bei einer Temperatur von ca. 25 °C mäßig feucht.

TAUMANTIS EHRMANNII

Beschreibung

Bei den 5 cm langen, grasgrünen Weibchen bedecken die Flügel drei Viertel des Hinterleibs. Bei den schlanken, 3,3 cm langen Männchen ragen die 2,7 cm langen Flügel 0,5 cm über das Hinterleibsende hinaus. Sie sind durchsichtig grünblau.

Verbreitungsgebiet

Strauchbewohner aus Nordostafrika.

Haltung

Halten Sie diese Art bei einer Temperatur von 25–30 °C und sprühen Sie zweimal pro Woche.

Fortpflanzung und Zucht

Die Weibchen verhalten sich gegenüber den sehr trägen Männchen aggressiv. Das Eipaket ist wulstig geformt, 25 x 14 x 10 cm groß und hat ein 15 mm langes Stielchen. Wenn die Temperatur bei 28 °C liegt und Sie einmal pro Woche sprühen, schlüpfen die Nymphen nach sechs Wochen.

TENODERA ARIDIFOLIA SINENSIS

Diese Fangheuschrecken wurde in China und Amerika zur biologischen Schädlingsbekämpfung von Insekten eingeführt.

Beschreibung

Dieses schlanke Insekt trägt auf dem Femur der vier Laufbeine je einen Stachel. Die Weibchen werden 8,5–10 cm lang, die Männchen 8–9,5 cm. Am Saum der braunen Flügel verläuft ein grüner Streifen.

Verbreitungsgebiet

Grasländer gemäßigter Zonen. *T. a. sinensis* stammt ursprünglich aus China, wurde aber in den Vereinigten Staaten eingeführt. Die Kokons überwintern.

Haltung

Diese aktiven Tiere benötigen viel Platz. Sie können bei einer Temperatur von 20–26 °C und einer rF von 60–65 % gehalten werden.

Eiablage und Zucht

Tenodera-Arten sind leicht zu züchten. Die Weibchen legen ca. fünf Eipakete. Wenn Sie dreimal pro Woche sprühen und die Temperatur bei 25 °C liegt, schlüpfen nach fünf bis sechs Wochen 125–400 Nymphen aus dem 3,5 cm langen Eipaket.

Tenodera aridifolia sinensis *bei der Paarung*

Tenodera fasciata *aus Indien wird 8,5 cm lang.*

Die Ordnung Blattaria (Schaben)

Die Ordnung Blattaria besteht aus fünf Familien (Blattidae, Blaberidae, Blattellidae, Polyphagidae und Cryptocercidae). Bisher wurden weltweit etwa 3500 Arten beschrieben; es kommen jedoch laufend neue Arten dazu.

Nur 50 Spezies werden für den Menschen zur Plage, ca. die Hälfte dieser Arten hält sich auch in Häusern auf. In Westeuropa ist die Deutsche Schabe *(Blattella germanica)* eine Landplage.

Schaben können ungefähr 40 verschiedene Krankheiten meist über die Haut auf den Menschen übertragen. Manchmal erbrechen die Tiere während

Deutsche Schabe (Blattella germanica)

einer Mahlzeit das aufgenommene Futter, einschließlich der Krankheitskeime, um den Brei erneut mit Enzymen zu vermischen.

Beschreibung

Schaben haben einen abgeflachten, länglich ovalen Körper. Deshalb können sie in Ritzen und Spalten leben. Viele Arten können fliegen, die meisten können mit ihren kräftigen Beinen schnell laufen. Der flache, abgerundet-dreieckige Kopf ist unter dem auffallend großen Halsschild (Pronotum) verborgen. Die langen Beine sind reichlich bedornt. Unter den Füßen befinden sich Haftpolster. Frisch gehäutete Tiere sind noch viele Stunden weiß. Die alte Haut wird meist aufgefressen.

Die größte Schabe ist *Megaloblatta blaberoides* aus mittel- und südamerikanischen Wäldern, mit einem 10 cm langen Körper und einer Flügelspannweite von ca. 18 cm. Die grabende Schabe *Macropanesthia rhinoceros* aus Queensland (Australien) ist 1,5 cm kürzer, aber schwerer (ca. 35 g).

Schaben sind nachtaktiv. Bei Bedrohung stridulieren viele Arten. Die Tiere können drei Monate bis zwei Jahre alt werden.

Verbreitungsgebiet

Schaben kommen weltweit vor, sind jedoch vorwiegend in tropischen und subtropischen Gebieten verbreitet. Sie leben in unterschiedlichen Biotopen; einige Arten sind sogar semi-aquatisch. Schaben nehmen Substratschall mit dem Subgenualorgan, Luftschall mit zahlreichen Trichobothrien auf den Cerci wahr.

Haltung

Die meisten Schabenarten brauchen ein warmes (28–32 °C) und feuchtes (rF 70–90 %) Klima. Bei Temperaturen unter 20 °C und über 35 °C sterben tropische Schaben über kurz oder lang.

In einem 50 x 30 x 30 cm großen, dunklen Insektarium mit zahlreichen Verstecken können einige hundert Schaben leben. Als Verstecke dienen Blumentöpfe, Korkplatten und Eierkartons. Bedecken Sie den Boden mit einer 5 cm tiefen Schicht aus mäßig feuchtem Torf, ungedüngter Blumen- oder mit Sand gemischter Walderde. Das Insektarium muss absolut ausbruchssicher sein!

Ein Insektarium für Schaben

Unterseiten der Hinterleiber eines Fauchschabenpärchens (links das Weibchen)

Blaberus craniifer *bildet ein Eipaket.*

Futter

Schaben fressen organisches Material, zum Beispiel Brot. Füttern Sie weiches Obst und Gemüse, das nicht schimmlig sein darf, dann benötigen Sie keine Wasserschale. Eine gute Zucht wird gesäubert, bevor sie unangenehm zu riechen beginnt.

Schaben jagen manchmal kleinere Insekten; auch Kannibalismus kommt vor. Dies ist vorteilhaft, wenn während einer Futterknappheit die Populationsgröße angepasst werden muss.

Viele Arten können problemlos einen Monat ohne Wasser überleben.

Geschlechtsunterschiede

Bei den Männchen sitzen die äußeren Geschlechtsorgane am neunten Bauchschild, bei den Weibchen am siebten. Bei den Männchen bestehen sie aus einem ausstülpbaren Begattungsglied, bei den Weibchen aus der Öffnung einer Geschlechtskammer. Bei einigen Arten haben die Männchen deutlich längere Flügel als die Weibchen.

Fortpflanzung

Nach gegenseitigem Betrillern mit den Fühlern findet die Paarung statt. Die Tiere sind dann ineinander verhakt. Eine Art pflanzt sich parthenogenetisch fort.

Eiablage

Erwachsene Weibchen legen ein- bis fünfzehnmal ein Eipaket mit 16–45 Eiern. Das weiße Paket verfärbt sich, nachdem es den Hinterleib verlassen hat, an der Luft braun und wird hart. Die Jungen schlüp-

Eipaket von Blaptica dubia

fen zwei Wochen bis drei Monate später. Schaben durchlaufen eine hemimetabole Metamorphose, bei der sie nach fünf bis 12 Häutungen geschlechtsreif werden.

Die meisten Arten sind eilebend gebärend. Nachdem das Eipaket gebildet ist, gleitet es wieder in den Hinterleib zurück. Dort wird es in einer Oothek eingebettet. Sie sieht wie ein kleines Handtäschchen aus und schützt die zeilenartig aufgereihten Eier. Je nach Art können in einer solchen Oothek 15–37 Eier untergebracht werden. Die Proteine ihrer Wandung werden sklerotisiert und auf diese Weise gegen enzymatischen Abbau geschützt. Je nach Art werden unterschiedlich viele Ootheken erzeugt. Die Gattungen *Blatta* und *Periplaneta* legen die Oothek einen Tag nach der Fertigstellung ab, *Ectobius* trägt sie zehn bis 16 Tage umher. *Blaberus* und *Leucophaea* behalten sie so lange im Körper, bis die Embryonalentwicklung vollendet ist. Dann wird die Oothek abgelegt und die Jungen schlüpfen.

Diploptera punctata ist vivipar (lebend gebärend).

Zucht

Die Nymphen sind 6–12 mm lang und können bei den Eltern belassen werden. Je nach Art sind sie nach fünf bis elf Häutungen erwachsen. Ihre Entwicklung kann 50–275 Tage dauern.

Verteidigung und Umgang

Schaben sind scheu und nachtaktiv. Bei Gefahr fliehen sie; viele Arten sind sehr schnell. Man kann kaum vermeiden, dass sie entwischen, vor allem wenn man ein Insektarium mit kleinen schnellen Schaben öffnet. Versorgen Sie die Tiere deshalb in einem leeren Raum, damit entlaufene Schaben umgehend wieder eingefangen werden können.

Viele Spezies stridulieren oder produzieren ein Wehrsekret, das unangenehm riecht oder die Haut reizt. Wer nicht allergisch ist, kann alle Arten anfassen; die Tiere werden an den Flanken gehalten.

Eine Schabenplage ist oft die Folge einer unhygienischen Umgebung. Lassen Sie nirgendwo Futter und Wasser stehen und halten Sie alles sauber. Leimfallen wirken gut, Gift hat keinen Sinn. Im Notfall müssen Sie einen Kammerjäger holen. Entwischte tropische Arten entwickeln sich nicht zu einer Plage.

BLABERUS CRANIIFER (TOTENKOPFSCHABE)

Synonym: *Blaberus fuscus*

Beschreibung

Die Weibchen dieser Art werden 5,5–6,5 cm lang, die Männchen bleiben etwas kleiner. Erwachsene Tiere sind hellbraun und tragen auf dem Halsschild einen schwarzen Fleck. Auf den Flügeln sitzt ein braunschwarzer Fleck. Diese Schabe ist sehr schnell, fliegt aber nicht.

Verbreitungsgebiet

Bodenbewohner aus tropischen Wäldern in Mittel- und Südamerika.

Fortpflanzung

Nach 3,5 Wochen Tragezeit schlüpfen die 7 mm langen Nymphen. Sie sind dunkelbraun gefärbt und tragen gelbbraune Flecken.

BLAPTICA DUBIA (ARGENTINISCHE SCHABE)

Synonym: *Blaberus dubia*

Beschreibung

Beide Geschlechter werden 4–4,5 cm lang und sind schwarzbraun mit hellbrauner Zeichnung. Nur die Männchen haben lange Flügel.

Verbreitungsgebiet

Argentinien.

Fortpflanzung

Das Weibchen legt alle sechs Wochen ein Eipaket mit 15–30 Eiern. Die Nymphen sind nach vier bis sechs Monaten geschlechtsreif.

EURYOTIS FLORIDIANA

Beschreibung

Die Weibchen dieser Art werden ca. 4,5 cm lang, die Männchen bleiben etwas kleiner. Beide Ge-

Totenkopfschaben (Blaberus craniifer), *Weibchen mit Nymphe*

Argentinische Schabe (Blaptica dubia)

Euryotis floridiana

schlechter sind dunkelbraun mit rotbrauner Zeichnung. Sie besitzen keine Flügel. Bei Bedrohung wird ein übel riechendes, hautreizendes Wehrsekret ausgeschieden.

Verbreitungsgebiet

Florida und West-Indien. Diese Art lebt vor allem in totem Holz.

Fortpflanzung

E. floridiana legt Eier.

GROMPHADORRHINA PORTENTOSA (MADAGASKAR-FAUCHSCHABE)

Beschreibung

Diese 6 cm lange flügellose Schabe ist braun. Die dick gepanzerten Segmente sind schwarz, der flügellose Körper ist stark abgeflacht. Die nachtaktiven Insekten sind träge. Bei Gefahr ziehen sie ihr Abdomen zusammen, pressen Luft durch die Tracheen und erzeugen so ein zischendes Geräusch.

Verbreitungsgebiet

Baumbewohner aus dem tropischen Regenwald von Ost-Madagaskar.

Geschlechtsunterschiede

Die Männchen haben längere und breitere Antennen als die Weibchen und zwei große Höcker auf dem Halsschild. Sie verteidigen ihr Territorium, indem sie Geräusche von sich geben und kämpfen.

Futter

Verfüttern Sie überwiegend Obst.

Fortpflanzung

Diese eilebend gebärende Art bringt 20–40 Junge pro Zyklus hervor. Die Tragezeit dauert maximal sieben Monate.

Gromphadorrhina portentosa, *Männchen*

Grüne Schabe (Panchlora nivea) *mit Eipaket*

PANCHLORA NIVEA (GRÜNE SCHABE)

Beschreibung

Die Weibchen werden ca. 2 cm lang, die Männchen bleiben einen halben Zentimeter kleiner. Beide Geschlechter sind grün und tragen an den Flanken einen gelben Längsstreifen. Die Flügel sind durchsichtig. Erwachsene Tiere können gut fliegen. *P. nivea* ist nachtaktiv.

Verbreitungsgebiet

P. nivea lebt in tropischen Wälder und Plantagen von Mexiko bis in den Norden Südamerikas und auf den Antillen.

Haltung

Die Temperatur sollte bei 28–32 °C liegen, die rF bei 80–100 %. Sorgen Sie für eine gute Belüftung. Als Substrat dient eine 20 cm tiefe Schicht aus einer feuchten Mischung von Lauberde und Sand. Das Substrat darf nicht austrocknen.

Die Nymphen leben bis zur letzten Häutung im Boden. Man kann diese Schaben gut mit Fruchtfliegen vergesellschaften.

Futter

Verfüttern Sie Früchte (Bananen), Honig, Nektar (für Volierenvögel) und Trockenfutter.

Fortpflanzung

Die Jungtiere dieser eilebend gebärenden Art sind braun oder schwarz gefärbt. Achten Sie darauf, dass sie nicht austrocknen. Mit ca. drei Monaten sind die Jungen erwachsen und leben dann noch ein halbes bis ein Jahr.

PERIPLANETA AMERICANA (AMERIKANISCHE SCHABE)

Beschreibung

Die Weibchen dieser Art werden bis 4 cm lang, die Männchen bis 3 cm. Beide Geschlechter sind glänzend rotbraun. Dieses lästige Insekt kann sehr schnell laufen.

Verbreitungsgebiet

Dieser Bodenbewohner kommt überall auf der Erde in warmen und feuchten Gebieten vor.

Amerikanische Schabe (Periplaneta americana)

Fortpflanzung

Die Weibchen legen ihre Eipakete mit maximal 40 Eiern in Spalten ab. Die Larven schlüpfen etwa fünf Wochen später und sind nach neun bis 13 Häutungen erwachsen.

Diese Art kann zu einer Plage werden.

Archimandrita tesselata

Blaberus atropos

Byrsotria fumigata

Byrsotria *sp. aus Kuba*

Elliptorrhina chopardi

Leucophaea maderae

Weitere Schabenarten

Art	Herkunft	♂ (cm)	♀ (cm)
Archimandrita tesselata	Mittel- und Südamerika	7	6
Blaberus atropos	Mittel- und Südamerika	5,3	4,5
Blaberus discoidales	Mittel- und Südamerika	5,5	5
Byrsotria fumigata	Südamerika	5,5	4,5
Byrsotria sp., (Weibchen mit halben, Männchen mit ganzen Flügeln)	Kuba	5,5	4,5
Elliptorrhina chopardi	Madagaskar	5	4
Leucophaea maderae	Tropenzone (gesamte Erde)	5	4
Nauphoeta cinerea	Tropenzone (gesamte Erde)	3,5	3
Princisia vanwaerebeki	Madagaskar	5–8	7–9

Nauphoeta cinerea

Acrida bicolor *aus Westafrika, eine gut getarnte Art*

Princisia vanwaerebeki

Insektarium für Laub- oder Stabheuschrecken

Die Ordnung Orthoptera (Heuschrecken und Grillen)

Kennzeichnend für die Ordnung der Geradflügler (Orthoptera oder Saltatoria) sind die Hinterbeine, die meist zu leistungsfähigen Springorganen vergrößert sind. Die Lauterzeugung (Stridulation) erfolgt fast ausschließlich bei den Männchen. Die Ordnung besteht aus zwei Unterordnungen: Ensifera und Caelifera.

Zur Unterordnung Caelifera gehören die Kurzfühlerheuschrecken. Sie haben kurze, dicke Antennen, die aus fünf bis 20 Segmenten bestehen. Vor allem die Männchen erzeugen Geräusche, indem sie eine Schrillleiste auf den Femora der Hinterbeine gegen die Schrillleisten der Vorderflügel reiben. Die Ohren sitzen im ersten Abdominalsegment und sind meist von den Flügeln bedeckt.

Zur Unterordnung Ensifera gehören die Langfühlerheuschrecken. Diese Insekten haben dünne Antennen, die länger als der Körper sind. Die Männchen reiben die mit Schrillleisten und -kanten versehenen Vorderflügel aneinander. Die Hörorgane liegen in den Tibiae der Vorderbeine. Die Weibchen tragen am Hinterleib einen deutlich sichtbaren Legebohrer.

Caelifera (Kurzfühlerheuschrecken)

Mit Ausnahme der *Proscopia*-Arten gehören alle hier besprochenen Kurzfühlerheuschrecken zur Familie der Acrididae (Feldheuschrecken).

Beschreibung

Kurzfühlerheuschrecken können unterschiedlich gefärbt sein. Die eine Art kann sich meisterhaft tarnen, die andere stellt eine grelle Warnfarbe zur Schau. Die Nymphen sind in der Regel anders gefärbt als die Eltern. Der Körper der Tiere ist meist lang gestreckt und seitlich abgeflacht. Die meisten Arten haben Flügel, aber nur wenige können weite Strecken fliegen. Die Vorderflügel sind derber als die Hinterflügel, die eingefaltet unter den Vorderflügeln liegen. Die Bestimmung ist schwierig, weil viele Arten einander ähneln oder in mehreren Farbvarianten vorkommen. Oft werden die Spezies anhand der Form des männlichen Geschlechtsorgans bestimmt.

Verbreitungsgebiet
Kurzfühlerheuschrecken kommen auf der ganzen Welt vor. Sie sind hauptsächlich in offenen, (relativ) trockenen Landschaften auf Kräutern und Gräsern zu finden.

Haltung
Feldheuschrecken häuten sich hängend und brauchen dazu ein Insektarium, das mindestens dreimal so hoch ist wie das längste Tier. Sorgen Sie für einen Temperaturbereich von 25–37 °C. Verwenden Sie einen ca. 1 m hohen, gut belüfteten Kasten (siehe Foto S. 105 unten rechts). Am Deckel wird ein Lichtkasten mit einem Strahler und einer Glühlampe angebracht. Sprühen Sie zweimal pro Woche Als Substrat dient eine mindestens 10 cm tiefe, mäßig feuchte Mischung aus ungedüngter Blumenerde, Torf und Sand.
Kurzfühlerheuschrecken können gut mit anderen Heuschreckenarten, Wandelnden Blättern oder kleinen Fangheuschrecken vergesellschaftet werden.

Futter
Stellen Sie Zweige der Futterpflanzen (oft Brombeere) in ein Gefäß mit Wasser. Grasfresser erhalten Grasbüschel, um die ein Gummiband gebunden ist, sodass sie leicht entfernt werden können. Eine gut laufende Zucht erfordert viel Futter. Vor allem erwachsene Tiere fressen besonders gerne Distelblüten oder Hagebutten.

Geschlechtsunterschiede
Die Weibchen tragen am Hinterleibsende einen kleinen Legebohrer (Ovipositor), der wie ein Säbel aussieht. Die Hoden des Männchens sind kamm- oder traubenförmig gebaut. Sie münden in den muskulösen, mit zahlreichen Anhangsdrüsen ausgestatteten Ductus ejaculatorius, in dem Spermien und Drüsensekrete eine Spermatophore bilden.

Fortpflanzung
Erwachsene Tiere paaren sich regelmäßig.

Eiablage
Die Eier werden in einer strangförmigen Hülle aus einem schaumigen und rasch erhärtenden Sekret abgelegt. Hierfür drücken die Weibchen ihren ganzen Hinterleib in den Boden. Das Substrat muss etwa so feucht sein wie frische Blumenerde.

Viele Heuschrecken fressen Brombeerblätter, hier Chondracris rosea

Eier von Locusta migratoria

Zucht
Die Nymphen schlüpfen nach zwei Wochen bis sechs Monaten. Die Haut, die sie schützt, wenn sie nach oben kriechen, wird an der Erdoberfläche sofort abgeworfen. Die Nymphen können vollkommen andere Farben als die Eltern haben. Manchmal bleiben sie in Gruppen beieinander.
Das Zuchtinsektarium wird wie der Behälter der Eltern eingerichtet. Die Anfangsphase ist kritisch. Wenn sich die Nymphen dreimal gehäutet haben, gestaltet sich die Aufzucht unproblematisch. Die meisten Kurzfühlerheuschrecken leben als erwachsene Tiere noch zwei bis sechs Monate.

Umgang und Verteidigung
Ergreifen Sie die Nymphen an den Beinchen. Semiadulte Tiere sind bereits so kräftig, dass man sie seitlich am Bruststück fassen kann. Erwachsene Tiere können an Flügeln und Hinterbeinen gepackt werden. Beim Anfassen erbrechen manche Heuschreckenarten, andere scheiden Wehrsekrete aus.

AULARCHES MILLIARIS (SCHAUMHEUSCHRECKE)

Beschreibung
Die Weibchen werden 7 cm lang, die Männchen nur 5 cm. Beide Geschlechter sind prächtig grün, gelb, schwarz, weiß und rot gezeichnet. Auf dem Halsschild sind einige Beulen und Dornen angeordnet. Diese Heuschrecken stridulieren nicht.

Verbreitungsgebiet
Trockene Gebiete in Indonesien und Malaysia.

Futter
Brombeerblätter im Insektarium, Seidenpflanzen (Asclepiadaceae) in der Natur.

Fortpflanzung
Die Jungtiere sind nach ca. vier Monaten voll entwickelt. Die Nymphen sind schwarz mit gelbroten Pünktchen und einem weißen breiten Seitenstreifen vom Kopf bis zur Basis der Hinterbeine.

Verteidigung
A. milliaris sondert bei Gefahr ein schaumiges Sekret aus Drüsen an der Basis der Hinterbeine ab.

CHONDRACRIS ROSEA

Alter Name: *Cyrtacanthacris rosea*

Beschreibung
Die Weibchen werden 6,5–8,5 cm lang, die Männchen 5–6 cm. Die erwachsenen Tiere verfärben sich

Schaumheuschrecken (Aularches milliaris) *bei der Paarung*

Chondracris rosea, *Pärchen*

Unbestimmte Proscopia-*Art aus Peru*

langsam von grasgrün nach gelbbraun. Die Innenseite der Unterflügel ist rosa.

Verbreitungsgebiet

Diese Baum- und Strauchbewohner aus Südostasien kommen von Indien bis zu den Philippinen und von China und Japan bis zum westlichen Indonesien vor. Sie sind für die Landwirtschaft eine Plage.

Futter

Brombeere, Hasel, Eiche, Distelblüten, Hagebutten und Gräser.

Eiablage und Zucht

Von Oktober bis Februar werden zwei oder drei Eipakete abgelegt. Die 30–160 Eier pro Paket sind je 7 mm lang. Die grasgrünen Jungen schlüpfen nach ca. sechs Monaten. Sie sind 8 mm lang und tragen auf dem Kopf einen blaugelben Streifen. Sie wachsen bei einer Temperatur von 25–30 °C schnell und sind nach sechs (Männchen) beziehungsweise sieben Stadien (Weibchen) mit zwei bis vier Monaten erwachsen. Im letzten Nymphenstadium ist die rote Farbe der Flügel in einem runden Fleck sichtbar.

LOCUSTA MIGRATORIA

Siehe Abschnitt „Futtertiere“ S. 45–46.

PROSCOPIA-ARTEN

Beschreibung

Es gibt 120 *Proscopia*-Arten. Die schlanken, zweigförmigen Tiere werden oft für Gottesanbeterinnen gehalten. Auffällig ist der tropfenförmige Kopf, an dessen Spitze sich die Augen und die kurzen Fühler befinden. Die Tiere haben keine oder rudimentäre Flügel. Sie sind meist braun oder grün gefärbt. Mit den langen, schlanken Hinterbeinen springen sie nur selten. Die Weibchen von *P. oculata* werden bis 14 cm lang, die wesentlich schlankeren Männchen nur 8,5 cm.

Verbreitungsgebiet

Die Tiere leben in den Ebenen Südamerikas.

Futter

Brombeere, Rose, Buche und Eiche.

Eiablage
Die Eier werden in der Erde abgelegt; die Jungen schlüpfen fünf bis 12 Monate später.

ROMALEA MICROPTERA

Beschreibung
Die Weibchen werden 5–8 cm lang, die Männchen 4–6 cm. Die kräftigen, meist braunen Insekten tragen eine rote, gelbe und schwarze Zeichnung. Die Flügel, die die Hälfte des Hinterleibs bedecken, werden bei Bedrohung entfaltet. Die Hinterflügel sind rotschwarz mit dunkler Äderung.
Verbreitungsgebiet
Strauch- und Kräuterbewohner aus den Vereinigten Staaten östlich des Mississippi (vor allem Florida).
Futter
Brombeer- und Eichenblätter sowie Äpfel. Diese Spezies frisst auch tote Artgenossen.
Fortpflanzung
Nach dem Balzritual des Männchens paaren sich die Tiere. Einige Wochen später legt das Weibchen mehrere Eipakete ab. Drei Monaten darauf schlüpfen die 5 mm lange Nymphen. Sie sind schwarz mit gelben oder roten Streifen. Die kannibalischen Jungen wachsen schnell und sind nach drei Monaten erwachsen.
Verteidigung
Bei Bedrohung sondert diese Art aus den Atemöffnungen eine abscheulich riechende, braune Flüssigkeit ab. Fassen Sie die Tiere daher nur mit Handschuhen an.

SCHISTOCERCA GREGARIA (WÜSTENHEUSCHRECKE)

Siehe Abschnitt „Futtertiere“ S. 45–46.

ZONOCERA ELEGANS

Beschreibung
Beide Geschlechter dieser Art werden 4,5 cm lang. Sie sind schwarz, gelb, grün, rot und blau. Die roten

Romalea microptera, *fast erwachsen*

Zonocera elegans *bei der Paarung*

Zonocera variegata, *Nymphe aus Süd-Kamerun*

Zonocera variegata, *erwachsenes Tier aus Süd-Kamerun*

Flügel bedecken bei der langflügligen Form den gesamten Hinterleib, bei der kurzflügligen kaum die Hälfte. *Z. variegata* trägt grüne Flügel.
Verbreitungsgebiet
Waldränder, Sträucher und Grasländer von Ost- bis Südafrika.
Futter
Brombeere, Rose, Eiche und Buche.
Fortpflanzung
Aus den Eipaketen schlüpfen nach drei Monaten schwarzgelbe Nymphen. Sie leben in Gruppen.

Ensifera (Langfühlerheuschrecken)

Häufig hält man in Terrarien Grillen, während man Maulwurfsgrillen und Laubheuschrecken selten sieht. Laubheuschrecken, die frische oder welke Blätter imitieren, erzeugen einen derartigen Lärm, dass man sie meist nicht lange im Haus duldet.

Beschreibung

Grillen und Maulwurfsgrillen sind meist braun und schwarz, Laubheuschrecken grün und/oder braun.

Die Maulwurfsgrille (Gryllotalpa gryllotalpa) *aus Europa und Asien*

Die Nymphen sehen aus wie eine kleine flügellose Kopie des erwachsenen Tiers. Der Körper ist in der Regel kräftig gebaut. Die meisten Arten haben Flügel, aber nur wenige können längere Strecken fliegen.

Verbreitungsgebiet

Langfühlerheuschrecken kommen auf der ganzen Welt vor. Maulwurfsgrillen leben unterirdisch. Grillen meiden Licht und sind hauptsächlich nacht- und dämmerungsaktiv. Auch Laubheuschrecken verhalten sich tagsüber oft ruhig.

Haltung

Halten Sie Langfühlerheuschrecken bei einer Temperatur von 25–30 °C. Die Eier werden in ein Schälchen mit Erde gelegt. Das Substrat sollte mindestens so tief sein, wie der Legebohrer des Weibchens lang ist.

Futter

Grillen sind Allesfresser; Laubheuschrecken verzehren vor allem tierisches Futter wie kleine Insekten, andere Arten sind überwiegend Pflanzenfresser.

Laubheuschrecke aus dem Tschad

Geschlechtsunterschiede

Die Weibchen sind fülliger als die Männchen und haben einen deutlich sichtbaren, säbelförmigen Legebohrer. Die Männchen locken die Weibchen durch Zirpen (Stridulation) an.

Eiablage

Die Weibchen senken den Hinterleib zur Eiablage tief in den Boden ein. Mit dem Legebohrer können sie weder stechen noch schneiden. Einige Arten legen ihre Eier in Pflanzenteile oder deponieren sie als Pakete in der Vegetation.

ACHETA DOMESTICA

Siehe Abschnitt „Futtertiere“ S. 42–44.

GRYLLUS ASSIMILIS

Siehe Abschnitt „Futtertiere“ S. 44.

GRYLLUS BIMACULATUS

Siehe Abschnitt „Futtertiere“ S. 44.

GRYLLUS SIGILLATUS

Siehe Abschnitt „Futtertiere“ S. 44.

PHAEOPHILACRIS BREDOIDES (HÖHLENGRILLE)

Beschreibung

Die Weibchen dieser Art werden 2–2,5 cm lang, die Männchen bleiben kleiner. Meist sind die Tiere hellbraun mit schwarzbrauner Bänder- oder Fleckenzeichnung. Die Antennen werden 10 cm lang, die Hinterbeine 6 cm und die Cerci 2 cm. Die längsten Mundwerkzeuge messen 1,5 cm. Die Flügel der Männchen bedecken fast den gesamten Hinterleib. Sie erzeugen keine Geräusche und sind sehr flink.

Verbreitungsgebiet

Höhlengrillen hangen in kühlen, feuchten Höhlen an der Decke und fressen unter anderem die Exkremente von Fledermäusen. Sie kommen ursprünglich aus Sambia, wurden aber in weiten Teilen der Erde eingeschleppt.

Haltung

Versuchen Sie, Höhlen nachzubauen, in denen die Tiere hängen können. Sie werden bei einer Tempe-

Höhlengrille (Phaeophilacris bredoides)

ratur von 20–30 °C und einer rF von 75–95 % gehalten. Erwärmen Sie die Behälter dieser lichtscheuen Tiere nicht mit grellen Glüh-, sondern mit Infrarotlampen. Verwenden Sie als Substrat eine 5 cm tiefe Schicht feuchter Erde und decken sie diese mit Drahtgaze ab, um Eifraß zu vermeiden. Höhlengrillen lassen sich gut mit Schaben vergesellschaften.

Futter

Verfüttern Sie Früchte und tote Insekten (halbierte Mehlwürmer).

Fortpflanzung

Die Männchen zeigen ein interessantes Balzverhalten. Die Weibchen legen ein bis sechs Eier pro Gelege im feuchten Boden ab und können insgesamt ca. 100 Eier legen. Die Jungen schlüpfen nach einem Monat. Sie sind bei einer Temperatur von 20 °C mit zehn Monaten erwachsen, bei 30 °C bereits mit sechs Monaten.

Die Ordnung Coleoptera (Käfer)

Mit einer halben Million Spezies ist diese Ordnung die artenreichste Tiergruppe der Welt. Für das Insektarium sind die Familien der Carabidae (Laufkäfer, mit der Gattung *Anthia)* und der Scarabaeidae (Blatthornkäfer) geeignet.

Beschreibung

Die Vorderflügel der Käfer sind feste schützende Decken. Die Hinterflügel sind als eigentliche Flugorgane häutig und faltbar. Aufgrund dieser Eigentümlichkeiten können Käfer an Plätzen leben, zu denen andere Insekten meist keinen Zugang haben, zum Beispiel in Holz oder unter der Erde.

Die Larven sind sehr vielgestaltig. Das Spektrum wechselt von rasch laufenden Larven bis zu Maden, Drahtwürmern und Engerlingen. Käfer und ihre Larven können beißen; ziehen Sie Handschuhe an, wenn Sie die Tiere anfassen. Bedenken Sie stets, dass selbst plumpe, träge Käfer fliegen können.

Verbreitungsgebiet

Käfer findet man auf der ganzen Erde mit Ausnahme der Polarregionen.

Haltung und Futter

Beide Punkte werden bei der Besprechung der einzelnen Arten behandelt.

Fortpflanzung

Käfer durchlaufen eine vollkommene (holometabole) Metamorphose. Die Larven machen ein Puppenstadium durch, bevor sie erwachsen werden. Es gibt vier Larventypen:

- Engerlinge: madenähnliche Larven mit einer weichen Haut (Beispiel: Rosenkäfer). Sie leben meist unterirdisch oder im Holz modriger Bäume.
- Raupenähnliche Larven (Beispiel: Blattwespen).
- frei laufende Raupen (Beispiel: Laufkäfer).
- beinlose Larven (Beispiel: Rüsselkäfer).

Verteidigung und Umgang

Bei Gefahr fliegen Käfer in der Regel weg. Große Käfer und ihre Larven besitzen kräftige Kiefer, mit denen sie schmerzhaft zubeißen können. Sowohl Vollkerfe als auch Larven werden seitlich angefasst. Unterirdisch lebende Larven dürfen nicht zu oft gestört werden.

ANTHIA SEXGUTTATA

Beschreibung

Beide Geschlechter dieser Art werden 4,5–6 cm lang, sind schwarz und tragen sechs weiße Punkte: vier auf den Deckschilden, zwei auf dem Halsschild. Unter jedem Facettenauge befindet sich ein flügelartiger Lappen. Die mäßig langen Antennen bestehen aus sechs Segmenten. Die Oberkiefer sind groß und kräftig. Die Hinterflügel sind nicht entwickelt, die Käfer können also nicht fliegen.

Verbreitungsgebiet

Bodenbewohner aus den Steppengebieten Indiens.

Haltung

Ein Pärchen oder Trio braucht ein mindestens 30 x 30 x 30 cm großes Insektarium. Hängen Sie für diese Sonnenanbeter einen 25-W-Strahler auf. Die Temperatur sollte bei 25–40 °C liegen. Sprühen Sie einmal pro Woche. Als Substrat dient eine mindestens 15 cm tiefe, lockere Lehmsandschicht. Darin graben die Weibchen 10–15 cm tiefe beziehungsweise lange Gänge. Stellen Sie den Tieren ein Wasserschälchen und einige Holzstücke oder Steine zur Verfügung.

Futter

In der Natur fressen diese Käfer hauptsächlich Ameisen, aber sie nehmen auch Grillen, andere Käfer, Schaben oder Mehlwürmer zu sich.

Geschlechtsunterschiede

Der Fuß der Vorderbeine ist beim Männchen dicker als beim Weibchen und die Kiefer sind größer.

Fortpflanzung

Die Tiere paaren sich regelmäßig. Danach legt das Weibchen zwei bis sechs Eier in einem Gang ab, der anschließend zugeschüttet wird. Die Eier sind 7 mm lang und weißgelb. Die Larven schlüpfen vier Wochen später und graben sich nach oben. Sie wer-

Anthia sexguttata

den in einem separaten Aufzuchtinsektarium bei einer Temperatur von 27–30 °C gehalten. Die schwarzbraunen, behaarten Larven graben Gänge und fangen dort Ameisen. Nach drei Monaten verpuppen sie sich zu einer „freien" Puppe. Dieses Stadium dauert einen Monat.

Verteidigung

Diese Käfer können schmerzhaft beißen und ein Wehrsekret ausscheiden. Diese Säure wird gezielt ins Gesicht gesprüht; sie verursacht Brennen und Schmerzen und ist für die Augen gefährlich.

Die Familie Scarabaeidae (Blatthornkäfer, Mist- und Laubkäfer)

Die Familie Scarabaeidae besteht unter anderem aus den Unterfamilien Cetoninae (Rosenkäfer mit 100 *Pachnoda*-Arten), Goliathinae (Gattungen: *Goliathus* und *Eudicella*) und Dynastinae (Nashornkäfer mit der Gattung *Dynastes*).

Die Antennen dieser Käfer sind mit vielen Sinneszellen besetzt und spielen bei der Partnererkennung eine wichtige Rolle.

Blatthornkäfer sind tagaktiv. Nachts sitzen sie meist unter der Erde. Cetoninae und Goliathinae können ihre Deckschilder vor dem beziehungsweise im Flug nicht (wie andere Käfer) aufklappen. Deshalb stoßen die Hautflügel an die Deckschilder, wodurch beim Fliegen ein brummendes Geräusch entsteht.

Dicranorrhina micans *aus Zentralafrika*

Eudicella ducalis *aus Burundi*

Präpariertes Exemplar von Smithi (Euthalia) bertherandi *aus Südafrika. Die „echte"* Eudicella smithi *ist keine gesicherte Art und wird nicht im Insektarium gehalten.*

Eudicella woermanni woermanni *aus Zaire*

Smaragdestes africana africana *aus Zaire ist grün.* Smaragdestes africana smaragdina *ist gelb.*

CETONINAE UND GOLIATHINAE (ROSENKÄFER)

Zu den Rosenkäfern werden oft auch die kleinen farbenprächtigen Goliathinae gezählt.

Beschreibung

Rosenkäfer werden 2–4 cm lang. In Abhängigkeit von den Umständen (Feuchtigkeit, Futter) variieren die Maße. Ihr Farbspektrum umfasst die Töne Gelb, Schwarz, Smaragdgrün, Blau, Violett, Weiß und Rot. Sie können matt oder glänzend ausfallen.

Einige Goliathkäfer (*Goliathus*-Arten) aus Westafrika werden ca. 10 cm lang und 110 g schwer.

Verbreitungsgebiet

Rosenkäfer kommen überall in den Tropen vor, hauptsächlich in Wäldern, Plantagen und Gärten. Die erwachsenen Tiere sind tagsüber auf der Suche nach reifem Obst, Blütennektar oder Baumsäften.

Haltung

Ein 40 x 30 x 30 cm großes und gut belüftetes Insektarium reicht für eine Gruppe dieser Käfer aus.

Smaragdestes africana oertzeni *aus Tansania*

Gymnetis holocerica *aus Bolivien*

Pachnoda epihippiata *aus Tansania und Kenia*

Pachnoda flaviventris *aus Südafrika*

Pachnoda marginata aurantiaca *(goldfarben),* P. m. marginata *(dunkler) und* P. m. peregrina *(gelbbraun) stammen alle von der afrikanischen Westküste (vom Senegal bis Angola).*

Verwenden Sie als Substrat eine 10 cm tiefe Schicht Laub- oder Walderde beziehungsweise ungedüngte Blumenerde. Halten Sie den Bodengrund etwa so feucht wie frische Blumenerde. Verwenden Sie keine Bodenheizung; der Boden darf weder zu feucht sein noch austrocknen. Schaffen Sie Möglichkeiten zum Klettern. Bringen Sie die Temperatur mithilfe einer Lampe auf ca. 25 °C und sprühen Sie einmal pro Woche.

Futter

Verfüttern Sie reifes oder überreifes Obst und Erbsen aus der Dose. Alle Larven fressen altes Holz und Laub, einige sind davon sogar abhängig, zum Beispiel *Dicranorrhina micans.*

Geschlechtsunterschiede

Bei *Eudicella-* und *Dicranorrhina*-Arten sind die Männchen größer und tragen ein y-förmiges Horn auf dem Nasenschild.

Pachnoda marginata marginata

Stephanorrhina guttata *aus West- und Zentralafrika*

Pachnoda marginata peregrina, *Pärchen*

Larven von Pachnoda marginata peregrina

Bei diesen Nashornkäfern (Augosoma centaurus) *aus Kamerun handelt es sich um Weibchen.*

Bei vielen Arten, zum Beispiel der Gattung *Pachnoda,* verlauft bei den Männchen auf der Unterseite des Hinterleibs eine Spalte von vorne nach hinten.

Eiablage

Nach jeder Paarung legt das Weibchen ein bis drei Eier in den Boden. Die Larven schlüpfen zwei bis vier Wochen später.

Zucht

Die Larven von Rosenkäfern ähneln Engerlingen. Auf dem Rücken kriechen sie unterirdisch zu Obst und anderem Futter, das an der Erdoberfläche liegt. In einem 40 cm langen Insektarium können 30 erwachsene *Pachnoda marginata* und ca. 150 Larven untergebracht werden. Diese Tiere fressen jede Woche zwei Bananen und eine halbe Dose Erbsen. Die Larven einiger Arten sind Kannibalen und müssen getrennt aufgezogen werden. Sie verpuppen sich nach drei bis vier Monaten als schwarze Kokons im Boden. Das Puppenstadium dauert ein bis zwei Monate.

Einige *Pachnoda*-Arten vermehren sich so gut, dass ihre Larven als Futtertiere für Insekten fressende Terrarientiere verwendet werden können.

Dynastinae (Nashornkäfer)

Nashornkäfer werden meist recht groß und sind hauptsächlich braun oder schwarz gefärbt. Auf dem Brustschild des Männchens sitzen ein bis fünf Hörner. Sie können bei *Dynastes hercules* aus Peru bis 9 cm lang werden. Diese Käfer fressen Früchte, die Larven altes Holz oder Humus. Sammeln Sie im Herbst Eichen- und Buchenblätter und lagern Sie diese in Säcken, bevor sie verfüttert werden. Auch verrottetes Sägemehl können Sie verfüttern. Das Larvenstadium dauert ein bis vier Jahre. Nach einem Puppenstadium von 1,5–2,5 Monaten lebt der erwachsene Käfer noch drei bis sechs Monate.

XYLOTRUPES GIDEON

Beschreibung

Die Weibchen werden 4,5 cm lang, die Männchen 6,5 cm. Beide Geschlechter sind glänzend schwarzbraun.

Verbreitungsgebiet

Verschiedene Unterarten kommen in Thailand und Indonesien vor. Die Käfer leben auf Bäumen, die Larven unterirdisch.

Haltung

Ein 50 x 30 x 30 cm großes, gut belüftetes Insektarium reicht für ein Pärchen oder Trio aus. Als Substrat dient eine 15 cm tiefe Schicht aus feuchter Lauberde, gemischt mit verrottetem Holz. Die Tiere brauchen Klettermöglichkeiten. Mit einer Lampe werden Temperaturen von 25–28 °C erreicht. Sprühen Sie einmal wöchentlich. Der Boden darf nicht austrocknen (keine Bodenheizung!).

Bei diesem Nashornkäfer (Augosoma centaurus) *aus Kamerun handelt es sich um ein Männchen.*

Xilotrupes gideon, *Pärchen; diese Art hat sehr kurze Hörner.*

Futter
Reife oder überreife Früchte.
Fortpflanzung
Die Fortpflanzung verläuft größtenteils wie bei den Rosenkäfern. Auch die Larven von Nashornkäfern sind Engerlinge. Unterirdisch fressen sie totes Eichen- oder Buchenholz. Sie verpuppen sich nach zehn bis 12 Monaten als schwarze Kokons im Boden. Das Puppenstadium dauert ein bis zwei Monate. Die Käfer leben anschließend noch ein halbes Jahr.

Die Ordnung Heteroptera (Wanzen)

Diese vielseitige Ordnung gehört zusammen mit den Zikaden und Blattläusen zu den Schnabelkerfen (Hemiptera). Sie umfasst saugende und stechende Insekten, die einen gut sichtbaren Stechrüssel haben. Die zu feinen Stechborsten umgebildeten Mandibeln und Maxillen reichen mittels taschenförmiger Bildungen tief in den Kopf hinein und können durch Muskeln bewegt werden. Für Insektarien sind hauptsächlich die Raubwanzen (Familie Reduviidae) wichtig. Larven dieser meist tagaktiven Arten tarnen sich mit verschiedenen Materialien. Sie lauern im Hinterhalt auf Beute oder jagen dieser nach.

PLATYMERIS-ARTEN (RAUBWANZEN)

Beschreibung
P. biguttatus ist eine bis 4 cm lange, schwarze Wanze mit zwei weißen Punkten auf den Flügeln. An jedem Bein verläuft ein gelbes Band. Junge Nymphen sind rotbraun. Kurz nach der Häutung sind die Tiere grellorangerot mit gelben Beinen.
P. rhadamanthus ähnelt *P. biguttatus,* hat jedoch rote oder weiße Flecken.
Verbreitungsgebiet
P. biguttatus stammt aus Westafrika, *P. rhadamanthus* aus Ostafrika (unter anderem aus Tansania und Kenia). Beide Arten halten sich in der Laubschicht von Regenwäldern auf.

Platymeris rhadamanthus

Die Männchen der Platymeris-*Arten (links) haben eine halbkugelartige Verdickung am Hinterleibsende.*

Eine halberwachsene Raubwanze zeigt während der Häutung die gleichen Farben wie im ersten Nymphenstadium.

Haltung
In 30 x 20 x 20 cm großen Insektarien können große Gruppen aller Altersstufen versorgt werden. Wenn ausreichend Verstecke (Kork, Holz, Steine) vorhanden sind und reichlich gefüttert wird, verhalten sich die Tiere nicht kannibalisch. Die Temperatur sollte bei 24–30 °C liegen, die rF bei 60–80 %. Sprühen Sie einmal pro Woche. Als Substrat dient eine mäßig feuchte Torf-Sand-Mischung oder ungedüngte Blumenerde, die 5 cm tief sein sollte.
Futter
Verfüttern Sie Insekten wie Grillen, Schaben und Mehlwürmer. Sie werden gejagt, mit den Vorderbeinen festgehalten und ausgesaugt. Das Gift lähmt die Beute schnell.
Geschlechtsunterschiede
Nur das Männchen hat eine halbkugelartige Verdickung am letzten Bauchschild. Beim Weibchen ist dieses Schild flach und zweigeteilt.
Fortpflanzung und Eiablage
Neben sexueller ist auch parthenogenetische Fortpflanzung möglich. Gut gefütterte Weibchen können einige kleine, schwarzbraune Eier mit einem weißen Deckel auf den Boden fallen lassen. Sie müssen in mäßig feuchter Erde liegen. Die Larven schlüpfen nach ein bis zwei Monaten.
Zucht
Die Jungtiere tragen mehrere Stadien lang eine rotbraune Färbung. Sie verzehren im ersten Stadium

Platymeris biguttatus *frisst eine Grille.*

Fliegenmaden und kleine Grillen. Sie fressen einander nur, wenn sie zu wenig Futter und Wasser erhalten.

Verteidigung und Umgang

Der Stich einer Wanze ist schmerzhaft und kann Infektionen verursachen, da Gift ausgeschieden oder injiziert wird.

Gehen Sie mit den Tieren immer vorsichtig um, tragen Sie stets Handschuhe und fassen Sie die Wanzen am besten nur mit einer langen Pinzette an. Tragen Sie zur Sicherheit auch eine Schutzbrille.

Die Ordnung Lepidoptera (Schmetterlinge)

Auf der ganzen Erde existieren ungefähr 150 000 Schmetterlingsarten. Sie tragen am Bruststück zwei große Flügelpaare. Vor allem bei den tagaktiven Spezies ist die Oberseite der Flügel prächtig gefärbt.

DIE GATTUNG *HELICONIUS*

Beschreibung

Diese Gattung besteht aus mehr als 500 Arten, Unterarten und Formen. *Heliconius*-Arten haben oft verlängerte Vorderflügel, sodass sie eine Flügelspannweite von 6–8,5 cm erreichen. Die Schmetterlinge sind meist schwarz mit gelber, roter oder orangefarbener Zeichnung. Sie leben drei bis acht Monate.

Verbreitungsgebiet

Heliconius-Arten bewohnen feuchte Wälder im Süden der USA sowie in Mittel- und Südamerika.

Haltung

Schmetterlinge brauchen ein sehr großes Insektarium (2 x 1 x 2 m für kleine Arten wie *Heliconius* spp.) aus Gaze oder ein Kalthaus mit einem doppelten Eingang. Sichern Sie die Innenseite der Glasscheiben mit Drahtgitter, damit die Schmetterlinge nicht dagegen fliegen und daran sterben. Auch in kleinen Insektarien verletzen sich die Tiere oft selbst. Sorgen Sie für eine ausreichende Belüftung, wenn mehrere Wände luftdicht verschlossen sind.

Die Temperatur sollte tagsüber bei 25–30 °C liegen, nachts bei 20 °C. Die rF sollte 80–90 % betragen. Sprühen Sie dreimal täglich oder setzen Sie eine

Heliconius charitonius

Heliconius hecale

Nebelanlage ein. Die tagaktiven *Heliconius*-Arten und ihre Raupen brauchen täglich 14–16 Stunden Licht.

Schmetterlinge legen ihre Eier in der Regel an bestimmten Pflanzen ab, manchmal auch an den Futterpflanzen der Raupen. Bei *Heliconius*-Arten sind dies *Passiflora*-Pflanzen.

Weiße Fliegen, Läuse und Spinnmilben werden mit Schlupfwespen und Raubmilben bekämpft.

Futter

Nektarpflanzen werden selten genügend Futter liefern. Verfüttern Sie deshalb eine Lösung aus zwei Esslöffeln Nektar für Volierenvögel, zwei Teelöffeln Honig und zwei Teelöffeln Pollen, gelöst in einem halben Liter Wasser. Bieten Sie diese in Röhrchen an, die im Zentrum von Kunstblumen befestigt sind.

Geschlechtsunterschiede

Männchen haben Stinkdrüsen am Abdomen. Zusammen mit einer übel schmeckenden Körperflüssigkeit sind die Tiere so vor Fressfeinden geschützt. Die Geschlechter sind oft an der Bauchseite des Hinterleibs der Puppen zu unterscheiden.

Fortpflanzung

Ein Weibchen lockt ein Männchen mit Duftstoffen (Pheromone) an. Es sitzt dann mit geöffneten Flügeln und emporgehobenem Hinterleib auf einer Pflanze. Das Männchen versucht bereits im Flug Körperkontakt mit seiner Partnerin aufzunehmen.

Eiablage

Die Eier von *Heliconius* sind oft gelb gefärbt. Sie werden auf *Passiflora*-Pflanzen abgelegt und sind nach sechs bis acht Tagen entwickelt. Es empfiehlt sich, die Eier aus dem Schmetterlingskäfig zu entfernen und die Raupen separat aufzuziehen.

Die Raupen sind oft bestachelt. Sie sind gegen das Gift der *Passiflora*-Pflanzen immun und werden durch diese Futterpflanze auch selbst giftig (ebenso wie die Schmetterlinge!).

Zucht

Die Raupen brauchen viel Luft. Sorgen Sie stets für frische Futterpflanzen. Geben Sie zum Trinkwasser einen Esslöffel Zucker pro Liter und decken Sie die Wasserschale gut ab, damit die Raupen nicht ertrinken; vor allem im letzten Stadium brauchen sie sehr viel Futter. Die Temperatur sollte bei 25–30 °C liegen. Sprühen Sie täglich leicht, jedoch nicht direkt auf die Raupen, die sich nach zwei Wochen verpup-

Heliconius melpomene *(Hybride) kurz vor der Paarung*

Puppenkasten (Tierpark Emmen)

Atlasspinner (Atacus atlas) *bei der Paarung*

pen. Kurz vorher wandern sie, auf der Suche nach einem geeigneten Platz zum Verpuppen, durch das Insektarium. Das Puppenstadium dauert sieben bis zehn Tage. Sorgen Sie regelmäßig für „frisches Blut" (nicht verwandte Schmetterlinge der gleichen Art), um Inzucht zu vermeiden.

Umgang

Fassen Sie die Tiere möglichst nicht an. Eier, Raupen und Puppen können bewegt werden. Behaarte Raupen haben oft Brennhaare, die beim Anfassen eine ähnliche Wirkung wie Brennnesseln entfalten.

WEITERE SCHMETTERLINGSARTEN

Die im Folgenden genannten Schmetterlingsarten werden auf die gleiche Weise versorgt.

ATACUS ATLAS (ATLASSPINNER)

Beschreibung

Diese braunen Nachtfalter mit hellbrauner Zeichnung erreichen eine Spannweite von 22 cm. Beim Männchen sind die Antennen lang und gefiedert.

Verbreitungsgebiet

Südostasien.

Fortpflanzung

Die Eier, die in der Natur auf dem Götterbaum *(Ailanthus glandulosa),* im Insektarium auf Liguster abgelegt werden, sind nach zehn bis 14 Tagen entwickelt. Die Raupen sind in den ersten Stadien weiß, werden mit Liguster gefüttert und verpuppen sich nach 12–16 Wochen, wenn sie ca. 12 cm lang sind. Das Puppenstadium dauert zwei bis sechs Wochen. *A. atlas* wird als Falter maximal 14 Tage alt.

Eine Hybride von Heliconius melpomene *bei der Nahrungsaufnahme*

Caligo atreus

Atacus caesar *an seiner Puppenhülle*

Fortpflanzung

Die Eier werden auf Bananenpflanzen *(Musa* spp.) abgelegt und sind nach 14 Tagen entwickelt. Auch die Raupen fressen an Bananen. Sie verpuppen sich nach acht bis zehn Wochen, an einem dunklen Platz hängend. Das Puppenstadium dauert drei Wochen.

DRYAS JULIA

Beschreibung

Diese Tagfalter sind orangefarben mit braunschwarzen Streifen an den Flügeln. Sie erreichen eine Spannweite von 4–4,5 cm.

Verbreitungsgebiet

Feuchte Wälder im Süden der USA bis Südamerika.

CALIGO MEMNON

Beschreibung

Dieser braune Schmetterling weist oberseits eine gelbbraune Zeichnung auf. Er erreicht eine Flügelspannweite von 9–11 cm. Die Innenseite seiner Flügel ist schillernd blau. *C. memnon* ist dämmerungsaktiv und wird drei Monate alt.

Verbreitungsgebiet

Diese Art ist in tropischen Regenwäldern von Mexiko bis ins Amazonasgebiet beheimatet.

Futter

Füttern Sie die Schmetterlinge mit überreifen Früchten, zum Beispiel mit Bananen, die Sie mit Wasser und verdünntem Rum beträufeln oder mit Blütenstaubpollen bestreuen.

Caligo memnon

Atrophaneura polyeuctes, *Weibchen. Diese Art ist giftig.*

Fortpflanzung

Die auf *Passiflora*-Pflanzen abgelegten Eier sind nach sieben Tagen entwickelt. Nach 14 Tagen erfolgt die Verpuppung (Dauer: sieben bis neun Tage).

PAPILIO-ARTEN

Schutzstatus: *P. chikae, P. homerus* und *P. hospiton* CITES/EU-Anhang A. *P. benguetanus, P. esperanza, P. grosesmithi, P. marabo, P. morondavana* und *P. neumoegeni* CITES/EU-Anhang B.

Beschreibung

Diese Tagfalter sind oft schwarz mit weißer, gelber, roter oder orangefarbener Zeichnung. Sie erreichen eine Flügelspannweite von 6–10 cm und tragen oft an den Hinterflügeln einen „Schwalbenschwanz“. Sie werden zwei bis sechs Wochen alt.

Verbreitungsgebiet

Gemäßigte bis tropische Zonen Asiens.

Fortpflanzung

Die Eier werden an *Citrus*-Arten abgelegt und sind nach 14 Tagen entwickelt. Füttern Sie die Raupen mit *Citrus* spp., Mohrrübenkraut, Dill und Petersilie. Sie verpuppen sich nach zwei Wochen. Das Puppenstadium dauert zwei bis sechs Wochen.

Papilio polytes *(Weibchen) ist nicht giftig, ähnelt aber stark* Atrophaneura polyeuctes *(Mimikry).*

Eine Vogelspinne (Aphonopelma bicoloratum)

Die Klasse Arachnida (Spinnentiere)

Spinnen haben keinen guten Ruf. Dies lässt sich vermutlich auf die vielen Beine, die Behaarung, die räuberische Lebensweise und darauf zurückführen, dass die Männchen einiger Arten nach der Paarung, die einer Vergewaltigung gleicht, getötet werden. Reißerische Filme und provokative Artikel fördern diesen schlechten Ruf. Die Schönheit und Mannigfaltigkeit dieser Tiere in Farbe, Form und Verhalten bleiben dadurch den meisten Menschen verborgen.

Die Klasse der Spinnentiere (Arachnida) umfasst mehr als 84 000 Arten. Diese werden in folgende Ordnungen unterteilt:
Araneae (Echte Spinnen, Webspinnen)
Solifugae (Walzenspinnen)
Scorpiones (Skorpione)
Uropygi (Geißelskorpione)
Amblypygi (Geißelspinnen)
Pseudoscorpiones (Afterskorpione)
Opiliones (Weberknechte)
Acari (Milben)
Ricinulei (Kapuzenspinnen)
Pedipalpi (Skorpionspinnen)
Palpigradi (Palpigraden)

Körperbau

Der Körper der meisten Spinnentiere besteht aus Cephalothorax/Prosoma (Kopfbruststück/Vorderleib) und Opisthosoma/Abdomen (Hinterleib). Am Prosoma befinden sich die stets in sechs Paaren ausgebildeten Gliedmaßen. Neben vier Paar Laufbeinen sitzen dort ein Paar Pedipalpen (Tastorgane) und ein Paar Cheliceren (Kieferklauen), das sind Greiforgane in Form von kleinen Scheren, Klauen (bei Webspinnen mit Giftdrüse) oder Stiletten.
Zwischen den Cheliceren befindet sich die Mundöffnung mit einem Mundvorraum, in dem bereits eine Nahrungsverarbeitung stattfinden kann.
Das Spektrum der nächsten Extremitäten reicht von Laufbeinen (Weberknechte), mächtigen Scheren (Skorpione) und hakenbesetzten Fangbeinen (Skorpionspinnen) bis zu Tastern (Echte Spinnen). Die übrigen Beine des Prosomas sind in der Regel Schreitbeine mit zwei Krallen.
Die meisten Spinnentiere haben zwei Fächerlungen (Tracheenlungen). Die Tracheen sind röhrenförmige, verzweigte Hauteinstülpungen (Atmungsorgane), die zur Sauerstoffversorgung dienen.
Weitere Kennzeichen werden bei den entsprechenden Ordnungen vorgestellt.

Die Rotknie-Vogelspinne (Brachypelma smithi) *ist die bekannteste Vogelspinnenart, die in unseren Terrarien gehalten wird.*

Fortpflanzung

Die Gonaden (Geschlechtsdrüsen) münden am zweiten Segment des Hinterkörpers. Die Befruchtung ist eine innere, die Art der Spermienübertragung variiert. Sie kann durch einen echten Penis (Weberknechte, manche Milben), durch Extremitäten (Webspinnen), durch Palpen (manche Milben) oder durch die Cheliceren erfolgen.
Skorpione, Afterskorpione und Milben setzen Spermatophoren ab, die vom Weibchen aufgenommen werden. Brutpflege wird häufig betrieben.

Verbreitungsgebiet

Spinnentiere sind der zum Landleben übergegangene Zweig der Chelicerata. Zu ihnen gehören die ältesten Landtiere. Ihr Lebensraum umfasst auf der ganzen Welt fast alle Landlebensräume, einige Familien der Milben sind sogar sekundär ins Wasser vorgedrungen.

HÄUTUNG

Spinnentiere gehören zu den Gliederfüßern und müssen sich deshalb häuten, um wachsen zu können. Während der hormonell gesteuerten Vorbereitung auf die Häutung frisst die Spinne einige Tage lang fast nichts und verhält sich ruhig. Wenn die neue Haut unter der alten fertig ausgebildet ist, wirkt das Äußere der Spinne matt, helle Hautflecken verfärben sich und werden dunkler. Mit Flüssigkeit aus dem Hinterleib wird während der

Pterinochilus murinus *ist eine agressive und relativ giftige Vogelspinne.*

Die Schwarze Witwe (Latrodectus mactans)

Ein Exemplar der Unterordnung Labidognatha

Häutung der Körperinnendruck erhöht. Meist beginnt die Häutung, indem mit den Cheliceren das Rückenschild des Prosomas gelockert wird. Manchmal reißt auch der Hinterleib auf. Danach schlüpft die Spinne aus der alten Haut. Auch die Fächerlungen, ein Teil der Speiseröhre, ein Teil des Anus und die Muskelansatzstelle auf dem Rückenschild werden mitgehäutet. Mithilfe von Flüssigkeit aus dem Hinterleib und mit Luft wird nun der Körper „aufgepumpt".

Während des Härtungsprozesses der größeren neuen Haut verhält sich die Spinne ruhig. Nach einigen Stunden bis Wochen ist die Härtung abgeschlossen und die Fastenperiode beendet. Spinnentiere können verloren gegangene Gliedmaßen im Verlauf von drei bis vier Häutungen wieder vollständig ersetzen.

GIFTIGE SPINNENTIERE

Die meisten Spinnentiere sind zwar vollkommen ungefährlich, doch in Terrarien werden oft auch giftige Arten gehalten. Beispiele sind *Latrodectus mactans* (Schwarze Witwe), *Phoneutria*-Arten, die Speispinne und einige Skorpione.

Wie giftig ein Biss oder Stich ist, hängt von der Spinnenart, dem Geschlecht, dem Zeitpunkt der letzten Mahlzeit und der Menge des eingespritzten Gifts ab. Nach einem Biss zur Verteidigung zieht die Spinne ihre Cheliceren schnell zurück, wobei sie wenig oder kein Gift abgibt. Bei einem Angriff hält die Spinne die Beute länger mit den Cheliceren fest und gibt mehr Gift ab. Die Überlebenschance nach einem Biss liegt bei Tieren bei 1–5 %. Kinder, ältere Personen, Menschen mit einem geschwächten Immunsystem und Allergiker haben ein erhöhtes Risiko.

Giftige Spinnentiere werden in Terrarien gehalten, weil es interessant ist, eine Spinne aus einer anderen Familie zu studieren und wegen der Faszination, ein giftiges Tier im Haus zu haben.

Bedenken Sie, dass es immer vorkommen kann, dass man versehentlich ein Türchen offen stehen lässt. Eine 30 cm lange Pinzette kann dann ein nützliches Hilfsmittel sein. Fassen Sie die Tiere möglichst wenig an. Sie müssen genau wissen, mit welchen Arten Sie es zu tun haben. Gefährliche und ungefährliche Spinnen ähneln einander oft. Im Zweifelsfall müssen Sie bei jedem Tier vorsichtig sein.

Mit Spinnen sollte man nicht umgehen, wenn man krank ist, sich nicht gut fühlt oder Alkohol getrunken hat. Die Schnelligkeit und Treffsicherheit der Spinnentiere ist groß und langsame Reaktionen

Anatomie der Spinne

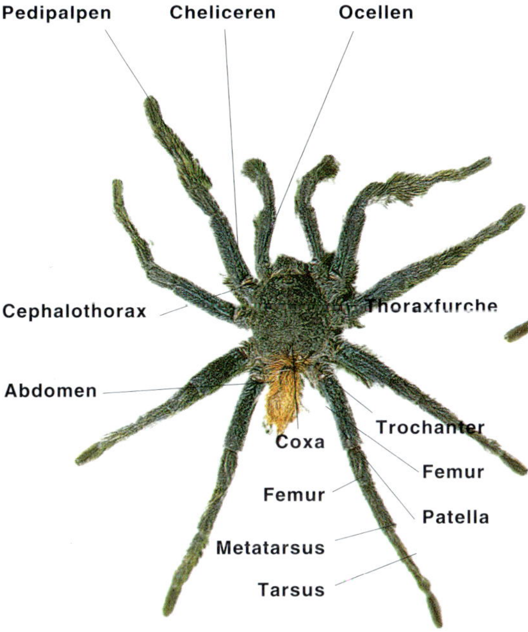

Anatomie der Spinne

werden sofort bestraft. Vorsicht ist auch bei Kindern und Heimtieren geboten. Hinterlegen Sie schriftliche Anweisungen, falls etwas schiefgeht. Unterschätzen Sie die Gefahr keinesfalls!

Die Ordnung Araneae (Echte Spinnen, Webspinnen)

Die 40 000 Arten der Echten Spinnen (Webspinnen) werden unterteilt in die Unterordnungen Labidognatha (unter anderem Kreuzspinnen, Trichterspinnen), Orthognatha (Vogelspinnen im weiteren Sinn) und Mesothelae (eine primitive Restgruppe). Bei den Unterordnungen Orthognatha und Mesothelae sind die Cheliceren nach vorne und die Klauen ventral gerichtet. Beide Ordnungen haben zwei Paar Fächerlungen und zwei Paar Nephridien (Nierenorgane). Bei der Unterordnung Labidognatha sind die Cheliceren ebenfalls nach vorne gerichtet, die Klauen aber einander zugekehrt.

Zur spektakulären Familie der Aviculariidae (Echte Vogelspinnen) gehören jagende, oft besonders große Arten (bis 9,5 cm Körperlänge), die in Gefangenschaft mit Fröschen, Eidechsen oder Mäusen gefüttert werden können.

Körperbau

Das Prosoma besteht aus dem Carapax (Rückenschild), zwei Brustschilden, dem Sternum mit einer davor gelegenen kleinen „Unterlippe" (Labium) auf der Unterseite und sechs Paar Körperanhängen. Am Kopfbruststück sitzen acht kleine symmetrisch angeordnete Ocellen, die zusammen mit den Mittelaugen über den Vorderkopf verteilte Gruppen bilden. Das Gesichtsfeld ist aber sehr begrenzt. Dafür sind die Hautsinnesorgane sehr gut entwickelt, vor allem die beweglichen Tast- und Vibrationshaare.

Die Beine gliedern sich, vom Körper aus gesehen in Coxa (Hüfte), Trochanter (Schenkelring), Femur (Schenkel), Patella (Knie), Tibia (Schiene), Metatarsus (Mittelfuß) und Tarsus (Fuß). Am Fuß befinden sich oft zwei Krallen, die eingezogen werden können.

Haltung

Fast alle Spinnen sind Kannibalen und können nur einzeln gehalten werden. Für die meisten bodenbewohnenden Spezies sollte das Terrarium mindestens dreimal so lang und breit wie der Körper der Spinne (einschließlich der ausgestreckten Beine) sein. Grabende Arten brauchen eine Substratschicht, die mindestens doppelt so hoch ist wie ihre Körperlänge. Baumbewohner stellen wenig Ansprüche an das Substrat, brauchen aber genug Platz, um eine Höhle zu bauen. Webspinnen müssen im gut belüfteten Terrarium ihr Netz bauen können.

Geben Sie eine Mischung aus 50 % ungedüngter Blumenerde mit Torfanteil und 50 % Sand auf den Boden. Blumen- oder Gartenerde auf Kompostbasis ist als Bodengrund ungeeignet.

Brachypelma smithi beim *Verzehren einer nestjungen Ratte*

Bereiten Sie Tieren, die Versteckmöglichkeiten brauchen, einen Unterschlupf (zum Beispiel aus Steinen oder Holz). Grabende Tiere dürfen nicht durch herabfallende Steine gefährdet werden. Für tropische Arten erwärmen Sie das Terrarium mit Leuchtstoffröhren auf 22–28 °C. Grabende Arten haben es gerne kühl, eine Bodenheizung wäre unnatürlich. Darüber hinaus trocknet der Boden schnell aus. Sie können das Terrarium mit Pflanzen wie Kletterficus oder Bogenhanf dekorieren.

Futter

Spinnen fressen lebende Beutetiere, die kleiner sind als sie selbst. Sie bevorzugen andere Wirbellose. In Terrarien kommen hauptsächlich Insekten in Frage, größere Arten fressen auch nestjunge Ratten und Mäuse. Auch Rinderherzstückchen, die mit einer Pinzette hin- und herbewegt werden, können Sie anbieten. Abwechslungsreiche Kost ist weniger wichtig als bei Reptilien und Amphibien, solange Sie nicht monatelang nur Mehlwürmer verfüttern.

Füttern Sie Ihre Spinne maßvoll und regelmäßig, mit wöchentlich einem bis drei Beutetieren. Einige Tage oder Wochen vor der Häutung stellen Spinnen die Nahrungsaufnahme ein. Nehmen Sie Futtertiere, die nicht gefressen wurden aus dem Terrarium, damit sie die Spinne nicht während der Häutung stören oder attackieren. Eine gut genährte Spinne bekommt, ebenso wie ein Tier, das sich gerade gehäutet hat, höchstens ein Beutetier pro Woche.

Nach oder während der Paarung werden die Männchen manchmal von den Weibchen verspeist, eine willkommene Eiweißquelle für die Produktion der Nachzucht.

Spinnen fangen ihre Beute oft in Fangnetzen oder sie stürzen sich blitzschnell darauf. Beutetiere, die sich wehren, werden mit mehreren Beinen festgehalten. Die Spinne stößt die Cheliceren in ihre Beute, wodurch gleichzeitig Enzyme in das Tier gelangen. Diese Enzyme vermischen sich mit dem Körperinhalt der Beute und lösen ihn auf. Aufgrund der dünnen Speiseröhre kann eine Spinne nur flüssige Nahrung zu sich nehmen. Nicht verzehrbare Reste entfernt die Spinne aus ihrer direkten Umgebung und legt sie in einer Ecke des Terrariums ab.

Geben Sie dicken matt gefärbten Spinnen höchstens ein Beutetier.

Erwachsenes Männchen mit Bulbi an den Pedipalpen

Geschlechtsunterschiede

Erwachsene Männchen tragen ihr Sperma in glänzenden, pfirsichförmigen Ballons am Fuß der Pedipalpen, den Bulbi. Einige Arten, wie zum Beispiel Vogelspinnen, entwickeln diese Bulbi erst nach der letzten Häutung. Wolfsspinnen und *Polybetes*-Arten haben sie bereits als noch nicht erwachsene Männchen und häuten sie mit. Die Bulbi sind meist eingeklappt, aber auch dann als Verdickungen am äußeren Ende der Pedipalpen sichtbar. Die Form der Spitze, der Embolus, ist artspezifisch. Die Bulbi funktionieren wie ein Schlüssel, der genau in die weibliche Geschlechtsöffnung passt, sodass Kreuzungen vermieden werden. Die Geschlechtsöffnung befindet sich bei beiden Geschlechtern an der Unterseite des Hinterleibs.

Erwachsene Männchen haben einen kleineren Hinterleib und längere Beine als erwachsene Weibchen. Wenn die Weibchen geschlechtsreif sind, ist ihre Geschlechtsöffnung immer offen. Von der Geschlechtsöffnung bis zur Abgrenzung gegenüber dem Kopfbruststück verlaufen zwei Linien. Der Zwischenbereich (die Epigyne) ist beim Männchen ein flaches Viereck, beim Weibchen trapezförmig und häufig verdickt. Bei kleinen Arten ist dies nur schwer zu erkennen.

Bereits bei jungen Tieren sieht man bei den Weibchen zwei Samenbläschen (Spermatheken) an der Innenseite einer alten Haut. Die Bläschen befinden sich oberhalb der Geschlechtsöffnung und sehen wie umgestülpte Hautlappen aus, die viele Strukturen haben können. In diesen Bläschen deponiert das Männchen während der Paarung sein Sperma. Bei der Vogelspinnengattung *Poecilotheria* bestehen die Samenbläschen aus einer sehr dünnen Haut.

Das Vogelspinnenmännchen hat an der Innen- und Außenseite der Behaarung oberhalb der Geschlechtsöffnung einen dunklen 0,5–3 mm großen Fleck. Seine Geschlechtsöffnung ist von zwei pinselförmigen Haarbüscheln umgeben.

Die Männchen häuten sich nur, bis sie erwachsen sind. Geschlechtsreife Weibchen leben wesentlich länger und häuten sich auch dann noch regelmäßig. Dabei geht meist auch der Spermavorrat verloren, sodass ein Weibchen nach einer Häutung wieder befruchtet werden muss.

Als Bestimmungsmerkmal dienen oft die Bulbi toter Männchen, ein Grund, weshalb Spinnen schwer zu identifizieren sind.

Fortpflanzung

Erwachsene Männchen haben nur ein Ziel: das Befruchten von Weibchen. Sie können sich nur paaren, wenn ihre Bulbi mit Sperma gefüllt sind. Dies geschieht erst eine Woche bis einige Monate nach der letzten Häutung und wird im Abschnitt „Die Familie Theraphosidae" (Fortpflanzung, siehe S. 129) näher erläutert. Danach machen sich die Männchen auf die Suche nach einem Weibchen. Während der Paarung legt das Männchen die Bulbi in die Geschlechtsöffnung des Weibchens.

Eiablage

Einige Zeit nach der Paarung spinnt das Weibchen ein weißes Säckchen und legt darin die Eier ab. Dieser Eikokon wird vom Weibchen mitgetragen oder in seinem Territorium bewacht, bis die jungen Spinnen aus dem Kokon kriechen.

Zucht

Die Jungtiere müssen von der Mutter getrennt aufgezogen werden, um Kannibalismus zu vermeiden. Die Aufzucht der Jungen in Gruppen nimmt weniger Zeit in Anspruch als Einzelhaltung. Sie können die Jungspinnen in einer verkleinerten Version des Terrariums der Eltern halten.

Diese Spermathek der Riesen-Vogelspinne (Theraphosa blondi) *sieht aus wie ein umgestülpter Hautlappen.*

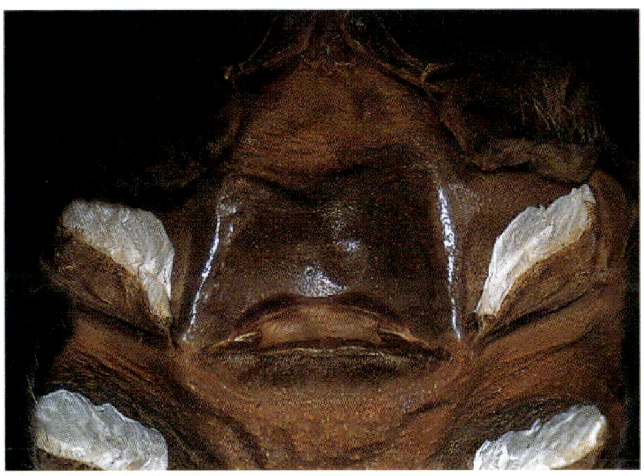

Kraushaar-Vogelspinnen (Brachypelma albopilosum)*: das Weibchen mit offen stehender Geschlechtsöffnung, das Männchen mit schwarzem Fleck über der Geschlechtsöffnung*

Rotknie-Vogelspinnen (Brachypelma smithi) *bei der Paarung*

Umgang

Obwohl einige Spinnen fest angepackt werden können, ist es immer besser, eine Schachtel über die Spinne zu stülpen und einen Deckel darunter zu schieben. Lange Pinzetten können sehr hilfreich sein. Beim Hantieren mit den Tieren müssen die Pinzettenspitzen mit weichem Stoff oder Ähnlichem umklebt werden.

Krankheiten

Spinnen, die nicht mehr fressen, können zu trocken oder zu kalt sitzen oder an einer Infektion leiden. Bieten Sie Futterverweigerern eine kleinere Spinne, zum Beispiel eine Bastard-Vogelspinne, an. Danach werden auch „normale" Futtertiere wieder gerne verzehrt.

Alte oder kranke Spinnen sind oft schwach, bewegen sich wenig und verweigern das Futter. Ihr Hinterleib wird schrumpelig.

Ein zu trockenes Terrarium kann zu Schwierigkeiten bei der Häutung führen. Befeuchten Sie die alten Hautreste mit Wattestäbchen und versuchen Sie diese mit Pinzetten von der Spinne zu entfernen. Sollte dies nicht gelingen, ist das Tier zum Tod verurteilt.

Ein zu feuchtes Terrarium mit schlechter Belüftung fördert Schimmelbildung. Die Spinnen haben dann

Gefährdung durch Schimmel

Wildfang von Haplopelma albostriatum *mit Milbenbefall*

sich vergrößernde weiße Flecken. Stark angeschlagene Spinnen verhalten sich apathisch. Solche Tiere brauchen ein frisch eingerichtetes Terrarium mit guter Belüftung. Oft ist auch das Substrat verschimmelt. Auch dann wird die Spinne in ein frisch vorbereitetes Terrarium gesetzt. Bleibende Schimmelflecken können Sie mit einer Fungizidlösung behandelt.

Wildfänge sind oft von Milben befallen, die die Körperflüssigkeit aussaugen und die Spinne letztendlich töten. Entfernen Sie die Milben vorsichtig mit Wattestäbchen, die Sie in 70%igen Alkohol tauchen, bevor Sie die Spinne in ein frisches Terrarium setzen. Ein sauberes Terrarium beugt vielen Problemen vor. Auch zu viel Feuchtigkeit fördert Milbenplagen. Zur Bekämpfung kann die Raubmilbe *Hypoaspis miles* eingesetzt werden. Milben zwischen den Cheliceren sind oft unschädliche Mitesser, die die Cheliceren sauber halten.

Gebrochene Gliedmaßen bereiten bei der folgenden Häutung Probleme. Mit einer Pinzette, deren Enden mit einem Stückchen Aquariumschlauch überzogen sind, packen Sie den Femur des betroffenen Beins und drücken kräftig. Dank einer Bruchfläche auf der Hüfte kann die Spinne das Bein loslassen. Die Wunde schließt sich nach wenigen Stunden.

Der dicke Hinterleib etwa einer großen Vogelspinne kann aufreißen, wenn sie aus 30 cm Höhe oder mehr auf einen harten Untergrund fällt. Kleine Risse können Sie mit Vaseline behandeln. Bei größeren Verletzungen legen Sie die Spinnen in den Gefrierschrank, um ihr weiteres Leid zu ersparen.

Spinnen, die zu kalt und zu nass oder zu warm und zu trocken gehalten werden, reagieren lustlos bis apathisch. Auch Insektenvernichtungsmittel oder Reinigungsmittel können schädlich sein.

Sie sollten kein erwachsenes Männchen kaufen, denn seine Lebenserwartung ist nicht sehr hoch. Ältere Weibchen sind zwar oft sehr groß, leben aber noch einige Jahre. Tiere mit verschrumpeltem Hinterleib leben meist nur noch kurze Zeit. Auf dem Hinterleib dürfen keine unregelmäßigen Flecken, Knötchen oder Bläschen zu sehen sein. Die Cheliceren müssen intakt sein.

Die Familie Theraphosidae (Echte Vogelspinnen)

Die ca. 850 Vogelspinnenarten werden in etwa 92 Gattungen unterteilt.

Die Haltung der meisten Vogelspinnen ist relativ problemlos, wenn man einige Dinge beachtet.

Beschreibung

Vogelspinnen erreichen in der Regel eine maximale Körperlänge von 5–8 cm, einige Arten werden sogar 12 cm groß. Die meisten sind dicht behaart und haben kräftige Beine.

Vogelspinnen bauen kein Fangnetz. Mit Tasthaaren an den Beinen erspüren sie Richtung, Abstand und Größe eines Beutetiers. Viele Arten spinnen „Stolperdrähte" vor ihrer Höhle und bemerken so ein sich näherndes Beutetier.

Tarsus und Metatarsus sind oft mit dichten kurzen Hafthärchen (Scopula) besetzt. Aufgrund der Adhäsionskräfte können die Spinnen damit an senkrecht stehenden Glasscheiben entlanglaufen.

Am Hinterleib vieler amerikanischer Arten sitzen Brennhaare mit mikroskopisch feinen Widerhäkchen. Diese Haare brechen leicht ab oder werden bei einem Angriff gezielt abgestoßen und können auf der Haut, in den Augen und den Atemwegen zu Irritationen, Entzündungen und lang anhaltendem Juckreiz führen.

An den Pedipalpen und am ersten Laufbein befinden sich Sinneszellen, die auf Reize reagieren.

Megaphobema velvetosoma

Viele Vogelspinnen können stridulieren (zirpende Geräusche produzieren). Die Stridulationsorgane befinden sich an den Cheliceren, der Coxa, dem Trochantertaster oder an den ersten Laufbeinen.
Baumbewohnende Vogelspinnen spritzen ihre Exkremente gegen die Scheiben des Terrariums.

Verbreitungsgebiet

Vogelspinnen kommen sowohl in den Regenwäldern als auch in den Wüsten der meisten subtropischen und tropischen Länder vor. Dies ist bei der Terrarieneinrichtung und der Pflege der betreffenden Art zu berücksichtigen.
Man kann Vogelspinnen in drei Gruppen unterteilen:

- Baumbewohner haben einen relativ kleinen Hinterleib und dicke Beine. Damit können sie sich auch an glatten Oberflächen gut festhalten. Die Arten mit langer dichter Behaarung springen bei Gefahr vom Baum und schweben mit abgespreizten Beinen an einen sicheren Platz. Baumbewohner bauen einen Wohnkokon, eine Behausung, in der sie sich verstecken, sich häuten und fressen. Diese Spinnen sind deshalb kaum zu sehen. Beispiele für diesen Typ sind *Avicularia-* und *Psalmopoeus*-Arten aus Südamerika sowie *Poecilotheria*-Arten aus Asien.
- Bodenbewohner sind meist kompakt gebaut mit kräftigen Beinen und einem vogeleiförmigen Hinterleib. Sie sitzen oft vor ihrer Höhle beziehungsweise vor ihrem Versteck und gehen von dort aus in der Nacht auf Beutefang.
- Unterirdisch lebende Spinnen sitzen im Boden (zwischen Wurzeln) in einer Wohnröhre, die viele Meter tief und selbst gegraben sein kann. Nachts warten sie meist vor dem Eingang auf Beute. Diese Spinnen sind in der Regel kurz behaart und einfach gefärbt. *Theraphosa blondi* und *Citharischius crawshayi* sind grabende Arten, die sich im Terrarium selten zeigen.

Haltung

Bodenbewohner mit einer Körperlänge von 6–8 cm benötigen ein 30 x 30 x 20 cm großes Terrarium. Wenn der Behälter zu groß ist, kann die Spinne ihre

Ein Baumbewohner: Avicularia *sp. 'Purple' aus Peru*

Am Boden lebende Spinnen sind meist kurz behaart, Baumbewohner haben dagegen relativ lange Haare. Hier sind die Beine von Citharischius crawshayi *und* Avicularia metallica *zu sehen.*

Bodenbewohner wie Citharischius crawshayi *sind selten außerhalb ihrer Wohnröhre zu sehen.*

Beutetiere nicht so erfolgreich jagen, und wenn das Terrarium höher als 40 cm ist, besteht die Gefahr, dass sich die Spinne beim Fallen verletzt. Die Belüftung erfolgt über Gitter, die ein Drittel bis die Hälfte der Seitenfläche einnehmen. Der Deckel des Terrariums darf nicht zu leicht sein, sonst kann die Spinne ihn aufdrücken.
Bauen Sie aus Steinen, Korkplatten, Blumentöpfen oder Holz robuste Verstecke. Spinnen dürfen beim Graben unter einem Stein nicht von diesem erdrückt werden. Höhlen garantieren eine konstante Temperatur.
Erwärmen Sie das Terrarium tagsüber mit Halogenspots oder Leuchtstoffröhren auf 24–27 °C. Grabende Spinnen werden relativ kühl (20–24°C) gehalten, indem man zum Beispiel ihr Terrarium in einem unbeheizten Raum unterbringt. Nachts sollte die Temperatur ca. 20 °C, jedoch nicht weniger als 15 °C betragen. Anscheinend stimuliert eine nächtliche Abkühlung auf 15–17 °C Wüsten- und Steppenbewohner zur Fortpflanzung. Eine Bodenheizung wäre unnatürlich, sie trocknet auch das Substrat zu schnell aus.
Stellen Sie eine kleine Schale mit Wasser in das Terrarium und erneuern Sie dieses regelmäßig. Sorgen Sie für eine rF von 60–90 % und besprühen Sie einen Teil des Terrariums regelmäßig. Wenn Sie Baumbewohner halten, sprühen Sie einmal pro

In diesemTerrarium leben vier Bodenbewohner und ein Baumbewohner

Wie sich ein Hobby ausbreiten kann …

Avicularia versicolor *mit erbeuteter Grille*

Woche. Die Spinne selbst und ihr Netz dürfen Sie nicht besprühen.

Ein zu trockenes Terrarium bereitet Probleme bei der Häutung. Für Arten aus Steppen- und Wüstengebieten feuchten Sie den Bodengrund (5–10 cm Torf-Sand-Mischung oder ungedüngte Blumenerde) leicht an. Halten Sie Arten aus Regenwaldbiotopen grundsätzlich etwas feuchter.

Einige Vogelspinnenarten klettern gerne und können sich verletzen, wenn sie auf eine stachelige Pflanze (Kaktus) oder einen scharfen Vorsprung (Lavastein) fallen. Achten sie deshalb darauf, dass Sie keine solchen „Fallen" im Terrarium aufstellen.

Spinnen benötigen im Allgemeinen wenig Pflege. Entfernen Sie regelmäßig die Nahrungsreste. Exkremente und Gespinste waschen Sie mit warmem Wasser ohne Reinigungsmittel von den Scheiben. Wenn die Spinne längere Zeit unruhig ist – ein Zeichen, dass sie sich nicht wohl fühlt – wechseln Sie das Substrat aus und reinigen die Ausstattung.

Krankheitserreger

- Gedüngte Blumenerde ist für Spinnen schädlich.
- Geleimte Korkplatten enthalten giftige Bestandteile.
- An neu gekauften Pflanzen haften oft Insektizide. Sie dürfen erst nach mehrmaligem Abspülen in das Terrarium gesetzt werden.
- Wenn Sie im Hobbyraum zum Beispiel Schlangen gegen Milben behandeln, müssen Sie die Spinnen zeitweise auslagern. Seien Sie im Umgang mit Insektiziden vorsichtig.
- Reiner Sand, Kies oder Vermiculit fördern das Wachstum unerwünschter Bakterien, Milben und Schimmelpilze.

Kleine Schachteln mit jungen Spinnen

Futter

Vogelspinnen fressen Beutetiere, die kleiner sind als sie selbst. Hierzu zählen Asseln, Insekten und Tausendfüßer. Nach einer Häutung kann man die Tiere schnell dickfüttern oder sie monatelang fasten lassen. Beides ist nicht ideal. Füttern Sie regelmäßig ein bis drei Beutetiere pro Woche und entfernen Sie alle nicht verzehrten Beutetiere. Nordamerikanische Spinnen fressen im Spätherbst und Winter oft nur wenig oder gar nichts.

Häutung

Sehr junge Vogelspinnen häuten sich alle ein bis zwei Monate. Ein erwachsenes Männchen häutet sich nicht mehr, ein geschlechtsreifes Weibchen ein bis dreimal pro Jahr.

Bodenbewohnende Arten spinnen eine Häutungsmatte auf dem Boden oder in ihrer Höhle und legen sich dort auf ihren Rücken. Die Matte wird manchmal mit Brennhaaren gefüllt. Baumbewohnende Spezies häuten sich in ihrem röhrenförmigen Netz.

Kopfbruststück und Hinterleib reißen auf und die alte Haut wird mit den Beinen abgestreift. Die

1. Eine Vogelspinne in Rückenlage, zur Häutung bereit

2. Kopfbruststück und Hinterleib reißen auf.

3. Die Spinne hat ihre Beine aus der alten Haut gezogen.

4. Nach der Häutung ruht sich die Spinne aus.

Dauer einer Häutung variiert bei einem großen Weibchen von eineinhalb bis 36 Stunden. Die Tiere müssen Platz haben, um ihre Beine ausstrecken zu können.

Spinnen in schlechtem Zustand können nach einer Häutung manchmal kleiner sein. Nach der Häutung frisst eine erwachsene Vogelspinne ungefähr zwei Wochen lang nichts.

Geschlechtsunterschiede

Die erwachsenen Männchen vieler Vogelspinnenarten haben einfache oder zweiteilige Krallen an den Schienen (Tibiae) der Vorderbeine. Hiermit halten sie die Cheliceren der Weibchen während der Paarung in sicherem Abstand.

Bei den Männchen (zum Beispiel *Lasiodora parahybana, Brachypelma angustum)* dauert es 15 Monate bis vier Jahre, bis sie erwachsen sind. Die Weibchen erreichen dieses Stadium ein bis zwei Jahre später. Ein erwachsenes Männchen lebt noch ungefähr ein Jahr. Geschlechtsreife Weibchen afrikanischer und asiatischer Arten haben noch fünf bis zehn Jahre vor sich, amerikanische Arten bis 20 Jahre. Hin und wieder häuten sie sich, um abgenutzte Körperteile zu erneuern.

Manchmal sind die Geschlechter unterschiedlich gefärbt oder gezeichnet, wie zum Beispiel einige *Poecilotheria*-Arten oder *Aphonopelma seemanni.*

Fortpflanzung

Das Männchen muss seine Bulbi mit Sperma füllen, bevor es sich paaren kann. Hierzu spinnt es ein bis drei Monate nach der letzten Häutung ein Spermanetz und setzt darauf einige Tropfen Samenflüssigkeit ab, die dann mit den Begattungsorganen aufgenommen wird: Die Pedipalpen sind „betankt". Das Männchen vernichtet das Spermanetz; man kann aber manchmal Reste davon erkennen. Der ganze Vorgang nimmt einige Stunden in Anspruch.

Nun kann sich das Männchen paaren. Nach jeder Paarung werden die Begattungsorgane wieder gefüllt. Die Weibchen können bis zu ihrem Tod jährlich einen Eikokon produzieren.

Wählen Sie für die Paarung ein nicht allzu altes Männchen aus. Ein geschlechtsreifes Weibchen

Die rechte Haut weist eine Spermathek auf und stammt deshalb von einem Weibchen.

Tibialhaken an den Vorderbeinen eines erwachsenen Männchens (Brachypelma smithi)

Männchen von (Theraphosa blondi) *unter seinem Spermiennetz*

kann bereits einige Tage nach der Häutung verpaart werden, es ist jedoch besser, zu warten, bis es wieder frisst. Einige Zeit vor der Häutung sollten sich die Spinnen nicht paaren, denn mit der Häutung verlieren die Weibchen das aufgenommene Sperma. Paarungsbereite Männchen trommeln mit ihren Beinen und produzieren ein Sekunden andauerndes Brummen oder Klopfen, das von Pausen unterbrochen wird. Dieses artspezifische Geräusch kann der Mensch nicht hören. Ein paarungswilliges Weibchen wird dies mit dem gleichen Signal beantworten. Diese Annäherung, bei der das Männchen langsam auf das Weibchen zugeht, kann einige Stunden dauern. Wenn beide Tiere in einem eigenen Becken leben, setzt man das Männchen dem Weibchen in dessen Terrarium gegenüber. Das Klopfen muss hierfür nicht stattgefunden haben. Beobachten Sie die Paarung und lotsen Sie das Männchen; helfen Sie mit Pinzetten und Stäben von mindestens 15 cm Länge, wenn das Weibchen zu aggressiv wird. Einige Arten, zum Beispiel *Ceratogyrus,* klettern schnell an einer Pinzette empor, wenn diese nicht mit Glyzerin auf Wasserbasis eingefettet wurde.

Wenn das Männchen die Vorderbeine des Weibchens berührt, richtet dieses sich auf. Das Männchen hält mit den Tibialhaken die Cheliceren seiner Partnerin hoch, schiebt sie weiter nach hinten und kriecht unter das erstarrte Weibchen. Dann steckt das Männchen die Spitze seiner samengefüllten Taster in die Geschlechtsöffnung des Weibchens und deponiert sein Sperma in den beiden Spermienbehältern (Receptacula seminis). Die eigentliche Paarung dauert 15 bis 30 Sekunden. Danach lässt das Männchen los und flieht vor dem nun meist aggressiv werdenden Weibchen. Dafür sollte genug Platz vorhanden sein. Bei einigen Arten von *Avicularia, Pachistopelma, Psalmopoeus, Stromatopelma* und *Tapinauchenius* können die Paare meist wochenlang gefahrlos in einem Terrarium gehalten werden. Die Weibchen einiger Arten paaren sich nur einmal, viele andere kopulieren während einiger Wochen mehrmals.

Vogelspinnenmännchen werden hauptsächlich aufgefressen, wenn sie alt sind und die artspezifischen Geräusche nicht mehr exakt erzeugen können. Spinnen, die sich nicht paaren wollen, werden stimuliert, wenn sie einige Zeit vor der Paarung in die Nähe ihres zukünftigen Partners gestellt werden und akustische Signale austauschen können.

In der Natur unterliegen Vogelspinnen oft einem Jahresrhythmus. So findet man im nördlichen Südamerika erwachsene *Avicularia*-Männchen vor allem im August und September. Dieser Rhythmus äußert sich häufig auch in Terrarien. Junge Spinnen der Art *Theraphosa blondi* werden hauptsächlich in den Wintermonaten angeboten. Arten aus Argentinien und Chile (viele *Grammostola*-Arten) profitieren von einer Winterruhe bei Temperaturen von

Brachypelma albopilosum *unmittelbar vor der Paarung*

Avicularia metallica *bei der Paarung*

10–15 °C. Über den besten Zeitpunkt zur Paarung von Vogelspinnen ist noch nichts Genaues bekannt.

Eiablage

Befruchtete Weibchen haben bis zur folgenden Häutung Zeit, einen Eikokon zu spinnen. Dies geschieht nicht regelmäßig und hängt sicher mit dem Alter oder der Spermamenge zusammen.

Wenn alles gut geht, ist das Weibchen nach einer Paarung sehr hungrig. Meist stellt sie einige Wochen vor der Eiablage die Nahrungsaufnahme ein. Drei Wochen bis zwei Monate nach der Paarung spinnt sie sich in ihrem Versteck ein. Die Weibchen bodenbewohnender Spezies können sich in dieser Zeit zu gewaltigen „Grabmaschinen" entwickeln. Die Weibchen von Baumspinnen vergrößern oft ihren Wohnkokon. In ihrer Kinderkammer spinnen sie einen dicken runden Sack, in den sie sofort 30–2000 Eier legen, die in der Regel 3–5 mm groß sind. Danach spinnt das Weibchen eine Matte über die Eier und löst den Sack vom Untergrund. Indem sie noch einige Male hin- und herspinnt (um Brennhaare zu verarbeiten), entsteht ein runder Eikokon, der die Brut vor Trockenheit und Feinden schützt. Das Weibchen schließt sich mit dem Kokon in seiner Höhle oder im Wohnkokon ein oder trägt ihn wochenlang mit sich an einen Platz mit der richtigen Temperatur und Feuchtigkeit. Es dreht den Kokon regelmäßig und schützt ihn vor Feinden. Zwischenzeitlich frisst es selten. Die geschlüpften Jungen werden noch einige Tage bewacht, bevor das Weibchen die Brutpflege einstellt.

Die Spinne im dicht gewebten Netz hat vielleicht einen Kokon.

Avicularia versicolor *mit Eikokon*

Ei und erstes Nymphenstadium

Die Spinnen dürfen vor der Eiablage und während der Kokonherstellung absolut nicht gestört werden; decken Sie eventuell das Terrarium ab. Wenn das Weibchen gestört wird, stellt es oft die Brutpflege ein und frisst den Kokon auf.

Im Kokon schlüpfen nach zwei bis vier Wochen kleine Nymphen aus den Eiern. Sie haben kaum gegliederte Beine und sind nicht fähig, sich fortzubewegen. Dieser Lebensabschnitt wird als erstes Nymphenstadium (Larvenstadium) bezeichnet. Nach ca. drei Wochen häuten sich die kleinen Spinnen. Im jetzt beginnenden Lebensabschnitt, dem zweiten Nymphenstadium, ähneln die Jungtiere den ausgewachsenen Tieren. Sie sind allerdings nur spärlich behaart und farblos. Meist kriechen die Nymphen in diesem Stadium aus dem Kokon, wonach das Nest noch von der Mutter bewacht wird. Ein bis zwei (manchmal auch 12) Wochen später häuten sich diese Nymphen außerhalb des Kokons zu etwa 8 mm großen Spinnen. Diese kleinen Spinnen fressen nach wenigen Tagen. Sie sind meist noch nicht ausgefärbt.

Erstes Nymphenstadium

Der geöffnete Eikokon von Avicularia versicolor

Zweites Nymphenstadium (Poecilotheria). *Ein Tier hat sich bereits zur kleinen Spinne gehäutet.*

Das Öffnen des Eikokons bei Avicularia versicolor

In Abhängigkeit von der Art und der Temperatur schlüpfen die Nymphen manchmal erst sechs bis 12 Wochen nach der Eiablage aus dem Kokon. Sie sollten den Kokon jedoch nach vier bis fünf Wochen öffnen, da das Weibchen ihn manchmal auffrisst (bei Störung oder Lärm im Raum) oder es findet im Terrarium nicht die erforderlichen Verhältnisse vor, sodass die Nymphen im Kokon verrotten oder vertrocknen. Durch das Öffnen können Sie die Nymphen retten.

Versuchen Sie, den Kokon vorsichtig mit Pinzetten zu fassen. Stellen Sie schnell eine Barriere (Stock) zwischen die Mutter und ihren Kokon, wenn das Weibchen erschrickt, sich über den Kokon beugt und ihre Cheliceren nach innen steckt.

Bieten Sie dem Weibchen einen leeren mit Watte ausgestopften Kokon an. Sie beruhigt sich dann schneller wieder und wird außerdem weniger gestresst.

Reißen Sie den entnommenen Kokon vorsichtig auf und setzen Sie die Jungen in ein sauberes, trockenes Behältnis (bei einer Temperatur von 23–27 °C und einer rF von 70–80 %).

Nachdem die Jungen den Kokon verlassen haben, häuten sich die meisten Weibchen wieder. *Poecilotheria*-Arten und *Psalmopoeus cambridgei* bilden eine Ausnahme: Sie produzieren ca. vier Monate nach dem ersten Kokon einen zweiten.

Zucht

In der Natur liegt die Sterblichkeitsrate der jungen Spinnen bei ca. 95 %. In Terrarien können fast alle Jungen erfolgreich aufgezogen werden.

Halten Sie die jungen Spinnen getrennt oder in Gruppen. Sortieren Sie in letzterem Fall die Jungtiere regelmäßig nach Größe, um Kannibalismus einzuschränken.

Verwenden Sie kleine Plastikschalen mit Belüftungslöchern. Befestigen Sie bei jungen Baumspinnen etwas Watte, die Sie mit Wasser tränken, am Deckel, damit die Tiere ihren Durst löschen können. Verwenden Sie das gleiche Bodensubstrat wie für größere Spinnen; es darf nicht vollkommen austrocknen. Bauen Sie ein Versteck, zum Beispiel aus einem Stück dünnen PVC-Schlauch (für Baumspinnen).

Verfüttern Sie alle zwei bis drei Tage einige Fruchtfliegen und kleine Grillen. Den Futtertieren geben Sie ein Stückchen Frucht, sodass sie länger am Leben bleiben und einen höheren Nährwert erhalten. Kontrollieren Sie regelmäßig, ob sich Schimmelpilze gebildet haben.

Je nach Art sind die Männchen mit einem bis vier Jahren erwachsen, früher als die Weibchen, die mit drei bis fünf Jahren (ein bis zwei Häutungen später) geschlechtsreif sind.

Verteidigung

Viele amerikanische Vogelspinnenarten haben Brennhaare auf dem Hinterleib. Bei Berührung können diese Schwellungen der Schleimhäute, starke Hustenanfälle und wochenlanges Jucken verursachen. Die Stärke der Reaktion richtet sich nach der Spinnenart und der Empfindlichkeit der betroffenen Person. Meist wird nur die Haut zwischen den Fingern gereizt. Händewaschen hilft aufgrund der zahlreichen Widerhaken an den Haaren nicht.

Manchmal genügt schon das Öffnen des Terrariums, um einen Ausschlag zu verursachen. Vor der Anschaffung einer Vogelspinne sollten Sie deshalb in einem Zoofachgeschäft testen, ob Sie auf die Tiere allergisch reagieren. Wohnkokon, Eikokon und die übrigen Gespinste sind oft mit Brennhaaren ausgekleidet. Bombardierspinnen schießen mit ihren Hinterbeinen Brennhaare empor. Ihr Hinterleib wird dadurch kahl, aber nach der nächsten Häutung ist er wieder behaart.

Die weit verbreitete Meinung, dass alle Vogelspinnen aggressiv und höchst giftig sind, entspricht nicht der Wahrheit. Keine Vogelspinne kann eine gesunde erwachsene Person töten.

Wenn Vogelspinnen beißen, ist die Wirkung von der Spinnenart, der Menge des abgegebenen Gifts und der Konstitution der betroffenen Person abhängig. Oft ist die Wirkung gering, aber manchmal treten heftige Schmerzen und Schwellungen auf. Aufgrund der großen Cheliceren ist ein kräftiger Biss schmerzhaft und kann schlimme Wunden und Infektionen verursachen. Seien Sie deshalb immer auf der Hut.

Ungefähr 2000 Nymphen von Lasiodora parahybana

Eine Schachtel mit einer jungen Baumspinne

Der kahle Hinterleib einer Bombardierspinne

Das Gift der meisten Arten wirkt auf die Muskeln und das Herz. Das Toxin der aggressiven *Heteroscodra-*, *Stromatopelma-* und *Pterinochilus*-Arten greift das Nervensystem an.

Gehen Sie nach einem Biss zum Arzt oder ins Krankenhaus. Kinder, Menschen mit einem geschwächten Immunsystem oder Allergiker können an einem Biss sterben. Allergien gegenüber Bissen oder Brennhaaren können sich mit der Zeit verstärken.

Umgang

Beim Umgang mit Vogelspinnen muss man bedenken, dass sich die 850 Arten bezüglich Aggressivität, Aktivität und Giftigkeit unterscheiden. Einige amerikanische *Brachypelma-*, und *Grammostola*-Arten sind ruhig und beißen nicht so schnell.

Berühren Sie die Spinne, bevor sie über ihre Hand laufen soll. Sie vermutet dann kein nahendes Beutetier. Halten Sie anschließend eine Hand vor die Spinne und lassen Sie das Tier darauf laufen, indem Sie die Hinterbeine antippen. Reagieren Sie nicht panisch und lassen Sie die Spinne nicht fallen. Der weiche Hinterleib steht unter Druck und könnte aufplatzen. Lassen Sie die Spinne nicht über Kleidung laufen, sie könnte hängen bleiben und sich verletzen.

Sie können auch ein Gefäß über die Spinne stülpen und einen Deckel darunter schieben. Dies ist eine stressfreie Methode für Arten, die im Gefäß ruhig bleiben. Bei unruhigen Arten ist folgende Methode besser geeignet: Drücken Sie mit dem Zeigefinger das Kopfbruststück gegen den Boden und halten Sie die Spinne mit Daumen und Mittelfinger zwischen dem zweiten und dritten Laufbeinpaar fest. Die Spinne zieht dann meist ihre Beine ein. Diese Methode wenden erfahrene Terrarianer auch bei aggressiven Arten an.

Andere Spezies, wie zum Beispiel *Theraphosa blondi* und *Poecilotheria*-Arten, nehmen eine Drohhaltung ein (Vorderbeine und Cheliceren nach oben), bevor sie beißen. Diese Spinnen können Sie

Aphonopelma moderatum *lässt Gift hervorträufeln.*

mit dem Ende eines 30 cm langen Stöckchens in eine Schachtel dirigieren, deren Deckel Sie dann vorsichtig schließen.

Greifen Sie eine Spinne nicht mit Pinzetten. Dabei können Sie zuviel Druck ausüben und das Tier verletzen.

Die aggressivsten Spezies wie *Stromatopelma-* und *Pterinochilus*-Arten, drohen nicht, sondern beißen sofort. Beim Umgang mit diesen Tieren verwenden Sie am besten ein Gefäß mit Deckel.

Afrikanische und asiatische Arten haben keine Brennhaare und sind oft aggressiv. Dies sind zugleich die giftigsten Spezies: *Harpactira, Harpactirella, Heteroscodra, Pterinochilus* und *Stromatopelma.* Ihr Biss ist sehr schmerzhaft und verursacht Schwellungen. *Acanthoscurria*-Arten aus Südamerika und *Haplopelma*-Arten aus Asien können vergleichbare Bisse verursachen.

Baumbewohnende Arten geraten oft in Panik. Sie können sehr schnell laufen und weit springen. Man erkennt sie am relativ kleinen Hinterleib und an den oft dicht behaarten Beinen. Beispiele hierfür sind die Gattungen *Avicularia, Poecilotheria, Psalmopoeus* und *Tapinauchenius.* Halten Sie diese Tiere möglichst in schlicht eingerichteten Räumen ohne Versteckmöglichkeiten, falls einmal eine Spinne ausbrechen sollte.

Vogelspinnen werden vor dem Transport in ein Kästchen mit weichem Papier gesetzt, sodass sie mit den Wänden nur wenig in Berührung kommen. Geben Sie Futter in das Kästchen. Ausgebrochene Spinnen müssen Sie schnell wieder einfangen. Beginnen Sie mit der Suche direkt unter dem Terrarium. Suchen Sie eventuell nachts mit einer Taschenlampe. Hängen Sie einen Zettel an die Tür, der darauf hinweist, vor Betreten des Raums erst auf den Fußboden zu schauen.

Anschaffung einer Vogelspinne

- Wählen Sie ein Weibchen, es lebt länger.
- *Brachypelma*-Arten lassen sich gut beobachten und sind ruhig.
- Kaufen Sie ein blass gefärbtes, noch nicht gehäutetes Tier. Es ist vielleicht kräftiger.
- Bei erwachsenen Tieren ist das Alter nicht abzulesen, sie können deshalb schon sehr alt sein.

Der erfahrene Terrarianer kann auch aggressive Arten anfassen. Hier Theraphosa blondi.

Auf Börsen können Sie viele Nachzuchtspinnen kaufen.

- Eine gesunde Vogelspinne kann ihr eigenes Gewicht emporheben und wird bei Störung aktiv.
- Alle Beine müssen bei (fast) erwachsenen Tieren intakt sein.
- Bei preiswerten Tieren kann es sich um aggressive Arten handeln, die sich im Terrarium nur selten sehen lassen.

VOGELSPINNENARTEN

Die exakte Bestimmung von Spinnen ist schwierig und wird im Rahmen dieser Enzyklopädie nicht eingehend erläutert. Sie erfolgt anhand der alten Haut (Exuvie) der Weibchen, toter Männchen und der Herkunft der Tiere. Auch das Verhältnis verschiedener Körperteile zueinander und die Behaarung werden zur Diagnose herangezogen.

Die Vogelspinnenarten sind in alphabetischer Reihenfolge aufgelistet, bedenken Sie aber, dass sich wissenschaftliche Namen ändern können. Auch alte Namen wurden genannt. Die angegebene Größe bezieht sich auf die Körperlänge (Kopfbruststück und Hinterleib).

Einige bekannte Unterfamilien sind:

- Aviculariinae: amerikanische Baumbewohner, zum Beispiel *Avicularia, Psalmopoeus* und *Tapinauchenius.*
- Grammostolinae: amerikanische Spezies, zum Beispiel *Aphonopelma, Brachypelma* und *Grammostola.*
- Harpactirinae: afrikanische „Pavianspinnen", zum Beispiel *Ceratogyrus, Harpactira* und *Pterinochilus.*
- Poecilotheriinae: Arten aus Asien, zum Beispiel *Poecilotheria.*
- Theraphosinae: amerikanische Arten, zum Beispiel *Acanthoscurria, Lasiodora, Megaphobema, Pamphobeteus, Phormictopus, Theraphosa* und *Xenesthis.*

ACANTHOSCURRIA ANTILLENSIS (ANTILLEN-VOGELSPINNE)

Beschreibung

Die 7 cm große Antillen Vogelspinne ist hell- bis dunkelbraun gefärbt und glänzt kupferfarben. Die

Der männliche Bulbus ist ein wichtiges Hilfsmittel bei der Bestimmung des Geschlechts.

Schizopelma-*Art*

Antillen Vogelspinne (Acanthoscurria antillensis)

Männchen tragen ein oder zwei Tibialhaken an den Vorderbeinen und weitere an den Pedipalpen.

Die Gattung umfasst kaum aggressive, aber lebhafte Arten. Einige Spezies richten sich bei Bedrohung auf, drehen sich um und spritzen ihre Exkremente gegen den Angreifer.

Die Antillen Vogelspinne ist ein Bodenbewohner und gräbt gerne.

Verbreitungsgebiet

Die meisten der 41 *Acanthoscurria*-Arten kommen aus Brasilien. *A. antillensis* lebt auf den Kleinen Antillen (Martinique).

Fortpflanzung

Die Kokons enthalten bis zu 800 Junge.

DIE GATTUNG *APHONOPELMA*

Viele der 90 *Aphonopelma*-Arten gehören zu den Gattungen *Dugesiella, Eurypelma* und *Rhechosticta.* Sie kommen hauptsächlich aus dem Süden der USA und aus Mittelamerika. Sie wachsen langsam.

APHONOPELMA CHALCODES

Beschreibung

Das empor gewölbte Kopfbruststück und die Beine dieser 6–7 cm großen Art sind hellbraun. Der Hinterleib ist braun und mit hellen Haaren besetzt. Die kräftigen Beine sind relativ kurz. Diese mäßig aggressive Spinne bombardiert selten.

A. chalcodes ist ein kräftiger, grabender Bodenbewohner.

Verbreitungsgebiet

Mexiko und Arizona.

Haltung

Die rF im Terrarium sollte bei 60 % liegen, die Temperatur bei 27–29 °C.

Fortpflanzung

Die ca. 500 Jungen verlassen nach sechs Wochen den Kokon.

Acanthoscurria geniculata

Aphonopelma borelli *aus Paraguay*

Aphonopelma caniceps *stammt aus Mexiko und den Vereinigten Staaten.*

APHONOPELMA HENTZI

Alter Name: *Dugesiella hentzi*

Beschreibung

A. hentzi ist eine 6–7 cm große Spinne. Das Abdomen ist dunkelbraun und mit grauen Haaren besetzt. Das Kopfbruststück ist rotbraun. Die Beine sind schwarzbraun gefärbt und grau behaart. Dieser Bodenbewohner gräbt gerne.

Verbreitungsgebiet

Texas und Arizona.

Fortpflanzung

Die 500–1000 Jungen verlassen den Kokon nach sieben bis neun Wochen. Sie wachsen sehr langsam.

Aphonopelma chalcodes

APHONOPELMA MODERATUM

Alter Name: *Rhechosticta moderatum*

Beschreibung

Die 7 cm große braungraue Spinne hat ein hoch gewölbtes Kopfbruststück. Ihre Beinglieder sind abwechselnd schwarzgrau und orangebraun gefärbt, der Carapax ist goldbraun. *A. moderatum* ist aggressiv. Sie zählt zu den Spinnen, bei denen in Drohhaltung das Gift aus den Cheliceren tröpfelt.

Verbreitungsgebiet

Bodenbewohner aus Texas.

APHONOPELMA SEEMANNI (GUATEMALA-VOGELSPINNE)

Beschreibung

Die verschiedenen Populationen der Guatemala-Vogelspinne sind unterschiedlich gefärbt. Die Grundfarbe dieser 6–7 cm großen Spinne ist Schwarzbraun bis Dunkelgrau. Auf dem Hinterleib befinden sich gelbrote Haare. Die Unterseite des Hinterleibs ist rotorangefarben. Auf Patella, Tibia und Metatarsus der Cheliceren sowie auf dem ersten und zweiten Beinpaar befinden sich weißliche, rosa- oder orangefarbene Längsstreifen. Die Gelenke haben einen weißen Ring. Die Zeichnung verschwindet vor jeder Häutung. Nach der letzten Häutung sind alle Männchen dunkelbraun beziehungsweise schwarz.

A. seemanni ist eine stressanfällige und aggressive Spinne, die sich selten außerhalb ihres Unterschlupfs aufhält.

Verbreitungsgebiet

Diese Bodenbewohner leben in den (Regen)wäldern von Mexiko, Costa Rica, Texas und Kalifornien.

Weibchen von Aphonopelma hentzi

Aphonopelma texense

Aphonopelma moderatum

Guatemala-Vogelspinne (Aphonopelma seemanni)

Haltung

In einem relativ trockenen Terrarium, das aber regelmäßig besprüht werden muss (rF 60–80 %).

Fortpflanzung

Die Jungen verlassen den Kokon nach acht Wochen.

AVICULARIA-ARTEN

Avicularia ist eine bekannte Gattung von ca. 35 Arten baumbewohnender Vogelspinnen. Da man im 18. Jahrhundert beobachtete, wie eine große Spinne einen kleinen Kolibri fraß, erhielt diese Spinne den Namen *Avicularia* (von lat. avis = Vogel), Vogelspinne.

Beschreibung

Vertreter dieser Art werden 5–7 cm groß und sind dicht behaart. Sie haben einen besonders dicht mit Haaren besetzten Metatarsus und Tarsus. Ihr letztes Beinpaar ist länger als das erste. Vor allem nach einer Häutung zeigen viele Arten einen spiegelnden Glanz an Beinen und Rückenschild. Der Hinterleib vieler Arten wie *A. versicolor* weist einen schimmernden Fleck mit Brennhaaren auf, den „Spiegel". Junge Tiere haben oft ein orangeschwarzes Tigermuster auf dem Hinterleib.

Die friedlichen Spinnen geraten in Panik, wenn sie gestört werden und fliehen schnell. Einige Arten schwenken ihren Hinterleib hin und her, wenn man im Terrarium arbeitet, sodass sich Brennhaare lösen und in die Haut eindringen können.

Verbreitungsgebiet

Avicularia-Arten kommen von Panama bis Bolivien und auf einigen karibischen Inseln vor. Die meisten Arten leben in Brasilien. Sie bewohnen Bäume, Höhlen und Bromelien sowie Ananas- und Bananenplantagen.

Haltung

Die Spinnen bauen gerne Wohnkokons an Lampen. Sie sollten das Terrarium deshalb von außen beleuchten. Sorgen Sie tagsüber für eine Temperatur von 25–28 °C, nachts für 20–23 °C. Halten Sie den Bodengrund immer feucht und sprühen Sie ein- bis zweimal pro Woche (rF 70–80 %).

Avicularia zarodes *aus Brasilien*

Avicularia aurantiaca

Fortpflanzung

Ein geschlechtsreifes Paar kann problemlos eine Zeit lang in einem Terrarium gehalten werden. Das Weibchen legt 50–200 Eier. Die Jungspinnen schlüpfen bei einer Temperatur von 27 °C nach drei bis fünf Wochen. Die Nymphen häuten sich vier bis fünf Wochen später und verlassen nach etwa einer Woche den Kokon. Die Jungtiere verhalten sich, zumindest bis zur ersten Häutung, wenig kannibalisch.

Ziehen Sie die Gruppen nicht in zu kleinen Terrarien auf, da sonst anderes Futter abgelehnt wird. Nach der ersten Häutung werden junge *A. versicolor* und *A. purpurea* getrennt.

Avicularia hirsuta, *Jungspinne*

AVICULARIA AURANTIACA

Synonym: *A. magdalenae*

Beschreibung

Die 5–7 cm große braungraue Spinne färbt sich oft erst vor der Häutung schwarz. Gelbbraune Haare sitzen am Kopfbruststück, braunweiße an den Beinen und am Hinterleib. *A. aurantiaca* hat gelb gebänderte Beine, im Gegensatz zu *A. walckenaeri* (orangefarbene Bänder). Bei beiden Arten schimmert die Thoraxfurche.

Verbreitungsgebiet

Peru.

AVICULARIA HIRSUTA

Möglicherweise handelt es sich bei dieser Art um *Pachistopelma concolor.*

Beschreibung

A. hirsuta wird 5–6 cm groß, hat einen breiten dunklen Längsstreifen auf dem Hinterleib und gelbliche Haare an den Seiten. Auf dem Rückenschild trägt sie graugelbe Haare.

Die Art ist sehr aktiv und kaum aggressiv.

Verbreitungsgebiet

Brasilianische Regenwälder.

AVICULARIA METALLICA (ROTFUSS-VOGELSPINNE)

Beschreibung

Die 7 cm große tiefschwarze Spinne zeigt nach der Häutung einen metallblauen Glanz auf dem Rückenschild. Die Spitzen der Haare auf dem Körper sind grauweiß gefärbt, die Füße rosa.

A. metallica ist ein beliebtes Terrarientier.

Verbreitungsgebiet

Dieser Baumbewohner lebt in den Regenwälder vom nördlichen Südamerika bis Mittelamerika.

Haltung

A. metallica benötigt ein hohes Terrarium mit Kletterästen und Verstecken. Die Temperatur sollte bei 25–30 °C liegen, die rF bei 70–80 %.

AVICULARIA MINATRIX

Beschreibung

Die 4 cm große Spinne ist rosabraun mit schwarz-orangefarbener Zeichnung auf dem Hinterleib. Die Füße sind dunkel mit einer hellen Spitze. Diese Bodenbewohner sind sehr friedlich.

Avicularia hirsuta, *erwachsenes Tier*

Rotfuß-Vogelspinne (Avicularia metallica), *Jungspinne*

Rotfuß-Vogelspinnen (Avicularia metallica) *bei der Paarung*

Avicularia minatrix

Verbreitungsgebiet
Venezuela.

Haltung
Verwenden Sie als Substrat für das Terrarium ungedüngte Blumenerde (4–5 cm), die Sie feucht halten. Die rF sollte bei 85 % liegen, die Temperatur bei 24–28 °C.

Fortpflanzung
Ein Kokon enthält ca. 40 Junge.

AVICULARIA PURPUREA (SCHWARZE PURPUR-VOGELSPINNE)

Beschreibung
Die 5–6 cm große Schwarze Purpur-Vogelspinne hat einen violetten Glanz und dunkelgraue Haare an den Beinen. Diese Baumbewohner sind wenig aktiv und friedlich.

Verbreitungsgebiet
Ecuador.

Fortpflanzung
Die 70–120 Jungen sind in den ersten Monaten bläulich gefärbt.

AVICULARIA VERSICOLOR

Beschreibung
Diese Art wird 6 cm groß. Halberwachsene und erwachsene Tiere haben ein blauschwarzes Kopfbruststück. Die schwarzgrauen Beine sind mit langen braunroten bis violetten Haaren bedeckt. Auf dem Hinterleib befindet sich ein grünlicher „Spiegel“. *A. versicolor* ist ein aktiver und friedlicher Baumbewohner.

Schwarze Purpur-Vogelspinne (Avicularia purpurea)

Verbreitungsgebiet
Martinique, Guadeloupe und Venezuela.
Fortpflanzung
Das Männchen hat – im Gegensatz zu den meisten anderen *Avicularia*-Arten – keine Tibialhaken. Das Weibchen verhält sich während der Paarung aggressiv. Die 80–160 Jungen sind bis zur fünften oder sechsten Häutung prächtig blau gefärbt mit hellblauen Blockstreifen auf dem Hinterleib.

AVICULARIA WALCKENAERI
Beschreibung
Diese Art ähnelt *A. aurantiaca,* hat aber orangefarbene Bänder an den Beinen.
Verbreitungsgebiet
Brasilien.

BRACHYPELMA-ARTEN
Schutzstatus: alle Arten CITES/EU-Anhang B.
Die Gattung umfasst 14 Arten, darunter die populärsten Vogelspinnen. Der Name *Brachypelma* wird oft fälschlicherweise als Synonym für *Euathlus* verwendet.
Viele Arten, wie zum Beispiel *B. smithi,* werden in Massen gefangen und in die Vereinigten Staaten sowie nach Europa exportiert.
Viele Vertreter dieser Gattung sind ruhige Spinnen, die leicht zu handhaben sind. Es handelt sich um echte Bombardierspinnen.

Avicularia versicolor, *Jungtier*

Avicularia walckenaeri

Brachypelma baumgarteni *aus Mexiko*

Brachypelma angustum

Fortpflanzung
Die 500–900 Jungen verlassen den Kokon bei einer Temperatur von 25 °C nach acht bis zehn Wochen.

BRACHYPELMA ALBOPILOSUM (KRAUSHAAR-VOGELSPINNE)
Beschreibung
Die bis 8 cm große Kraushaar-Vogelspinne (siehe Foto S. 125) hat eine schwarzbraune Grundfarbe mit goldfarbenen gekräuselten Haaren an den Beinen und am Hinterleib. Das Kopfbruststück glänzt golden. *B. albopilosum* ist sehr ruhig, eine ideale Spinne für Anfänger.
Verbreitungsgebiet
Von Guatemala bis Costa Rica in feuchten Wäldern.
Haltung
Relativ feucht (rF 70–80 %).
Fortpflanzung
Die Art lässt sich problemlos züchten. Die 500–900 Jungen verlassen den Kokon nach acht bis 19 Wochen. Sie wachsen schnell und sind mit zwei bis drei Jahren erwachsen.

BRACHYPELMA ANGUSTUM
Beschreibung
Diese 6–7 cm große Spinne ähnelt *B. sabulosum* und *B. vagans.* Den schwarzen Carapax umgibt ein hellbrauner Rand. Auf dem ebenfalls schwarzen

Goldknie-Vogelspinne (Brachypelma auratum)

Rotbein-Vogelspinne (Brachypelma emilia) *aus Mexiko*

Hinterleib befinden sich rote glatte Haare. Die Beine sind blauschwarz. Diese bodenbewohnende Art verhält sich ruhig und ist nicht aggressiv.

Verbreitungsgebiet

Costa Rica und Mexiko.

BRACHYPELMA AURATUM (GOLDKNIE-VOGELSPINNE)

Beschreibung

Die bis 8 cm große Goldknie-Vogelspinne hat eine schwarze Grundfarbe und einen hellen Rand um den Carapax. Auf der Oberseite der Patella trägt sie eine rote Flamme. Patella, Tibia und Metatarsus enden in einem weißen Ring.

B. auratum ist ein ruhiger Bodenbewohner. Die Art wurde lange als Hochlandform von *B. smithi* angesehen, ist aber dunkler gefärbt, schlanker und kann stridulieren.

Verbreitungsgebiet

Mäßig feuchte Hochländer in Mexiko.

BRACHYPELMA BOEHMEI

Beschreibung

Diese 5–6 cm große Art hat einen kupferfarbenen Carapax. Ihr Hinterleib ist schwarz gefärbt und mit beigefarbenen Haaren besetzt. Der Femur ist schwarz. Patella, Tibia und Metatarsus sind orangerot. *B. boehmei* ist eine nervöse Spinne, die schnell bombardiert.

Verbreitungsgebiet

Trockene Gebiete in Mexiko.

Haltung

Sorgen Sie einmal jährlich mehrere Monate lang für eine Trockenperiode.

BRACHYPELMA EMILIA (ROTBEIN-VOGELSPINNE)

Beschreibung

Die 5–6 cm große Rotbein-Vogelspinne hat eine schwarze Grundfarbe und rotorangefarbene Haare auf dem Hinterleib. Der Carapax ist braunorangefarben mit einem großen schwarzen Dreieck von der Furche bis in die Mitte des Carapax. Das fünfte Segment (Tibia) ist orangefarben, die übrigen Segmente sind schwarz. Das Männchen ist immer dunkler gefärbt als das Weibchen.

Verbreitungsgebiet

Diese Bodenbewohner kommen in den Halbwüsten Mexikos und Panamas vor. Die Population ist in Panama dunkler, präziser gezeichnet und hat keine helle Rille im dunklen Dreieck.

Fortpflanzung

Diese Art wird regelmäßig nachgezüchtet. Die Jungen wachsen sehr langsam.

BRACHYPELMA KLAASI

Beschreibung

Der korkenzieherförmige Embolus und die Spermatheken unterscheiden sich bei dieser Art so stark

Brachypelma boehmei

Brachypelma klaasi

Brachypelma pallidum *aus Mexiko heißt gegenwärtig* Aphonopelma pallidum.

von den übrigen *Brachypelma*-Arten, dass die Spezies manchmal zur Gattung *Brachypelmides* gerechnet wird.

B. klaasi ist eine 6–7 cm große schwarze Spinne mit rotorangefarbenen Haaren auf dem Hinterleib und dem vierten bis sechsten Beinsegment.

Verbreitungsgebiet

Südwest-Mexiko.

Haltung

Die Temperatur sollte nachts auf 15–17 °C gesenkt werden.

BRACHYPELMA SABULOSUM

Beschreibung

B. sabulosum ist mit bloßem Auge nicht von *B. vagans* zu unterscheiden. Beide Arten sind schwarzbraun, haben einen hellen Rand um das Rückenschild und rote Haare am Hinterleib.

Geographische Farbvarianten, Farbunterschiede in Abhängigkeit vom Zeitpunkt der folgenden Häutung und Kreuzungen zwischen diversen *Brachypelma*-Arten erschweren die Unterscheidung zusätzlich.

Verbreitungsgebiet

Guatemala.

BRACHYPELMA SMITHI (ROTKNIE-VOGELSPINNE)

Beschreibung

Die 7–8 cm große Rotknie-Vogelspinne (siehe Foto S. 121) hat eine schwarze Grundfarbe. Ihr Rückenschild ist beige umrandet. Auf den Beinen und am Hinterleib sitzen weißorangefarbene Haare. Patella und die untere Hälfte der Tibia sind blassorangefarben.

Verbreitungsgebiet

Diese Bodenbewohner graben bis zu 50 cm tiefe und 1,5 m lange Höhlen in mexikanischen Halbwüsten. Von März bis Oktober verbringen sie dort eine heiße Saison (tagsüber bis 35 °C, nachts 25 °C) bei einer rF von 85–95 %.

Haltung

Sorgen Sie für eine Trockenperiode von einigen Monaten.

Oben (von links nach rechts): (B. vagans x B. albopilosum) x B. albopilosum, B. vagans x B. albopilosum, B. vagans *(Süd-Mexiko)*. Mitte: B. angustum. Unten links: B. vagans *aus Nord-Mexiko.* Unten rechts: B. sabulosum.

Schwarzrote Vogelspinne (Brachypelma vagans)

Fortpflanzung

Die Schwierigkeit liegt bei dieser Art darin, zeitgleich paarungsbereite Männchen und Weibchen zur Verfügung zu haben, denn die Männchen sind mit vier bis fünf Jahren erwachsen, die Weibchen jedoch erst mit sechs bis sieben Jahren.

Die 500–1000 Jungen verlassen den Kokon bei einer Temperatur von 25 °C nach zehn bis 12 Wochen.

BRACHYPELMA VAGANS (SCHWARZROTE VOGELSPINNE)

Beschreibung

Die 7 cm große Schwarzrote Vogelspinne hat eine schwarze Grundfarbe mit langen roten Haaren auf dem roten Hinterleib. Um das Kopfbruststück zieht sich ein dünner beigefarbener Rand.

Aphonopelma caniceps

Ceratogyrus cornuates

Verbreitungsgebiet

Diese bodenbewohnende Art lebt in relativ feuchten Gebieten Süd-Mexikos, Kolumbiens und Guatemalas.

Fortpflanzung

Die 300–500 Junge verlassen nach acht bis neun Wochen den Kokon und wachsen schnell.

CERATOGYRUS-ARTEN

Beschreibung

Bei den *Ceratogyrus*-Arten sitzt ein „Horn" an der Stelle, an der andere Spinnen eine Thoraxgrube haben. In diesem Horn wird Futter für trockene Zeiten gespeichert. Das Horn von *C. brachycephalus* ist nach vorne gerichtet. Bei *C. darlingi* zeigt das nach hinten gerichtete kurze Horn etwas nach oben wie bei *C. cornuates,* bei der es jedoch lang ist.

Die Weibchen werden 5–6 cm groß und sind graubraun gefärbt mit schwarzer Zeichnung. Die stets kleineren Männchen sind oft dunkler gefärbt.

Alle Vertreter dieser Gattung verhalten sich aggressiv.

Verbreitungsgebiet

Sieben Arten bewohnen Südafrika. Die Tiere graben bis zu 70 cm tiefe Löcher auf trockenen Wiesen und in Wäldern. Sie spinnen große Wohnkokons und zeigen sich selten.

Haltung

Ceratogyrus-Arten vertragen keine Trockenheit. Halten Sie den Boden leicht feucht und sorgen Sie für eine rF von 80 %. Die Temperatur im Terrarium sollte zwischen 25 und 30 °C liegen.

Fortpflanzung

Der Eikokon wird nicht mitgetragen, sondern hängt im Wohnkokon. Die 80–250 Jungen verlassen den Kokon bei einer Temperatur von ca. 25 °C nach fünf bis sechs Wochen. Sie wachsen schnell und sind mit ein bis zwei Jahren erwachsen.

Ceratogyrus darlingi

CITHARISCHIUS CRAWSHAYI

Beschreibung

Diese 9–10 cm große rotbraune Spinne trägt eine sehr kurze samtige Behaarung. Dies weist wie die kräftigen 7 mm dicken Hinterbeine des Weibchens auf eine unterirdische Lebensweise hin. Die 3–5 cm großen Männchen haben nach der letzten Häutung dünne lang behaarte Beine ohne Tibialkrallen.

Citharischius crawshayi

Chromatopelma cyanocubescens *aus Venezuela (früher* Delopelma cyanocubescens*)*

Cyclosternum fasciatus

C. crawshayi ist äußerst aggressiv und striduliert laut. Sie ist für Anfänger nicht geeignet.

Verbreitungsgebiet

C. crawshayi lebt in Kenia, Tansania und Uganda an Sträuchern. Sie gräbt 50 cm tiefe Löcher, die in einer Höhle enden.

Haltung

Geben Sie eine mindestens 20 cm dicke Schicht Lehmsand in das Terrarium. Das Substrat muss leicht feucht und 20–24 °C warm sein. Stören Sie die eingegrabenen Spinnen nicht. *C. crawshayi* zeigt sich nur selten und fastet manchmal drei Monate lang. Graben Sie diese Spinne nicht aus Neugierde aus, das erzeugt Stress.

Fortpflanzung

Ca. 1000 Junge verlassen den Kokon nach sechs bis acht Wochen und sind mit vier bis fünf Jahren erwachsen.

CYCLOSTERNUM FASCIATUS

Beschreibung

Die bis 4 cm große Spinne hat ein kupferfarbenes Rückenschild mit einem oft kahl gescheuerten hellen Fleck. Über den schwarzen Hinterleib verlaufen fünf orangefarbene Querstreifen. Die schwarzen Beine sind orangebraun behaart. Die erwachsenen Männchen haben Tibialkrallen.

C. fasciatus ist sehr scheu, nervös und mäßig aggressiv.

Verbreitungsgebiet

Feuchte Bergwälder von Costa Rica bis Guatemala.

Haltung

Halten Sie diese Spinne in einem feuchten Terrarium (rF 70–80 %). Sie muss graben können.

Fortpflanzung

300–500 Junge verlassen nach fünf bis acht Wochen den Kokon.

CYRIOCOSMUS ELEGANS (ZWERGVOGELSPINNE)

Beschreibung

Der Carapax der 1 cm großen Zwergvogelspinne ist kupferfarben mit einem schwarzen Dreieck. Die schwarzen Beine sind an der Oberseite silbrig. Seitlich am schwarzen Hinterleib verlaufen bräunliche Streifen, auf der Oberseite sitzt ein herzförmiger, kupferfarbener Fleck. Diese Bodenbewohner leben in selbst gegrabenen Höhlen.

Verbreitungsgebiet

Bolivien, Brasilien, Trinidad und Venezuela.

Fortpflanzung

Das Männchen muss längere Zeit zum Weibchen gesetzt werden. Füttern Sie die sehr kleinen Jungen mit Fruchtfliegen.

Cyclosternum kochi *aus Venezuela (früher* Chaetorrhombus kochi*)*

Zwergvogelspinne (Cyriocosmus elegans)

EPHEBOPUS MURINUS

Beschreibung

Diese 5 cm große Spinne hat eine schwarze Grundfarbe. Das Kopfbruststück ist hellbeige. An den Beinen befindet sich ein hellbeiger Längsstreifen, weshalb *E. murinus* oft mit *Aphonopelma seemanni* verwechselt wird.
Die Art ist mäßig aggressiv.

Verbreitungsgebiet

E. murinus ist eine grabende Spinne, die in Brasilien sowie in Britisch- und Französisch-Guayana beheimatet ist. Sie lebt hauptsächlich zwischen Baumwurzeln.

Fortpflanzung

Das Weibchen verhält sich dem Männchen gegenüber nicht aggressiv.

EUATHLUS VULPINUS

Synonym: *Phrixotrichus auratus* und *P. roseus*.

Beschreibung

Diese 5–6 cm große Spinne wird oft mit *Grammostola cala* und *G. rosea* verwechselt. *E. vulpinus* hat jedoch ein Stridulationsorgan auf der Coxa der Taster und der Vorderbeine, die *Grammostola*-Arten nicht.
E. vulpinus ist braunrosa bis braunorangefarben und zeigt einen deutlichen goldrosa Schimmer auf dem Rückenschild (*Grammostola* nicht). Es handelt sich um eine ruhige Art.

Cyrtopholis majum *aus Kuba (früher* Cyclosternum majum*)*

Ephebopus murinus

Eucratoscelus pachypus

Grammostola alticeps *aus Brasilien und Uruguay*

Verbreitungsgebiet

Bodenbewohner aus Chile.

Fortpflanzung

Gewähren Sie *E. vulpinus* eine Winterruhe bei einer Temperatur von 10–15 °C.

EUCRATOSCELUS PACHYPUS

Beschreibung

Diese 5 cm große graue Spinne hat einen etwas dunkleren Hinterleib. Die Hinterbeine sind verdickt und mit langen Haaren dicht bedeckt.
E. pachypus ist aggressiv. Sie verteidigt sich mit Giftbissen.

Verbreitungsgebiet

Die Art bewohnt in Tansania tiefe Höhlen.

Haltung

Halten Sie das Bodensubstrat (Sand) im Terrarium stets feucht und sorgen Sie für eine hohe Luftfeuchtigkeit.

GRAMMOSTOLA CALA

Beschreibung

Von dieser 5 cm großen Art gibt es viele geographische Farbvarietäten. Sie ist blassrotbraun bis rosa gefärbt. Die Beine sind dunkler.

Verbreitungsgebiet

Chile und West-Argentinien.

Fortpflanzung

Die sehr ruhigen Tiere sind nicht schwer zu züchten. Die Jungen wachsen langsam.

Grammostola cala

Grammostola chalcothrix

GRAMMOSTOLA CHALCOTHRIX

Beschreibung

Diese 6 cm große Spinne ist nach einer Häutung blauschwarz. Danach wird die Färbung wieder matter. Sie hat hellbraune Haare und auf dem Hinterleib einen „Spiegel".

G. chalcothrix ähnelt *G. argentinensis* aus West-Argentinien. Letztere ist jedoch weniger blau gefärbt und dunkler behaart, wodurch der Spiegel weniger gut sichtbar ist.

Verbreitungsgebiet

Ruhiger Bodenbewohner aus Ost-Argentinien.

Fortpflanzung

Gewähren Sie dieser Art eine Winterruhe bei einer Temperatur von 10–15 °C.

GRAMMOSTOLA MOLLICOMA

Beschreibung

Diese 6 cm große schwarze Spinne hat blaugraue Haare an den Beinen und einen blauen Schimmer am Carapax. Auf dem Hinterleib befinden sich rote Haare und eine helle Zeichnung. Die Männchen haben sehr lange Beine und erreichen eine Spannweite bis 28 cm.

In der Natur hat sich *G. mollicoma* auf den Fang junger Klapperschlangen spezialisiert.

Verbreitungsgebiet

Diese Bodenbewohner kommen aus Brasilien und Uruguay.

Fortpflanzung

Im Kokon sitzen ca. 200 Junge.

GRAMMOSTOLA PULCHRA

Beschreibung

Diese 6–7 cm große schwarze Spinne schimmert dunkelviolett.

Verbreitungsgebiet

G. pulchra bewohnt Grasflächen in Süd-Brasilien und Uruguay.

Haltung

Halten Sie den Boden stets feucht (rF 70 %).

GRAMMOSTOLA PULCHRIPES

Beschreibung

Diese bis 11 cm große dunkelbraungraue Spinne hat am Hinterleib und auf den Beinen braungelbe Haare. Auf dem Abdomen zeigt sich ein heller glänzender Fleck. *G. pulchripes* ist nicht aggressiv.

Grammostola mollicoma

Grammostola pulchra

Verbreitungsgebiet

Diese Art bewohnt Savannen und Wälder in Argentinien, Paraguay, Uruguay und Brasilien.

GRAMMOSTOLA ROSEA

Alte Namen: *G. spatulata* und *Phrixotrichus roseus.*

Beschreibung

Diese 6 cm große dunkelbraune, beige oder braunrote Spinne ist heller gefärbt als *G. cala* und hat außerdem rote borstige Haare auf der Coxa der Pedipalpen und auf dem ersten Laufbein.

Die Männchen dieser Art tragen ein rosa glänzendes Rückenschild. Darüber zieht sich ein kurzer dunkler Längsstreifen. An den schwarzbraunen

Grammostola pulchripes, *Männchen*

Grammostola rosea

Haplopelma lividum

Beinen befinden sich lange braunrote Haare. Auf Femur, Patella und Tibia sind zwei dünne Längsstreifen zu erkennen. Der Tarsus ist dunkel.
Diese ruhige, nicht aggressive Art ist für Anfänger geeignet.
G. cala, G. rosea und *Euathlus vulpinus,* drei Vogelspinnen aus Chile, werden oft verwechselt.

Verbreitungsgebiet

G. rosea lebt in Argentinien, Bolivien und Chile in Höhlen.

Haltung

Halten Sie diese Art nicht zu feucht.

Fortpflanzung

G. rosea lässt sich problemlos züchten. Ein paar hundert Junge verlassen nach acht Wochen den

Haplopelma minax *in Drohhaltung*

Kokon. Die Jungtiere wachsen jedoch sehr langsam und sind erst mit fünf bis sechs Jahren erwachsen.

HAPLOPELMA ALBOSTRIATUM

Alter Name: *Melopoeus albostriatus*

Beschreibung

Körper und Beine dieser 6 cm großen Spinne (Foto S. 126) sind (dunkel)braun. Auf dem Hinterleib trägt sie eine dunklere Zeichnung, an den Beinen helle Längsstreifen.
Die Männchen sind manchmal heller und schöner gefärbt als die Weibchen.

Verbreitungsgebiet

Diese grabende Spinne bewohnt Bambuswälder in Burma, Kambodscha und Thailand.

Haltung

Sorgen Sie für eine rF von 80 %.

Fortpflanzung

Das Weibchen verhält sich während der Paarung dem Männchen gegenüber aggressiv.

HAPLOPELMA LIVIDUM

Alter Name: *Melopoeus lividum*

Beschreibung

Die 5–6 cm großen Tiere haben ein graubraunes, flaumiges Rückenschild und einen blaugrauen Hinterleib mit schwarzer Zeichnung. Bis auf die silberfarbene Coxa und den ebenfalls silberfarbenen Trochanter sind die Beine glänzend metallblau. Die stets kleineren Männchen sind braun gefärbt.
Tiere, die noch nicht erwachsen sind, haben einen helleren Hinterleib und sind nicht so intensiv blau gefärbt.
Diese schlanke Spinne ist kurz behaart. Sie bewegt sich schnell und reagiert sehr aggressiv.

Verbreitungsgebiet

Diese grabende Spezies bewohnt Waldränder in Burma, Malaysia, Thailand und Singapur.

Haltung

Das Substrat muss feucht und tief sein, damit die Spinne ein großes Gangsystem anlegen kann. Die Temperatur im Terrarium sollte bei 20–23 °C liegen, die rF bei 80 %.

HAPLOPELMA MINAX

Alter Name: *Melopoeus minax*

Beschreibung

Das 6–7 cm große Weibchen hat ein braunschwarzes Rückenschild. Der braune Hinterleib ist undeutlich schwarz gezeichnet. Ihre schwarzen Beine sind auf der Rückseite braun. Bei den hellbraunen kleineren Männchen ist der Femur einiger Beine schwarz. Auch die Füße sind dunkler. In Drohhaltung kann man die roten Haare an den Tastern deutlich erkennen. *H. minax* ist eine aggressive Spinne.

Verbreitungsgebiet

Wälder in Südostasien (Burma, Thailand).

Fortpflanzung

Setzen Sie das Männchen in die Nähe des Weibchens; nach einigen Tagen werden sie sich paaren. Das Weibchen legt 30–100 Eier.

HARPACTIRA GIGAS

Beschreibung

Diese bis 6 cm große Spinne ist schwarz mit rotbraunen Partien. Auf dem Rückenschild trägt sie eine Sternzeichnung und auf dem Hinterleib zeigen sich Flecken. An den drei letzten Beinsegmenten befinden sich lange Haare. Die Unterseite ist schwarz mit einem orangefarbenen Band an der Geschlechtsöffnung. *H. gigas* ähnelt *Pterinochilus*. Sie bewegt sich schnell, reagiert aggressiv und striduliert häufig. Außerdem überzieht sie das ganze Terrarium mit Gespinsten.

Heteroscodra maculata

Verbreitungsgebiet

Diese Bodenbewohner aus Südafrika können gut klettern.

HETEROSCODRA MACULATA

Beschreibung

Diese 6–7 cm große braungraue Spinne hat auf dem Carapax eine schwarze, sternförmige Zeichnung und auf dem Hinterleib schwarze Flecken. Der Femur der Hinterbeine ist stark verdickt. Die Art ist äußerst aggressiv.

Verbreitungsgebiet

Baumbewohner aus Äquatorialafrika.

Haltung

Pflegen sie *Heteroscodra* wie *Avicularia*.

HOLOTHELE INCEI

Alter Name: *Hapalopus incei*

Beschreibung

Diese 3–4 cm große Spinne trägt eine goldene Zeichnung auf dem dunkelbraunen Rückenschild. Auf dem hellbraunen Hinterleib befinden sich sechs dunkelbraune Bänder. Die Beine sind braun; die kleineren Männchen haben dunkelbraune Füße.

Verbreitungsgebiet

Grabende Spezies aus Trinidad und Tobago.

Haltung

In einem feuchten Terrarium (rF 70–80 %).

Fortpflanzung

Die 30–50 Jungen verlassen den Kokon nach vier Wochen.

HYSTEROCRATES GIGAS

Beschreibung

Diese 6,5 cm große Spinne hat rotbraune Haare am braunschwarzgrauen Hinterleib und an den Beinen. Der Carapax ist schwarzgrau. *H. gigas* ist äußerst aggressiv.

Verbreitungsgebiet

Grabende Art aus Äquatorialafrika.

Haltung

Sorgen Sie für eine rF von ca. 85 % und geben Sie eine dicke Schicht feuchte Erde in das Terrarium.

Holothele incei

Hysterocrates gigas

Lasiodora parahybana

Lasiodora difficilis *aus Brasilien*

Lasiodora striatipes

Vor allem junge Tiere sind empfindlich gegenüber Trockenheit (rF mindestens 65 %).

LASIODORA-ARTEN

Die Gattung *Lasiodora* zählt 22 Arten, die meist in Brasilien leben. Die oft großen Spinnen leben als Nomaden und bilden keine festen Reviere. Deshalb brauchen sie ein großes Terrarium (mindestens 40 x 30 x 30 cm).

Vertreter dieser Art sind aggressiv und stoßen oft Brennhaare ab.

Fortpflanzung

Die bis zu 2000 Jungen verlassen den Kokon nach 12 Wochen und wachsen sehr schnell. Die Männchen sind mit zwei Jahren, die Weibchen mit drei Jahren erwachsen.

LASIODORA KLUGI

Beschreibung

Diese 9–10 cm großen Spinnen sind schwarz und tragen am Hinterleib rote Haare. Beine und Kopfbruststück sind schwarzbraun.

Verbreitungsgebiet

Diese Bodenbewohner aus Brasilien klettern sehr gerne.

LASIODORA PARAHYBANA

Beschreibung

Diese bis 10 cm große schwarzbraune Spinne hat einen hellen Rand um das Rückenschild und lange rotbraune, gekräuselte Haare auf dem Hinterleib und an den Beinen. Auf Patella und Tibia verlaufen zwei helle Längsstreifen.

Verbreitungsgebiet

Diese Bodenbewohner leben in den Regenwäldern Brasiliens.

LASIODORA STRIATIPES

Beschreibung

Diese 9 cm große Spinne ist braunschwarz und hat lange helle Haare.

Verbreitungsgebiet

Brasilien.

LASIODORIDES STRIATUS

Alter Name: *Pamphobeteus wallacei*

Beschreibung

Diese 8 cm große schwarzbraune Spinne hat weiße, orangefarbene oder rotbraune Längsstreifen auf Patella, Tibia und Metatarsus. *L. striatus* ähnelt *Aphonopelma seemanni,* ist aber größer und hat rotbraune Haare am Hinterleib. Diese mäßig aggressiven Bodenbewohner spucken manchmal Exkremente gegen Angreifer.

Verbreitungsgebiet
Regenwälder in Peru und Kolumbien.

MEGAPHOBEMA MESOMELAS

Beschreibung
Diese 5–6 cm große schwarze Spinne besitzt braune Cheliceren. Die Patella ist orangebraun, Tibia und Femur sind etwas dunkler gefärbt. Die Behaarung ist kurz.

Verbreitungsgebiet
M. mesomelas gräbt im kühlen feuchten Gebiet von Monte Verde (Costa Rica) Höhlen in feuchte Erde.

Haltung
Diese mäßig aggressive Art wird bei einer Temperatur von 18–22 °C feucht (rF 75–85 %) gehalten.

Lasiodorides striatus

Megaphobema mesomelas

Megaphobema robustum

Fortpflanzung
Setzen Sie das ängstliche Männchen zum Weibchen und lassen Sie die beiden allein.

MEGAPHOBEMA ROBUSTUM

Beschreibung
Trochanter und Femur des dritten Beinpaars sind bei dieser 7–9 cm großen rostfarbenen Spinne stark verdickt. Der Femur ist schwarz, Patella, Tibia und Metatarsus sind rotbraun. Carapax und Hinterleib sind schwarz bis rotbraun. Am Abdomen sitzen rote Haare, an den Beinen befinden sich Längsstreifen. Die Hinterbeine sind lang.
Diese Bodenbewohner sind mäßig aggressiv.

Verbreitungsgebiet
Regenwälder in Kolumbien und Brasilien.

Fortpflanzung
Diese Art lässt sich nur schwer züchten.

PAMPHOBETEUS-ARTEN

Die Arten dieser populären Gattung sind meist aggressiv. Die Weibchen sind meist braun, die Männchen auffallend violettrosa. Viele haben (zwei) vom Augenhügel bis zur Thoraxfurche reichende kommaförmige Zeichnungen. Der Hinterleib der Jungtiere ist prächtig orangefarben mit einer schwarzen „Tannenbaumzeichnung“. Halten Sie diese Regenwaldbewohner bei einer rF von 80 %. Aus einem Kokon schlüpfen bis 200 Jungtiere.

Megaphobema velvetosoma *aus Kolumbien und Peru*

Nhandu carapoensis *aus Brasilien und Paraguay*

PAMPHOBETEUS ANTINOUS

Beschreibung

Diese 10 cm große schwarzbraune Spinne hat auf dem Hinterleib rotbraune Haare. Vom Augenhügel bis zur Thoraxfurche reichen zwei kommaförmige Flecken. Erwachsene Männchen zeigen auf dem Rückenschild und an den Beinen einen blauen Schimmer, Weibchen und junge Tiere nur auf dem Femur.

P. antinous ist eine aggressive Spinne.

Verbreitungsgebiet

Bodenbewohner aus den Regenwäldern Boliviens und Perus.

PAMPHOBETEUS PLATYOMMA

Beschreibung

Die Färbung dieser 8–9 cm großen Spinne ist sehr variabel. Ihre taxonomische Einordnung ist noch unklar.

Pamphobeteus platyomma, *Weibchen mit Kokon*

Meist ist *P. platyomma* schwarzbraun bis braunrot gefärbt mit hellen Streifen auf der Patella. Der Hinterleib ist dunkelbraun. Erwachsene Männchen tragen auf dem Rückenschild einen rosaroten Stern

Pamphobeteus antinous

Pamphobeteus ornata *aus Kolumbien, Weibchen*

Pamphobeteus platyomma, *Männchen*

Pamphobeteus ornata, *Männchen*

Pamphobeteus augusti *aus Ecuador*

Pamphobeteus ferox *aus Kolumbien*

und auch der Femur ist rosarot. *P. platyomma* ist mäßig aggressiv.

Verbreitungsgebiet

Bodenbewohner aus Brasilien.

Haltung

Die Temperatur im Terrarium sollte tagsüber 27 °C betragen, nachts 20 °C. Sorgen Sie für eine rF von ca. 80 %.

Fortpflanzung

Ein Kokon enthält maximal 100 Junge.

PAMPHOBETEUS VESPERTINUS

Beschreibung

Diese 7 cm große schwarzbraune Spinne hat violette Haare an den Beinen und auf dem Hinterleib sowie einen violetten Stern auf dem Rückenschild. Diese aggressiven Spinnen werfen ihre Brennhaare ab.

Verbreitungsgebiet

Bodenbewohner aus Ecuador.

Fortpflanzung

Im Kokon befinden sich 100–120 Jungtiere.

PARAPHYSA HORRIDA

Beschreibung

Diese bis 8 cm große schwarzgraue Spinne hat ein

Pamphobeteus fortis *aus Kolumbien (matte Farbe)*

Pamphobeteus insularis *aus Brasilien*

Pamphobeteus nigricolor *aus Bolivien, Peru, Kolumbien und Ecuador (matte Farbe, normalerweise schwarz)*

hellorangefarbenes Kopfbruststück. *P. horrida* ist aggressiv.

Verbreitungsgebiet

Brasilien.

PARAPHYSA PULCHERRIMAKLAASI

Beschreibung

Diese bis 8 cm große Spinne ist blauschwarz mit orangefarbenen Streifen an den Beinen und einem goldfarbenen „Spiegel" auf dem Hinterleib. Die ängstliche Spezies reagiert nicht aggressiv.

Verbreitungsgebiet

Ecuador.

Pamphobeteus roseus *(9,5 cm großes Exemplar)*

Pamphobeteus vespertinus, *Männchen*

Paraphysa horrida

Fortpflanzung

Den Kokon verlassen ca. 200 Jungtiere.

PHORMICTOPUS CANCERIDES (HAITI-VOGELSPINNE)

Beschreibung

Das Rückenschild der 8 cm großen braunschwarzen Haiti-Vogelspinne glänzt goldfarben. Vor der Häutung sind die Tiere hellbraun. Die langen Beine und der Hinterleib sind dicht rotgelb behaart. Auf Patella und Tibia befinden sich zwei graue Längsstreifen.

Bei diesem Bodenbewohner handelt es sich um eine sehr aggressive Bombardierspinne.

Paraphysa pulcherrimaklaasi

Paraphysa pulcherrimaklaasi

Verbreitungsgebiet

Haiti und Dominikanischen Republik.

Haltung

Sorgen Sie für eine rF von 80 %.

Fortpflanzung

Die maximal 150 Jungen verlassen den Kokon nach fünf Wochen. Sie wachsen schnell; die Weibchen sind mit ca. drei Jahren erwachsen.

PHORMICTOPUS NESIOTES

Beschreibung

Femur und Rückenschild der 7 cm großen braungrauen Spinne sind goldfarben. *P. nesiotes* ist aggressiv und striduliert heftig.

Verbreitungsgebiet

Bodenbewohner aus Kuba.

Haiti-Vogelspinne (Phormictopus cancerides)

Phormictopus nesiotes

Poecilotheria rufilata *aus Indien (erwachsenes Männchen)*

POECILOTHERIA-ARTEN

Beschreibung

Zur Gattung *Poecilotheria* gehören 14 Arten. Die Spinnen sind auffallend grauweißbraun gezeichnet; die Unterseite an Femur, Tibia und Metatarsus des ersten und zweiten Beinpaars ist zitronengelb. Die gelbe Farbe schreckt Feinde ab, wenn die Spinne ihre Drohhaltung einnimmt.

Vertreter dieser Art sind mäßig aggressive, aber sehr schnelle Baumspinnen. Bevor sie beißen, versuchen sie zu fliehen. Ihr Gift hat eine starke Wirkung.

Poecilotheria-Arten erbeuten in der Natur vor allem Nachtfalter.

Verbreitungsgebiet

Indien und Sri Lanka. *Poecilotheria*-Arten bewohnen und bespinnen Höhlen und Spalten in Bäumen und Häusern.

Haltung

Die Tiere brauchen Klettermöglichkeiten, eine hohe Luftfeuchtigkeit (rF 70–80 %) und als Versteck ein Stück Rinde oder ein Vogelhäuschen.

Fortpflanzung

Ein erwachsenes Männchen kann ohne Bedenken zu einem Weibchen gesetzt werden. Auch Weibchen können, wenn sie genügend gefüttert werden, in Gruppen gehalten werden. Vor der Paarung balzen die Tiere manchmal lange.

Die 70–150 Jungen verlassen nach ca. sechs Wochen den Kokon und wachsen schnell.

Poecilotheria fasciata

POECILOTHERIA FASCIATA

Beschreibung

P. fasciata wird 6–7 cm groß. In der Mitte des weißgrauen Rückenschilds des Weibchens befindet sich ein dunkler Längsstreifen. Auf der Mitte des Hinterleibs verläuft ein weißgrauer zickzackförmiger Längsstreifen mit undeutlichen dunkleren Querstreifen. Die Körperunterseite ist rotbraun. Die Beine sind abwechselnd grau und schwarzbraun gezeichnet. Die Femurunterseite ist grau oder zitronengelb. Das Männchen ist intensiver braun gefärbt und hat dunklere Füße als das Weibchen. Diese mäßig aggressive und schnelle Art ähnelt *P. regalis,* die Rückenschildzeichnung ist jedoch anders.

Verbreitungsgebiet

Baumbewohner in den Wäldern Sri Lankas.

Poecilotheria formosa

POECILOTHERIA FORMOSA

Beschreibung

Auf dem graubraunen Rückenschild des 6–7 cm großen Weibchens befindet sich eine schwarze Zeichnung. Von den Augen zur Thoraxfurche verläuft ein dunkler Streifen. Auf dem braunen Hinterleib sind ein braunschwarzer Mittelstreifen und einige braune Querstreifen zu sehen. Das braune Männchen dieser baumbewohnenden Art hat einen schwarzen Augenstrich.

Verbreitungsgebiet

Süd-Indien.

POECILOTHERIA ORNATA (ORNAMENT-BAUMVOGELSPINNE)

Beschreibung

Das 6–7 cm große Weibchen der Ornament-Baumvogelspinne ist braungrau mit einem dunklen, doppelten schwarzen Streifen auf dem Rückenschild. Auf dem dunklen Hinterleib befindet sich ein weißbrauner Längsstreifen mit acht schwarzen Querstreifen. Die braungrünen Beine sind weißgelb bis orange „geflammt“. Auf Tarsus und Metatarsus beider Geschlechter sind ein beziehungsweise zwei orangefarbene Streifen zu sehen. Die Unterseite der Beine ist blassgelb. Die Unterseite der Kiefertaster ist rot. Das etwas kleinere Männchen ist graugrün

Poecilotheria regalis

mit rotbrauner Behaarung. Diese Baumbewohner sind sehr aktiv und aggressiv.

Verbreitungsgebiet

Bergregionen im Süden von Sri Lanka.

POECILOTHERIA REGALIS

Beschreibung

Die Weibchen dieser 7 cm großen Art ähneln den Weibchen von *P. fasciata,* haben aber auf der Unterseite einen hellbeigen Querstreifen oberhalb der Geschlechtsöffnung. Außerdem sind die schwarzen Querstreifen auf dem Hinterleib deutlicher zu erkennen.

Weibchen der Ornament-Baumvogelspinne (Poecilotheria ornata)

Männchen der Ornament-Baumvogelspinne (Poecilotheria ornata)

Poecilotheria subfusca

Auch das Männchen ähnelt dem von *P. fasciata,* hat aber einen weißgrauen Längsstreifen auf dem Hinterleib.

Verbreitungsgebiet

Indien.

POECILOTHERIA SUBFUSCA

Beschreibung

Diese 7–8 cm große Spinne ist schwarz mit hellbrauner Zeichnung. Die Unterseite von Kopfbruststück, Tarsus und Metatarsus ist schwarz, die des Hinterleibs dunkelgrau. Die Außenseite des Femurs der Hinterbeine ist schwarz mit einem weißen Ende, die Femurunterseite aller Beine ist schwarz.

Verbreitungsgebiet

Diese Baumbewohner leben in den Wäldern Sri Lankas.

PSALMOPOEUS-ARTEN

Die Gattung *Psalmopoeus* umfasst schnelle, meist baumbewohnende Spinnen mit einem dicken Büschel langer Haare. Das erste Beinpaar ist länger als das vierte (im Gegensatz zur Gattung *Tapinauchenius).* Beide Gattungen unterscheiden sich auch in der Behaarung der Pedipalpen. *Psalmopoeus*-Arten haben keinen glänzenden Fleck mit Brennhaaren („Spiegel") auf dem Hinterleib, sondern immer kurze Haare. Vertreter dieser Art sind aggressiv, schnell und springen gerne.

PSALMOPOEUS CAMBRIDGEI

Beschreibung

Der Carapax dieser 7 cm großen graubraunen Spinne ist grünlich. Das Weibchen hat im Gegensatz zum dunkleren Männchen eine undeutlich gezeichnete schwarze Raute auf dem Hinterleib. An Tarsus und Metatarsus befinden sich orangerote Streifen.

Verbreitungsgebiet

Diese Baumbewohner spinnen in den Regenwäldern Trinidads riesige Wohnkokons.

Haltung

Die rF im Terrarium sollte bei 70–80 % liegen, die Temperatur bei 25–30 °C.

Fortpflanzung

Diese Art ist problemlos zu züchten. Das Weibchen verhält sich dem Männchen gegenüber oft aggressiv. Die 100 Jungen verlassen den Kokon nach fünf bis acht Wochen und wachsen schnell. Oft spinnt das Weibchen vor der Häutung einen zweiten Kokon.

Psalmopoeus cambridgei

PSALMOPOEUS IRMINIA

Beschreibung

Das bis 6 cm große Weibchen ist schwarzgrau und hat acht orangefarbene Blöcke am Hinterleib. Auf Tarsus und Metatarsus befinden sich orangerote Streifen. Die stets kleineren Männchen sind graubraun.

Verbreitungsgebiet

Baumbewohner aus Venezuela.

Fortpflanzung

Diese Art ist problemlos zu züchten. Junge Spinnen haben einen braunen Carapax, einen schwarzen Hinterleib mit orangegelben Flecken und schwarze Beine.

PSALMOPOEUS REDUNCUS

Beschreibung

Die 5 cm große Spinne zeigt eine dunkelbraunschwarze Grundfarbe. Das Rückenschild ist goldbraun. Die Behaarung ist nicht so stark wie bei *P. cambridgei,* der Hinterleib wirkt glatt, mit seitlich etwas längeren Haaren. Brennhaare können abbrechen.

Verbreitungsgebiet

Diese Art baut auf Costa Rica unterirdische Wohnhöhlen.

Psalmopoeus irminia, *Pärchen*

Psalmopoeus reduncus

Pseudotheraphosa apophysis, *erwachsenes Weibchen*

PSEUDOTHERAPHOSA APOPHYSIS (GOLIATH-VOGELSPINNE)

Beschreibung

Die aggressive Goliath-Vogelspinne wird bis 11 cm groß. Sie ist dunkelbraun und trägt auf dem Hinterleib einen großen, runden, dunklen Fleck.

Verbreitungsgebiet

Bodenbewohner aus Venezuela.

Fortpflanzung

Den Kokon verlassen ca. 80 Junge.

PTERINOCHILUS-ARTEN

Beschreibung

Die Gattung *Pterinochilus* umfasst 20 afrikanische Arten. Die Tiere sind schlank und haben eine sternförmige Zeichnung auf dem Rückenschild und Flecken auf dem Hinterleib. Alle Arten sind sehr aggressiv, ihr Gift ist gefährlich, vor allem für Kinder.

Haltung

Halten Sie diese Spinnen nicht zu feucht (rF 60–70 %). Sie spinnen zwischen Dekorationsmaterial und legen in der Erde ein großes Gangsystem an. Die Wohnkokons bestehen aus einem Wohn- und Fangteil und haben einen Fluchtgang.

Fortpflanzung

Der Eikokon wird nicht mitgetragen, sondern ist Teil des Wohnkokons. Die ca. 150 Jungen verlassen nach etwa fünf Wochen den Eikokon und wachsen schnell.

PTERINOCHILUS MURINUS

Beschreibung

Diese bis 6 cm große braunrote Spinne hat eine schwarze Sternzeichnung auf dem Rückenschild und schwarze Flecken auf dem Hinterleib.

Verbreitungsgebiet

Trockene Stellen in Küstengebieten Ostafrikas (Kenia, Tansania), oft in der Nähe von Menschen. Diese Art bespinnt Höhlen unter Steinen und Sträuchern.

PTERINOCHILUS SPINIFER

Beschreibung

Auch diese 5–6 cm große Spinne trägt auf dem braunen Carapax eine schwarze Sternzeichnung. Vor dem Augenhügel befindet sich ein schwarzer Fleck. Über den braunen Hinterleib ziehen sich eine undeutliche schwarze Mittellinie und schwarze Flecken. Die Beine sind braun.

Verbreitungsgebiet

Wälder in Ostafrika (Tansania).

STROMATOPELMA CALCEATA

Alter Name: *Scodra calceata*

Beschreibung

Diese 5–6 cm große Spinne ist schwarz, braun und grau gezeichnet. Auf Tarsus und Metatarsus sind

Pseudotheraphosa apophysis, *Jungspinne*

Pterinochilus meridionalis *aus Malawi, Moçambique, Sambia und Simbabwe*

Pterinochilus murinus

Pterinochilus spinifer

Stromatopelma calceata, *Männchen*

schwarze Punkte zu sehen. Über den hellen Hinterleib ziehen sich ein dunkler Längsstreifen und einige Flecken. *S. calceata* hat einen dunklen Femur und lange kräftige Vorderbeine. Die Männchen sind 2 cm kleiner als die Weibchen.
Die Unterart *S. c. griseipes* ist grau oder graubraun gefleckt. Die Vorderbeine sind lang mit breitem Tarsus und Metatarsus. An den Beinen befinden sich viele lange Haare und schwarze Flecken.
S. calceata ist sehr aggressiv und schnell. Sie ist eine jener afrikanischen Arten, die ohne Warnung zubeißen. Ihr Gift ist stark.

Verbreitungsgebiet

Diese Baumbewohner aus West- und Zentralafrika bauen Wohnkokons in den Kronen von Sträuchern und Palmen.

Fortpflanzung

Das Weibchen verhält sich dem Männchen gegenüber nicht aggressiv. Es legt 100–350 Eier. Die Jungen verlassen den Kokon nach acht Wochen und sind mit eineinhalb bis zwei Jahren erwachsen.

TAPINAUCHENIUS GIGAS

Diese 6 cm große Spinne ist hellbraun und hat lange Haare. Auf dem Rückenschild ist eine schwarze Sternzeichnung zu sehen. Am Hinterleib verläuft ein breites Band mit schimmernden Haaren von der Oberseite zur Flanke. Am hinteren Teil des Abdomens sind vier Punkte sichtbar, die Muskelansatzstellen.

Verbreitungsgebiet

Baumbewohner aus Kolumbien und Französisch-Guayana.

THERAPHOSA BLONDI (RIESEN-VOGELSPINNE)

Die Riesen-Vogelspinne ist nach dem Forscher Le Blond benannt und heißt oft auch *T. leblondi.*

Beschreibung

Die 10–12 cm große Spinne hat eine Spannweite von maximal 28 cm. Sie ist dunkelbraun, trägt auf dem Hinterleib kurze Haare und längere an den Beinen. *T. blondi* ist aggressiv und die Brennhaare dieser Bombardierspinne reizen stark. Bei Bedrohung striduliert sie schnell und laut.
Die Tiere sind gefräßig. Verfettete Tiere können einen Hinterleib von der Größe eines Tennisballs haben, werden dadurch aber weniger fruchtbar.

Verbreitungsgebiet

Diese grabende Spinne bewohnt Regenwälder in Nord-Brasilien, Venezuela und Französisch-Guayana. Sie gräbt sich tief zwischen den Wurzeln der Urwaldriesen ein.

Haltung

Geben Sie eine mindestens 6–10 cm dicke Bodenschicht in das Terrarium und sorgen Sie für gute Versteckmöglichkeiten. Die Tiere benötigen eine rF von 90 %.

Tapinauchenius gigas, *Männchen*

Theraphosa blondi, *erwachsenes Weibchen*

Theraphosa blondi, *Paarung*

Xenesthis monstrosa

Fortpflanzung

Das Weibchen verhält sich dem Männchen gegenüber nicht aggressiv. Halten Sie das Terrarium mit einem kokontragenden Weibchen feucht, aber nicht nass, sonst verfaulen die Eier. Im Kokon sitzen 30–150 Larven von 1,5–2 cm Größe. Die Jungtiere verlassen den Kokon nach acht bis neun Wochen und wachsen schnell.

VITALIUS ROSEUS

Beschreibung

Diese bis 6 cm große Spinne ist goldbraun mit hellbrauner Zeichnung. An den teilweise schwarzbraunen Beinen verlaufen rosaorange Längsstreifen. Die Art bombardiert selten und ist nicht aggressiv.

Vitalius roseus

Xenesthis immanis

Verbreitungsgebiet

Brasilien, Kolumbien.

XENESTHIS IMMANIS

Beschreibung

Diese bis 7 cm große Art ist schwarz mit rotrosa Sternzeichnung auf dem Rückenschild und braunen Haaren auf dem Hinterleib.

Diese aggressive Spinne bombardiert.

Verbreitungsgebiet

Bodenbewohner aus den Regenwäldern von Kolumbien, Ecuador, Venezuela, Peru und Panama.

Haltung

Sorgen Sie für eine rF von 75–80 %.

XENESTHIS MONSTROSA

Beschreibung

Diese 8–9 cm große Spinne ist kurz behaart. *X. monstrosa* ist aggressiv.

Verbreitungsgebiet

Bodenbewohner aus Kolumbien.

Falltürspinnen

Zu den Spinnen mit waagerecht nach vorne gerichteten Cheliceren gehören auch einige sehr giftige Spinnen wie zum Beispiel die Vertreter der Gattungen *Atrax, Trechona* (Südamerika) und *Macrothele* (Südeuropa) sowie einige Falltürspinnen. Dies ist eine Sammelbezeichnung für einige Familien wie die Barychelidae, Ctenizidae, Nemesidae und Actinopodidae.

Beschreibung

Die meisten Spezies so auch die oft gehaltenen *Conothele*-Arten aus Australien, werden höchstens 3 cm groß. Der Körper ist gedrungen, die Beine sind kräftig. Die grabenden Tiere sind nahezu kahl. Die genannte *Conothele* ist goldbraun mit schwarzen Linien an den Beinen und auf dem Rückenschild. Das Abdomen ist gelbbraun mit einer undeutlichen grauen Kreuzzeichnung. Falltürspinnen graben Gangsysteme in lockeren Böden. Sie verschließen den Gang mit einem Deckel, der auf- und zugeklappt werden kann. Nachts lüftet die Spinne den Deckel und lauert Beutetieren auf.

Eine Falltürspinne (Conothele *sp.) aus Australien*

Falltürspinnen sind äußerst aggressiv. Selbst kurz vor dem Tod können sie mit letzter Kraft noch schnell zubeißen. Afrikanische und australische Arten sind sehr gefährlich.

Verbreitungsgebiet

Falltürspinnen kommen im Mittelmeergebiet, von Afrika bis Australien sowie in Mittel- und Südamerika vor.

Haltung

Versorgen Sie diese Spinnen wie eine grabende Vogelspinne. Geben Sie mindestens 25 cm lockeres Bodensubstrat, zum Beispiel eine Torf-Sand-Mischung, in das Terrarium und halten sie dieses mäßig feucht.

Fortpflanzung

Die 25–150 Jungen verlassen den Kokon nach ca. drei Wochen.

Labidognatha

Bei der Unterordnung Labidognatha sind die Cheliceren gegeneinander wirkend, schräg oder senkrecht nach unten gerichtet.

Die Familien Araneidae und Nephilidae (Kreuzspinnen und Wespenspinnen)

Zu den Araneidae gehören die Gattungen *Araneus* mit der Kreuzspinne, *A. diadematus)* und *Argiope.* Die wichtigste Gattung der Nephilidae ist *Nephila.* Wespenspinnen (Zebraspinnen) bauen mehr oder weniger runde Netze. Sie weben zunächst einen Rahmen aus Stützfäden. Dann wird ein Rad aus zwischen den Speichen verwobenen, klebenden Fäden gesponnen, die gemeinsam eine Spirale bilden. Einige Gattungen wie *Argiope* verstärken ihr Netz im Zentrum. Die Spinnen bleiben mitten im Netz sitzen oder verstecken sich am Rand.

Die kleineren Männchen müssen sich den Weibchen vorsichtig nähern. Die europäischen Arten überwintern als Ei. Sie sind im Spätsommer erwachsen. Die klebrigen Tröpfchen in ihren großen Netzen sind vor allem morgens gut sichtbar, wenn sie mit Tau bedeckt sind.

DIE GATTUNG *ARGIOPE*

Beschreibung

A. bruennichi wird bis 2,5 cm groß. Der Hinterleib des Weibchens ist auffallend schwarzgelbweiß quer gestreift. Das Rückenschild ist silberfarben, die Beine sind schwarzgrau gebändert. Das Männchen wird 4–7 mm groß und hat einen länglichen hellbraunen Hinterleib.

A. lobata ist abwechselnd beige, grau, schwarz oder silberfarben gezeichnet. Ihr Hinterleib weist an jeder Seite drei bis vier Lappen auf.

Verbreitungsgebiet

Argiope baut ihr Netz häufig hoch in der Vegetation. Unter der Spinne sitzt im radförmigen Netz oft ein weißes Zickzackband. *A. bruennichi* kommt von Mittel- und Südeuropa bis Südasien, China und Japan vor. *A. lobata* bewohnt Südeuropa, Afrika, den Mittleren Osten und Süd-Asien.

Haltung

Setzen Sie ein erwachsenes Weibchen in ein mindestens 40 x 15 x 50 cm großes luftiges Terrarium mit mindestens zwei Seiten aus Gaze und legen Sie einige Äste hinein. Über eine kleine Öffnung können Sie das Tier füttern. Die Temperatur im Behälter sollte tagsüber bei 24–30 °C liegen, nachts bei ca. 20 °C. Sie können die Spinnen frei im Hobbyraum leben lassen, da sie ihre Netze relativ standorttreu anlegen.

Argiope bruennichi *mit Eikokon*

Argiope lobata *aus dem Tschad*

Fortpflanzung

Setzen Sie das Männchen an den Rand des Netzes mit dem Weibchen. Wenn es nicht innerhalb von 30 Minuten auf das Weibchen reagiert, entfernen Sie das Männchen wieder. Das kleine braune Männchen paart sich nur mit geschlechtsreifen Weibchen. Im Herbst legt das Weibchen einige hundert Eier. Der Eikokon von *A. bruennichi* ist groß, flaumig und hängt im Netz. *A. lobata* baut einen großen pfirsichförmigen Eikokon.

DIE GATTUNG *NEPHILA* (WESPENSPINNEN)

Die Spinnen dieser Gattung, zu der 50 Arten zählen, können Netze mit einem Durchmesser von 5 m weben.

Beschreibung

Die Weibchen werden bis 6 cm groß. Ihr zylindrisch geformter Hinterleib zeigt meist auffällige Farben (Rot, Weiß und Gelb). Die Grundfarbe von Körper und Beinen ist fast immer Schwarz. Die Beine sind sehr lang, vor allem das vorderste Paar; die maximale Spannweite beträgt ca. 20 cm.

Die Männchen werden nur bis 1 cm groß und sind früher erwachsen als die Weibchen. Deshalb lassen sich diese Spinnen schwer züchten.

Tagsüber sitzen Wespenspinnen in der Mitte ihrer sehr kräftigen, radförmigen Netze, die meist einen Durchmesser von 1,5 m haben.

Wenn die Tiere gestört werden, lassen sie sich fallen und stellen sich tot. Manchmal nehmen sie Drohhaltung ein und beißen dann auch. Ihr Gift ist jedoch nicht sehr gefährlich.

Verbreitungsgebiet

Vertreter dieser Gattung kommen in allen (sub)tropischen Regionen vor. Sie bewohnen meist feuchte Wälder und Savannen.

Haltung

Setzen Sie ein erwachsenes Weibchen in ein mindestens 80 x 40 x 80 cm großes luftiges Terrarium mit einigen Ästen. Mindestens zwei Seiten sollten aus Gaze sein. Über eine kleine Öffnung können Sie das Futter reichen. Sorgen Sie für eine Temperatur von 24–30 °C. Die meisten Vertreter dieser Gattung sind empfindlich gegenüber Trockenheit. Besprühen Sie das Terrarium täglich mit etwas Wasser, die Feuchtigkeit sollte nach einigen Stunden wieder getrocknet sein.

Sie können mehrere Exemplare in einem großen Terrarium halten. In einem warmen Hobbyraum können die Tiere auch frei leben.

Die Art Nephila maculata *von den Philippinen spinnt ein sehr großes Netz.*

Eine Nephila *aus Uganda, die sich tot stellt.*

Weibchen von Nephila *mit Beute und Männchen (Philippinen)*

Fortpflanzung

Geben Sie dem Weibchen ein Beutetier und setzen Sie das Männchen an den Netzrand. Das Männchen wird versuchen, sich zu paaren. Wenn es sich dem Weibchen nicht innerhalb von 30 Minuten genähert hat, sezten Sie es wieder in sein Terrarium, um Kannibalismus zu vermeiden.

Eiablage

Einige Wochen nach der Paarung legt das Weibchen ein paar hundert Eier. Der Kokon wird im Netz aufgehängt. Entfernen Sie ihn und halten Sie ihn feucht.

Die Nymphen verlassen den Kokon nach einem bis fünf Monaten. Nach der Häutung zu Jungspinnen verteilen sich die Tiere.

Zucht

Ziehen Sie die Jungen in Gruppen in großen Terrarien mit vielen Ästen auf. Sie fressen Blattläuse und Fruchtfliegen. Besprühen Sie das Terrarium täglich. Halten Sie die Männchen bei einer Temperatur von 20–25 °C getrennt, sobald sie an den dickeren Pedipalpen zu erkennen sind, und füttern Sie sie wenig.

Füttern Sie die Weibchen bei einer Temperatur von 25–30 °C regelmäßig, damit beide Geschlechter gleichzeitig geschlechtsreif werden. Sie können

Weibchen von Nephila clavata *(Philippinen) mit kleinem braunen Männchen in ihrem Netz*

Nephila maculata, *„schwarze" (melanistische) Form*

auch vom Schlüpfen an die Hälfte der Jungen langsam wachsen lassen. Inzucht führt bei Spinnen zu kleinen kränklichen Nachzuchttieren.

NEPHILA MACULATA

Beschreibung

Die Weibchen werden bis 4,5 cm groß und haben eine Spannweite von 15 cm. Ihr Hinterleib ist schwarz mit gelben Streifen. Ihr Rückenschild ist silbrig gelb, die Beine sind schwarz mit orangefarbener Zeichnung.
Das 8 mm große braune Männchen paart sich bei warmem, feuchtem Wetter.

Verbreitungsgebiet

Tropische Regenwälder und Gärten von Indien bis Süd-Japan und Nordaustralien.

Die Familie Heteropodidae (Krabbenspinnen)

Die bekanntesten Krabbenspinnen gehören zur Gattung *Heteropoda.*

Beschreibung

Krabbenspinnen sind flache Spinnen mit einem kleinen Körper und sehr langen dünnen Beinen. Ihr Gesamtdurchmesser kann mehr als 20 cm betragen. Mit ihren krabbenartigen Beinen können sie auch seitwärts laufen.
Krabbenspinnen sind schnell. Sie werden erst versuchen, zu fliehen, bevor sie aggressiv werden. Die meisten Arten sind dämmerungs- und nachtaktiv. Sie bauen kein Fangnetz, sondern warten mit ausgebreiteten Beinen auf Beute.

Verbreitungsgebiet

Krabbenspinnen bewohnen alle (sub)tropischen Regionen. Sie leben auf Mauern, in Gebäuden, auf Baumstämmen und in Plantagen.

Haltung

Halten Sie Krabbenspinnen in einem Terrarium, das fünfmal so lang, tief und hoch ist wie ihre Spannweite. Als Substrat dient eine Torf-Sand-Mischung, die feucht gehalten wird. Bei einer Temperatur von 25–30 °C sprühen Sie einmal wöchentlich, um die rF bei 70–80 % zu halten.

Fortpflanzung

Kennzeichnend für diese Gattung ist der flache, kissenförmige Eikokon, der vom Weibchen in einem nachlässig gebauten Netz aufgehängt und bewacht oder am Körper mitgetragen wird. Die Jungen verlassen den Kokon nach ca. vier Wochen.

HETEROPODA VENATORIA

Diese Spinne gelangt mit Bananensendungen nach Europa, ebenso wie manche *Phoneutria*-Arten.

Beschreibung

Heteropoda venatoria ist eine bis 2,5 cm große braune Spinne mit einem hellen Band vor dem beziehungsweise hinten auf dem Rückenschild.
Die Männchen bleiben bis zu 1 cm kleiner als die Weibchen.

Männchen einer unbestimmten Heteropoda-*Art*

Weibchen einer unbestimmten Heteropoda-*Art*

Polybetes pytagorica, *Weibchen mit Kokon und Nymphen*

Verbreitungsgebiet
H. venatoria stammt ursprünglich aus Sri Lanka, kommt aber heute auf der ganzen Welt in (sub)tropischen Ländern vor.

POLYBETES PYTAGORICA

Beschreibung
Der Carapax der 3 cm großen Spinne ist schwarzbraun. Auf dem gelbbraun und braun gezeichneten Hinterleib verläuft ein dunkler Längsstreifen. An den Beinen befinden sich dunkle Bänder. An der Unterseite des Hinterleibs ist ein schwarzes Kreuz zu sehen.

Verbreitungsgebiet
Mauer- und Baumbewohner aus Argentinien.

Fortpflanzung
Die Männchen sind stets kleiner als die Weibchen und besitzen als erwachsene Tiere deutlich sichtbare Spermienbehälter. Der Eikokon ist im Durchschnitt 3 cm groß und 1 cm dick. Bei einer Temperatur von 27 °C und einer rF von ca. 70 % verlassen die 200 Nymphen nach 30 Tagen den Kokon. Nach einer Woche häuten sie sich zu Jungspinnen. Lassen Sie, um die schnellen Tiere zu trennen, immer einige Jungspinnen aus der Zuchtschale kriechen und setzen Sie diese in ein eigenes Terrarium. Besprühen Sie den Behälter mindestens zweimal pro Woche. Etwas Küchenpapier im Terrarium nimmt überschüssiges Wasser auf und dient als Wasserreservoir.

Polybetes pytagorica, *Pärchen*

Die Familie Lycosidae (Wolfsspinnen)

Die bekanntesten Wolfsspinnen gehören zur Gattung *Lycosa.*

Beschreibung
Wolfsspinnen haben im Vergleich zum Kopfbruststück oft einen lang gezogenen Hinterleib. Körper und Beine sind meist mit vielen kurzen Haaren bedeckt. Bei den Lycosidae stehen vier kleine Augen in einer Reihe vorne am Kopf, zwei größere befinden sich dahinter und zwei weitere sitzen seitlich am Kopf. Diese schnellen Spinnen sind sehr scheu. Einige Arten aus Südamerika sind gefährlich.

Verbreitungsgebiet
Auf der ganzen Welt kommen mehr als 3000 Wolfsspinnenarten in ca. 100 Gattungen vor. Die meisten Arten leben am Boden und bewohnen manchmal Erdhöhlen.

Unbestimmte Lycosa-*Art aus Uruguay mit Jungen*

Unbestimmte Sicaria-*Art aus Argentinien*

Fortpflanzung
Wolfsspinnenweibchen tragen den runden Eikokon unten am Körper. Sie pflegen ihre Brut.

Die Familie Sicariidae (Speispinnen)

SICARIA-ARTEN
Beschreibung
Die bis 1,5 cm großen Weibchen sind gleichmäßig braun oder graubraun gefärbt. Ihr Hinterleib ist stets abweichend gefärbt. Die Männchen werden maximal 1 cm groß. Beide Geschlechter sind kaum behaart. Die trägen Spinnen bauen kein Netz; sie leben unter Steinen oder Blättern, in Bodenhöhlen oder im Sand eingegraben. Dort überfallen sie nach dem Versprühen von Leim aus den Cheliceren ihre Beute.
Speispinnen sind sehr giftig. Ein Biss kann dazu führen, dass das betroffene Körperteil amputiert werden muss.
Haltung
Halten Sie diese Spinnen wie Krabbenspinnen, aber etwas trockener.
Verbreitungsgebiet
Sicaria-Arten bewohnen feuchte Mikrohabitate in trockenen Regionen Argentiniens. Sie kommen auch in Südafrika vor.

Die Familie Ctenidae (Kammspinnen)

Zu dieser Familie gehören die oft gehaltene *Cupiennius salei* und die *Phoneutria*-Arten.

CUPIENIUS SALEI
Beschreibung
Die 3 cm großen Weibchen sind hellbraun mit einem breiten braunen Längsband am Körper. Sie haben braune Beine. Auf dem Abdomen tragen sie vier gelborange Flecken. Die Unterseite ist orangefarben und schwarz gezeichnet. Die 2,2 cm großen Männchen sind braun. Die schnellen Spinnen bauen kein Netz. Sie sind sehr giftig.
Verbreitungsgebiet
Tropische Regenwälder Südamerikas (Brasilien).

Cupienius salei, *Pärchen*

Haltung
Versorgen Sie die Tiere wie Krabbenspinnen.

PHONEUTRIA-ARTEN
Beschreibung
Die Weibchen von *P. fera, P. keyserlingii* und *P. nigriventer* werden 3,5 cm groß. Die Männchen bleiben 1 cm kleiner. Die Arten sind auf der Oberseite braun. *P. nigriventer* trägt einen schwarzen Fleck an der Unterseite. Diese Spinnen bauen kein Netz. Es handelt sich um schnelle, aggressive und äußerst giftige Tiere. Bereits 0,0003 mg/kg des neurotoxischen Gifts wirken tödlich: Sechs Stunden nach dem Biss kann das Opfer ersticken.
Verbreitungsgebiet
Diese Spinnen bewohnen Gebäude und Plantagen im gesamten tropischen und subtropischen Südamerika. Spinnen, die in einer Bananenstaude gefunden werden, nennt man oft „Bananenspinnen". *Phoneutria*-Arten gehören dazu.
Haltung
Versorgen Sie die Tiere wie Krabbenspinnen.
Fortpflanzung
Das Weibchen legt den Eikokon unter Steine.

Die Familie Loxoscelidae

LOXOSCELUS-ARTEN
Beschreibung
Diese hellbraunen Spinnen werden 1,3 (Männchen) bis 1,5 cm (Weibchen) groß. Auf dem Rückenschild

Unbestimmte Phoneutria-*Art*

Unbestimmte Loxoscelus-Art, *Paarung*

ist eine dunkelbraune Zeichnung in Form einer Geige zu erkennen. Die Spinnen sind nachtaktiv und weben ein unordentliches horizontales Netz. Ihr Gift übt auf Menschen manchmal eine stärkere Wirkung aus als das der Schwarzen Witwe. *Loxoscelus*-Arten produzieren ein gewebeauflösendes Toxin. An der Bissstelle entsteht eine Wunde, an der sich Schorf bildet. Wenn dieser abfällt, ist die Wunde noch tiefer. Sie heilt erst nach einigen Monaten, manchmal muss Haut transplantiert werden.

Verbreitungsgebiet

Von den Vereinigten Staaten bis Südamerika leben diese Spinnen unter Steinen und in Häusern. Einige Arten kommen auch in Afrika, Europa und Asien vor.

Haltung

Versorgen Sie die Tiere wie Krabbenspinnen.

Fortpflanzung

Nach gegenseitigem „Trommeln" am Bodennetz des Weibchens folgt eine schnelle Paarung. Der Kokon mit 100–150 Eiern wird im Netz bewacht, die Jungen verlassen den Kokon nach ca. fünf Wochen.

Die Familie Theridiidae (Kugelspinnen)

LATRODECTUS-ARTEN (SCHWARZE WITWEN)

Viele Menschen denken, dass Schwarze Witwen zu den Vogelspinnen gehören und dass ihr Biss tödlich ist. Beides stimmt nicht.

Beschreibung

Latrodectus-Weibchen werden 1,5–2 cm groß. Auffallend ist das kugelrunde, glatte und oft glänzende Abdomen. Die Tiere sind meist schwarz und tragen am Hinterleib rote Flecken. Einige Arten weisen eine braune oder weiße Grundfarbe auf. Ihr Kennzeichen ist die „rote Sanduhr" an der Unterseite des Hinterleibs. Bei einigen Arten hat diese Zeichnung eine andere Form zum Beispiel ein rotes Dreieck.

Erwachsene Männchen werden 5 mm groß. Sie sind heller (cremefarben) bis dunkelbraun gefärbt, haben gestreifte Beine und eine hell gestreifte Zeichnung am Hinterleib.

Die häufig angebotene *L. mactans* ist rein schwarz mit einer roten Sanduhr an der Unterseite des Abdomens. *L. geometricus,* die Braune Witwe, ist nicht völlig schwarz. Diese Art tritt in vielen Farbvarianten auf, ist aber häufig braun oder graubraun mit einigen schwarzen Punkten seitlich am Abdomen. Die „Sanduhr" ist orangerot. *L. hasselti* ist dunkelbraun, auf dem Abdomen verläuft ein roter Längsstreifen.

Eine Schwarze Witwe (Latrodectus mactans) *macht ihrem Namen Ehre.*

Verbreitungsgebiet

Die verschiedenen *Latrodectus*-Arten kommen in Amerika, im Mittelmeergebiet, in Afrika, Asien und Australien vor. Sie bewohnen trockene subtropische oder tropische Gebiete und leben unter verschiedenen Materialien, in Sträuchern und Scheunen.

L. mactans stammt aus den Vereinigten Staaten und wurde in Australien eingeführt. *L. geometricus* ist auf der ganzen Welt in (sub)tropischen Ländern anzutreffen. *L. hasselti* kommt in Australien, Neuseeland und Japan vor. Im ganzen Mittelmeergebiet, Spanien, Portugal und in vielen Teilen Frankreichs ist *L. tridecimguttatus* beheimatet. In Griechenland lebt *L. congoblatus.*

Schwarze Witwen gedeihen in feuchten kalten Klimazonen nicht.

Haltung

Setzen Sie *Latrodectus* in gut abgeschlossene Terrarien. Wenn Sie den Deckel mit etwas Salatöl einreiben, verhindern Sie, dass sich die Spinne daran festsetzt. Verwenden Sie eine Torf-Sand-Mischung

Latrodectus hasselti

als Bodensubstrat und legen Sie einige Äste zum Netzbau in das Terrarium. Installieren Sie eine starke Lichtquelle, achten Sie auf eine Temperatur von 20–25 °C und halten Sie das Terrarium trocken. Die rF ist schnell zu hoch und Schimmelpilzbefall ist die Folge.

Futter

Verfüttern Sie kleine Insekten.

Geschlechtsunterschiede

Die Männchen bleiben kleiner und sind bunter und heller gefärbt als die Weibchen. Bei erwachsenen Männchen erkennt man die Bulbi.

Fortpflanzung

Setzen Sie ein Männchen zu einem gut gefütterten Weibchen und stören Sie die Spinnen nicht. Das Männchen wird nach der Paarung häufig gefressen.

Eiablage

Die Weibchen produzieren ca. zehn weiße bis braune Eikokons (1,5 cm Durchmesser) und hängen sie in ihr Netz. Der Kokon von *L. mactans* ist rund und gelblich, der von *L. geometricus* heller (weiß) und mit Punkten übersät. Das Weibchen hängt den Kokon manchmal um. Die Jungen schlüpfen nach ca. einem Monat.

Zucht

Entfernen Sie alle Kokons und hängen Sie diese in geschlossene Gefäße. Die geschlüpften weißen Jungen sind bei einigen Arten kleiner als eine junge Blattlaus. Sie entweichen sehr leicht. Achten Sie darauf, dass die rF bei 50–70 % liegt. Das Gefäß muss gut verschlossen werden, sodass die 100–500 Jungen einander auffressen. Warten Sie, bis nur noch etwa 15 Jungspinnen am Leben sind und trennen Sie diese. Die Geschlechtsunterschiede werden nach einem Monat sichtbar. Die Jungtiere sind innerhalb von zwei bis drei Monaten erwachsen. Erwachsene Männchen sterben ein bis zwei Monate später. Die Weibchen werden maximal drei Jahre alt.

Verteidigung

Nur die Weibchen sind gefährlich. Zunächst verhalten sie sich ruhig, lassen sich fallen und versuchen zu fliehen. Nur im Notfall beißen sie zu. Die Weibchen verhalten sich aggressiver, wenn sie einen Eikokon beschützen.

Der Schmerz ist nach einem Biss von *L. mactans* erst nach einigen Minuten zu fühlen und kann unerträglich werden, wenn sich das Gift im Körper verteilt. Die Symptome (Schock, Übelkeit, Erbrechen, Angst, Schwitzen, Kopf- und Muskelschmerz, Schlaflosigkeit, Atembeschwerden, Impotenz und hoher Blutdruck) können wochenlang anhalten. Eine gesunde, erwachsene Person hat eine Überlebenschance von 95 %, wenn ein Gegengift injiziert wird. Das Gift wirkt neurotoxisch und ist 15-mal stärker als das Gift einer Klapperschlange.

Latrodectus mactans, *Pärchen*

Latrodectus geometricus *mit Kokon*

Junge Schwarze Witwen sind kleiner als junge Blattläuse.

Die Braune Witwe (Latrodectus geometricus) *findet man im Tschad oft unter Matratzen und Stühlen.*

Der Biss von *L. geometricus* hat eine weniger fatale Wirkung, ist jedoch schmerzhaft.

Umgang

Verwenden Sie im Umgang mit Schwarzen Witwen stets Gefäße, niemals die bloßen Händen!

STEATODEA PAYKULLIANA (FALSCHE WITWE)

Beschreibung

Diese Kugelspinne ähnelt der Schwarzen Witwe. Auch diese Art ist für den Menschen gefährlich. Beine und Kopfbruststück der 8–15 mm großen Weibchen sind schwarzbraun. Um den schwarzen Hinterleib zieht sich ein hellgelbes, orangefarbenes oder rotes Band. Auf dem Rücken verläuft ein Streifen. Die Männchen werden 4–6 mm groß und sind schlanker als die Weibchen. Sie haben außerdem eine deutlichere Zeichnung mit einem weißen Band um den Hinterleib.

Verbreitungsgebiet

Diese Spinne lebt in Südeuropa, Nordafrika und Westasien unter Steinen und in Gebäuden. Sie wird manchmal mit Früchten importiert. Ihre Netze weisen im Zentrum oft eine gesponnene „Matte" auf. Die untersten Enden der Speichen sind klebrig.

Haltung

Versorgen Sie *S. paykulliana* wie die Schwarze Witwe.

Weibchen der Falschen Witwe (Steatodea paykulliana)

Fortpflanzung

Die Fortpflanzung verläuft wie bei der Schwarzen Witwe.

Die Ordnung Solifugae (Walzenspinnen)

Walzenspinnen werden manchmal angeboten, sind aber problematisch in der Haltung und wurden in Terrarien noch nicht gezüchtet.

Beschreibung

Bei den Walzenspinnen sind die beiden ersten Brustsegmente mit dem Kopf verschmolzen. Der Hinterleib ist in zehn Segmente unterteilt. Die Cheliceren der Walzenspinnen sind außerordentlich groß; sie strecken sie einem Gegner entgegen, indem sie das stark gewölbte Proterosoma aufwärts biegen. Die Tiere laufen auf den hinteren drei Beinpaaren. Die bis 7 cm großen Spinnen sind mit bis 5 cm langen schütteren Haaren bedeckt. Die gelben oder hellbraunen Wüstenbewohner sind oft nachtaktiv. Die dunkler gefärbten, tagaktiven Arten bewohnen Grasländer und Wälder. Auf dem Augenhügel befinden sich nur zwei große Augen. Walzenspinnen atmen über ein Tracheensystem.

Verbreitungsgebiet

Die 12 Familien mit ca. 900 Arten bewohnen warme und meist trockene Gebiete (Wüsten und Steppen) aller Erdteile mit Ausnahme Australiens. In Spanien leben zwei *Gluvia*-Arten, in Syrien kommt die Gattung *Galeodes* vor und in den Vereinigten Staaten ist *Eremobates* beheimatet. Die Tiere graben große horizontale Gangsysteme 10 cm tief in den Boden. Dort ist es konstant kühl.

Haltung

Walzenspinnen sind schwer zu halten. Setzen Sie jedes Tier einzeln in ein gut geschlossenes Steppenterrarium, das mindestens 30 x 20 x 30 cm groß sein sollte. Walzenspinnen laufen am Glas entlang und durchnagen sogar Drahtgitter. Geben Sie eine mindestens 10 cm hohe Lehmsandschicht auf den Boden des Terrariums und halten Sie das Substrat leicht feucht. Tagsüber erwärmen Sie den Behälter

Museumspräparat einer Walzenspinne

Museumspräparat einer Walzenspinne

Zur Präparierung vorbereitete Walzenspinne

mit einem Strahler auf 35 °C. Nachts wird eine Seite mittels einer Bodenheizung auf 24–28 °C erwärmt, die andere Seite lässt man auf 15 °C abkühlen. Sprühen Sie täglich abends, um eine rF von 70–90 % zu gewährleisten.

Futter

Verfüttern Sie Gliederfüßer und kleine Nagetiere. Walzenspinnen sind schnelle, aktive Jäger (und Kannibalen) mit einem ungeheuren Appetit.

Geschlechtsunterschiede

Erwachsene Männchen sind kleiner, schlanker und an ihrem unbeweglichen Chelicerenfinger, dem etwa löffelförmigen Flagellum, zu erkennen.

Fortpflanzung

Arten aus subtropischen Gebieten, wie zum Beispiel *Galeodes,* halten bei einer Temperatur von 5–10 °C sechs bis acht Wochen Winterschlaf.

Bei der Begattung bespringt das Männchen das Weibchen und beißt es in den Rücken. Ein paarungsbereites Weibchen wirkt wie gelähmt und wird auf den Rücken gelegt. Das Männchen presst einen Spermatropfen aus der Genitalöffnung, ergreift ihn mit den Cheliceren und stopft ihn in die weibliche Geschlechtsöffnung. Dann kneift das Männchen die Ränder der weiblichen Geschlechtsöffnung zusammen, bevor es nach einigen Minuten flieht.

Eiablage

Nach der Paarung gräbt das Weibchen einen 20 cm tiefen Gang und legt darin 20–200 Eier ab.

Zucht

Halten Sie die kannibalischen Jungen einzeln in eigenen Terrarien. Walzenspinnen leben in der Natur nur ein Jahr.

Verteidigung

Walzenspinnen sind extrem schnell und werden sehr aggressiv, wenn sie sich bedroht fühlen. In Drohhaltung strecken sie dem Gegner die aufgesperrten Cheliceren, die ausgestreckten Pedipalpen und das vordere Beinpaar entgegen und richten den Hinterleib auf.

Umgang

Walzenspinnen haben zwar keine Giftklauen, aber ihr Biss ist schmerzhaft und die Wunde kann sich infizieren. Fassen Sie die Tiere deshalb niemals mit bloßen Händen an!

Die Ordnung Scorpiones (Skorpione)

Skorpione erfreuen sich ebenso wie Spinnen keines guten Rufs. Sie sehen merkwürdig aus und viele Menschen glauben, dass jeder Stich tödlich ist.

Die 600–800 Arten der Ordnung Scorpiones lassen sich in sieben Familien unterteilen: Bothriuridae, Buthidae, Chactidae, Diplocentridae, Iuridae, Scorpionidae und Vejovidae.

Unterseite eines Skorpions

Ein Gelber Sandskorpion (Buthus occitanus) *packt die Beute mit seinen Scheren.*

Dieser Kaiserskorpion (Pandinus imperator) *frisst eine Grille.*

Beschreibung

Der Körper eines Skorpions besteht aus einem ungegliederten Kopfbruststück (Prosoma) und einem gegliederten Hinterleib, der sich aus dem Mesosoma (dem dicken Teil mit den meisten wichtigen Organen) und dem Metasoma („Schwanz") zusammensetzt. Am Ende des aus fünf Segmenten bestehenden Schwanzes sitzt der Giftstachel (Telson).

Auf der Unterseite befinden sich (von vorne nach hinten) das Rückenschild (Sternum), der Genitalhügel, der Kamm und fünf Rückenplatten (Sternite). Mit dem Kamm betastet ein Skorpion den Boden und nimmt den Geruch von Beutetieren und potentiellen Partnern auf. Auf der Oberseite befinden sich hinter dem Rückenschild sieben Rückenplatten (Tergite).

Ein Skorpion besitzt vier Paar Laufbeine und zwei kräftig entwickelte Pedipalpen. Das letzte Segment ist zu einer langen, waagerecht getragenen Schere umgebildet. Einige Skorpione können bei Gefahr mit der Coxa der Pedipalpen und der Vorderseite der ersten Beincoxa stridulieren. Über die Härchen auf den Scheren und am Körper können Schwingungen registriert werden; sie warnen vor Gefahr und machen auf eine sich nähernde Beute aufmerksam. Als Sehorgane dienen ein Paar Mittelaugen und (am Seitenrand des Prosomas) zwei bis fünf Paar Seitenaugen.

Ein Skorpion packt seine Beute, ein Insekt, eine Spinne, eventuell auch Mäuse, mit den Scheren. Die meisten Arten verwenden den Stachel nur für große kräftige Beutetiere. 14 Tage nach einem Stich ist der Giftvorrat wieder ergänzt. Mit den zangenförmigen Cheliceren wird das Beutetier zerteilt und dann Stück für Stück aufgefressen.

Die Atmung erfolgt über vier Paar Fächertracheen. Ihre Öffnungen sind auf der Unterseite des letzten Körpersegments gut sichtbar.

Verbreitungsgebiet

Skorpione bewohnen alle (sub)tropischen Länder. Die flachen Tiere leben in Ritzen und Höhlen. Einige Arten graben einen unterirdischen Gang oder eine Höhle, andere sind Baumbewohner.

Skorpione aus Wüstenregionen sind oft sandgelb gefärbt, Arten aus Regenwäldern sind dunkler.

Aufgrund ihrer harten undurchlässigen Haut und der Fähigkeit, lange ohne Futter auszukommen und Wasser zu speichern, können viele Skorpione selbst in den trockensten Gebieten der Erde überleben.

Haltung

Das Terrarium für einen Skorpion sollte mindestens dreimal so lang und zweimal so breit wie das Tier selbst sein. Bauen Sie aus Stein, Holz oder Rinde einen nicht zu hohen Unterschlupf, denn Skorpione brauchen auch von oben Schutz. Bei Wüstenbewohnern legen Sie Lehmsand auf den Boden, für Urwaldbewohner mischen Sie Torf, Rinde und Erde. Stellen Sie grabenden Arten eine mindestens 10 cm dicke Substratschicht zur Verfügung. Eine flache Wasserschale dient als Trinkgefäß.

Skorpione leben solitär. Halten Sie die Tiere der meisten Arten einzeln, um Kannibalismus zu vermeiden.

Temperatur und Feuchtigkeit unterscheiden sich je nach Art. Sorgen Sie bei jenen Arten, die Regenwälder bewohnen für eine rF von 70–80 %. Achten Sie darauf, dass diese nicht unter 50 % sinkt. Auch die Wüstenbewohner müssen im Terrarium immer einen feuchten Platz finden. Sie sollten deshalb stets einen Teil des Substrats befeuchten.

Ähnliches gilt für die Temperatur. Diese muss meist zwischen 24 und 30 °C liegen. Skorpione aus Ländern mit warmen, trockenen Sommern und kälteren, feuchten Wintern müssen auch im Terrarium entsprechende Gegebenheiten finden, zum Beispiel eine Temperatur von 27 °C und eine rF von 55 %

Die Männchen sind schlanker (hier Euscorpius italicus*) als die Weibchen.*

im Sommer sowie 19 °C und eine rF von 65 % im Winter.

Futter

Verfüttern Sie zweimal wöchentlich einige Insekten, die Sie mit einem Kalziumpräparat bepudern. Trächtige Weibchen, die kurz vor der Geburt stehen sowie Tiere, die zu kalt gehalten werden oder sich in absehbarer Zeit häuten, fressen weniger.

Geschlechtsunterschiede

Die Männchen sind manchmal an ihrem schlanken kleineren Körper, an längeren Schwanzsegmenten und Kämmen, an längeren und/oder dünneren Scheren, die stärker behaart sind, sowie an einem dickeren Stachel zu erkennen.

Fortpflanzung

Nachdem sich das Männchen dem Weibchen vorsichtig genähert hat, packt es seine Pedipalpen mit den Scheren und „tanzt" mit ihr. Auf einem geeigneten Platz (zum Beispiel einem flachen Stein) setzt das Männchen eine Spermatophore (gestieltes Samenpaket) ab und zieht das Weibchen darüber. Die Spermatophore ist mehrere Millimeter lang (bei *Buthus* ssp. 9 mm). Das Weibchen tastet mit den Kämmen danach und umschließt sie damit seitlich, während seine Geschlechtsöffnung weit geöffnet ist, um das Samenpaket aufzunehmen. Danach lässt das Männchen los und flieht.

Buthus occitanus, hochträchtiges Weibchen

Geburt

Es gibt eilebend gebärende (ovovivipar) und lebend gebärende (vivipar) Skorpionarten. Bei den eilebend gebärenden Spezies trägt das Weibchen seine acht bis 35 Eier bis zum Schlupf mit sich, die neugeborenen Jungen werden aber nicht gefüttert. Bei einigen lebend gebärenden Arten (Familie Scorpionidae) können die ungeborenen Jungen mütterliche Hämolymphe über ihren Mund absorbieren.

Die Tragezeit kann bis zu 12 Monate dauern. Kurz vor der Geburt stehen Rücken- und Bauchschild voneinander ab, das Weibchen scheint sich aufzublähen. Die Embryonen sind in Eihüllen verpackt. Bei der Geburt hilft die Mutter den Jungen, diese Hüllen zu sprengen. Die jungen Skorpione besteigen anschließend den Rücken der Mutter.

Das Weibchen verhält sich nun gegenüber Feinden sehr aggressiv. Aber auch ihre eigene Brut, die vom Rücken fällt und vor die Scheren der Mutter gerät, wird manchmal angegriffen. Gewähren Sie „tragenden" Weibchen deshalb möglichst viel Ruhe.

Bis zur ersten Häutung zehren die jungen Skorpione noch vom Eidotter. Nach ungefähr zwei Wochen häuten sich die Larven zu vollständig entwickelten Skorpionen. Sie klettern vom Rücken der Mutter herab und beginnen ihr solitäres Leben.

Zucht

Die Aufzucht von Skorpionen ist oft problematisch. Gönnen Sie den Weibchen mit Jungen Ruhe, sonst frisst es die Jungen auf.

Halten Sie die selbständigen Jungen bei einer rF von 65–85 %, ein zu trockenes Terrarium bereitet Probleme bei der Häutung. Besprühen Sie den Boden jeden Abend und sorgen Sie dafür, dass die jungen Tiere trinken können, ohne zu ertrinken. Die Temperatur sollte bei 26–32 °C liegen. Füttern Sie die jungen Skorpione mit abwechslungsreicher Kost und bestäuben Sie die Futtertiere mit einem Vitamin- und Mineralstoffpräparat. Den Kalk benötigen sie zum Aufbau des Außenskeletts.

Häutung

Bei der Häutung platzt das Kopfbruststück auf und der Skorpion gleitet aus seiner alten Haut heraus.

Pandinus imperator *mit 16 Jungetieren auf dem Rücken*

Unbestimmte Tytius-*Art, frisch gehäutet*

Man beobachtet dies selten, denn die Tiere häuten sich meist nachts an einer verborgenen Stelle. Die alte Haut wird aufgefressen.

Im ersten Jahr häuten sich Skorpione vier- bis sechsmal, im Jahr darauf zwei- bis dreimal und im dritten Jahr einmal. Erwachsene Tiere häuten sich alle drei Jahre ein- bis zweimal.

Einige kleine Arten sind nach vier bis fünf Häutungen innerhalb eines Jahrs erwachsen. Größere Arten sind erst nach mindestens sieben Häutungen und drei bis sieben Jahren ausgewachsen.

Toxizität

Das Gift der meisten Arten ist nicht tödlich, obwohl seine Wirkung von Mensch zu Mensch verschieden ist. Der Stich selbst ist meist sehr schmerzhaft. Sie sollten einen Arzt aufsuchen, wenn Sie gestochen worden sind. Der Stich einiger Arten ist nicht nur schmerzhaft, sondern verursacht auch Schwellungen und Fieber.

Die Arten, deren Gift eine tödliche Wirkung haben kann, gehören zur Familie Buthidae. Ca. 1 % der Erwachsenen, 5 % der Schulkinder und ca. 20 % der Kleinkinder sterben an ihrem Stich.

Die verschiedenen Arten ähneln einander stark, deshalb sollte man bei jedem Skorpion vorsichtig sein.

Die meisten gefährlichen Spezies haben eine lange, schlanke, pinzettenartige Schere. Die Scheren der bekannten ungefährlichen Arten sind dick. Ausnahmen bestätigen jedoch diese Regel.

Der richtige Umgang mit einem Skorpion

Hadruroides charcasus *aus Peru*

Verteidigung

Skorpione werden sich bei Gefahr zunächst verstecken. Ist kein Ausweg mehr möglich, werden sie aggressiv. Dies gilt vor allem für „tragende" Weibchen.

Umgang

Mit einer langen Pinzette (mit Papierstreifen an den Enden) lassen sich alle Arten gut am Schwanz greifen. Ungefährlichen großen Skorpionen kann man sich vorsichtig von hinten nähern und schnell den Stachel oder das vorherige Segment mit zwei Fingern packen. Giftige Arten sollten Sie nicht mit bloßen Händen anfassen.

Skorpione müssen reagieren, wenn man sie berührt; kaufen Sie kein apathisches Tier.

Die Familie Bothriuridae

Im tropischen und subtropischen Australien und Südamerika findet man 70–80 Arten dieser Familie. Ihr Sternum ist breiter als lang. Die bekannteste Gattung, *Bothriurus,* bewohnt Südamerika.

Die Familie Buthidae

Dies ist die größte Familie der Skorpione mit ca. 600 Arten in 45 Gattungen. Zu ihnen zählen auch sehr giftige Vertreter. Buthidae leben in warmen Regionen aller Kontinente (Ausnahme: Antarktis).

Unbestimmte Brachysternus-*Art*

Zu den Gattungen *Tityus* (Amerika), *Buthus* (Nordafrika und Mittlerer Osten), *Parabuthus* (Südafrika), *Centruroides* (Süden der USA und Mittelamerika), *Leiurus* (Afrika und Mittlerer Osten), *Androctonus* (Afrika bis Australien), *Centrurus* (Amerika) und *Mesobuthus* (Indien) gehören die gefährlichsten Arten.

BUTHUS OCCITANUS

Beschreibung

Die Weibchen dieser sandgelben bis braunen Art werden ca. 7 cm groß. Die Männchen bleiben 2 cm kleiner. Wie bei allen Buthidae sind die Scheren lang und dünn.

Verbreitungsgebiet

Die Tiere bewohnen trockene Gebiete in Südfrankreich, Spanien, Portugal, Nordafrika und im Mittleren Osten. Die nordafrikanische Population ist wesentlich giftiger als die europäische und für Kinder sehr gefährlich.

Haltung

B. occitanus braucht im Sommer tagsüber eine Temperatur von 35 °C, nachts 25 °C und eine Winterruhe bei 15 °C (europäische Tiere) bis 20 °C (afrikanische Tiere). Man kann diese Art in Gruppen halten.

Fortpflanzung

Nach einer Tragezeit von fünf Monaten bringt das Weibchen 25–40 Junge auf die Welt. Sie sind nach vier bis sieben Häutungen beziehungsweise nach zwei Jahren erwachsen.

ISOMETRUS MACULATUS

Beschreibung

Die Weibchen werden 8 cm groß, die Männchen maximal 5 cm. Sie haben größere Scheren und einen relativ langen Schwanz Die Tiere sind hell- und dunkelbraun gezeichnet.

Verbreitungsgebiet

Die Art lebt in Spanien, Portugal, Afrika, Amerika und in Ostasien bis Australien auf dem Boden und in Bäumen.

Toxizität

Der Stich dieser Art ist wahrscheinlich nicht tödlich, jedoch schmerzhaft.

Buthus occitanus *unmittelbar vor der Paarung*

Isometrus maculatus

Haltung

I. maculatus verträgt sich mit Artgenossen und kann in Gruppen gehalten werden. Verwenden Sie als Bodengrund eine Torf-Sand-Mischung. Die rF sollte bei 80 % liegen.

Fortpflanzung

Nach etwa drei Monaten Tragezeit bringt das Weibchen 15–20 Junge zur Welt, die nach zwei Wochen vom Rücken der Mutter klettern.

Die Familie Chactidae

Die 13 Gattungen mit 70–80 Arten leben in den Tropen und Subtropen. Diese Familie wird manchmal als Unterfamilie der Vejovidae betrachtet.

EUSCORPIUS-ARTEN

Beschreibung

Euscorpius-Arten werden ca. 3 cm lang. Ihr Körper ist dunkelbraun, die Beine sind hellbraun. Die Spezies sind nicht aggressiv und ungefährlich.

Verbreitungsgebiet

Die vier verschiedenen Arten bewohnen Südeuropa und Nordafrika sowie Vorderasien bis zum Kaukasus. *E. flavicaudis* lebt in Frankreich und England.

Fortpflanzung

Von Juni bis August bringt das Weibchen 20–30 Junge mit einer Länge von 8 mm zur Welt. Sie verlassen nach ca. zehn Tagen den Rücken der Mutter.

Euscorpius italicus

Die Familie Diplocentridae

Die 30–50 Arten der Diplocentridae leben in Afrika, im Mittleren Osten und in Amerika (Mexiko und Antillen). Sie ähneln der Familie Buthidae, haben aber kürzere, dickere Scheren. Sie sind für den Menschen ungefährlich und tragen einen Dorn unter dem Stachel.

Die Familie Iuridae

Die fünf Gattungen dieser Familie wurden früher zu den Vejovidae gezählt. Sie tragen keinen Dorn unter dem Stachel.

HADRURUS ARIZONENSIS

Beschrelbung

Diese sandgelben bis hellbraunen Tiere haben einen braunschwarzen Körper. Sie erreichen eine Gesamtlänge von 14 cm. Laufbeine, Scheren und Schwanz sind lang behaart.

Hadrurus-Arten können gefährlich sein.

Verbreitungsgebiet

Wüstenbewohner aus dem Südwesten der Vereinigten Staaten und aus Mexiko.

Haltung

Halten Sie diese Art solitär, sie ist kannibalisch!

Fortpflanzung

Die Männchen haben 34–39 Zähne pro Kamm, die Weibchen 28–30. Die Tragezeit beträgt sechs bis acht Monate.

Die Familie Scorpionidae

Diese Familie kommt in den Tropen und Subtropen Asiens und Afrikas, aber auch von Australien und Mittelamerika vor. Einige der 150 bis 175 Arten in 20 Gattungen gehören zu den größten Skorpionen. Sie tragen keinen Dorn unter dem Stachel.

PANDINUS IMPERATOR (KAISERSKORPION)

Schutzstatus:*P. imperator, P. dictator* und *P. gambiensis* CITES/EU-Anhang B.

Beschreibung

Die Weibchen erreichen (ohne Pedipalpen) eine Körperlänge von 15 cm. Die Männchen bleiben einige Zentimeter kleiner. Die Scheren messen 3,5 x 2,5 cm. Der Stachel ist fast 2 cm lang.

Diese Art ist nicht aggressiv. Lediglich Weibchen, die kurz vor der Geburt stehen, reagieren gereizt und stechen. Ihr Gift kann leichte Schwellungen (wie bei einem Bienenstich) verursachen.

Die Unterart *P. imperator gigas* wird 27 cm lang. Durch den längeren Giftstachel und eine größere Giftmenge ist der Stich schmerzhafter; der lokale Schmerz kann einige Tage anhalten.

Verbreitungsgebiet

P. imperator kommt in Westafrika (von Mauretanien bis Zaire) im Regenwald oder in der feuchten Savanne vor.

Haltung

P. imperator kann in Gruppen gehalten werden. Wenn das Terrarium zu klein ist, kann es zu Kämpfen kommen. Die Temperatur im Terrarium sollte tagsüber bei 25–30 °C liegen, die rF bei 70–85 %.

Fortpflanzung

Nach einer Tragezeit von einem Jahr bringt das Weibchen zehn bis 25 schneeweiße, 1,5 cm große Junge zur Welt. Es legt die erste Zeit zerkleinerte Insekten vor den Jungen ab. Die Jungen häuten sich ca. siebenmal und sind mit drei bis sieben Jahren geschlechtsreif.

HETEROMETRUS-ARTEN

Beschreibung

Heterometrus-Arten ähneln *Pandinus imperator*, die Scheren sind jedoch wesentlich glatter und weniger behaart. Die meisten Arten werden ca. 15 cm lang. *H. swannerdami* aus Indien erreicht fast 30 cm. Der Stich ist schmerzhaft, verursacht Kopfschmerzen, Erbrechen, Gleichgewichts- und Herzrhythmusstörungen und kann zum Tod führen.

Verbreitungsgebiet

Regenwälder in Südostasien.

Haltung

Sorgen Sie für eine Temperatur von 24–27 °C und für eine rF von 75 %. *Heterometrus*-Arten sind

Hadrurus arizonensis

Heterometrus spinifer

Scorpio maurus palmatus *mit Jungen*

Pandinus imperator, *der Kaiserskorpion*

kälteempfindlich. Sie können in Gruppen gehalten werden.

Fortpflanzung

Die Tragezeit beträgt 5–6 Monate. Die Jungen häuten sich ca. siebenmal und sind mit ein bis zwei Jahren geschlechtsreif.

SCORPIO MAURUS

Beschreibung

Diese Art wird 7,5–10 cm lang. Die Unterart *S. maurus palmatus* ist hellbraun bis gelb, die Spitzen der Scheren sind dunkler gefärbt. *S. maurus fuscus* ist schwarz.

Verbreitungsgebiet

S. maurus palmatus lebt in Ägypten, *S. maurus fuscus* in Israel. Beide Unterarten bewohnen trockene Regionen.

Haltung

Diese grabende Art kann in großen Terrarien mit einer 10 cm tiefen Lehmsandschicht in Gruppen gehalten werden. Die Weibchen gebären acht bis 13 Junge.

Die Familie Vejovidae

Die zehn Gattungen mit ca. 125 Arten sind in Amerika und vom Mittleren Osten bis Ostasien beheimatet.
Vertreter dieser Familie haben keinen Dorn unter dem Stachel.

Mastigoproctus giganteus *unmittelbar vor der Paarung*

Die Ordnung Uropygi (Geißelskorpione)

MASTIGOPROCTUS GIGANTEUS

Die 130 Arten der Geißelskorpione wurden früher der Unterordnung Uropygi der Ordnung Pedipalpi zugeordnet, der auch die Skorpionspinnen angehören.

Beschreibung

Geißelskorpione werden 5–13 cm groß. Zwischen ihrem Kopfbruststück (Prosoma) und dem länglichen segmentierten Hinterleib (Opistosoma) besteht eine deutliche Zäsur.

Der Hinterleib wird vom Mesosoma mit neun Segmenten und vom Metasoma (Schwanz) mit drei Segmenten gebildet. Daran schließt sich ein langer, dünner, segmentierter Telsonanhang (Flagellum) an. Die Pedipalpenscheren sind stark entwickelt und bewegen sich in einer waagerechten Ebene.

Die Tiere laufen mit den drei letzten Beinpaaren. Das erste Laufbeinpaar ist zu einem fühlerartigen Tastbein ausgebildet.

Geißelskorpione atmen durch zwei Paar Fächertracheen.

Mastigoproctus giganteus, *Paarung*

Nach der Begattung bleiben die paarigen Stiele der Spermatophore auf dem Boden zurück.

Sie besitzen ein Paar Mittel- und drei Paar Seitenaugen, Sinneshaare sowie Sinnesspalten.

M. giganteus ist schwarz und wird 8 cm groß.

Verbreitungsgebiet

Geißelskorpione kommen in feuchten Klimaregionen des (sub)tropischen Amerikas und in Südostasien vor. Tagsüber verstecken sie sich zum Beispiel unter Steinen oder Holz.

M. giganteus wird oft in Arizona, Texas und Neumexiko gefangen, kommt aber auch im tropischen Amerika vor.

Haltung

Verwenden Sie für ein Tier ein kleines Terrarium (30 x 20 x 20 cm) mit einer relativ trockenen Torf-Sand-Mischung als Substrat. Aus Kork oder Steinen bauen Sie Verstecke und befeuchten diese Plätze dreimal pro Woche. Stellen Sie auch eine flache Schale mit Wasser in das Terrarium

Die Tiere brauchen wenig Licht. Die Temperatur im Terrarium sollte im Sommer tagsüber bei 23–28 °C liegen, nachts sollte es kühler sein.

Futter

Insekten und nestjunge Mäuse.

Geschlechtsunterschiede

Die Männchen sind kleiner und haben manchmal längere Pedipalpen als die Weibchen.

Fortpflanzung

In der Natur überwintert *M. giganteus* kühl und trocken unter Steinen. Wenn es im Mai und Juni zu regnen beginnt, werden die Tiere aktiv.

Während der Paarung packt das Männchen das Weibchen von vorne und streichelt es mit seinem langen Vorderbeinpaar. Das Weibchen streckt ihm daraufhin sein erstes Beinpaar überkreuzt entgegen. Das Männchen setzt den Spermabehälter auf den Spermatophorenstil und zieht das Weibchen darüber.

Eiablage

Einige Wochen nach der Paarung legt das Weibchen 20–30 Eier und trägt diese in einem Beutel an der Genitalöffnung. Einige Wochen später, während einer Periode mit viel Regen (nachahmen!) schlüpfen die Jungen. Bis zur ersten Häutung bleiben die weißen Nymphen auf dem Rücken der Mutter.

Eine kleine Geißelskorpionart mit Eiern

Zucht

Die Jungen suchen sich eine eigene Höhle. Sie häuten sich einmal pro Jahr und sind nach der vierten Häutung geschlechtsreif.

Verteidigung

Große Geißelskorpione können mit ihren Pedipalpenscheren kräftig zwicken. Außerdem können sie aus ihren Analdrüsen gegen Angreifer ein Sekret spritzen, das zu 85 % aus Essigsäure, zu 5 % aus Caprylsäure und zu 10 % aus Wasser besteht. Caprylsäure riecht intensiv und kann Juckreiz, Schwellungen und tränende Augen verursachen.

Beim Umgang mit den Tieren sollten Sie Schachteln, Pinzetten oder Handschuhe verwenden.

Die Ordnung Amblypygi (Geißelspinnen)

Eine Gattung dieser Ordnung heißt *Tarantula*. Geißelspinnen werden daher manchmal pauschal als Taranteln bezeichnet, was jedoch nicht korrekt ist, denn die eigentlichen Taranteln gehören zur Unterordnung Labidognatha, den Echten Spinnen.

Beschreibung

Die über 60 Arten der Geißelspinnen sind den Araneen sehr ähnlich. Sie erreichen eine Körperlänge von 1–7 cm, sind stark abgeflacht mit einem breiten Rückenschild und einem rundlichen Hinterleib. Ihre Beine sind sehr lang. Das erste Laufbeinpaar ist zu vielgliedrigen, ungemein langen Tastbeinen umgebaut, mit denen manche Arten eine Spannweite bis 25 cm erreichen. Die waagerecht getragenen, starken Pedipalpen sind scherenförmig oder bilden einen Fangkorb. Bei einigen Arten befindet sich an ihrem Ende ein Scherchen. Mit den Pedipalpen fängt die Geißelspinne ihre Beute und hält sie fest. Auch Körper und Beine werden damit geputzt. Das Kopfbruststück ist durch ein schmaleres erstes Hinterleibssegment deutlich vom Hinterleib getrennt.

Geißelspinnen spinnen nicht; sie besitzen keine Spinnwarzen. Sie können sehr schnell sein und huschen meist seitwärts umher. Sie atmen mit zwei, manchmal auch nur mit einem Paar Fächertracheen.

Geißelspinne aus Guayana

Geißelspinne (unbestimmte Damon*-Art)*

Frisch gehäutete Geißelspinne

Eine Geißelspinne mit Borsten am Tarsus des zweiten Laufbeinpaars gehört zur Familie Charontidae. Bei Tieren ohne Borsten handelt es sich um Tarantulidae. Diese Familie besteht aus drei Unterfamilien. Bei der Unterfamilie Phrynicinae besteht die Tibia des vierten Beinpaars aus einem Teil, bei den Damoninae aus zwei und bei den Tarantulinae aus drei Teilen.

Einige bekannte Gattungen sind: *Damon* (tropisches Westafrika) mit kleinen Scheren am Ende der sehr langen Pedipalpen, *Phrynus* (Mexiko und Kalifornien) mit Pedipalpen ohne Scheren, *Tarantula* (häufig im tropischen Amerika) mit Pedipalpen, die einen Fangkorb bilden, und *Sarax* (Süd- und Ostasien).

Verbreitungsgebiet

Geißelspinnen leben auf der ganzen Welt in tropischen und subtropischen Gebieten, vor allem in Afrika (bis Israel) und auch auf Kreta. Sie fehlen in Australien und auf Madagaskar. Man findet sie oft in großer Zahl auf Felsen, in Höhlen, unter Baumrinden oder Falllaub und in Löchern. Die nachtaktiven Tiere können selbst nicht graben.

Haltung

Halten Sie sich beim Einrichten des mäßig feuchten Terrariums an die Anleitungen für Geißelskorpione. Es muss mindestens viermal so lang, zweimal so breit und fünfmal so hoch sein wie das Tier selbst. Befestigen Sie an der Rückwand Korkplatten und sprühen Sie täglich.

Futter

Verfüttern Sie verschiedene Insekten.

Geschlechtsunterschiede

Bei den Männchen sind Femur und Tibia der Pedipalpen länger als bei den Weibchen.

Fortpflanzung

Das Männchen legt ein Spermapaket auf den Boden und geleitet seine Partnerin darüber, indem es sie mit den Tastbeinen berührt. Sie ertastet die Spermatophore und nimmt sie mit der Geschlechtsöffnung auf.

Eiablage

Das Weibchen trägt 20–40 Eier in einem kräftigen flachen Sekretbeutel am Bauch mit sich.

Die Jungen schlüpfen nach drei bis vier Monaten. Sie bleiben vier bis 14 Tage auf dem Rücken der Mutter, bis sie sich häuten.

Zucht

Versorgen Sie die Jungen wie die Eltern. Verfüttern Sie Fruchtfliegen, Grillen und Blattläuse. Eine Geißelspinne kriecht bei der Häutung über ihr aufgeklapptes Kopfbruststück nach außen und lässt den Hinterleib der alten Haut intakt. Geißelspinnen sind nach acht Häutungen (innerhalb von ein bis zwei Jahren) erwachsen.

Verteidigung

Geißelspinnen besitzen keinen Giftstachel. Flucht ist die wichtigste Verteidigungsstrategie. Sie können zwar zwicken, aber keinen Schaden anrichten. Manchmal stellen sie sich tot.

Saftkugler aus Madagaskar, möglicherweise Globotherium *sp.*

Die Klasse Myriapoda (Tausendfüßer)

Aus der Klasse der Tausendfüßer (Myriapoda) sind zwei der vier Unterklassen für den Terrarianer interessant: Diplopoda (Doppelfüßer) und Chilopoda (Hundertfüßer). Tiere der Unterklassen Symphyla (Zwergfüßer) und Pauropoda (Wenigfüßer) sieht man selten in Terrarien.

Beschreibung

Der Körper eines Tausendfüßers besteht aus Kopf und Rumpf. Am Kopf sitzen ein Paar Antennen, ein Paar Mandibeln und ein oder zwei Paar Maxillen (Mundwerkzeuge). Der Rumpf, an dem sich acht bis über 300 Beinpaare befinden, besteht aus einer größeren Zahl annähernd gleichartiger Segmente.

Die Unterklasse Chilopoda (Hundertfüßer)

Die 3000 Arten dieser Unterklasse werden in fünf Ordnungen unterteilt. Zur Ordnung Scolopendromorpha gehört die in Terrarien oft gehaltene Gattung *Scolopendra* mit mehr als 30 Spezies.

Tausendfüßer aus Peru

Beschreibung

Scolopendra-Arten sind flinke, bewegliche Tiere. Das erste Rumpfbeinpaar ist zu auffällig großen Beißzangen umgeformt. Der Körper besteht aus 22–25 Paar Segmenten und ist seitlich pro Segment mit einem langen Beinpaar besetzt. Seitlich am Kopf sitzen vier einfache Augen. Hundertfüßer atmen durch Tracheen. Die Färbung ist variabel, oft goldbraun, gelb, orange, grün oder violett und die Tiere glänzen meist.

Die Männchen von *Scolopendra cingulata* (Gürtelskolopender) werden bis 11 cm lang, die Weibchen erreichen sogar 17 cm. Sie sind braunolivgrün gefärbt, die Männchen heller. Die Tiere können ca. sieben Jahre alt werden.

Tropische *Scolopendra*-Arten werden bis 30 cm lang. Die Bestimmung der Spezies ist schwierig.

Verbreitungsgebiet

Hundertfüßer bewohnen relativ trockene bis sehr feuchte Biotope. Die Lebensräume sind jedoch nicht nass oder vollkommen trocken. Tagsüber verstecken sich die Tiere unter Steinen, in Spalten oder im Boden.

S. cingulata lebt in Südeuropa und Asien. *S. gigantea* (Riesenskolopender; 26 cm lang und 2,5 cm breit) stammt aus dem tropischen Amerika und *S. heros* ist im Süden der USA beheimatet.

Haltung

Halten Sie diese kannibalischen Tiere solitär in einem Terrarium, das mindestens zweimal so lang und einmal so breit wie die Körperlänge des Hundertfüßers ist.

Als Substrat dient eine mindestens 7 cm tiefe Lehmsandschicht, gemischt mit Torf, Laub oder Gartenerde. Lassen Sie den Boden nicht vollkommen austrocknen. Bauen Sie Verstecke und vermeiden Sie grelles Licht.

Riesenskolopender (Scolpoendra gigantea)

Gürtelskolopender (Scolopendra cingulata), *Weibchen*

Hundertfüßer aus Thailand

Das letzte Beinpaar des Männchens (mit rotem Kopf) dieser Art aus Argentinien ist vergrößert.

Tausendfüßer haben große Beißzangen, sind sehr aggressiv und schnell.

Die Temperatur sollte tagsüber bei 23–30 °C liegen, nachts bei ca. 17 °C.

Halten Sie die rF bei 50–70 % und besprühen Sie eine Terrarienhälfte einmal pro Woche. Der relativ zarte Chitinpanzer der Hundertfüßer verträgt keine trockene Luft (rF unter 40 %). Eine zu hohe Luftfeuchtigkeit fördert Schimmelbildung und kann zu einer Milbeninvasion führen.

Schließen Sie das Terrarium dieser aggressiven, schnellen und giftigen Tiere gut ab.

Futter

Verfüttern Sie Gliederfüßer, Schnecken, Würmer und (nestjunge) Mäuse. Die Beute wird mit den Vorderbeinen gepackt, dann schnappt der Hundertfüßer mit den Beißzangen zu. Ein hungriges Tier kann mit den übrigen Beinen mehrere Beutetiere festhalten.

Geschlechtsunterschiede

Erwachsene Männchen sind kleiner als die Weibchen. Ihr letztes Beinpaar ist größer. Ein Segment zwischen den Hinterbeinen ist vergrößert (schlecht sichtbar); es dient dem Bau eines Netzes, in dem eine Spermatophore deponiert wird.

Fortpflanzung

Arten aus gemäßigten Klimazonen benötigen eine zweimonatige Winterruhe bei einer Temperatur von 10 °C.

Setzen Sie ein gut gefüttertes erwachsenes Pärchen zusammen in ein Terrarium, das mindestens viermal so lang ist wie die Tiere.

Hundertfüßer paaren sich meist nachts und unterirdisch über Stunden. Das Männchen nähert sich dem Weibchen, spinnt ein Netz auf den Boden und legt darauf ein bohnenförmiges Spermapaket ab. Das Weibchen nimmt das Paket mit den Beinen auf und transportiert es an seine Geschlechtsöffnung. Neben sexueller Fortpflanzung kommt auch Parthenogenese (Entwicklung aus unbefruchteten Eizellen) vor.

Eiablage und Zucht

Einige Wochen nach der Paarung legt das Weibchen etwa 20 Eier in einer Höhle in einen Ring, den es mit seinem Körper formt. Es schützt sein Gelege vor Feinden, Schimmel und Infektionen, indem es daran leckt. Wenn man das Weibchen entfernt, verschimmelt die Brut, da das Muttertier eine desinfizierende Substanz abgibt.

Wenn die Jungen nach einem bis zwei Monaten schlüpfen, bleiben sie noch einige Tage in der Höhle und werden von der Mutter bewacht. Ein gestörtes Weibchen frisst die Eier oder Nymphen auf. Bei der Geburt sind die Nymphen noch weiß, aber sie besitzen bereits alle Beinpaare.

Ziehen Sie selbstständig umherlaufende Jungtiere solitär auf. Sie sind nach sechs bis zwölf Monaten geschlechtsreif. Die Häutung finden meist nachts im Versteck statt. Nach der Häutung fressen Hundertfüßer ihre alte Haut auf.

Verteidigung

Sie sollten großen Respekt vor diesen aggressiven, sehr giftigen und gefährlichen Tieren haben. Das Gift von *S. cingulata* kann beim Menschen Fieber, Schwellungen, Unwohlsein, Atemnot und Herzstörungen verursachen. Nach zwei Tagen sind die Symptome meist abgeklungen. Behandeln Sie die Wunde mit Alkohol und einer desinfizierenden Lösung.

Der korrekte Umgang mit einem Tausendfüßer

Hautkontakt kann zu allergischen Reaktionen führen. Die Tiere können außerdem mit dem letzten Beinpaar kräftig zwicken.
Wenn Hundertfüßer sich gestört fühlen, werden sie sehr wild und flink. Die vorderste Hälfte des Körpers wird dabei hin- und herbewegt. Beachten Sie, dass Hundertfüßer aufrecht stehen und selbst aus einem hohen Terrarium klettern können. Viele Arten vermögen an Glas hochzulaufen.

Umgang

Stülpen Sie eine Schachtel über das Tier und schieben Sie einen Deckel darunter. Packen Sie das Tier mit einer langen Pinzette, deren Spitzen mit Papier umwickelt sind, aber halten Sie die Hände fern. Dank der Schutzvorrichtung an der Pinzette können die Tiere nicht verletzt werden.

Die Unterklasse Diplopoda (Doppelfüßer, Tausendfüßer im engeren Sinn)

Bei dieser Unterklasse, die 10 000 Arten umfasst, handelt es sich um eine sehr alte Tiergruppe. Sie ist bereits aus dem Paläozoikum (Erdaltertum) bekannt.
Für den Terrarianer ist nur die Ordnung Chilognatha interressant. Zur kleinen Ordnung Penicillata gehören kleine borstige Doppelfüßer.
Der Panzer der Chilognatha ist mit Kalk verstärkt. Es handelt sich meist um lange dünne Bodenbewohner. Dank der Schubkraft der zwei Beinpaare pro Segment, des harten Panzers und der kräftigen Mundwerkzeuge können diese Tiere zwischen verrottendem Holz und in harter Erde leben.
Die Ordnung Chilognatha besteht aus zwei Unterordnungen: Pentazonia (Opisthandria) und Helminthomorpha (Proterandria).
Bei dieser Unterklasse sind die beiden Beinpaare am siebten Segment zu Fortpflanzungsorganen umgebildet. Die tropischen Arten der Familie Spirobolidae sind oft prächtig gefärbt. Zur Familie der ebenfalls tropischen Spirostreptidae gehören die größten Schnurfüßer. Sie werden bis 30 cm lang. Das erste Beinpaar der Männchen ist ebenfalls zu einem Geschlechtsorgan verwachsen. Die Familie Julidae umfasst kleinere Arten aus gemäßigten Gebieten.

Beschreibung

Der Körper eines Doppelfüßers besteht aus Kopf, Rumpf und Schwanz (Telson). Am mit Kalzium verstärkten Kopf sitzen (eventuell) Augen sowie Antennen und Mundwerkzeuge. Die Tiere sind dämmerungs- und nachtaktiv und zur Orientierung hauptsächlich auf ihre kurzen dicken Antennen angewiesen, die in sechs bis acht Segmente unterteilt sind. Sie dienen als Tast- und Riechorgane. Seitlich von den Antennen befinden sich ein bis 90 Einzelaugen (Ocellen).
Der meist lange zylindrische Rumpf ist glatt, behaart, mit Stacheln besetzt oder knotig. Er setzt sich aus Thorax, Abdomen und Sprossungszone zusammen. Der Thorax besteht aus einem einfachen Rückenschild (Collum) ohne Beine und drei Doppelsegmenten, die zusammen drei Paar Beine tragen. Vom Abdomen an hat jedes Segment zwei Beinpaare. Dies resultiert in einer möglichen Gesamtzahl von über 300 Beinpaaren (Rekord: 375 bei *Illacme plenipes*). Die Mindestanzahl liegt bei 13 Beinpaaren.
Auf das Abdomen folgt bei subadulten Tieren die Sprossungszone, eine beinlose Zone aus drei Segmenten, an der sich bei der Häutung Beine bilden. Gleichzeitig entstehen wiederum neue beinlose Segmente. Einige Arten wachsen immer weiter, auch wenn die Tiere geschlechtsreif sind. Das Telson besteht aus den beiden letzten Segmenten.
Bei den meisten Tausendfüßern sind Rücken- und Bauchschild zu Ringen verwachsen. Jedes Segment besteht aus zwei miteinander verschmolzenen Ringen. Der vordere Teil (Prosomit) ist einfach und liegt größtenteils unter dem vorherigen Segment. Der hintere Teil (Metasomit) ist verhärtet. Die Segmente schieben sich perfekt ineinander.
Die Beine bestehen aus acht Segmenten: Coxa, Trochanter, Präfemur, Femur, Postfemur, Tibia, Tarsus und Kralle. Einige Beine führen eine eigenartige Schlingerbewegung aus wie eine Welle, die von hinten nach vorne läuft.

Tausendfüßer aus Nigeria

Tausendfüßer atmen durch Tracheen, die in einfache oder büschelige Tracheenäste münden.

Doppelfüßer werden 10–15 Jahre alt. Die bekanntesten Arten gehören zum „Bulldozer-Typ"; sie wühlen mit Stirn und Collum durch den Boden. Der Kugel-Typ kann sich zu einer vollkommenen Kugel einrollen. Der Keil-Typ hat breite oder schwach ausgebildete Seitenkiele der Rumpfringe, welche die Rückenfläche verbreitern, versteifen und abflachen.

Die kleinsten Arten werden nicht einmal 3 mm lang. Die größten erreichen eine Körperlänge von 28 cm und sind 2 cm breit wie zum Beispiel *Archispirostreptus gigas* aus den Wäldern Südafrikas und *Scaphistostreptus seychellarum* von den Seychellen.

Besonders häufig werden für das Terrarium die Arten der Gattungen *Julius* und *Spirostreptus* angeboten. Da die Bestimmung sehr schwer ist, werden die Tiere oft falsch benannt.

Verbreitungsgebiet

Fast alle Tausendfüßer sind Bodenbewohner. Sie fressen hauptsächlich totes, pflanzliches Substrat, nur selten lebende Pflanzen oder Aas. Tagsüber verstecken sie sich unter Steinen oder in der Erde. Einige Arten können gut klettern. Aufgrund der wasserdurchlässigen Körperhülle leben die meisten Spezies in feuchten Biotopen, zum Beispiel in Wäldern. Einige Arten bewohnen relativ feuchte Mikrohabitate in trockenen Biotopen wie Wüsten. Diese Spezies tragen eine Art Wachsschicht auf der Haut, wodurch der Wasserverlust verringert wird.

Die ökologisch wichtigen Tiere produzieren gigantische Mengen organischen Materials, das für den weiteren Abbau durch Bakterien und Schimmelpilze bereitsteht.

Arten aus gemäßigten und subtropischen Regionen halten einen Winterschlaf. Der 14 cm lange dunkelbraun und gelb gestreifte *Orthoporus ornatus* aus der nordmexikanischen Wüste legt ab November bei Temperaturen unter 20 °C eine Winterruhe ein. Die Tiere verstecken sich dann zum Beispiel in Höhlen oder unter Steinen. Sie kommen Mitte Mai wieder zum Vorschein. In den nächsten fünf Monaten, wenn es ab und zu regnet, sind sie frühmorgens und am späten Mittag aktiv. Sobald das Thermometer mehr als 35 °C anzeigt, verstecken sich die Tiere.

Haltung

Mehrere Tiere einer großen Art brauchen ein Terrarium mit den Mindestmaßen 60 x 40 x 40 cm. Als Bodengrund dient eine mindestens 10 cm dicke Schicht Walderde, die mit Blättern von Buche, Weißdorn oder Eiche vermengt wird. Mischen Sie ein Kalkpräparat unter einen Teil des Substrats. Eine Kiesschicht wirkt als Drainage. Eingegrabene Tiere sind vielleicht bei der Häutung oder bei der Eiablage und dürfen absolut nicht gestört werden. Bepflanzen Sie das Terrarium und schaffen Sie Versteckmöglichkeiten. Beleuchten Sie den Behälter zehn bis 12 Stunden pro Tag mit einem Strahler. Boden- und Lufttemperatur sollten für Regenwaldbewohner tagsüber 20–26 °C betragen. Besprühen Sie eine Terrarienhälfte zweimal pro Woche (rF mindestens 75 %). Bei hoher Luftfeuchtigkeit sind die Tiere auch tagsüber zu sehen. Denken Sie an eine ausreichende Belüftung. Eine flache Wasserschale dient als Trinkgefäß. Tausendfüßer können Sie gut mit Wandelnden Blättern, Käfern und nicht zu großen Heuschrecken halten.

Futter

Verfüttern Sie abwechselnd abgestorbene, verrottende Blätter von Buche, Birke, Weißdorn, Hasel und Eiche. Variieren Sie auch, indem Sie ab und zu sparsam überreife Früchte, Haustierfutter und Fleisch verfüttern. Reichern Sie das Futter mit einem Kalkpräparat an. Entfernen Sie täglich nicht gefressenes Futter.

Geschlechtsunterschiede

Bei erwachsenen Männchen sind das erste (und manchmal auch das zweite) Beinpaar am siebten Segment zu einem Paar Geschlechtsorgane, den Gonopoden, umgewandelt. Diese unterscheiden sich je nach Art und passen wie ein Schlüssel in die weibliche Geschlechtsöffnung. Von der fünften Häutung an sind die Gonopoden als Knoten an der Bauchseite sichtbar. Von oben gesehen scheint das siebte Segment keine Beine zu besitzen.

Beine und Antennen sind bei den Männchen stets länger als bei den Weibchen. Die inneren Geschlechtsorgane beider Geschlechter münden am zweiten Beinpaar.

Tausendfüßer auf dem Waldboden in Kamerun

Unbestimmte Julius-*Art aus Argentinien (Chaco)*

Beim Männchen sind die Beine am siebten Segment zu Gonopoden umgebildet.

Graphidostreptus *sp. aus Kenia bei der Paarung*

Fortpflanzung

Das Männchen nähert sich dem Weibchen, windet sich um ihren Vorderleib und stopft mit den Gonopoden ein Spermapaket in die Geschlechtsöffnung des Weibchens. Bei 15 cm langen kenianischen Tieren (siehe Foto oben rechts) ist das Spermapaket ca. 3 mm groß und milchweiß. Manche Spezies deponieren die Spermatophore auf dem Boden, dort nimmt sie das Weibchen auf.

Bei einigen Arten häuten sich die Männchen nach der Paarung; anschließend sind die Gonopoden nur noch als Knospen vorhanden. Nach einer zweiten Häutung sind sie meist wieder voll entwickelt. Diese Erscheinung nennt man Periodomorphose.

Eine sexuelle Ruheperiode führt zu einer höheren Lebenserwartung, vor allem in Zeiten mit ungünstigem Klima. Einige Arten pflanzen sich parthenogenetisch fort (die Entwicklung erfolgt dann aus unbefruchteten Eizellen).

Eiablage

Die Weibchen der meisten Spezies graben sich zur Eiablage in einer glockenförmigen Kammer ein und verstecken sich dort. Andere legen jedes Ei separat in eine eigene Kammer. Die Kammern größerer Arten sind ca. 5 mm groß, die Wand ist 1 mm dick. Glocke oder Kammer werden oft mit Exkrementen verstärkt. Die ca. 2–5 mm langen Eier sind weiß bis gelb gefärbt. Einige Arten legen bis zu 700 Eier in 12–30 Tagen. Die Jungen schlüpfen nach ca. sechs Wochen.

Zucht

Das Gelege und die ersten Entwicklungsstadien wird man in der Regel nicht zu Gesicht bekommen, aber eines Tags laufen junge Tausendfüßer herum. Die Jungen besitzen zunächst nur drei Beinpaare und kaum mehr Segmente; sie werden erst von Häutung zu Häutung zahlreicher.

Sobald die Jungen laufen können, verlassen sie ihr Nest. Zunächst häuten sie sich in Intervallen von wenigen Tagen.

Die Jungtiere können bei den Eltern bleiben und sind meist mit zwei bis drei Jahren erwachsen. Wüstenbewohner, die nur kurze Zeit im Jahr aktiv sind, sind manchmal erst mit neun Jahren geschlechtsreif.

Vor und nach der Häutung benötigen Tausendfüßer eine Ruhepause, die mehrere Wochen dauern kann. Viele Arten suchen dazu ein Versteck auf, andere graben eine unterirdische Kammer.

Während der Häutung reißt die alte Haut an der Bauchseite auf und das Tier windet sich heraus. Die alte Haut wird meist gefressen. Nach einigen Tagen ist die Cuticula der neuen Haut gehärtet, dann verlässt der Tausendfüßer sein Versteck.

Verteidigung

Die erste Reaktion ist Zusammenrollen. In einer Spirale liegend schützt der Tausendfüßer mit seinen harten kalkverstärkten Rückenplatten seine zarten Bauchteile und Beine. Genügt dies nicht, wird über seitliche Öffnungen ein Wehrsekret abgesondert. Es handelt sich hierbei um eine Mischung aus Chinonen, Blausäure sowie Chlor- und Bromverbindungen. Das Sekret tötet Bakterien und reizt Haut, Schleimhäute und Augen. Die Haut wird zunächst gelb, rot oder schwarz, bildet eventuell Blasen und kann im schlimmsten Fall abfallen, mit einer Narbe als Folge. Spülen Sie betroffene Stellen unter fließendem Wasser ab.

Die Tiere werden, wenn sie länger in Gefangenschaft leben, weniger „giftig" und sondern ihr Sekret nicht so schnell ab. Vorsichtshalber sollten Sie jedoch beim Umgang mit Tausendfüßern Handschuhe tragen.

Verpacken Sie niemals mehrere Tausendfüßer in einer kleinen Schachtel mit schlechter Belüftung. Die Abwehrstoffe sind sehr flüchtig und können für die Tiere selbst tödlich sein.

Krankheiten

Tausendfüßer können unter anderem von Schimmelpilzen, Viren und Bakterien befallen werden. Auch Fliegen parasitieren an ihnen.

Milben sind relativ unschädlich. Sie sitzen vor allem am Kopf und an den Beinansätzen. Man kann sie mit einem Pinsel, der in verdünnten Alkohol getaucht wurde, entfernen; berühren Sie bei dieser Aktion jedoch nicht die Körperöffnungen.

Lassen Sie einen Tausendfüßer nicht fallen: Gerade weil ihr Panzer mit Kalk verstärkt ist, wird er schnell beschädigt. Solche Verletzungen heilen schwer und infizieren sich schnell. Am besten legen Sie ein schwer verwundetes Tier 24 Stunden lang in den Gefrierschrank oder ein Paar Stunden in Chloroform oder Äther.

Die Unterordnung Pentazonia (Kugler)

Zur Unterklasse Diplopoda gehört auch die Unterordnung Pentazonia.

Bei dieser Gruppe ist das letzte Beinpaar der Männchen zu Klammerbeinen (Telopoden) umgebildet. Die Familie Glomeridesmida umfasst kleine, blinde, primitive Tausendfüßer, die sich nicht einrollen können. Zur Familie Glomeridae gehören die Saftkugler, die auf der nördlichen Halbkugel leben. Sie haben 17 Beinpaare und werden maximal 2 cm lang. Die bekannteste Art ist *Glomeris marginata* (Gerandeter Saftkugler) aus europäischen Wäldern. Saftkugler können sich komplett einrollen. Das zweite und dritte Rückenschild sind zu einem großen Schild verwachsen.

Die Familie Sphaerotheriida liefert die für Terrarianer interessanten großen Kugler. Sie kommen auf der südlichen Halbkugel vor und besitzen 21 Beinpaare. Glomerida und Sphaerotheriida werden zusammen Oniscomorpha genannt.

Beschreibung

Kugler haben zweigeteilte Sternite (Bauchplatten). Sphaerotheriida verfügen über 13 Segmente und

Zusammenrollen als Verteidigungsstrategie (Art aus Peru)

Unbestimmte Julius-*Art aus Argentinien (Sierra de la Ventana)*

werden maximal 10 cm lang. Pro Segment besitzen sie zwei Beinpaare. Am ersten Segment sitzen keine Beine, am zweiten bis vierten Segment befindet sich je ein Beinpaar. Kugler haben wie Tausendfüßer einfache Augen und orientieren sich vor allem mit den kurzen dicken Antennen. Das Telson besteht aus drei klappenförmigen Platten, die sich bei der Ausscheidung von Exkrementen öffnen.

Es gibt fünf Gattungen: *Sphaerotherium* und *Globotherium* aus Afrika, *Sphaeropoeus* und *Arthrospaera* aus dem indomalayischen Raum und *Cyliosoma* aus Australien. Von den ca. 50 Arten der Gattung *Sphaerotherium* leben die kleineren (ab 1 cm) in den Bergen, die größeren (bis 6 cm) näher an der Küste (Dünenwälder). Keine einzige Art kommt in trockenen Gebieten vor. Auf Madagaskar lebt unter anderem die Gattung *Globotherium* (früher *Zoosphaerium*). Die Tiere auf den Fotos gehören vermutlich zu dieser Gattung. Das größte bislang gefundene Exemplar war 8 cm lang und 4,5 cm breit. Die Tiere sind hauptsächlich nachtaktiv.

Haltung

Kugler kann man meist nicht länger als ein Jahr halten. Die im Folgenden beschriebene Art der Haltung und Fütterung bietet aber Perspektiven.

Für eine Gruppe großer Kugler braucht man ein Terrarium mit den Mindestmaßen 60 x 40 x 40 cm. Bedecken Sie den Boden mit einer mindestens 10 cm dicken Schicht feuchter Walderde, die mit Blättern von Esche, Weißdorn, Birke, Buche und Eiche vermengt wird. Mischen Sie ein Kalkpräparat unter einen Teil des Substrats. Eine Kiesschicht auf dem Boden wirkt als Drainage. Bauen Sie Verstecke aus Korkplatten.

Beleuchten Sie das Terrarium zehn bis 12 Stunden. Die Temperatur sollte tagsüber bei 20–26 °C liegen, nachts bei 17–20 °C. Sprühen Sie täglich, um eine rF von 60–90 % zu halten. Denken Sie an eine ausreichende Belüftung. Eine flache Wasserschale mit einem Schwamm dient als Trinkgefäß. Daneben legen Sie ein Stück verrottendes Holz und etwas Pferdemist. Geben Sie etwas Sand mit Meerwasser in eine Schale. Einige Arten müssen Sand zur Verdauung aufnehmen, deshalb sollten Sie auch einen kleinen Platz mit Lehmsand zur Verfügung stellen.

Futter

Verfüttern Sie abwechselnd abgestorbene, verrottende Blätter von Birke, Buche, Eiche, Hasel und Weißdorn. Weiterhin können Sie reife Früchte, grüne Blätter, Moos, Champignons und Fleischstückchen reichen.

Geschlechtsunterschiede

Die Geschlechtsunterschiede sind bei gesunden Kuglern schwer zu erkennen, da sich die Tiere einrollen, wenn sie gestört werden.

Bei den Männchen sind die letzten drei Beinpaare zu Gonopoden entwickelt, wobei die letzten, die Telopoden, scherenförmig sind; sie fehlen bei den Weibchen.

Die Geschlechtsöffnung der Männchen befindet sich am zweiten Beinpaar, ist aber schwer zu finden. Die Männchen sind stets kleiner als die Weibchen. Das hinterste große Segment (Pygidium) sieht beim Männchen eher wie ein Sattel aus.

Die Weibchen besitzen seitlich an den Hüften (Coxae) des zweiten Beinpaars ein ovales oder birnenförmiges Organ, das bei den Männchen fehlt.

Fortpflanzung

Mit den Telopoden hält das Männchen das Weibchen während der Paarung fest. Die Kopulation findet nachts statt und wird leicht gestört, zum Beispiel durch Licht. Das Männchen nähert sich seiner Partnerin rückwärts laufend und schiebt sie umher. Gleichzeitig striduliert (zischt) es mit dem Kamm auf seinen Telopoden. Das inzwischen eingerollte Weibchen entrollt sich wieder, wenn es das Geräusch erkennt.

Das Männchen bewegt sich nun über das Weibchen und hält es an seiner Vorderseite mit der, an den Telopoden sitzenden Zange fest. Wenn die Tiere „Rücken an Rücken" liegen, tritt ein Spermapaket aus der männlichen Geschlechtsöffnung aus. Diese 1 mm große Spermatophore wird innerhalb weniger Sekunden zur Geschlechtsöffnung des Weibchens gereicht, die sich einige Zentimeter weiter oben befindet. Danach liegen die Tiere noch einige Minuten still.

Die Paarung dauert nicht länger als vier bis sieben Minuten. Das Weibchen nimmt danach die Spermatophore in ihr Maul, möglicherweise um die Reste aufzufressen, nachdem die Spermien das Säckchen verlassen haben.

Eiablage

Die Eier werden unterirdisch in kleinen Kammern abgelegt. Die Larven der europäischen Gattung *Glomeris* schlüpfen nach 30 Tagen. Sie haben drei unterentwickelte Beinpaare. Sobald sich sieben Körpersegmente und acht Beinpaare gebildet haben, verlassen die Larven das Kämmerchen.

Die Jungtiere häuten sich unterirdisch in einer Kammer.

Verteidigung

Wenn sich Kugler gestört fühlen, rollen sie sich zu einem perfekten Ball zusammen. Die Rückenschilder sind an der Vorderseite etwas schmaler und können so in die breite hintere Öffnung des vorhergehenden Segments geschoben werden. Die Beine sind abgeplattet, sodass sie beim Aufrollen wenig Platz einnehmen. Der mit Kalk verstärkte Panzer schützt auch andere Körperteile. Weder Ameisen noch Wasser können nach innen gelangen. Nach einigen Minuten Ruhe entrollen sich die Tiere wieder.

Glomeris-Arten verfügen über einen Abwehrstoff, ein Alkaloid, dessen Geschmack noch bitterer ist als der von Chinin. Bei den großen tropischen Arten scheint ein ähnlicher Abwehrstoff vorhanden zu sein.

Kugler sollten abwechslungsreich gefüttert werden.

Kugler trinken viel. Halten Sie die Tiere feucht.

Gebänderter Kugler aus Madagaskar

Parsons Chamäleons (Calumma parsonii), *Pärchen*

Die Klasse Reptilia (Kriechtiere)

Die ca. 7000 Reptilienarten werden in vier Ordnungen unterteilt:

- Squamata: Eigentliche Schuppenkriechtiere (Unterordnungen Echsen und Schlangen) mit ca. 6700 Arten.
- Testudines: Schildkröten mit ca. 250 Arten.
- Crocodylia: Krokodile mit 23 Arten.
- Rhynchocephalia: Schnabelköpfe (von dieser Ordnung existieren nur noch die Brückenechsen mit zwei Arten.

Für Terrarien eignen sich Krokodile prinzipiell nicht. Brückenechsen dürfen nicht gehalten werden (CITES/EU-Anhang A).

HAUT

Die dicke trockene Oberhaut der Reptilien ist mit Hornschuppen oder größeren Schilden überzogen und wenig durchlässig. Deshalb halten Reptilien Trockenheit gut aus, können aber in der Regel nicht über die Haut atmen, unter der oft tafelförmige Hautknochen liegen. Diese bilden bei Schildkröten einen starren Panzer und bei Krokodilen bewegliche Platten.

Bei Schlangen und Echsen ist die Oberhaut ein Gebilde aus totem Gewebe, das nicht mehr wächst. Deshalb häuten sich diese Kriechtiere in regelmäßigen Abständen. Junge Reptilien, die schnell wachsen, tun dies alle zwei bis vier Wochen, bei erwachsenen Tieren ist der Zeitraum zwischen den Häutungen größer. Reptilien häuten sich meist auch unmittelbar nach dem Winterschlaf und kurz vor der Eiablage.

Gesunde Schlangen streifen ihre alte Haut in einem Stück ab, indem sie aus der alten Hülle, die an den Mauträndern einreißt, herauskriechen.

Bei Echsen und Schildkröten fällt die Haut in Stücken ab; einige Tage vor der Häutung löst sie sich schon etwas von der neuen Unterlage, wodurch das Tier eine mattere Farbe erhält.

Eine Brückenechse im Westberliner Zoo

SINNESORGANE

Unter den Sinnesorganen der Kriechtiere ist in der Regel das Auge von großer Bedeutung. Mithilfe des Gesichtssinns erkennen sie ihre Beute, Geschlechtspartner oder Konkurrenten. Einzig die Schlangen haben einen nur schwach ausgeprägten Gesichtssinn. Bei ihnen und bei vielen Geckos sind die Augenlider miteinander verwachsen.

Die meisten Reptilien hören mäßig bis schlecht. Die Ohröffnungen oder Trommelfelle sind an beiden Seiten des Kopfs sichtbar. Bei Schlangen und manchen Echsen fehlen Außenohr, Trommelfell, Paukenhöhle und Eustachische Röhre. Die Tiere sind daher taub.

Bei Echsen und Schlangen liegt am Gaumen ein spezielles Organ mit Verbindungsgängen zum Maul: das Jacobsonsche Organ. Bei allen Schlangen und einigen Echsen (zum Beispiel Waranen) ist dieses so stark entwickelt, dass sie es aktiv als Riechorgan einsetzen.

In diesem Zusammenhang spielt auch die gespaltene Zunge eine wichtige Rolle. Sie kann, ohne dass das Tier sein Maul öffnen muss, nach außen gestreckt werden und nimmt dabei winzige Mengen von Duftstoffen auf. Indem das Tier die Zunge gegen die Öffnung des Jakobsonschen Organs drückt, kann es die Bedeutung der aufgenommenen Duftstoffe erkennen. Man nennt diesen Vorgang Züngeln. Mithilfe der Zunge und des Jacobsonschen Organs sind Schlangen imstande, ein Beutetier, das sie gebissen haben, zu verfolgen und aufzuspüren.

ORGANE

Bei Reptilien ist die Herzkammer durch eine (unvollständige) Scheidewand in zwei Kammern geteilt. Bei den Krokodilen ist der Aortenhauptstamm vollständig geteilt.

Reptilien tragen Schuppen auf der Haut. Dieser Ausschnitt zeigt die Haut eines Königspythons (Python regius).

Der Hemipenis einer Gelben Erdnatter (Elaphe obsoleta quadrivittata)

Bei den meisten Geckos wird die Eischale nach der Ablage hart. Hier zwei Eier des Tokehs und ein frisch geschlüpftes Jungtier.

Die Lungen sind das Hauptatmungsorgan der Kriechtiere, da ihre verhornte Haut zum Gasaustausch nicht befähigt ist. Sie sind von sackartiger Gestalt und weisen wabenähnliche Ausbuchtungen auf. Bei den Schlangen ist der rechte Lungenflügel fast immer rückgebildet.

Nieren, Darm und Geschlechtsorgane münden in einen gemeinsamen Ausgang, die Kloake.

FORTPFLANZUNG

Bei allen Reptilien findet bei den Weibchen eine innere Befruchtung statt. Die Männchen der Schlangen und Echsen haben zwei Geschlechtsorgane, die paarigen Hemipenes. Schildkröten und Krokodile verfügen hingegen über einen unpaaren Penis. Den Brückenechsen fehlt ein derartiges Geschlechtsorgan. Das Männchen überträgt hier seinen Samen, indem es seine Kloakenöffnung auf die des Weibchens drückt.

Kriechtiere pflanzen sich durch Eier fort, die sie frei ablegen (ovipare Kriechtiere) oder die im Mutterleib reifen (ovovivipare Kriechtiere). In der Regel werden die Eier sofort nach der Paarung befruchtet. Manchmal wird der Samen jedoch in einem Spermienbehälter aufbewahrt, sodass zuweilen noch Jahre später Eier befruchtet werden können.

Die Eier der meisten Reptilien haben eine harte kalkhaltige Schale. Diese härtet bei Schildkröten, Krokodilen und vielen Geckos nach der Ablage aus. Bei Echsen und Schlangen hingegen ist die Schale pergamentartig weich, denn viele Arten dieser Unterordnungen gebären lebende Jungen: Die dünne Eihülle reißt bei der Eiablage oder kurz darauf entzwei und das vollkommen entwickelte Junge schlüpft heraus.

Die Eier der nicht lebend gebärenden Arten werden an Land abgelegt, in einer Grube oder Höhle, in totem organischem Material, unter einem Stück Rinde oder zwischen Blättern. Kriechtiere bebrüten ihr Gelege nicht. Die Entwicklung der Keimlinge ist abhängig von der Temperatur des Substrats, das die Eier umgibt.

ZUCHT IN GEFANGENSCHAFT

Die Geschlechtsunterschiede bei den Reptilien finden Sie bei der jeweiligen Tiergruppe. Weiterhin sind für die Reptilienzucht wichtig:

- Partnerwahl
- Winterschlaf
- Fortpflanzung
- Eiablage
- Inkubation der Eier
- Aufzucht der Jungen

PARTNERWAHL

Bei einigen Arten paart sich nicht jedes Männchen mit jedem Weibchen und umgekehrt. Hier können Sie Abhilfe schaffen, indem Sie die Tiere austauschen. Versuchen Sie, Inzucht zu vermeiden und führen Sie genau Buch über jedes Tier.

WINTERSCHLAF

Viele Kriechtiere brauchen bestimmte Anreize, um in Paarungsstimmung zu kommen und die Eiproduktion zu aktivieren. Hierbei handelt es sich um hormonell gesteuerte Prozesse. Reptilien aus Regionen, in denen die Temperaturen im Winter deutlich sinken, paaren sich oft im Frühling. Viele Arten werden hierzu durch eine kühle Überwinterung

Vor dem Winterschlaf muss der Darm der Reptilien entleert werden. Nach einem Bad in lauwarmem Wasser werden die letzten Exkremente ausgeschieden. Hier der Afrikanische Dornschwanz (Uromastyx acanthinurus).

(Winterschlaf) stimuliert. Spezies aus gemäßigten Gebieten pflanzen sich auch ohne Winterschlaf fort, wie zum Beispiel Landschildkröten, *Elaphe guttata* und *Thamnophis*-Arten. Dank des Winterschlafs überleben viele Kriechtiere in der freien Natur die kalte Jahreszeit. Während dieser Periode sind sie nicht oder kaum aktiv und fressen nicht. Die Temperatur, bei der sich die Tiere verstecken und inaktiv werden, ist von der Art abhängig. Wenn die Temperaturen wieder steigen, legen viele dieser Arten eine Winterruhe ein; sie sind dann etwas aktiver.

Schwache Tiere dürfen nicht in den Winterschlaf versetzt werden, da sie sonst sterben oder aufwachen. Die Tiere müssen in guter Kondition und gutem Futterzustand sein, wenn sie in Winterschlaf gehen. In ihrem ersten Lebensjahr halten Reptilien keinen oder einen nicht so tiefen Winterschlaf.

Winterschlaf beziehungsweise Winterruhe erfordern einige Vor- und Nachsorgemaßnahmen:

- Verringern Sie, während die Lampen noch an sind, über einen Monat hinweg die Futtermenge und verkürzen Sie die Tageslichtdauer. Viele Reptilien merken, dass die Tage kürzer werden und werden dann weniger fressen.
- Stellen Sie die Fütterung mindestens zwei Wochen, bevor Sie die Temperatur absenken, ein. Nahrungsreste, die sich während des Winterschlafs noch im Darm befinden, können aufgrund der niedrigen Temperatur nicht verdaut werden und zersetzen sich.
- Um sicher zu sein, dass das Tier seinen Darm vollkommen entleert, baden Sie es 30 Minuten in lauwarmem Wasser. Dabei werden auch die letzten Reste des Darminhalts ausgeschieden.

  Fahren Sie die Temperatur allmählich herunter, entweder über einen Dimmer oder indem Sie wöchentlich die Wattleistung der Heizlampen reduzieren. Die Reptilien werden in kurzer Zeit weniger aktiv und verstecken sich. Sie dürfen nun nicht mehr gefüttert werden. Unruhige Tiere sind vielleicht in keiner guten Verfassung und dürfen dann keinen Winterschlaf halten.
- Verringern Sie die Beleuchtungsdauer allmählich auf ein paar Stunden pro Tag. Klimatabellen über den jeweiligen Lebensraum liefern hierzu Informationen.
- Stellen Sie die Tiere nach acht bis 12 Wochen bei einer niedrigen Temperatur in einen dunklen Raum, zum Beispiel in den Keller, damit die Reptilien Winterschlaf beziehungsweise Winterruhe halten können. Die Tiere müssen sich in lockerer Walderde oder Torfmull eingraben können und frisches Wasser vorfinden.
- Kontrollieren Sie das Winterquartier einmal pro Wochen. Einige Arten wandern zeitweise durch das Terrarium. Sie dürfen sie keinesfalls füttern.

Wenn die Winterpause vorüber ist, kehren Sie den Vorgang um: Setzen Sie die Tiere in ihr Terrarium, erhöhen Sie die Temperatur innerhalb von zwei bis drei Wochen auf den Normalwert, steigern Sie die Intensität der Beleuchtung im gleichen Zeitraum und nehmen Sie die Fütterung wieder auf.

Einige Reptilien aus (sub)tropischen Klimaregionen werden zur Paarung stimuliert, wenn man über einen Zeitraum von eineinhalb Monaten die Nachttemperatur allmählich reduziert und die Tagestemperatur erhöht. Gehen Sie von 26–30 °C (Tag–Nacht) auf 20–32 °C. Nach einer Paarung kann der Zyklus wieder umgekehrt werden.

Die feuchte Jahreszeit im Regenwald können Sie imitieren, indem Sie sowohl die Tag- als auch die Nachttemperatur allmählich um einige Grad reduzieren und gleichzeitig das Terrarium intensiver besprühen. Auch dies kann die Pfleglinge zur Fortpflanzung stimulieren, ebenso wie veränderte Taglängen und/oder einige Monate weniger Futter. Während einer Regenperiode fressen einige omnivore Echsen hauptsächlich grüne Blätter, Blüten, Früchte und Insekten, in einer trockenen Periode verzehren sie hauptsächlich pflanzliches Futter.

FORTPFLANZUNG

Meist kann eine Paarung direkt oder einige Wochen nach der Stimulation erwartet werden. Sie unter-

Eine Kiste für den Winterschlaf von Perleidechsen (Lacerta lepida). *In der Styroporkiste ist eine künstliche Höhle angelegt, die von Lehmsand umgeben ist. Auch eine Wasserschale darf nicht fehlen.*

Abgottschlange (Boa constrictor), *eine Riesenschlange*

scheidet sich je nach Tiergruppe und wird bei den einzelnen Ordnungen besprochen. Die Paarungszeit kann einige Tage bis einige Monate dauern. Manche Arten sind das ganze Jahr über paarungsbereit.

EIABLAGE

Die Eiablage kündigt sich an durch:
- eine zunehmende Leibesfülle,
- eine schnelle Gewichtszunahme,
- Grabaktivitäten und/oder unruhiges Verhalten,
- Einstellen der Nahrungsaufnahme,
- Häutung.

Die Weibchen müssen einen geeigneten Eiablageplatz finden, zum Beispiel einen Platz mit lockerer, feuchter Erde. Wenn dies nicht der Fall ist, können die Tiere sterben. Dies kann durch Injektionen (Tierarzt) von flüssigem Kalk und Hormonen oder durch eine Operation verhindert werden.

INKUBATION DER EIER

Entfernen Sie die Eier möglichst schnell aus dem Terrarium. Drehen Sie sie nicht, da der Embryo nicht wie bei Vögeln durch eine „Hagelschnur" festgehalten wird. Sie könnten den Embryo beim Drehen verletzen und er würde absterben.

Ein Bartagamenweibchen gräbt ein Loch in feuchten Sand, um dort später seine Eier abzulegen.

Gelege der Bartagame (Pogona vitticeps)

Auch im Brutapparat wird Ordnung gehalten! Ein Ei (obere Reihe, Mitte) muss entfernt werden.

Brüten Sie die Eier künstlich aus (Inkubation), um die Brutbedingungen besser beeinflussen und kontrollieren zu können. Im Terrarium der Eltern herrschen oft keine optimalen Bedingungen für die Eier. Außerdem fressen manche Elterntiere ihre Jungen nach dem Schlüpfen. Lassen Sie das Weibchen sein Nistverhalten, zum Beispiel das Verschließen der Höhle, vollziehen und entfernen Sie danach die Eier, ohne Spuren zu hinterlassen. Selbst zwei Monate später wissen die Weibchen oft noch, wo die Eier liegen müssten und reagieren gestresst, wenn die Stelle verändert wird. Befruchtete weichschalige Eier sind prall, meist gleichmäßig weiß und zeigen kurz nach der Ablage eine Keimscheibe an der Oberseite.

Bei der Inkubation sind folgende Punkte zu beachten:
- Die Temperatur des Substrats: Für die meisten (sub)tropischen Arten muss sie mindestens 26 °C, maximal 33 °C betragen. Sorgen Sie für eine konstante Temperatur mit einer maximalen Abweichung von 1 °C. Meist erfolgt die Inkubation bei ca. 30 °C. Die Temperatur beeinflusst das Geschlechterverhältnis im jeweiligen Gelege. In Abhängigkeit von der Spezies liefert eine hohe Temperatur mehr Tiere des einen oder anderen Geschlechts. Bei einigen Arten liefern sowohl hohe als auch niedrige Werte viele Weibchen,

eine mittlere Temperatur vor allem Männchen. Aus Eidechseneiern schlüpfen zum Beispiel bei einer Temperatur von ca. 27 °C hauptsächlich Weibchen und bei 32 °C vor allem Männchen. Bei Schildkröten hingegen entwickeln sich bei 27 °C hauptsächlich Männchen und bei 32 °C vor allem Weibchen. Temperaturen, die dazwischen liegen, sorgen eher für eine ausgewogene Geschlechterverteilung. Auch für die Inkubationszeit ist die Temperatur von Bedeutung. Höhere Temperaturen führen zu einer schnelleren Entwicklung. Bei langfristig zu hohen oder zu niedrigen Temperaturen sterben die Embryos ab.
Größe und Wachstum der Nachkommen werden ebenfalls von der Temperatur beeinflusst. Bei niedrigen Werten sind die Jungen oft größer und kräftiger. Missgebildete Jungen können die Folge von zu hohen Temperaturen sein. Auch die Pigmentierung (Färbung) der Jungtiere hängt von der Temperatur ab.

- Die relative Luftfeuchtigkeit: Sie muss bei 80–100 % liegen.
- Die Feuchtigkeit des Substrats: Es spielt keine große Rolle, ob die Eier in Vermiculit, Torfmoos, Torf oder Sand gelegt werden. Vermiculit hält die Feuchtigkeit gut und wird gerne verwendet. Mischen Sie für eine optimale Feuchtigkeit 100 g feinkörniges Vermiculit mit 80–100 ml Wasser oder befeuchten Sie Torfmoos und wringen Sie es gut aus. Falls die Eier einfallen, befeuchten Sie das Substrat, das die Eier umgibt, mit Wasser, sodass im Brutkasten überall die richtige Temperatur herrscht. In zu feuchtem Substrat nehmen die Eier zu viel Wasser auf, wodurch der Innendruck zu hoch wird und die Embryos absterben.
- Mikroorganismen in der Umgebung der Eier: Ein gut entwickeltes Ei ist schön gefärbt und kann viel aushalten; weichschalige Eier nehmen an Volumen zu. Beim Durchleuchten mit einer Lampe (Vorsicht: nicht zu viel Hitze) ist das Gefäßnetz oder eine dunkle Verfärbung im Ei zu sehen. Eine Braunfärbung der Schale ist nicht schädlich. Arbeiten Sie sauber; entfernen Sie schimmlige Eier nur, wenn Gefahr für die anderen Eier droht. Im Zweifelsfall legen Sie diese in einen separaten Kasten. Ein angegriffenes, neben den übrigen Eiern liegendes Ei können Sie eventuell mit einer Injektionsspritze leersaugen, sodass die Schimmelbildung begrenzt bleibt.
- Maden und Würmer: Entfernen Sie Maden oder Würmer auf den Eiern mit einem Pinsel, ohne die Eier zu drehen. Legen Sie diese auf neues Substrat. Beschädigte Eier werden immer geöffnet, um die Ursache festzustellen. Unbefruchtete Eier enthalten eine käsige Masse. Wenn eigentlich voll entwickelte Jungtiere nicht aus dem Ei

Ein alter Brutkasten eignet sich ideal zum Zeitigen von Reptilieneiern.

Zeitigung der Eier in einem handelsüblichen Umluftinkubator

Zeitigung der Eier in einem selbst gebauten Umluftinkubator

Brutapparat „Marke“ Eigenbau

Dieser professionelle Brutapparat ist mit Reptilieneiern gefüllt.

Eine Bartagame schlüpft aus dem Ei.

schlüpfen konnten, war entweder das Substrat zu feucht oder die Temperatur falsch oder die Eltern hatten zu wenig Vitamine oder Mineralstoffe erhalten.

- Bewegung der Eier: Drehen Sie die Eier nicht. Der Embryo hängt nicht fest und kann beim Drehen verletzt werden. Markieren Sie die Oberseite des Eis mit einem Bleistift. Legen Sie die Eier wieder in die ursprüngliche Lage zurück, wenn Sie sie versehentlich gedreht haben.
- Die Menge an Sauerstoff und Kohlendioxid in der Umgebung des Eis: Belüften Sie den Behälter so, dass die Temperatur stets gleich bleibt.

Die optimalen Voraussetzungen für die Inkubation erreicht man mit unterschiedlichen Brutapparaten:

- Ein ausgedienter Brutkasten aus dem Krankenhaus ist bestens geeignet, jedoch teuer und nicht so einfach zu bekommen.
- Umluftinkubator: In einem Aquarium erwärmt man über einen Aquarienglasheizstab, der an einen Thermostat gekoppelt ist, das Wasser, sodass die Luft über dem Wasserspiegel auf etwa 30 °C erwärmt wird. Zugleich ist die Luftfeuchtigkeit sehr hoch. Über dem Wasser steht ein Behälter mit den Reptilieneiern (siehe Fotos S. 191 oben rechts und unten links). Betten Sie die Eier in Torfmoos, da Vermiculit zu viel Wasser aufnimmt. Verschließen Sie den Behälter, damit geschlüpfte Reptilien nicht ins Wasser fallen können. Sorgen Sie im Behälter für Belüftung.
- In einer isolierten Kiste mit den Maßen 40 x 30 x 30 cm, an die ein Thermostat gekoppelt ist, wird die Luft mit Heizkabeln, Wärmeplatten oder mindestens drei Lampen (zum Beispiel drei 15-Watt-Birnen) erwärmt. Ein Schälchen mit Wasser, abgedeckt mit Nylongaze, sorgt für eine hohe Luftfeuchtigkeit.
- Eine Kombination der beiden vorher genannten Brutapparate.
- Professionelle Brutapparate, speziell für Reptilieneier. Erfahrene Terrarianer wissen, welche Marken am besten geeignet sind.

Sparen Sie nicht am Material. Ein Computerventilator, der an einen Adapter gekoppelt ist, kann im selbst gebauten Brutapparat für eine leichte Luftbewegung sorgen. Thermo- und Hygrometer kontrollieren ständig die Temperatur und die relative Luftfeuchtigkeit. Verwenden Sie digitale Thermometer, die Minimal- und Maximalwerte anzeigen. Sorgen Sie dafür, dass kein Kondenswasser auf die Eier tröpfeln kann, indem Sie eine schräge Scheibe über dem Brutapparat oder einen Deckel über den Eiern anbringen beziehungsweise ein Handtuch festklemmen. Die Eier dürfen nicht mit Wasser besprüht werden.

In hohen Brutapparaten ist es oben wärmer als unten. Nutzen Sie dies aus, wenn Eier bei verschiedenen Temperaturen ausgebrütet werden sollen.

Betten Sie die Eier vollständig in das Substrat, da (vor allem weichschalige) Eier, die nur mit einer Hälfte in den Bodengrund gesteckt werden, so stark austrocknen, dass die Jungen nicht schlüpfen können. Ziehen Sie festgeklebte Eier nicht von der Stelle: Sie werden in der ursprünglichen Position inkubiert.

Die Inkubationszeit unterscheidet sich je nach Art. Helfen Sie den schlüpfenden Jungen nicht. Es kann 24 Stunden bis zwei Wochen dauern, bis ein Junges aus dem Ei kriecht, nachdem es mit dem Eizahn die Schale geöffnet hat. Inzwischen ist es damit beschäftigt, seinen restlichen Eidotter zu resorbieren.

Die Jungen einiger Echsenarten trinken (ausschließlich oder gerne) tröpfelndes Wasser. Sprühen Sie deshalb regelmäßig. Hier sieht man eine junge Bartagame.

Kurz vor dem Schlüpfen schrumpfen weichschalige Eier. Manchmal „schwitzen" sie, es bilden sich dann Tröpfchen auf der Schale. Wenn das Junge die Schale innerhalb von 24 Stunden nach Beginn des Schrumpfungsprozesses noch nicht aufgeschlitzt hat, können Sie die Schale vorsichtig in der Mitte mit einer Pinzette fassen. Schneiden Sie mit einer Schere oder einem Skalpell einen Schlitz ein und vergrößern Sie das Loch vorsichtig. Unternehmen Sie nun nichts mehr und versuchen Sie nicht, das Junge herauszuziehen. Die Lungenatmung setzt manchmal erst Stunden später ein. Wenn das Junge seinen Kopf zurückzieht, ist das ein Zeichen dafür, dass es gleich schlüpft.

Es stellt sich die Frage, ob schwache Jungtiere, die nicht selbstständig aus dem Ei kommen, am Leben gelassen werden sollten. Es ist normal, dass nicht aus allen Eiern Junge schlüpfen, in der Natur, ebenso wie bei professionellen Züchtern. Häufig missglückt auch das erste Gelege eines Weibchens.

AUFZUCHT DER JUNGEN

Bei der Aufzucht der Jungen sind folgende Punkte zu beachten:

- Das Terrarium muss eine verkleinerte Version des Terrariums der Eltern sein, mit der gleichen Temperatur, aber etwas feuchteren Bedingungen. Es muss problemlos sauber zu halten sein.
- Junge Reptilien sind gegen Austrocknung empfindlich. Besprühen Sie sie deshalb täglich mit Wasser, vorausgesetzt, dass dies keinen Stress verursacht (Flucht). Geben Sie regelmäßig Vitamin D_3 und Kalk ins Wasser. Sorgen Sie für eine feuchte Stelle im Zuchtkasten, zum Beispiel eine Kiste mit feuchtem Torfmoos.
- Es dauert oft einige Tage, bis die jungen Reptilien fressen. Sie akzeptieren meist das gleiche klein geschnittene Futter wie ihre Eltern, haben aber einen höheren Bedarf an tierischem Eiweiß. Füttern Sie besser sparsam dreimal pro Tag als einmal pro Tag viel. Zu viele Futterinsekten machen die Jungen nervös und können sie anfressen.
- Reptilien werden oft in Gruppen aufgezogen, wodurch der Nachahmungstrieb angeregt wird: Nachdem das erste Junge gefressen hat, werden die anderen seinem Beispiel folgen. Bei einigen Echsen darf man maximal zwei Jungtiere miteinander aufziehen, da sonst Stress entsteht. Bei Schlangen muss die Nahrungsaufnahme kontrolliert werden, indem man die Jungen getrennt hält. Außerdem sind junge Schlangen oft Kannibalen.
- Versorgen Sie die Jungen ausreichend mit Vitaminen (vor allem Vitamin D_3) und Mineralstoffen (Kalzium).

Schleppen Sie junge Tiere nicht in winzigen Schalen von Börse zu Börse, sondern verkaufen Sie sie von zu Hause aus.

Wenn sich eine gesunde Schlange häutet, streift sie die Haut in einem Stück ab.

Zusammengekniffene Augen zeigen, dass etwas nicht stimmt.

KRANKHEITEN

Meist ist ein krankes Reptil auch innerhalb kurzer Zeit ein totes Reptil. Informationen über Krankheiten sind oft zu wissenschaftlich formuliert und für den unerfahrenen Terrarianer schwer verständlich. Glücklicherweise interessieren sich jedoch immer mehr Tierärzte für Reptilien. Vereine oder erfahrene Terrarianer können bei der Suche nach einem Tierarzt, der sich mit Reptilien auskennt, helfen. Als Anfänger sollten Sie Ihre Tiere nicht selbst behandeln, denn dies kann zu unnötigen Verlusten führen. Geben Sie das erkrankte Tier in die Hände eines erfahrenen Terrarianers oder eines kompetenten Tierarztes. Im Rahmen dieser Enzyklopädie ist es nicht möglich, alle Erkrankungen detailliert zu beschreiben. Deshalb beschränken wir uns auf einige wichtige Anmerkungen, die die Auswahl eines Tiers in der Zoohandlung betreffen, sowie auf die Beschreibung einiger Reptilienkrankheiten, die häufig auftreten.

Sie können Krankheiten vermeiden, indem Sie sich keine auffälligen Tiere anschaffen wie Wildfänge, Tiere aus falsch eingerichteten Terrarien (verdreckt, zu wenig Verstecke, keine Rückwand, mit kranken Tieren vergesellschaftet) und offensichtlich kranke Tiere.

Ein gesundes Reptil zeigt folgende Merkmale:

- Es ist aktiv.
- Es ist schwer zu fangen.
- Die Augen sind hell.
- Die Augen sind nicht eingefallen.

- Die Augenlider sind nicht geschwollen.
- Die Haut ist intakt.
- Es ist frei von Häutungsresten.
- Die Kloake ist sauber.
- Es hat keine Pusteln oder Warzen.
- Es produziert einen kräftigen Stuhlgang.
- Nase und Schnauze sondern keinen Schleim ab.
- Es trägt keine Milben.
- Die Schnauze schließt gut.
- Es frisst ausreichend.

Wenn Sie sich für ein Reptil entschieden haben, setzen Sie es zunächst vier bis acht Wochen in ein Quarantäneterrarium und beobachten Sie es genau. Lassen Sie Kotproben untersuchen und das Tier gegebenenfalls behandeln. Setzen Sie das Reptil, sobald sicher gestellt ist, dass es gesund ist, in ein sachgerecht eingerichtetes Terrarium mit den passenden Genossen und dem richtigen Futter. Tieren, die nicht fressen wollen, ist es manchmal zu kalt.

Stören Sie die Tiere nicht und nehmen Sie sie nur in die Hand, wenn es unbedingt nötig ist. Sie sind keine Schmusetiere! Vermeiden Sie laute Musik (Schlangen nehmen Vibrationen wahr) und beobachten Sie die Tiere nachts nur bei Rotlicht.

Nachfolgend sind Ursachen, Symptome und Behandlungsmöglichkeiten für einige häufig auftretende Reptilienkrankheiten und andere Probleme aufgelistet:

Helle Bandwurmsegmente (10 mm lang, 1 mm Durchmesser) auf dem frischen Kot einer Dornschwanzagame

Einige Utensilien zur Kotuntersuchung

- Lesen Sie zunächst den Abschnitt „Vitamine und Mineralstoffe“ (S. 39–41).
- Eingefallene Augen und Apathie deuten an, dass etwas nicht in Ordnung ist.
- Lassen Sie rechtzeitig den Kot neuer und auffälliger Tiere von einem Tierarzt untersuchen. Mit einiger Erfahrung kann man auch selbst Parasiten nachweisen, die meisten Parasiten erkennt man jedoch schwer, deshalb sollten Sie im Zweifelsfall einen Tierarzt einschalten. Eine falsche Behandlung kann sich negativ auf den Gesundheitszustand des Tiers auswirken. Behandeln Sie immer nur eine Krankheit und warten Sie mindestens eine Woche, bevor Sie andere Symptome behandeln.

  Für Kotuntersuchungen verwendet man frische Exkremente, die nicht älter als 24 Stunden sein dürfen. Man mischt sie mit Wasser und gibt einige Tröpfchen auf einen Objektträger. Man kann die Kotprobe auch in ein Glas mit Natriumnitrat oder Kupfersulfat als „Fließmittel“ geben. Der Objektträger wird obenauf gelegt. Nach 15 Minuten kann man ihn unter dem Mikroskop betrachten. Wenn sich Parasiten im Kot befinden, sind sie im Gefäß nach oben gestiegen und sitzen am Objektglas.
- Spulwürmer: Die Eier sind meist oval mit einem dunklen Kern oder mit einem jungen Wurm. Sie werden behandelt, indem man dem Tier oral fünf Tage lang 10 mg Fenbendazol pro Kilogramm Körpergewicht verabreicht.
- Flagellaten (Geißeltierchen) sind bei einer 400-fachen Vergrößerung deutlich zu sehen. Symptome für einen Befall sind Futterverweigerung, Erbrechen, Diarrhö und ein schleimiger oder blutiger Kot.

  Bei Flagellatenbefall werden die erkrankten Tiere in ein Trypaflavinbad (10 mg/l Wasser) oder in eine Kupfersulfatlösung (2 mg/l Wasser) gesetzt.
- Die wohl gefürchtetste Reptilienkrankheit, die ganze Bestände in kürzester Zeit dahinraffen kann, ist die Amöbendysenterie oder Amöbiasis. Symptome sind Auswürgen angedauter Nahrung,

Diese magere Abgottschlange (Boa constrictor) *steht kurz vor der Häutung.*

Diese rote Kornnatter hat Probleme bei der Häutung. Das Terrarium ist zu trocken oder das Tier leidet unter Vitamin-A-Mangel.

Streifenbasilisk (Basiliscus vittatus) *mit Abszess am Kiefer*

Futterverweigerung, vermehrtes Trinkbedürfnis, schleimiger, blutiger Kot, eine geschwollene Kloake, eine unnatürlich gestreckte Körperlage und Apathie. Amöben (Wechseltierchen) sind als dunkle Kerne in einem helleren Protoplasma (einer durchsichtigen, sich langsam bewegenden Zelle) zu erkennen. Man weist sie mit Lugolscher Lösung (Laborbedarf) nach.

Amöben kann man mit Clont oder Flagyl (Metronidazol) behandeln, das man oral und gleichzeitig anal bei einer Dosierung von 50–60 mg/kg Körpergewicht einmal täglich über einen Zeitraum von sieben Tagen verabreicht.

Ein blauer Fleck oder ein spürbarer Knoten kurz vor der Kloake weist bei Schlangen ebenfalls auf Amöbenbefall hin. Solche Tiere müssen sofort einzeln in ein Quarantäneterrarium gesetzt werden, um weitere Infektionen zu vermeiden. Wenn man die anderen Tiere prophylaktisch mitbehandelt, haben sie eine Überlebenschance.

- Verringerte Fresslust, Abmagerung und Diarrhö (mit Blut) sind Zeichen für eine Kokzidiose. Kokzidien sind Sporentierchen. Manchmal findet man kleine runde oder sich teilende Stadien im Kot. Behandeln Sie diese Erkrankung (eventuell präventiv) mit Bayrena oder Durenat (2-Sulfanilamido-5-Methoxypyrimidin; beim Tierarzt erhältlich).
- Viel Schleim im Maul deutet auf eine Lungenerkrankung hin. Nehmen Sie mit einem Wattestäbchen etwas Schleim ab (Abstrich) und bringen Sie die Probe zum Tierarzt.
- Ein gesundes Reptilienmaul ist innen rosaweiß. Maulfäule (Stomatitis) äußert sich in Form von dicken geschwollenen Mundschleimhäuten mit käsigen Belägen an den Kieferrändern und am Rachen. Die Mundschleimhäute können blass oder blaurot verfärbt sein. Gestresste Tiere, wie zum Beispiel frisch importierte Schlangen und Echsen, leiden oft unter Maulfäule.

  Die Therapie besteht in einer täglichen Säuberung der entzündeten Bereiche unter Verwendung eines Antiseptikums. Im Wesentlichen behandelt man mit verschiedenen Antibiotika und Sulfonamiden, die oral und intramuskulär verabreicht werden können. Auch eine oberflächliche Behandlung ist wirksam, wobei man Medikamente (Terramycin, Aureomycin, Supronal, Bayrena) auf die erkrankten Stellen aufträgt. Maulfäule wird verhindert, indem man die Tiere sauber und artgerecht unterbringt und vitaminreich ernährt.
- Lungenentzündung (Pneumonie) äußert sich in Atembeschwerden, die sich als verstärkte Atembewegungen des Körpers und keuchend-heisere Atemgeräusche bemerkbar machen. Aus den Nasenöffnungen und dem Maul kann sogar eine gelbgrüne oder eitrige Flüssigkeit sickern. Wasserschildkröten haben dann häufig Schwierigkeiten beim Tauchen und treiben paddelnd an der Wasseroberfläche. Manchmal liegen sie auch schräg im Wasser (bei Entzündung nur einer Lungenhälfte). Als Therapie hält man die Tiere bei erhöhten Temperaturen zwischen 30 und 35 °C (im Optimalbereich) mit sauberem Wasser und gutem Futter und behandelt sie mit Antibiotika.
- Geschwollene oder tränende Augen deuten meist einen Vitamin-A-Mangel an. Dies kommt hauptsächlich bei Sumpfschildkröten vor. Verfüttern Sie Nahrung, die reich an Vitamin A ist, wie Leber oder Mohrrüben. Reichen Sie mit dem Futter erhöhte Vitamin-A-Gaben (2000–10 000 IE/kg Futter) oder lassen Sie bis 20 000 IE/kg Körpergewicht subkutan von einem Tierarzt injizieren. Auch Antibiotikasalben sind empfehlenswert.
- Häutungsreste weisen auf ein zu trockenes Terrarium und auf einen Vitamin-A-Mangel hin.
- Bei Schlangen und Echsen kommen oft Blut saugende Milben vor, die den Reptilien mit ihren saugenden, beißenden und stechenden Mundwerkzeugen Blut entziehen. Die dunkelroten bis schwarzen, 1 mm großen Milben sitzen auf den Zwischenschuppenhäuten, in den Achseln, am Bauch und um die Augen. Schlangen liegen dann oft im Wasser und die toten Milben treiben als schwarze Bällchen an der Wasseroberfläche.

  Besprühen Sie größere Tiere mit einer 0,2%igen wässrigen Neguvonlösung. Setzen Sie die Patienten in ein anderes Terrarium und besprühen Sie die gesamte Inneneinrichtung des infizierten Behälters mit Neguvonlösung. Sobald die Lösung verdunstet ist, können Sie die Reptilien wieder in ihr altes Terrarium setzen. Wiederholen Sie diese Prozedur nach ca. zwei Wochen. Junge, frisch gefangene oder neu erworbene Schlangen setzen Sie in einen Leinenbeutel, den Sie mit Neguvon besprühen.

Ein weiteres Mittel zur Vernichtung von Milben sind Vapona-Strips: Man legt sie am besten in ein Gefäß mit durchlöchertem Deckel und stellt dieses in das Terrarium. Das in den Streifen gelöste Dichlorphos verdampft und tötet die Milben ab.

- Zecken sind dunkelbraun bis schwarz gefärbte Milben. Sie lassen sich leicht entfernen, wenn man ihr Abdomen mit Salatöl oder Vaseline bestreicht, wodurch ihre Atemöffnungen verkleben. Die erstickten Zecken kann man dann mit einer stumpfen Pinzette aus der Haut entfernen. Behandeln Sie betroffene Stellen mit Antibiotikasalbe, Jodtinktur oder Wasserstoffsuperoxid.
- Pocken äußern sich in hell gefärbten Bläschen auf der Haut. Sie bilden sich, wenn das Terrarium zu feucht oder zu kalt für die Tiere ist. Setzen Sie kranke Tiere in einen trockenen, sauberen Kasten und betupfen Sie die Pocken mit einer Jodlösung. Sie können nach drei Häutungen verschwunden sein. Eine ernsthafte Erkrankung an Pocken kann mit einer Vitamin-A-Injektion, die der Tierarzt vornimmt, behandelt werden, wonach sich das Tier innerhalb kurzer Zeit mehrmals häuten wird.
- Abszesse können Sie mit einem Skalpell öffnen, mit Wattestäbchen reinigen und danach mit Antibiotikasalbe eincremen.
- Verletzungen werden mit Betaisadona behandelt.
- Rachitis äußert sich in entkalkten, weichen, verdickten und gebogenen Knochen. Es kommt zu Verformungen und Knochenbrüchen. Krokodile haben verbogene Schnauzen, Schildkröten weiche Panzer. Ursache ist eine Unterversorgung mit Vitamin D_3 bei gleichzeitigem Sonnenmangel. Eine Besserung können Sie durch eine Änderung des Speiseplans erzielen.
- Alle Reptilien können Kloake oder (Hemi-)Penis nach außen stülpen, wobei die Ursachen variieren (Verstopfung, Krankheit, Parasitenbefall). Halten Sie die Stelle feucht und sauber und gehen Sie mit dem Tier zum Tierarzt. Dieser wird mit einem feuchten, eiskalten Wattestäbchen versuchen, das Ganze wieder nach innen zu stülpen.
- Entzündungen des Magens und des Mitteldarms kommen häufig vor; sie sind meist die Folge bakterieller Infektionen. Die Symptome bestehen im Absetzen breiiger, schleimiger, stinkender Exkremente, die mit Blut vermischt sein können. Die Behandlung erfolgt durch den Tierarzt mit einem Breitbandantibiotikum oder Sulfonamid.
- Verstopfungen im Magen-Darm-Bereich können entstehen, wenn Sand und Steine mit dem Futter aufgenommen werden, wenn keine Trinkgelegenheit vorhanden ist oder wenn das Futter ballaststoffarm ist. Die Tiere setzen keinen Kot mehr ab und pressen oft. Abhilfe schafft Sonnenblumenöl, Paraffin oder Glycerin (3 g/kg Körpergewicht),

Rachitis bei einer Wasseragame (Physignatus lesueuri): *Das hellere Tier hat gekrümmte Beine und kann seine Kloake nicht mehr vom Boden heben.*

Rachitis beim Grünen Leguan (Iguana iguana). *Das große Tier ist drei Jahre alt. Das kleine Tier ist vier Jahre alt, hat krumme Schultern und kann kaum mehr klettern.*

Darmvorfall bei einem Afrikanischen Dornschwanz (Uromastyx acanthinurus), *einige Wochen nach der Eiablage. Beim Zurückschieben dürfen weder Knicke noch Windung in der Kloake entstehen.*

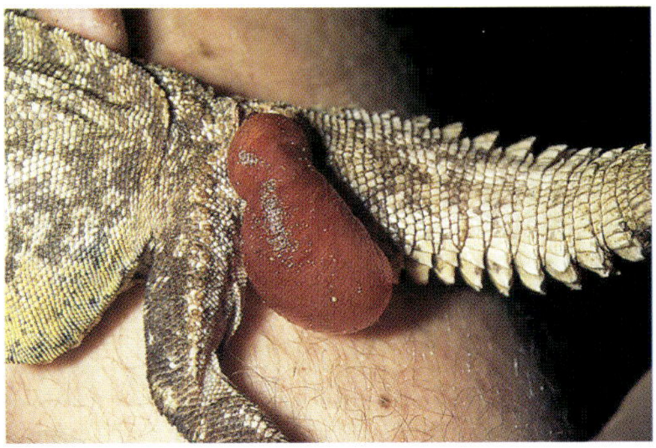

Vor dem Verabreichen von Medikamenten müssen die Tiere genau gewogen werden. Jede Medizin ist ein Gift und kann bei Überdosierung schnell tödlich sein!

das über eine Sonde in den Schlund eingeführt wird. Viele große Echsen und Schildkröten haben kräftige Kiefer, die nur schwer zu öffnen sind. Schieben Sie einen flachen Gegenstand (zum Beispiel einen Holzspatel) zwischen Ober- und Unterkiefer und drehen Sie diesen vertikal. Halten Sie den Spatel in dieser Stellung, während eine zweite Person die Sonde einführt, bis sie leichten Widerstand fühlt. Dann wird die Flüssigkeit über einen Trichter eingefüllt.

- Manchmal müssen Reptilien unter Zwang gefüttert werden. Versuchen Sie stets, die Ursache der Futterverweigerung festzustellen. Jede Zwangsfütterung erzeugt Stress und darf nur in höchster Not durchgeführt werden. Bei Echsen und Schildkröten kann eine Paste oder eine Flüssigkeit über eine Sonde in den Magen eingeführt werden (siehe „Verstopfungen"). Die Paste besteht bevorzugt aus Babynahrung oder eventuell aus fein gemahlenem gezüchtetem Futter. Schlangen werden mit toten glatten Beutetieren gefüttert.
- Die Krallen von Reptilien müssen nicht geschnitten werden, wenn raue Steine im Terrarium liegen.

Behandeln Sie kranke Tiere nicht selbst, wenn Sie ein Laie sind. Suchen Sie Kontakt zu erfahrenen Terrarianern, sie können oft helfen. Es gibt kaum Medikamente, die speziell für Reptilien angeboten werden. Wenn man gängige Heilmittel einsetzt, müssen sie niedrig dosiert werden. Wenn Sie sich nicht im Klaren über die Dosierung sind, ziehen Sie einen Fachmann zu Rate. Wichtig ist auch das Gewicht des zu behandelnden Tiers. Ein falscher Faktor 10 bei der Dosierung kann schon tödlich sein.

Die Ordnung Squamata (Echsen und Schlangen)

Echsen und Schlangen bevölkern die Erde seit Jahrmillionen. Es gibt sie schon wesentlich länger als Vögel und Säugetiere. Während viele Arten inzwi-

Der Scheltopusik (Ophisaurus apodus; *CITES/EU-Anhang A) ist eine beinlose Echse aus den Balkanländern (dunkelbraun) und der ehemaligen UdSSR (gelb mit braunen Flecken).*

schen ausgestorben sind, haben sich andere seit 200 Millionen Jahren kaum verändert.

FORTPFLANZUNG

Bei Echsen und Schlangen bestehen die männlichen Geschlechtsorgane aus einem paarigen Hemipenes. Diese Kopulationsorgane haben die Form von zwei hohlen Schläuchen, die in Ruheposition dicht hinter dem Kloakenspalt in der Schwanzwurzel liegen. Das Ein- und Ausstülpen erfolgt vorwiegend muskulär in Zusammenwirkung mit einer verringerten beziehungsweise verstärkten Durchblutung. Am Hemipenis können Falten, Warzen, Stacheln und andere Strukturen ausgebildet sein, die mehr oder weniger zur Verankerung (Haltefunktion) dienen. Das Sperma gelangt über eine auf der Innenseite der Hemipenes verlaufende Samenrinne in die Kloake des Weibchens.

Die Ordnung Squamata besteht aus zwei Unterordnungen: den Sauria (Echsen und Doppelschleichen) mit ca. 4000 Arten und den Serpentes (Schlangen) mit ca. 2700 Arten. Doppelschleichen (Amphisbaenia), die selten in Terrarien gehalten werden, sind in dieser Enzyklopädie nicht aufgeführt. Manchmal werden sie als eigene Unterordnung geführt.

EIABLAGE ODER GEBURT

Einige Echsen und Schlangen, vor allem Arten aus kälteren Gebieten, sind nicht Eier legend (ovipar), sondern eilebend gebärend (ovovivipar). Bei dieser Fortpflanzungsweise erfolgt die Embryonalentwicklung meist vollständig im mütterlichen Genitaltrakt. Die von einer dünnen kalkfreien Eihülle umgebenen Jungen schlüpfen entweder während der Geburt oder kurz darauf.

Die ungeborenen Jungen eines eilebend gebärenden Tiers erhalten ihre Nahrung aus dem Eidotter. Im Gegensatz dazu werden die ungeborenen Jungen eines lebend gebärenden Tiers, zum Beispiel eines Säugetiers, über die Placenta oder placentaähnliche Gebilde versorgt.

Die Unterordnung Sauria (Echsen)

Ungefähr 3000 Echsenarten kommen fast auf der ganzen Welt, hauptsächlich in (sub)tropischen Gebieten vor. Die wichtigsten Familien sind Agamen, Basilisken, Chamäleons, Eidechsen, Geckos, Leguane, Skinke und Warane.

Haltung

Männliche Echsen bewachen oft aggressiv ihr Territorium. Vermeiden Sie Stress durch Konkurrenz um Futter, Weibchen, Verstecke und Plätze zur Eiablage. Setzen Sie nur ein Männchen in ein Terrarium und stellen Sie jeder Echse ein eigenes Versteck und ihren eigenen Aufwärmplatz zur Verfügung. Stresserscheinungen fallen zwar nicht sofort auf, aber die Widerstandskraft der Echsen gegenüber Parasiten wird dadurch verringert und die Tiere können eingehen.

Der Wassernapf muss so schwer sein, dass ihn die Echsen nicht umkippen können. Die Tier müssen außerdem über den Rand der Schale schauen können.

Futter

Die meisten Echsen sind Räuber und Allesfresser, aber die benötigte Futtermenge unterscheidet sich von Art zu Art stark. Viele kleine Echsen fressen hauptsächlich kleine Insekten, zum Beispiel Fruchtfliegen, Hausfliegen, Wiesenplankton und Wachsmotten, lecken aber auch gerne an Früchten.

Die meisten größeren Echsen fressen gerne größere Beutetiere wie Grillen, Heuschrecken und nestjunge Mäuse. Sie verzehren auch Früchte. Grüne Leguane *(Iguana iguana)* bevorzugen pflanzliche Nahrung. Die meisten Chamäleons und Warane fressen am liebsten tierische Nahrung (sie sind also überwiegend Karnivoren).

Fast alle Krötenechsen sind Nahrungsspezialisten, sie ernähren sich von Ameisen und Termiten.

Echsen, die hauptsächlich Pflanzen fressen (Herbivoren), können Probleme mit dem Darm und den Nieren bekommen, wenn sie zu viel tierisches Eiweiß aufnehmen, ihre Jungen brauchen allerdings mehr tierische Nahrung.

Geschlechtsunterschiede

Man erkennt die Männchen in der Regel an einem oder mehreren der folgenden Merkmale:

- Schmuckbildungen: Vor allem die Männchen stellen sich regelmäßig, zum Beispiel mit grellen Farben, Rückenkämmen, Kehlsäcken oder einem breiten Kopf, zur Schau.
- Echsen bilden Territorien: Auch vom Revierverhalten (zum Beispiel Kopfnicken) kann manchmal das Geschlecht abgeleitet werden.
- Eine verdickte Schwanzwurzel: Die Hemipenes sind als eine Verdickung hinter der Kloake zu erahnen.
- Größere Femoralporen oder Femoraldrüsen auf der Innenseite der Oberschenkel vieler Echsen und/oder Präanalporen (vor dem Kloakenspalt stehende, oberseits vergrößerte Schuppen): Diese Poren sind bei einigen Arten nur während der Paarungszeit vergrößert; über diese Poren wird während der Balzzeit ein Duftstoff ausgeschieden.
- Sporne hinter der Kloake: Sie sehen wie hängende Schuppen aus, kommen jedoch selten vor.

Terrarium mit einem Trio Madagaskar-Großkopfgeckos (Paroedura pictus). *Da nur zwei Stellen mit einer dicken Schicht feuchter Erde (die Blumentöpfe) vorhanden sind, können alle Eier dieser Geckos wieder gefunden werden.*

Die männliche Bartagame hat größere Femoralporen. als das Weibchen.

Bei diesem männlichen Skink wurden die Hemipenes nach außen massiert. Diese Methode verursacht Stress und sollte möglichst vermieden werden.

Berberskinke (Eumeces schneideri) *bei der Paarung*

Eine Wasseragame (Physignathus cocincinus) *bei der Eiablage*

- Sondieren ist bei Echsen möglich, aber wir raten davon ab. Wir erklären diese Methode bei den Schlangen.
- Herausdrücken der Hemipenes. Wenn man einige Zentimeter unter der Kloake vorsichtig nach oben drückt, stülpen viele Echsen die Hemipenes nach außen, wenn es sich um Männchen handelt. Auch diese Methode sollte nicht angewandt werden, da sie Stress verursacht.

Bei jungen Echsen kann man das Geschlecht oft nicht bestimmen. Erst wenn die Tiere sechs bis 12 Monate alt sind, kann man bei den meisten Arten eine vorsichtige Geschlechtsbestimmung wagen. Nicht dominante männliche Echsen sehen oft wie Weibchen aus, eine Taktik, um dominanten Männchen zu entkommen. Umgekehrt können dominante Weibchen wie Männchen aussehen. Dies macht die Geschlechtsbestimmung so schwierig.

Fortpflanzung

Nach der Balz beißt das Männchen das Weibchen kräftig in die Flanke oder in den Nacken. Dieser Paarungsbiss sieht brutal aus und kann zu Verletzungen führen (auch ein Geschlechtsunterschied). Er ist jedoch Teil des erblich festgelegten Paarungsverhaltens. Ein paarungswilliges Weibchen neigt sich seitwärts, sodass das Männchen seine Kloake gegen die des Weibchens drücken kann. Die Paarung kann einige Sekunden bis mehrere Minuten dauern. Chamäleons haben ein anderes Paarungsverhalten.

Diese zwei Wochen alte Bartagame (Pogona *sp.*) *ist in einem Schälchen mit einem Wasserspiegel von nur 1,5 cm ertrunken.*

Eiablage

Die meisten Eier legenden Echsen vergraben ihre Eier in feuchter Erde oder in Sand. Dunkles Substrat kann eventuell mit Silbersand bestreut werden, dann sieht man genau, wo das Weibchen gegraben hat. Suchen Sie nach den Eiern, sobald das Weibchen stark eingefallene Flanken aufweist.

Viele Geckos kleben ihre Eier aneinander. Die Eier der Lidgeckos haben eine lederartige Schale, bei den meisten anderen besteht sie aus Kalk.

Die Weibchen werden normalerweise regelmäßig befruchtet und legen unter Umständen zu oft Eier. Dies kann zu Stress und Erschöpfung führen. Trennen Sie dann Männchen und Weibchen.

Echsen können unter Legenot leiden. Durch ein unausgewogenes Verhältnis zwischen Kalk und Vitamin D_3 bildet das Weibchen zwar Eier, kann aber die reifen Eier nicht legen. Auch Stress und das Fehlen eines geeigneten Eiablageplatzes können Legenot verursachen. Sie äußert sich darin, dass ein trächtiges Weibchen am Schwanz und an den Beinen stark abmagert und einen erschöpften Eindruck macht. Nicht gelegte Eier verkäsen.

Wenn eine Trächtigkeit festgestellt wurde, kann der Tierarzt legefördernde Mittel injizieren. Wenn das nicht hilft, muss das Weibchen operiert werden. Bei diesem chirurgischen Eingriff werden oft die weiblichen Geschlechtsorgane (Ovarien) entfernt.

Ein abgemagerter Streifenbasilisk (Basiliscus vittatus)

Dieser Taggecko leidet an Jodmangel

Diese Perleidechse (Lacerta lepida) *hat gerade ihren Schwanz abgeworfen.*

Zucht

Die meisten Echsen werden in ihrer Jugend nur mit Grillen gefüttert. Sie sollten jedoch die Jungtiere in getrennten Terrarien aufziehen und abwechslungsreich füttern. Die Jungen einiger Arten können in Gruppen gehalten werden, denn „wenn einer frisst, fressen alle". Füttern Sie besser dreimal pro Tag wenig als einmal täglich zu viel. Eine flache Wasserschale dient als Trinkgefäß. Besprühen Sie junge Echsen täglich, sodass sie die Tröpfchen aufnehmen können.

Viele Echsen werden zu schnell geschlechtsreif, wenn sie zu viel tierisches Eiweiß erhalten. Junge Weibchen legen dann sehr früh Eier, erreichen nicht die normale Körperlänge und sind schnell verbraucht.

Krankheiten

Allgemeine Hinweise zu Krankheiten bei Reptilien finden Sie auf S. 193–197. Eine gesunde Echse erkennt man an folgenden Merkmalen:

- Sie hat keine eingefallene Schwanzbasis.
- Sie hat pralle Schenkel.
- Sie züngelt, wenn man ihr Futter anbietet.
- Sie hat keine krummen Beine und hält die Kloake beim Laufen über dem Boden.

Kleine Wunden sind nicht so schlimm, sie werden abheilen. Taggeckos leiden oft an Jodmangel; ein Zeichen hierfür ist eine asymmetrische Verdickung unter der Kehle. Geben Sie 0,6 mg Kaliumjodid pro Liter zum Trink- und Sprühwasser. Harmlose übermäßig gefüllte Kalksäckchen sind bei Taggeckos an beiden Seiten im Nacken und hinter der Ohröffnung als weiße Bällchen sichtbar.

Verteidigung und Umgang

Die meisten Echsen können Ihnen kleine Verletzungen beibringen, indem sie beißen (große und kleine Echsen), mit ihren Krallen kratzen oder mit ihrem Schwanz schlagen.

Fangen Sie große unruhige Echsen mit Handschuhen und schützen Sie Handgelenke und Arme mit derber Kleidung. Rechnen Sie damit, dass viele Eidechsen ihren Schwanz abwerfen (Autotomie) und schnell fliehen können. Durch das Zusammenziehen der Muskeln wird bei diesem Verteidigungsmechanismus der Blutverlust eingeschränkt. Der Schwanz wächst innerhalb einiger Monate wieder nach. Auch bei anderen Echsen kann der Schwanz abbrechen, wächst dann aber unter Umständen nicht mehr nach.

Die Gila-Krustenechse *(Heloderma suspectum,* CITES/EU-Anhang B) und die Skorpions-Krustenechse *(Heloderma horridum,* CITES/EU-Anhang B) aus Mexiko und dem Westen der Vereinigten Staaten sind die einzigen giftigen Echsen. Ihr Gift wird durch Kauen über den Unterkiefer injiziert und kann für den Menschen tödlich sein. Die

Kopf einer Gila-Krustenechse (Heloderma suspectum)

In dieser Haltung wird fast jede große Echse ruhig. Hier ein Steppenwaran (Varanus exanthematicus).

mit warzigen Schuppen bedeckten dunklen Tiere mit gelben und roten Flecken sollten daher nicht in Terrarien gehalten werden.

Halten Sie Echsen nicht nur am Schwanz fest. Eine ruhige große Echse kann vorsichtig mit einer oder beiden Händen unter ihrem Bauch hochgehoben werden. Fassen Sie ein wildes Tier zuerst mit der linken Hand hinter dem Kopf. Schieben Sie dann die rechte Handfläche unter den Bauch der Echse und ergreifen Sie sie mit Zeige- und Mittelfinger direkt hinter dem Kopf. Nun können Sie diesen loslassen, um Schwanzbasis und Hinterbeine mit der linken Hand festzuhalten.

Eine weitere Möglichkeit besteht darin, Kopf und Vorderbeine von oben mit einer Hand, Schwanzbasis und Hinterbeine mit der anderen zu greifen. Allerdings sind die Tiere dann nicht so ruhig wie bei der erstgenannten Methode.

Legen Sie bei einer kleinen Echse die flache Hand schnell, aber sanft auf den Körper des Tiers und ergreifen Sie mit Daumen und Zeigefinger vorsichtig Kopf oder Nacken. Der Körper liegt in der Hand.

Beißende Echsen lassen ab, wenn man sie auf den Boden setzt. Man kann sie auch unter Wasser halten, ihnen die Augen abdecken oder (im Notfall) Essig ins Maul tropfen.

Verpacken Sie große Echsen mit Papierknäueln in Leinensäcken oder setzen Sie die Tiere in eine stabile, gut isolierte Schachtel. Chamäleons sitzen gerne auf einem Ast oder werden mit dem Ast in einen Leinensack gesteckt.

Die Familie Agamidae (Agamen)

Agamen (ca. 300 Arten in 34 Gattungen) sind beliebte Terrarientiere. Viele Agamen ähneln bei oberflächlicher Betrachtung den Leguanen. Bei ihnen sitzen die Zähne jedoch auf den Kieferrändern (akrodontes Gebiss), bei Leguanen seitlich im Kiefer (pleurodontes Gebiss).

Beschreibung

Agamen kennzeichnet ein großer dreieckiger Kopf mit stumpfer Schnauze. Der Körper vieler Arten ist

Siedleragame (Agama agama), *Männchen*

kräftig gebaut, die Beine sind manchmal lang. Der Schwanz ist so lang wie der Körper oder länger. Agamen tragen oft einen Kamm auf Rücken und Schwanz und/oder Stacheln an Schwanz, Kopf, Kinn oder anderen Körperteilen. Die Augenlider und das Trommelfell sind gut sichtbar, die Ohröffnung ist groß.

Baumbewohner sind oft seitlich, Bodenbewohner horizontal abgeflacht. Agamen haben eine dicke Zunge, die bei einigen Arten sehr lang sein kann. Viele Spezies können ihre Farbe wechseln. Zur Verteidigung ihres Territoriums nehmen Agamen verschiedene Drohhaltungen ein. Sie imponieren zum Beispiel durch Kopfnicken, wechseln die Farbe, schwenken die Vorderbeine und schwingen den Schwanz.

Der Schwanz kann nicht abgeworfen werden. Agamen sind tagaktiv, ihre Augen sind daher sehr groß.

Verbreitungsgebiet

In Afrika, Asien und Australien lebt eine Art (*Agama stellio,* Hardun), weitere Arten sind in Südosteuropa beheimatet. Die meisten Spezies kommen in trockenen Gebieten vor.

AGAMA AGAMA (SIEDLERAGAME)

Die Siedleragame ist eine hübsche und preiswerte Echse, die viel Platz braucht und selten nachgezüchtet wird.

So nimmt man eine kleine Echse richtig hoch. Hier ein Tokeh (Gekko gecko).

Siedleragame (Agama agama), *Weibchen*

Beschreibung

Männchen in Paarungsstimmung haben einen kobaltblau gefärbten Rücken. Kopf und Nacken leuchten orangefarben und der Schwanz ist weiß oder orangefarben. Weibchen (manchmal auch Männchen) sind braun mit gelbem bis orangefarbenem Kopf. Von diesen sehr aktiven 30–40 cm langen Echsen gibt es viele Unterarten in zahlreichen Farbvarianten.

Verbreitungsgebiet

A. agama kommt häufig in verschiedenen trockenen Regionen Mittel- und Südafrikas vor allem in der Nähe von Menschen vor. Diese Boden- und Mauerbewohner leben in Kolonien aus einem dominanten Männchen, einigen Weibchen und ihren Nachkommen.

Haltung

Stellen Sie für ein Männchen mit mehreren Weibchen ein trockenes Terrarium mit großer Bodenfläche (200 x 60 cm) und guten Klettermöglichkeiten an der Rückwand zur Verfügung. Die anfangs scheuen Tiere brauchen viele Verstecke (zum Beispiel aus Korkrinde). Sorgen Sie tagsüber für Temperaturen von 25–30 °C, nachts sollten die Werte bei 20 °C liegen. Wärmelampen und Lichtquellen mit vollem Spektrum (UVB) sind unerlässlich.

Futter

Die schnellen Jäger fangen hauptsächlich Insekten. Verfüttern Sie auch ab und zu Obst. Sprühen Sie

Siedleragame (Agama agama) *im Tschad, Männchen*

Cochinchina-Wasseragamen (Physignathus cocincinus), *Pärchen*

Junge Wasseragamen zeigen schon Drohgebärden.

Wasseragamen (Physignathus cocincinus) *haben oft Wunden am Maul. Dieses Exemplar wird nicht mehr genesen.*

zwei- bis dreimal pro Woche und stellen Sie eine kleine Wasserschale auf.

Geschlechtsunterschiede

Die Männchen haben grellere Farben, größere Präanalporen, einen größeren Körper und einen größeren Kopf als die Weibchen.

Fortpflanzung

Diese Art wird selten gezüchtet. UV-Licht, artgerechte Haltung und Wechsel der Jahreszeiten sind erforderlich. Die Tiere legen drei bis acht Eier.

Anschaffung

Alle im Handel angebotenen Tiere sind Wildfänge und beherbergen regelmäßig Milben. Sie sind deshalb oft in einem schlechten Zustand.

PHYSIGNATHUS COCINCINUS (COCHINCHINA-WASSERAGAME)

Diese ungestüme Echse braucht einen großen Wasserteil mit einem guten Filter.

Beschreibung

Diese bis 80 cm lange Echse (Kopf-Rumpf-Länge 20–25 cm) ist hell- oder dunkelgrün mit dunkleren Binden auf dem Schwanz. Unter dem großen Kopf befindet sich ein kleiner Kehlsack. Über Rücken und Schwanz verläuft ein Kamm.

Verbreitungsgebiet

Diese Baumbewohner leben in großen Teilen Südostasiens und Australiens im tropischen Regenwald in Wassernähe.

Uferterrarium (Riparium) mit drei Cochinchina-Wasseragamen. (Physignathus cocincinus). *Auf der linken Seite strömt das Wasser über einen Wasserfall in das Terrarium, auf der rechten Seite befindet sich der Überlauf zum biologischen Filter.*

Haltung

Ein Männchen mit einem oder zwei Weibchen braucht ein Riparium mit den Mindestmaßen 150 x 50 x 60 cm. Die wasserliebenden Tiere benötigen einen großen Wasserteil mit sehr guter Wasserqualität (Filter). Wasseragamen (hauptsächlich Wildfänge) sind ungestüm und springen oft gegen die Scheiben des Terrariums, was zu Verletzungen des Mauls führt.

In einem tropischen Regenwaldterrarium mit stehendem, schmutzigem Wasser können ebenfalls Wunden am Maul entstehen, auch wenn das Wasser täglich gewechselt wird. Wenn sich die Wunde infiziert, sterben die Tiere.

P. cocincinus liegt gerne träge auf einem Ast über dem Wasser. Erwärmen Sie solche Stellen mit Strahlern auf 35 °C (mindestens ein Strahler pro Tier). Ansonsten sollte die Temperatur tagsüber bei 30 °C liegen, nachts bei 24 °C.

Die rF sollte zwischen 75 und 85 % liegen. Sprühen Sie deshalb täglich.

Futter

Verfüttern Sie Insekten, nestjunge Mäuse, Regenwürmer, Schnecken sowie hin und wieder weiches Obst.

Geschlechtsunterschiede

Ab einem Alter von einem Jahr haben die Männchen einen größeren Kamm auf Rücken und Schwanz, einen größeren schwereren Kopf und Körper, eine verdickte Schwanzwurzel, einen größeren bläulich gelben Kehlsack und größere Femoralporen.

Fortpflanzung

Zur Fortpflanzung ist in den Wintermonaten eine um 5 °C kühlere Ruheperiode mit vier Stunden weniger Beleuchtung täglich erforderlich. Wasseragamen paaren sich, typisch für Echsen, nach Kopfnicken und Beißen.

Eiablage

Sechs bis 17 weiße Eier werden (meist zwischen Januar und März) in ein 10–25 cm tiefes Loch in feuchtes, lockeres Substrat gelegt. Die Weibchen konkurrieren intensiv um Nistplätze. Die Jungen schlüpfen bei einer Temperatur von 25–30 °C nach zwei bis drei Monaten.

Zucht

Frisch geschlüpfte Tiere sind insgesamt 14 cm lang. Sie haben einen relativ großen Kopf und eine braungrüne/dunkelgrüne Färbung mit hellen Querstreifen. Noch fehlt der Kamm. Geben Sie den Jungtieren ein großes Wasserbecken (zum Beispiel die Hälfte der Terrarienfläche), das 10 cm tief ist. Filtrieren Sie das Wasser gut oder wechseln Sie es täglich. Verfüttern Sie Insekten und Regenwürmer. Schon nach einigen Monaten können junge Wasseragamen Früchte fressen. Nach sechs Monaten sind die Männchen etwas größer und schwerer als die Weibchen, dann beginnen sie auch Territorialverhalten zu zeigen.

Umgang

Wasseragamen sind von Natur aus ruhig. Gewöhnen Sie die Tiere an den Menschen, indem Sie aus der Hand füttern und Sie ab und zu in die Hand nehmen.

SEGELECHSEN

Segelechsen (Gattung *Hydrosaurus)* werden wie Wasseragamen gehalten. Sie erreichen allerdings

Junge Wasseragamen haben einen großen Kopf.

Bartagamen (Pärchen). Die Männchen tragen während der Paarungszeit einen schwarzen „Bart".

Kämpfende Bartagamenmännchen. Setzen Sie pro Terrarium nur ein Männchen ein.

eine Körperlänge von über 1 m und brauchen ein größeres Terrarium.

POGONA VITTICEPS (BARTAGAME)

Diese populäre Echse hat ein fesselndes Aussehen und zeigt ein interessantes Verhalten. Sie ist gut zu halten und wird leicht zahm. Die Bartagame ist eine Alternative zum Grünen Leguan, der häufig zu groß wird.
Alter Name für *Pogona: Amphibolurus.*
Vielleicht neuer Name: *Acanthodraco.*

Beschreibung

Diese 50–60 cm langen (hell)braunen Tiere haben auf und unter dem Kopf Stacheln, den so genannten „Bart". Ihr Körper ist horizontal abgeflacht und mit vielen weichen Stacheln besetzt.

Verbreitungsgebiet

Australien, in trockenen Halbwüsten und trockenen, lichten Wäldern. Diese Bodenbewohner können auch gut klettern.

Verhalten

Bartagamen sind tagaktiv. Schon junge Tiere kommunizieren über langsame Armbewegungen. Auch erwachsene Weibchen zeigen dieses Verhalten gegenüber Männchen.
In Drohhaltung stehen die Tiere schräg, flachen ihren Körper ab und blähen ihren „Bart" auf. Manchmal öffnen sie dabei ihre Schnauze. Bartagamen kühlen sich ab, indem sie mit weit geöffneter Schnauze hecheln.

Haltung

Diese aktiven Tiere brauchen ein großes Wüstenterrarium; mindestens 150 x 50 x 50 cm für ein Paar oder Trio oder 100 x 40 x 40 cm für ein Einzeltier. Sorgen Sie für Temperaturen von 40–45 °C unter Strahlern ansonsten für 28 °C. Nachts sollte die Temperatur bei 21–24 °C liegen.
Männliche Bartagamen stressen sich gegenseitig, selbst wenn sie zusammen aufgewachsen sind. Die nicht zu vermeidenden Gefechte sind heftig und man bringt das unterlegene Männchen besser in einem anderen Terrarium unter. Auch Überbelegung kann zu Stress, Aggression und Verletzungen führen. Die Männchen können auch auf andere

Zwei Wochen alte Bartagamen

Echsenarten aggressiv reagieren und diese verletzen.
Anhaltend paarungswillige Männchen stressen die Weibchen. Ständig befruchtete Weibchen bilden pro Jahr vier Gelege und können kaum wieder zu Kräften kommen. Setzen Sie das Männchen daher rechtzeitig in ein eigenes Terrarium. Nur zur Paarung werden die Tiere für ein paar Tage zusammengesetzt.

Futter

Insekten, kleine Nagetiere, Eier, Gemüse und Früchte. Geben Sie ungefähr 75 % tierische Nahrung. Eine erwachsene Bartagame frisst viel, mindestens 25 erwachsene Grillen pro Woche und ab und zu eine Maus oder nestjunge Ratte. Bartagamen verdauen schnell und setzen häufig Kot ab. Sie sind bekannt für den unangenehmen Geruch, den sie verbreiten. Entfernen Sie deshalb regelmäßig den Kot, sieben Sie den Sand und tauschen Sie zweimal pro Jahr den Bodengrund aus. Sprühen Sie außerdem zweimal wöchentlich und reichen Sie täglich frisches Wasser.

Geschlechtsunterschiede

Männchen in Paarungsstimmung haben größere Femoral- und Präanalporen. In der Paarungszeit ist der „Bart" der Männchen schwarz gefärbt.

Fortpflanzung

Gewähren Sie den Tieren eine Winterruhe von acht Wochen bei einer Temperatur von 20–25 °C tagsüber und 15–20 °C nachts. Auf Kopfnicken und Nackenbiss folgt manchmal eine Paarung. Entfernen Sie aufdringliche Männchen, wenn das Weibchen schon befruchtet ist.

Eiablage

Ein befruchtetes Weibchen wird bei guter Fütterung nach einigen Wochen füllig und zeigt Beulen auf der Bauchseite. Stellen Sie den Tieren einen Platz mit einem mindestens 10 cm tiefen, feuchten Substrat, zum Beispiel Sand, unter einem flachen Stein oder eine Schale mit feuchter Erde zur Verfügung. Das Weibchen legt nach 45–60 Tagen ca. 20 Eier in eine selbst gegrabene flache Grube, die sie anschließend wieder zuscharrt.
Die 10 cm langen Jungen schlüpfen bei einer Temperatur von 28–32 °C nach 55–75 Tagen. Bei nied-

rigeren Temperaturen erhält man viele weibliche Nachkommen, bei höheren viele männliche.

Zucht

Halten Sie maximal zehn gleich große Jungtiere in einem 100 x 50 x 50 cm großen Terrarium. Beobachten Sie die Tiere: In zu kleinen Terrarien und bei Futtermangel beißen sie sich die Schwänze ab. Verfüttern Sie täglich zwei- bis dreimal eine Mischung aus Insekten, klein geschnittenem Gemüse und Obst. Besprühen Sie die Jungen täglich, denn sie trinken viel. Geben Sie zum Trinkwasser regelmäßig Vitamin- und Mineralstoffpräparate und bieten Sie UV-Licht an. Mit ein bis zwei Jahren sind die Jungen geschlechtsreif.

UROMASTYX ACANTHINURUS (AFRIKANISCHER DORNSCHWANZ)

Schutzstatus: alle Arten CITES/EU-Anhang B.

Dornschwänze wie *U. acanthinurus, U. aegyptica, U. hardwickii* oder *U. maliensis* sind keine Tiere für Anfänger, werden aber von diesen gerne gekauft. Die außerordentlich ruhigen Echsen haben ein beeindruckendes Äußeres, sind aber stressanfällig und stellen hohe Ansprüche an ihre Haltung.

Beschreibung

Diese Art wird bis 45 cm lang und ist graubraun mit grüner, orangefarbener oder gelblicher Zeichnung. Der Kopf ist fast schwarz. Am gedrungenen, abgeflachten Körper sitzen kräftige kurze Beine und ein dicker kurzer Schwanz. Die Schwanzschuppen sind stachelig und in Wirteln angeordnet.

Uromastyx maliensis, *Weibchen*

Uromastyx acanthinurus, *Pärchen, das Weibchen obenauf*

Auch die Weibchen des Afrikanischen Dornschwanzes (Uromastyx acanthinurus) *zeigen Territorialverhalten. Manchmal kommt es sogar zu ernsthaften Auseinandersetzungen.*

Verbreitungsgebiet

Dieser tagaktive Dornschwanz bewohnt in Marokko, Algerien, Tunesien, Libyen und Mauretanien sonnige, warme (Halb-)Wüsten mit wenig Niederschlag oder Bewuchs. Er gräbt tiefe Höhlen. Jedes Männchen hat ein Territorium von einigen Hektar, das es mit seinen Weibchen teilt.

Temperatur

Der Dornschwanz lebt in Regionen, in denen die Temperatur im Winter bei mindestens 0 °C liegt, im Sommer bei maximal 53 °C. Der Boden in diesen Regionen heizt sich bis 80 °C auf. In den tiefen Höhlen der Tiere herrschen dagegen konstante Temperaturen.

Die optimale Körpertemperatur liegt bei ca. 40 °C. Farb- und Positionsveränderungen dienen der Temperaturregulierung und der Einschränkung von Wasserverlust. Überflüssiges Salz wird in kristalliner Form über die Nase ausgeschieden; man sieht weiße Salzablagerungen an der Nasenöffnung. Weiterhin können die Tiere Wasser über die Haut aufnehmen, über den Urin resorbieren und (bei starker Trockenheit) die Fettreserven im Schwanz verbrennen, wobei Wasser freigesetzt wird.

Haltung

Richten Sie für ein Pärchen ein Wüstenterrarium ein, das mindestens 150 x 50 x 50 cm groß sein sollte. Tiere des gleichen Geschlechts stressen sich gegenseitig. Sie stellen die Nahrungsaufnahme ein und tragen oft Parasiten.

Sorgen Sie tagsüber unter Strahlern für Temperaturen von 40–55 °C, nachts für 25 °C. Eine Bodenheizung hält die Temperatur in den Höhlen, die stabil konstruiert sein müssen, tagsüber bei 23–30 °C, nachts bei 21–25 °C. Als Substrat eignet sich staubfreier Sand. In eine 15 cm tiefe Schicht können sich die Tiere Löcher graben. Errichten Sie aus Stein und Holz stets kontrollierbare Verstecke.

Die rF liegt in Nordafrika tagsüber bei 10–30 %, nachts bei 60–80 %. Besprühen Sie deshalb jeden

Dornschwänze lieben gelbe Blüten (Löwenzahn)

Der Kopf eines Männchens

Morgen oder Abend den Boden, im Frühjahr und Herbst häufiger als im Sommer und Winter. Viele Stein- und Holzaufbauten sorgen dafür, dass sich die Tiere nicht immer gegenseitig sehen müssen und so weniger stressen.

U. acanthinurus kann mit dem Berberskink, *Eumeces algeriensis,* gehalten werden.

Futter

Erwachsene Dornschwänze fressen hauptsächlich vegetarische Kost, aber auch Insekten und nestjunge Mäuse. Verfüttern Sie vor allem Blätter und Blüten. Die Tiere fressen gerne Löwenzahn, Klee und Gänseblümchen. Jungtiere und erwachsene Weibchen brauchen viel tierische Nahrung.

Geschlechtsunterschiede

Meist imponieren die Männchen. In der Paarungszeit sind ihre Femoralporen vergrößert. Erwachsene Männchen sind größer als die Weibchen, haben einen breiteren Kopf mit häufig schwarz gefärbter Unterseite und einer spitzen Schnauze. Die Weibchen haben eine hellere Kopfunterseite und eine stumpfe Schnauze. Der Bauch der Männchen ist gefleckt, der der Weibchen ist etwas heller.

Fortpflanzung

Ermöglichen Sie *U. acanthinurus* (nicht *U. maliensis)* im Dezember und Januar eine Winterruhe bei

Nach der Eiablage scharrt das Weibchen die Grube wieder sorgfältig zu.

15–20 °C und täglich sechs Stunden Beleuchtung. Im Terrarium sollte ein Strahler brennen und für Temperaturen bis 35 °C sorgen.

Ein Pärchen muss gleichzeitig paarungsbereit sein. Manchmal muss man dazu einen Partner auswechseln. Die Männchen imponieren, indem sie sich kopfnickend zum Weibchen begeben und um dieses herumlaufen. Dabei setzen sie eine weiße Flüssigkeit auf dem Boden und auf seinem Rücken ab. Wenn das Weibchen nicht paarungsbereit ist, dreht es sich auf den Rücken und das Männchen gibt nach einiger Zeit auf.

Eiablage

Trächtige Weibchen verhalten sich aggressiver und werden fülliger. Im Juni und Juli, vier bis sechs Wochen nach der Paarung, werden zehn bis 25 Eier in ca. 30 °C warmem, mäßig feuchtem Substrat vergraben. Das Weibchen verteidigt das zugescharrte Gelege wochenlang. Die Jungen schlüpfen bei einer Temperatur von 30 °C und einer rF von 95–100 % nach 85–100 Tagen. Halten Sie das Vermiculit während der letzten Wochen nicht zu feucht. Legen Sie die Eier in einer großen Kiste dicht aneinander, sodass das erstgeschlüpfte Junge über die anderen Eier kriechen muss und die Geschwister dadurch zum Schlüpfen anregt.

Zucht

Verwenden Sie Zeitungspapier als Substrat, damit die Jungen keine Sandverstopfung bekommen. Die 7–8 cm langen Tiere wachsen schnell und sind mit drei bis vier Jahren geschlechtsreif. Nach ca. 15 Monaten kann man die Geschlechter unterscheiden. Halten Sie maximal zwei Jungtiere in einem Terrarium mit genügend Verstecken und ausreichend Futter, um Stress zu vermeiden. Die Jungen werden unter den gleichen Bedingungen aufgezogen, die für die Eltern gelten. Verfüttern Sie viele kleine Insekten und sprühen Sie einmal täglich.

Verteidigung

Dornschwänze kriechen bei Gefahr in Höhlen mit engem Zugang, in die ihnen der Eindringling nicht folgen kann, oder sie blasen sich auf.

Chamäleons sind interessante Tiere, die jedoch schwer zu halten sind.

Umgang

Nehmen Sie die Tiere möglichst selten in die Hand, um Stress zu vermeiden.

WEITERE SONNENANBETER

Sauromalus sp. (Chuckwallas), *Cordylus* sp. (Gürtelschweife) und *Dipsosaurus dorsalis* (Wüstenleguan) sind Arten, die ebenso wie Dornschwänze die Hitze anbeten. All diese Tiere eignen sich nicht für Anfänger.

Die Familie Chamaeleonidae (Chamäleons)

Schutzstatus: alle Arten CITES/EU-Anhang B mit Ausnahme von *Chamaeleo chamaeleon* (Gemeines Chamäleon, CITES/EU-Anhang A).

Chamäleons sind aufgrund ihres bizarren Äußeren und ihres Verhaltens sehr interessant. Die meisten Arten sind schwer am Leben zu halten und lassen sich kaum züchten. „Üben" Sie erst mit weniger heiklen Echsen. Informieren Sie sich ausführlich über Chamäleons und wägen Sie Vor- und Nachteile ab, bevor Sie sich ein Tier anschaffen.

Chamäleons beanspruchen viel Zeit und müssen im Prinzip täglich versorgt werden. Wenn Sie keine Erfahrung im Umgang mit diesen Tieren haben, sollten Sie keinesfalls einen Wildfang erwerben. Wildfänge sind oft in schlechter Verfassung, leiden an Parasiten und sind gestresst. Greifen Sie deshalb auf ein Nachzuchttier zurück.

Beschreibung

Wir behandeln hier nur die Gattung *Chamaeleo* (Eigentliche Chamäleons), nicht die Gattung *Brokesia* (Stummelschwanzchamäleons), da diese wesentlich seltener in Terrarien gehalten wird.

Alle Chamäleons sind seitlich mehr oder weniger abgeflacht und tragen an der Rückennaht- (gelegentlich auch an der Bauchnaht) Haut- und/oder Schuppenkämme. Auf der Kopfoberseite verlaufen zwei seitliche Leisten. Auffällig sind die großen, seitlich am Kopf sitzenden Augen mit verwachsenen Lidern. Beide Augen lassen sich unabhängig voneinander bewegen. Mithilfe der extrem langen Zunge, die sie nach vorne schnellen können, fangen die Tiere ihre Beute und können dadurch ihre langsame Fortbewegungsweise ausgleichen. Die Zunge liegt in Ruhe „aufgespult" im Schlund.

Ein weiteres Merkmal der Chamäleons ist ihre Anpassung an das Baumleben. Die Füße bilden Greifzangen (die jeweils fünf Zehen und Finger sind zu zweit oder dritt miteinander verwachsen) und auch der Schwanz dient als Greifwerkzeug. Er kann nicht abgeworfen werden.

Ihr schnelles Farbwechselvermögen spiegelt den physischen und psychischen Zustand der Tiere wieder. Sie können sich farblich nicht gezielt, aber weitgehend faktisch an die jeweilige Umgebung anpassen. Chamäleons sind im Ruhezustand heller als in Erregung. Auch bei Rivalitätskämpfen spielt das Farbwechselvermögen eine wichtige Rolle.

Einige große Chamäleonarten werden bis zehn Jahre alt, kleinere Arten meist nur eineinhalb Jahre.

Verbreitungsgebiet

Chamäleons bewohnen verschiedene Biotope in Afrika, Arabien, Indien, Sri Lanka und Südeuropa. *Chamaeleo chamaeleon* (CITES 1) lebt in Südeuropa, Vorderasien und Nordafrika.

Haltung

Chamäleons sind ortstreu und verteidigen ihr Revier gegen Artgenossen und andere Spezies.

Jemen-Chamäleon (Chamaeleo calyptratus), *Pärchen*

Kammchamäleon (Chamaeleo cristatus) *aus Westafrika*

Das Terrarium für ein erwachsenes Männchen sollte mindestens 90 x 60 x 90 cm groß sein, für ein Weibchen etwas kleiner. Richten Sie es mit horizontalen und vertikalen Kletterästen von gut umfassbarer Dicke und mit Pflanzen ein. Die meisten Chamäleons kommen selten auf den Boden. Legen Sie Zweige auf das Substrat (Torf-Sand-Mischung oder Kunstgras), damit die Tiere schnell wieder emporklettern können. Achten Sie darauf, dass sich das Chamäleon nicht einklemmen kann.

Eine gute Belüftung ist wichtig, aber vermeiden Sie Zugluft. Die rF sollte bei 70–80 % liegen.

Die meisten Chamäleons und alle Jungtiere dürfen nicht bei Temperaturen über 30 °C gehalten werden. Über den Ästen hängen Strahler, aber das Chamäleon darf nicht an die Lampen gelangen können (Verbrennungsgefahr). Viele Arten *(Furcifer pardalis, Chamaeleo (Trioceros) jacksonii* und *C. (T.) hoehnelii)* brauchen viel Licht (12–14 Stunden täglich). Bringen Sie UV-Lampen und einige Halogenstrahler an, damit sich die Tiere sonnen können. Verwenden Sie in Terrarien von wenigsten 50 cm Höhe mindestens zwei Leuchtstoffröhren und HQL- oder UV-Strahler. Die Temperatur darf nicht zu sehr ansteigen.

Regenwaldbewohner wie *Calumma parsonii* brauchen eine hohe Luftfeuchtigkeit, mäßige Beleuchtung und konstante Temperaturen von 25–30 °C (nachts etwas niedriger). Belüften Sie das Terrarium über große Öffnungen am Deckel und an den Seitenflächen.

Bergbewohner wie *C. bitaeniatus, C. (T.) hoehnelii, C. (T.) jacksonii* und *Furcifer lateralis* brauchen ein sehr gut belüftetes Terrarium mit mehreren Seitenflächen aus Gaze. Sorgen Sie tagsüber für eine Temperatur von 22–27 °C. Eine relativ starke Nachtabkühlung auf 10–15 °C gibt den Tieren die nötige Ruhe. Die genannten Arten fühlen sich im Sommer in einem gut bepflanzten Außenterrarium mit ausreichend Schattenplätzen wohl. Diese Bergbewohner halten selbst nächtliche Temperaturen um den Gefrierpunkt aus und können von Anfang Mai bis Ende September ins Freie. Heizen Sie mit Strahlern, wenn es lange Zeit tagsüber zu kalt ist.

Dieses Kalthaus (7,5 x 5 m groß) wird von Calumma parsonii, Furcifer pardalis, Chamaeleo calyptratus, C. quadricornis, Physignathus leseuri, Basiliscus basiliscus, Agama agama *und* Chondropython viridis *bewohnt. Das Dach aus UV-durchlässigem Kunststoff öffnet sich bei warmem Wetter. Es wird zusätzlich mit Halogenlampen und 300-Watt-UV-B-Lampen beleuchtet. Eine Beregnungsanlage arbeitet automatisch. Außerdem gibt es in diesem Kalthaus einen Wasserfall und ein 5 m langes Aquarium, in dem ein Glattstirnkaiman* (Paleosuchus) *und einige Sumpfschildkröten leben.*

Für viele Arten ist das beste Terrarium ein Zimmerterrarium, Gewächs- oder Kalthaus mit guter Belüftung, Temperaturgefällen, angemessener Luftfeuchtigkeit und ausreichender Beleuchtung. Hängen Sie Strahler auf, geben Sie regelmäßig Wasser und besprühen Sie täglich die vielen Pflanzen. Chamäleons bleiben meist auf ihrem Lieblingsplatz sitzen, unternehmen aber auch manchmal Ausflüge. Vor der Eiablage können grabende Weibchen für Unruhe sorgen. Sie können zur Eiablage in ein großes Terrarium umgesetzt werden.

Sorgen Sie dafür, dass es im Gewächs- oder Kalthaus weder zu warm noch zu kalt wird. Über einen Thermostat gesteuerte Ventilatoren sorgen für Abkühlung, geheizt wird bei Bedarf mit starken Lampen. Chamäleons bilden Territorien und können untereinander sehr unverträglich sein. In großen Terrarien mit ausreichend Versteckmöglichkeiten kann ein Männchen mit einem oder mehreren

Lappenchamäleon (Chamaeleo dilepis) *im Tschad*

Parsons Chamäleon (Calumma parsonii)

Weibchen gehalten werden. Beobachten Sie die Chamäleons in den ersten Tagen nach dem Zusammensetzen genau.

In Gewächs- oder Kalthäusern können Chamäleons einer Art mit anderen ruhigen Reptilien, aber auch mit anderen Chamäleonarten und mit Amphibien gehalten werden – vorausgesetzt diese sind ungefähr gleich groß.

Futter

Verfüttern Sie lebende selbst gezüchtete Insekten oder Wiesenplankton. Ein erwachsenes Chamäleon verzehrt etwa drei erwachsene Grillen pro Tag. Wachsende, trächtige und (sexuell) aktive Tiere brauchen mehr Futter. Einige Arten fressen auch nestjunge Mäuse und Ratten. Das Futter wird entweder mit einer Pinzette gereicht oder in einem Gefäß mit glatter Wand im Terrarium aufgestellt. Natürlich sollte dann ein Ast in das Gefäß reichen, sodass ein hineingefallenes Chamäleon wieder herausklettern kann.

Füttern Sie abwechslungsreich und vergessen Sie Vitamin- und Mineralstoffpräparate nicht (Chamäleonliebhaber bevorzugen „Korvimin"). Wenn ein Chamäleon die Nahrung verweigert, können Sie es mit grünen Insekten, wie Heuschrecken, zum Fressen anregen. Durstige Chamäleons verweigern ebenfalls oft die Nahrung. Einige Tiere verzehren ab und zu Blätter, Blüten und Früchte.

Verfehlt!

Verschiedene Arten von Tropftränken

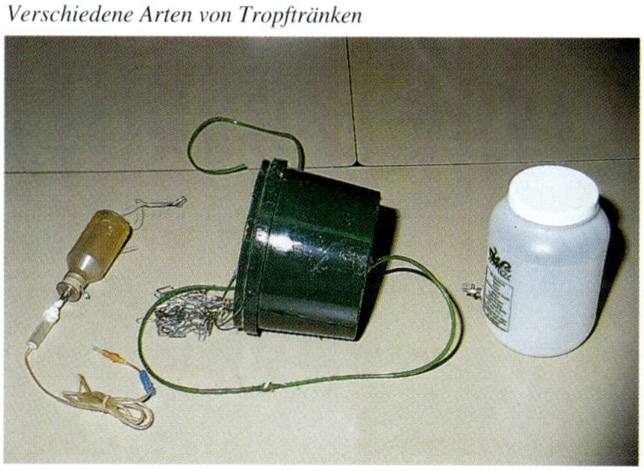

Dieses Tropfsystem arbeitet mittels einer Luftpumpe.

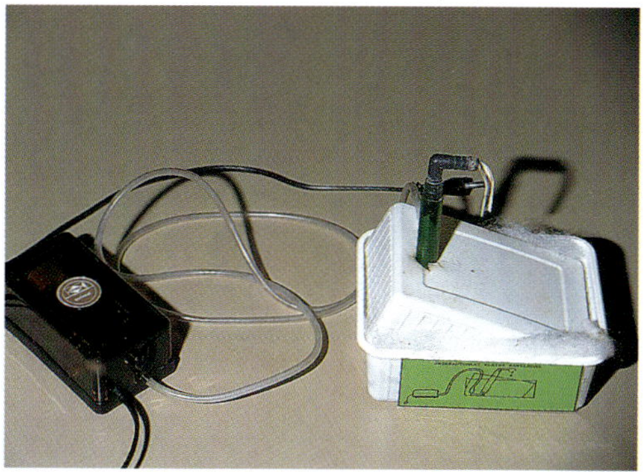

Wasser

Der Wasserbedarf der einzelnen Arten ist unterschiedlich. *Calumma parsonii* trinkt täglich, *Chamaeleo calyptratus* nur zweimal pro Woche. Im Wasser können Vitamine, Kalk und Mineralstoffe gelöst werden.

Die meisten Chamäleons trinken nicht aus einer Schale. Wasser verabreicht man folgendermaßen:

- Tröpfeln Sie Wasser aus einer Pipette auf oder in die Schnauze. Diese Methode kostet viel Zeit, kontrolliert aber die Wasserversorgung der Tiere optimal.
- Saugen Sie mit einem Stück Luftschlauch Wasser aus einem Behälter (Flasche, Eimer) an und lassen Sie es in das Terrarium tröpfeln. Ein Eimer kann zum Beispiel drei Tage lang für Wasser sorgen. Verteilen Sie das Wasser gut; es dürfen keine Pfützen entstehen. Chamäleons können in den kleinsten Pfützen ertrinken!
- Bauen Sie ein Trinkwasserleitungssystem: Mit einer Luftpumpe wird über einen Schlauch Luft in ein Plastikrohr gepumpt, das in einem Wassergefäß steht. Die Luftblasen transportieren das Wasser nach oben und schieben es durch den Schlauch. Lassen Sie es über einen Docht aus dem Rohr so nach unten tröpfeln, dass es nicht herumspritzt. Die Tiere trinken die Wassertropfen. Überschüssiges Wasser gelangt über eine entsprechende Auffangvorrichtung wieder in das Gefäß. Füllen Sie das Wassergefäß mit grobem Kies oder Filterwatte auf und wechseln Sie ein- bis zweimal wöchentlich das Wasser. Bei diesem System müssen Sie sicher stellen, dass die Exkremente der Tiere frei von Parasiten sind.
- Mit einer elektrischen Pumpe wird Wasser über einen Schlauch nach oben gepumpt und läuft außen am Schlauch entlang wieder nach unten.
- Besprühen Sie das Terrarium morgens, um Tau zu imitieren. In Kalthäusern kann man Beregnungsanlagen installieren, die über eine Zeitschaltuhr gesteuert werden.
- In einem großen Terrarium kann ein Wasserfall oder Zimmerspringbrunnen als Trinkmöglichkeit dienen.

Nur das Männchen des Jemen-Chamäleons (Chamaeleo calyptratus) *trägt einen Sporn an den Fersen der Hinterbeine.*

Geschlechtsunterschiede

Oft zeigen die Männchen auffällige Merkmale zur Balz, wie Helme, Hörner, Kämme und grelle Farben. Die Schwanzwurzel der Männchen ist meist verdickt. Ein Männchen der Art *Chamaeleo calyptratus* trägt zum Beispiel einen Sporn ohne Kralle an den Fersen der Hinterbeine. Dieses Kennzeichen ist bereits bei sehr jungen Tieren zu sehen.

Fortpflanzung

Bringen Sie zwei Tiere, die mindestens ein Jahr alt sind, in Sichtkontakt. Setzen Sie immer das Weibchen zum Männchen. Wird das Männchen zum Weibchen gebracht, besteht die Möglichkeit, dass sie sich nicht paaren. Das Männchen kann auch auf das Weibchen losgehen. Wenn das Weibchen ruhig bleibt, gefleckte Farben zeigt oder auf sein Balzverhalten eingeht, ist es paarungsbereit. Reagiert es heftig mit grellen Farben, dann ist es vielleicht schon befruchtet. Bei der Paarung packt das Männchen das Weibchen mit seinen Vorderbeinen, klettert auf seinen Rücken und befruchtet es. Viele Arten paaren sich mehrmals an mehreren aufeinander folgenden Tagen, dann verändert das Weibchen die Farbe. Entfernen Sie das Männchen nach zwei Tagen.

Nach der Paarung fressen die Weibchen viel und verhalten sich den Männchen gegenüber aggressiver. Erwachsene Wildfang-Weibchen sind meist trächtig. Die Weibchen können Sperma aufbewahren und damit noch mehrere Gelege befruchten.

Eiablage und Geburt

Vor allem Bewohner kalter Gebiete sind eilebend gebärend. Sie bringen nach drei bis zehn Monaten fünf bis 40 Junge zur Welt. Diese müssen innerhalb eines Tags vom Weibchen getrennt werden. Die Mütter fressen die Jungen zwar nicht sofort, aber manchmal nach einigen Stunden oder Tagen auf. Die Eiablage kündigt sich durch eine Periode geringerer Nahrungsaufnahme und durch nervöses Verhalten an.

Eier legende Arten sind ein bis fünf Monate lang trächtig. Das Substrat im Terrarium sollte zur Eiablage so tief sein, dass das Weibchen mindestens seinen gesamten Körper eingraben kann. Als Bo-

Gelege von Chamaeleo calyptratus

Ein junges Chamaeleo calyptratus *schlüpft aus dem Ei, ein anderes ist bereits geschlüpft.*

dengrund dient eine Mischung aus Sand, Torfmull und Blumenerde, die sich zum Anlegen von Gängen eignen muss. Für einige Arten muss das Eiablageterrarium erwärmt werden. *Furcifer lateralis* braucht zur Eiablage ein relativ hartes, festes, lehmiges Substrat mit einer Pflanze. Das Ganze muss bereits lange vor der Eiablage angelegt sein. Das ca. 20 cm tiefe Substrat muss locker und leicht feucht sein. Die Temperatur sollte bei 24 °C liegen. In feuchtem Vermiculit schlüpfen die Jungen nach 90–380 Tagen in Abhängigkeit von der Art und der Temperatur. Für viele Eier legende Arten sind Temperaturänderungen während der Inkubation wichtig. Die Eier von *F. lateralis* brauchen in den ersten 45 Tagen eine Temperatur von 25–28 °C, dann 45 Tage lang 12–18 °C und zum Schluss wieder 25–28 °C. Sie können auch bei einer konstanten Temperatur von 24–25 °C inkubiert werden, die Jungen schlüpfen dann nach fünf bis sechs Monaten. Die Jungen von *Chamaeleo montium* schlüpfen nach vier Monaten bei einer Temperatur von 24 °C, die von *C. quadricornis* nach vier Monaten bei einer Temperatur von 22 °C.

Bei vielen Arten muss die kühle Winterperiode des Herkunftslands imitiert werden.

Zucht

Zur Aufzucht junger Chamäleons kann das ganze Gelege in den ersten Wochen in einem großen Terrarium mit vielen Pflanzen und viel Futter gehalten werden. Vermeiden Sie Stress! Nehmen Sie die Jungen heraus, bevor sie ortstreu werden, und setzen Sie sie einzeln in kleine Terrarien.

Halten Sie die Jungtiere so warm wie die Eltern. Sprühen Sie einmal täglich so viel, dass die Feuchtigkeit nach zwei Stunden verflogen ist. Die Tiere selbst dürfen nicht besprüht werden. Junge Chamäleons ertrinken leicht in kleinsten Pfützen. Füttern Sie die Jungtiere mit Blattläusen, Fruchtfliegen

Bergchamäleon (Chamaeleo montium), *ein Bewohner von Bergwäldern in Westafrika (Kamerun), Weibchen*

Chamaeleo quadricornis *aus Kamerun*

Aufzuchtterrarium mit jungem Chamaeleo calyptratus. *Halogenlampen ohne Schutzglas auf dem Terrarium sorgen für die nötige UV-Strahlung.*

und frisch geschlüpften Grillen. Es ist ein Genuss, zu sehen, wie junge Chamäleons die Fähigkeit ihrer Zunge entdecken.

Chamäleons wachsen schnell; viele Arten sind nach einem halben Jahr erwachsen.

Krankheiten

Chamäleons sind sehr anfällig gegenüber vielen Krankheiten. Parasiten der Gattungen *Coccidia, Salmonella* und *Trichomonas* oder Würmer können Probleme verursachen.

Es ist wichtig, dass die Augenöffnung rund ist und dass beide Augen sich gleichzeitig schließen. Wenn ein Chamäleon seinen Pfleger oder andere Tiere nicht beobachtet, ist dies ein Zeichen für Stress. Angeschwollene Zehen oder Beine weisen auf eine bakterielle Infektion hin.

Halten Sie ein neues Chamäleon mindestens sechs Wochen in Quarantäne, bevor das Tier mit anderen in Kontakt kommt. Kaufen Sie keine hochträchtigen Weibchen, denn durch Stress leiden sie oft unter Legenot.

Verteidigung

Bei Gefahr vertrauen Chamäleons in erster Linie auf ihre Tarnfärbung und verstecken sich oft hinter dem Ast, auf dem sie sitzen. Dann drohen sie mit Färbung, aufgeblasenem Körper, aufgestelltem Kopf, offenem Maul und Zischen. Sie können kräftig zubeißen. Im Prinzip sind sie träge, können bei Gefahr aber doch schnell laufen.

Umgang

Chamäleons sind sehr stressanfällig und dürfen nur im Notfall in die Hand genommen werden. Gönnen Sie den Tieren viel Ruhe. Beim Umsetzen lassen Sie das Chamäleon auf einen Ast klettern.

CHAMAELEO CALYPTRATUS (JEMEN-CHAMÄLEON)

Schutzstatus: CITES/EU-Anhang B.

Mit dieser relativ gemächlichen Art wird intensiv gezüchtet.

Beschreibung

Männchen der Unterart *Chamaeleo calyptratus calyptratus* werden 50 cm lang und tragen auf dem

Jemen-Chamäleon (Chamaeleo calyptratus), *Männchen*

Kopf einen 6 cm hohen Helm. Gesunde, nicht gestresste Männchen sind auffällig türkis gefärbt mit vier gelbgrünen Querbändern, blauen Flecken und bräunlichen Streifen. Nur die Männchen haben Sporne an den Hinterbeinen. Die Weibchen werden 35 cm lang, tragen einen kleineren Helm und haben kleinere Kehlstacheln. Sie sind meist einfarbig grün mit weißen Flecken. Die Weibchen werden bis drei Jahre alt, die Männchen bis fünf Jahre. *Chamaeleo calyptratus calcarifer* bleibt kleiner (30 cm) und ist weniger hübsch gefärbt. Nach neueren Erkenntnissen handelt es sich hierbei um Bastarde von *C. calyptratus* und *C. arabicus*.

Verbreitungsgebiet

Diese Chamäleons bewohnen im Jemen und in Saudi-Arabien Wälder, Hochflächen, üppig bewachsene Flussufer und warme Küstengebiete. Das Klima ist relativ trocken.

Haltung

Ein Männchen mit einem bis drei Weibchen benötigt ein Zimmerterrarium mit den Mindestmaßen 120 x 100 x 100 cm. Sorgen Sie für eine ausreichende Belüftung und eine Tagestemperatur von 28–32 °C (35 °C unter Strahlern); nachts sollte die Temperatur bei 18–25 °C liegen. Verwenden Sie als Substrat Sand und beleuchten Sie das Terrarium mit UV-Lampen. Sprühen Sie morgens etwas Wasser, sodass die rF bei 50–70 % liegt. Durch häufigeres Sprühen können Sie von April bis September eine Regenzeit imitieren. *C. calyptratus* trinkt aus einer Wasserschale. Die Männchen verhalten sich äußerst aggressiv gegenüber anderen Chamäleonarten und männlichen Artgenossen.

Jemen-Chamäleon (Chamaeleo calyptratus), *Weibchen*

Futter

Diese Art ernährt sich vor allem von tierischer Nahrung. Jungtiere und trächtige Weibchen fressen fünf bis zehn Beutetiere pro Tag. Manchmal verzehren die Tiere auch Blätter, Blüten (Löwenzahn) und Früchte (Datteln und Feigen). *C. calyptratus* braucht viel Vitamin A. Geben Sie deshalb den Grillen einige Stunden vor der Verfütterung geraspelte Möhren.

Fortpflanzung

Die Männchen sind meist paarungsbereit und zeigen Territorialverhalten, wenn sie ein Weibchen sehen. Ein nicht paarungswilliges Weibchen verändert seine Farbe nach Dunkelgrün bis Schwarz mit weißen und gelben Flecken.

Eiablage

30–40 Tage nach der Paarung erfolgt die Eiablage in einer 30 cm tiefen, feuchten Sandschicht. *Chamaeleo calyptratus calyptratus* legt 50–90 Eier, *Chamaeleo calyptratus calcarifer* 25–40 Eier. Die Jungen schlüpfen bei einer konstanten Temperatur von 26 °C in zu gleichen Teilen gemischtem Wasser und Vermiculit nach 160–170 Tagen. Halten Sie das Substrat nach 12 Wochen etwas feuchter (Re-

Jungtier von Chamaeleo calyptratus

genzeit). Die Jungen sind 7 cm lang und grün gefärbt mit weißen Flecken. Direkt nach dem Schlüpfen sieht man bereits den Sporn der Männchen. Unter idealen Bedingungen ist das Weibchen zwei Monate nach der Eiablage wieder paarungsbereit.

CHAMAELEO HOEHNELII (HOEHNELS CHAMÄLEON)

Schutzstatus: CITES/EU-Anhang B.
Diese Art ist relativ problemlos zu halten, aber über mehrere Generationen äußerst schwer zu züchten.

Beschreibung
Die Männchen werden 20–25 cm lang, die Weibchen 15–20 cm. Die Männchen tragen einen größeren Helm auf dem Kopf und einen kleinen beschuppten Nasenfortsatz. Die Grundfarbe ist (Oliv-)Grün und/oder Braun, die Männchen zeigen oft gelbliche und bläuliche Töne. Zwischen den Populationen gibt es viele Unterschiede.

Verbreitungsgebiet
C. hoehnelii bewohnt Waldränder und Sträucher in Savannen. Es lebt an Wegrändern und in Gärten und kommt im Bergland und auf Hochflächen Kenias und Ugandas vor, dort herrschen große Temperaturunterschiede zwischen Tag und Nacht.

Haltung
Ein Einzeltier braucht ein gut belüftetes Terrarium mit den Mindestmaßen 50 x 50 x 40 cm, ein Pärchen einen mindestens 60 x 60 x 80 cm großen Behälter. Im Sommer kommen die Tiere ins Freie. Sorgen Sie tagsüber für eine Temperatur von maximal 26 °C und nachts für mindestens 10 °C weniger. Sprühen Sie morgens und abends.

Geburt
Diese eilebend gebärende Art bringt nach einer Tragezeit von fünf bis sechs Monaten fünf bis 20 Junge zur Welt.

CHAMAELEO JACKSONII (DREIHORNCHAMÄLEON)

Schutzstatus: CITES/EU-Anhang B.
Diese Art ist relativ problemlos zu halten, aber über mehrere Generationen äußerst schwer zu züchten.

Hoehnels Chamäleon (Chamaeleo hoehnelii), *trennen Sie die Jungen einen Tag nach der Geburt vom Weibchen.*

Beschreibung
Am häufigsten wird die größte Unterart *Chamaeleo jacksonii xantholophus* gehalten. Die Tiere werden maximal 35 cm lang, haben einen ausgeprägten Rückenkamm und sind meist grün gefärbt. Nur die Männchen tragen drei nach vorne gerichtete Hörner auf der Schnauze. Bei den anderen Unterarten haben die Weibchen kleinere Hörner als die Männchen. Die Tiere benötigen eine nächtliche Abkühlung auf 4–6 °C und ein trockenes Klima.

Verbreitungsgebiet
Die vier Unterarten bewohnen Hochgebirgswälder in Kenia und Tansania.

Haltung
Chamaeleo jacksonii xantholophus wird wie *C. hoehnelii* gehalten. Das Terrarium muss mindestens 60 x 60 x 100 cm groß sein und gut belüftet werden. In sehr großen Behältern mit vielen Verstecken können die Tiere paarweise gehalten werden. Sorgen Sie tagsüber für eine Temperatur von 35 °C und eine rF von 60 %. Senken Sie die Temperatur nachts auf 10–15 °C. Die Tiere können Temperaturen bis 0 °C aushalten. Im Sommer werden sie in einem Außenterrarium (Voliere) gehalten.

Fortpflanzung
Die Tiere paaren sich von Januar bis März, also zu Beginn der großen Regenzeit. Bis zu 40 Junge

Ein Hoehnels Chamäleon (Chamaeleo hoehnelii, *Weibchen) mit einem Jungtier auf dem Rücken.*

Dreihornchamäleon (Chamaeleo jacksonii), *Männchen*

kommen in der kleinen Regenzeit von Juni bis August zur Welt.

FURCIFER PARDALIS (PANTHERCHAMÄLEON)

Schutzstatus: CITES/EU-Anhang B.
Synonym: *Chamaeleo pardalis*.
Diese Art ist gut zu halten und zu züchten.

Beschreibung

F. pardalis ist sehr variabel gefärbt; die Männchen sind meist grün, manchmal auch grau oder braun und tragen weiße oder rote Flecken. Meist ist ein heller Seitenstreifen vorhanden. Sie werden ca. 50 cm lang und tragen einen kleinen Helm auf dem Kopf.
Die bis 35 cm langen, eher rundlichen Weibchen sind gelblich, grau, rosa oder violett. Die Kehlsackhaut zwischen den Schuppen ist bei den Männchen meist grün, bei den Weibchen orangerot.

Verbreitungsgebiet

Dieses Chamäleon bewohnt in Nord-Madagaskar und auf einigen vorgelagerten Inseln warme Küstenbiotope. Dort lebt es an Waldrändern, im Gebüsch und auf Palmen. In dem feuchtheißen Küstenklima herrscht eine rF von 70–100 %.

Haltung

Die Art verhält sich gegenüber anderen Chamäleons aggressiv und ist sehr aktiv. Setzen Sie deshalb ein einzelnes Exemplar in ein mindestens 50 x 50 x 100 cm großes Terrarium und pflegen Sie mehrere Tiere in einem Zimmerterrarium oder Gewächshaus. Sorgen Sie für eine gute Belüftung und tagsüber für eine Temperatur von 22–28 °C (35 °C unter Strahlern), nachts für 18–23 °C. Gönnen Sie diesen Sonnenanbetern viel (UV-)Licht. Sprühen Sie jeden Abend. Das Substrat muss zur Eiablage mindestens 30 cm tief sein.

Fortpflanzung

Weibchen, die nicht paarungsbereit sind, drohen mit aufgerissenem Maul und aufgeblasenem Körper. Paarungsbereite Weibchen verhalten sich während der drei Tage dauernden „Brunft“ nicht aggressiv. Einige Tage nach der Paarung sind die trächtigen Weibchen intensiver gefärbt. Sie legen drei bis sechs Wochen später 16–44 Eier. Die Jungen schlüpfen bei einer konstanten Temperatur von 26 °C nach 170–362 Tagen. Sie sind dunkelbraun; die Männchen färben sich nach einigen Tagen grau, die Weibchen sind sandfarben. Nach vier Monaten besitzen die Männchen eine verdickte Schwanzwurzel. Mit neun bis 12 Monaten sind die Tiere erwachsen.

Pantherchamäleon (Furcifer pardalis)

Die Familie Cordylidae (Gürtelechsen)

Diese südafrikanische Familie besteht aus zwei Unterfamilien: Cordylinae (Gürtelechsen im engeren Sinn) mit 50 Arten in 10 Gattungen und Gerrhosaurinae (Schildechsen). Der Körper der Tiere ist meist mit großen rechteckigen Schuppen in regelmäßigen Reihen besetzt.

Beschreibung

Zur Unterfamilie Gerrhosaurinae gehören unter anderem die Gattungen *Gerrhosaurus* (Eigentliche Schildechsen) und *Zonosaurus* (Ringel-Schildechsen). Sie tragen Knochenplatten unter der Haut und sind dadurch relativ starr gebaut. Zwischen Rücken- und Bauchseite haben Schildechsen eine Hautfalte. Der Kopf ist kaum vom Körper abgesetzt. Der Schwanz kann abgeworfen werden. Die gekielten Schuppen bilden oft Linien längs der

Riesengürtelschweif (Cordylus giganteus)

Braune Schildechse (Gerrhosaurus major)

Körperachse. Diese Unterfamilie besteht aus Eier legenden Arten.
Zur Unterfamilie Cordylinae gehören als bekannteste Gattungen *Cordylus* (alle Arten CITES/EU-Anhang B) und *Platysaurus*. Sie haben einen deutlich abgesetzten Kopf, keine Hautfalte und einen kräftigen Schwanz. Ihre Schuppen sind oft stark bestachelt oder gekielt. Fast alle Arten sind eilebend gebärend (*Cordylus* sp. immer).

GERRHOSAURUS MAJOR (BRAUNE SCHILDECHSE)

Diese großen sonnenliebenden Echsen können sehr zahm werden.

Beschreibung

Diese über 50 cm langen, gelb- bis dunkelbraunen Echsen ähneln Skinken. Manchmal tragen sie schwarze Längsstreifen. Die Männchen haben größere Femoralporen als die Weibchen.

Verbreitungsgebiet

Savannen und Steppengebiete in Ost- und Südostafrika.

Haltung

Ein Paar oder Trio braucht ein Steppenterrarium von mindestens 120 x 40 x 40 cm. Die grabenden Tiere erhalten als Substrat eine mindestens 10 cm tiefe Schicht Lehmsand. Aus Steinen können Sie Verstecke bauen.
Die Temperatur sollte tagsüber unter Strahlern bei 28–35 °C liegen, nachts bei ca. 20 °C. Stellen Sie eine flache Wasserschale auf und sprühen Sie ein- bis zweimal wöchentlich, denn die Tiere lecken gerne Wassertröpfchen auf.

Futter

Verfüttern Sie vor allem pflanzliche Nahrung (Obst), aber auch Insekten und kleine Nagetiere.

Fortpflanzung

Nach sechs bis acht Wochen unter trockenen, relativ warmen Bedingungen (25–30°C) erfolgt die Paarung. Danach werden meist zwei Eier gelegt, in der Natur oft in einem alten Termitenhügel. Die Zucht gelingt bei dieser Art selten.

Braune Schildechse (Gerrhosaurus major)

Stirnlappenbasilisk (Basiliscus plumifrons), *Männchen*

Die Familie Corytophanidae (Basilisken und Verwandte)

Diese mittelamerikanische Familie mit drei Gattungen gehört zu den Leguanen. Die Tiere haben einen schlanken Körper mit einem langen Schwanz, lange Finger und Helme auf dem Kopf.

DIE GATTUNG *BASILISCUS* (BASILISKEN)

Basilisken werden in ihrer Heimat auch „Jesusechsen" genannt, weil sie kurze Zeit über das Wasser laufen können.

Beschreibung

Basilisken sind seitlich abgeflachte Baumbewohner mit (beim Männchen) einem großen Helm und einem Kamm auf Rücken und Schwanz. Sie haben häutige Zehensäume. Der Schwanz erreicht ca. die zweifache Körperlänge.
Der Helmbasilisk *(Basiliscus Basiliscus;* 80 cm) ist braungrün mit weißen Seitenstreifen und dunkleren Linien an den Flanken. Der Helm ist hoch, Rücken- und Schwanzkamm sind groß.
Der Stirnlappenbasilisk *(Basiliscus plumifrons;* 70 cm) ist grellgrün oder -gelb mit graublauen Querbinden und hellen Seitenstreifen. Er trägt einen hohen Kamm und einen doppelten Helm.
Der Streifenbasilisk *(Basiliscus vittatus;* 75 cm) ist braun. Sein Kamm bleibt niedriger als bei den beiden anderen Arten.

Stirnlappenbasilisk (Basiliscus plumifrons), *trächtiges Weibchen*

Verbreitungsgebiet
Regenwälder vom südlichen Mexiko bis in den Norden Südamerikas, oft entlang der Küsten.

Haltung
Diese aktiven Echsen brauchen ein großes Regenwaldterrarium, mindestens 150 x 60 x 180 cm für ein Trio. Schaffen Sie viele Klettermöglichkeiten und eine Ecke mit dichter Bepflanzung. Als Substrat dient Torf, Walderde oder Buchenrinde. Die Wasserschale sollte groß genug sein, damit die Tiere darin baden können. Das Wasser wird filtriert oder täglich gewechselt. Sorgen Sie tagsüber für eine Temperatur von 27–32 °C (40 °C unter Strahlern), nachts für 20 °C. Die rF sollte bei 70–90 % liegen; der Wasserteil wird auf 25 °C erwärmt.
Die Männchen sind ortstreu. Die Tiere rennen oft gegen die Scheiben des Terrariums und können sich dabei Verletzungen an der Schnauze zuziehen. Wenn man Basilisken zusammen mit dem Grünen Leguan oder Wasseragamen hält, können die Tiere aufgrund der starken Ähnlichkeit gestresst werden.

Futter
Hauptsächlich Insekten, Nagetiere und Schnecken, ab und zu Fisch, Regenwürmer oder süße Früchte. Pro Tier werden alle zwei bis drei Tage fünf bis zehn Beutetiere verfüttert.

Geschlechtsunterschiede
Die Männchen haben einen höheren Kamm beziehungsweise Helm. Bei den Weibchen ist dieser manchmal beschädigt oder (nach einigen groben Paarungen) ganz verschwunden.

Eiablage
Mehrmals im Jahr werden vier bis 25 Eier in eine mindestens 20 cm tiefe, lockere, feuchte Erdschicht gelegt. Die Jungen schlüpfen bei einer Temperatur von 26–30 °C nach 55–80 (manchmal erst nach 150) Tagen.

Zucht
Die Aufzucht der ca. 13 cm langen Jungen ist unproblematisch. Man kann alle Jungtiere in den ersten Monaten gemeinsam in einem 100 x 40 x 40 cm großen Terrarium halten. Sie fressen Insekten und trinken hauptsächlich Sprühwasser. Die Geschlechter sind nach neun Monaten beziehungsweise einem Jahr unterscheidbar. Mit zwei bis drei Jahren sind die Tiere geschlechtsreif.

Basiliscus vittatus, *Jungtier (noch keine zwei Monate alt)*

Anschaffung
Kaufen Sie möglichst junge Nachzuchttiere. Sie werden sich am besten an Ihr Terrarium gewöhnen und ihre Schnauzen nicht an den Wänden verletzen.

CORYTOPHANES CRISTATUS (HELMLEGUAN)

Helmleguane bewegen sich sehr wenig, was für den Besitzer langweilig werden kann. Deshalb werden sie oft abgeschafft oder vernachlässigt und sterben. Überlegen Sie sich eine Anschaffung gut. Wildfänge sind oft gestresst und verweigern die Nahrung.

Beschreibung
Der Körper dieser braunrot gefleckten Echsen wird 10 cm lang, der Schwanz 25 cm. Sie tragen einen auffallend großen Helm auf dem Kopf und zeigen (vor allem in Drohhaltung) einen großen Kehlsack. Wenn sie sich bedroht fühlen, sperren sie die Schnauze auf.

Verbreitungsgebiet
Regenwälder von Südmexiko bis Nordost-Kolumbien.

Haltung
Pflegen Sie *Corytophanes cristatus* wie Basilisken. Helmleguane sind zwar weniger wasserliebend, brauchen aber eine hohe Luftfeuchtigkeit.

Streifenbasilisken (Basiliscus vittatus), *altes Pärchen*

Helmleguan (Corytophanes cristatus)

Fortpflanzung
Die Männchen haben eine verdickte Schwanzwurzel und tragen einen größeren Helm als die Weibchen. Die Tiere, die das ganze Jahr über fünf bis zehn Eier flach in den Boden legen können, werden nur selten nachgezüchtet. Die Jungen schlüpfen nach vier bis fünf Monaten.

Die Familie Gekkonidae (Geckos)

Die Familie Gekkonidae (ca. 700 Arten in ca. 80 Gattungen) ist populär. Fast alle Vertreter dieser Familie sind nachtaktiv und klettern.

Beschreibung
Geckos sind meist braun oder grau gefärbt. Sie haben einen flachen Körper, große Augen und meist verbreiterte Haftlamellen oder -polster an den Unterseiten der Zehen. Viele Arten können an glatten Flächen emporklettern. Hierbei helfen ihnen viele Reihen mikroskopisch kleiner Hakenborsten. Ihr durchsichtiges Augenlid ist nicht beweglich. Die fleischige dicke Zunge ist lang; sie können damit ihre Augen säubern. Die Schuppen überlappen einander nicht und nach einer Häutung wird die alte Hülle aufgefressen. Geckos können laute Geräusche von sich geben (wie Zirpen oder Quietschen). Der bekannte südasiatische Tokeh *(Gekko gecko)* und der Asiatische Halbzeher oder Tschitschak *(Hemidactylus frenatus)* haben ihren Namen den jeweiligen Lautäußerungen zu verdanken.

Verbreitungsgebiet
Von den Tropen bis zur Gemäßigten Zone leben Geckos in allen Biotopen von Regenwäldern bis zu Wüsten. Man findet sie oft auch in Häusern.

Haltung
Baumbewohner brauchen hohe, Bodenbewohner niedrige Terrarien. Die nachtaktiven Arten sonnen sich nicht. Erwärmen Sie das Terrarium mit einer Glühlampe auf ca. 30 °C.

Futter
Geckos sind hauptsächlich Insektenfresser. Mit ihren ausgezeichneten Augen fangen sie vor allem Beute, die sich bewegt. Füttern Sie abwechslungsreich, Wachsmottenlarven sind besonders beliebt.

Halbzeher oder Tschitschak (Hemidactylus frenatus)

Geckos legen meist nur zwei Eier pro Gelege. Hier die Eier einer Phelsuma-*Art.*

Geckos werfen leicht ihren Schwanz ab (Autotomie). Bei diesem Leopardgecko ist der Schwanz wieder nachgewachsen.

Viele Geckos lecken gerne an weichem Obst, zum Beispiel an Bananen, oder an Honigwasser.

Eiablage
Fast alle Geckos legen mehrmals im Jahr meist zwei, selten drei Eier (Ausnahme: einige ovovivipare neuseeländische Gattungen). Bei sehr kleinwüchsigen Arten ist es sogar jeweils nur ein Ei. Die Eier sind beim Weibchen gut als Verdickungen im Bauch zu sehen. Die stark klebrigen und zunächst weichen Eier heften die Weibchen oft an Rinde oder in Steinspalten. Sie erhärten bald und sind gegen Temperatur- und Feuchtigkeitsschwankungen widerstandsfähiger als die Mehrzahl der Eier anderer Schuppenkriechtiere.
Nach ca. zwei bis drei Monaten Entwicklungszeit schlüpfen die Jungtiere.

Verteidigung und Umgang
Geckos werfen ihren Schwanz schnell ab, wenn sie daran festgehalten werden (Autotomie). Dies passiert auch bei Gefechten zwischen Männchen. Der Schwanz wächst innerhalb einiger Monate wieder nach, ist aber kürzer und anders beschuppt. Geckos versuchen zu beißen, wenn man sie anfasst. Ihre Haut ist dünn und oft leicht verletzlich.

EUBLEPHARIS MACULARIUS (LEOPARDGECKO)

Der Leopardgecko ist ein ideales Tier für den unerfahrenen Terrarianer.

Leopardgeckos (Eublepharis macularius); *die Tiere links im Bild sitzen auf einem Wärmestein.*

Bei diesem Leopardgecko ist die verdickte Schwanzwurzel mit zwei Schwellungen (Hemipenestaschen) hinter der Kloake gut sichtbar. Auch die Präanalporen sind größer.

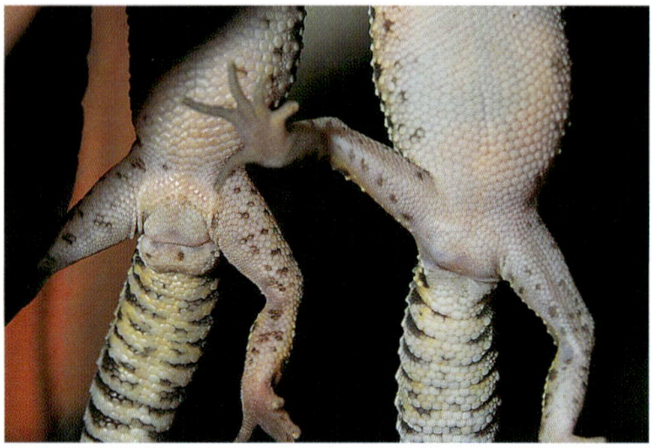

Beschreibung

Die Arten der Unterfamilie Eublepharinae haben frei bewegliche Augenlider, an den Gliedmaßen fehlen die Haftlamellen.

Der Leopardgecko wird 25 cm lang. Er hat eine schmutzig weiße bis gelbliche Grundfarbe mit zahlreichen schwarzbraunen Tupfen und Flecken. Der Schwanz ist wesentlich kürzer als Kopf und Rumpf und wirkt segmentiert. Wie viele andere Bodengeckos ist diese Art dämmerungs- und nachtaktiv.

Verbreitungsgebiet

Halbtrockene Regionen vom Ost-Iran über Afghanistan und Pakistan bis Nordwest-Indien.

Haltung

Ein Pärchen braucht ein Steppenterrarium mit den Mindestmaßen 60 x 30 x 30 cm. Größere Gruppen müssen in geräumigeren Behältern untergebracht werden. Die Männchen sind aggressiv. Schaffen Sie ausreichend Verstecke. Als Substrat dient Sand. Halten Sie die Temperatur tagsüber mit Strahlern, Glühlampen und einer Bodenheizung bei 25–35 °C, nachts bei 20 °C. Stellen Sie zur Eiablage einen Kasten mit dunklen Wänden und feuchtem Substrat, zum Beispiel Torfmoos, auf.

Futter

Verfüttern Sie viele Insekten, (nestjunge) Mäuse und Ratten sowie klein geschnittenes Obst. Ein erwachsenes Tier frisst dreimal wöchentlich zehn Insekten. Nagetiere als Futter fördern die Fortpflanzung. Stellen Sie ein Wasserschälchen auf.

Geschlechtsunterschiede

Erwachsene Männchen haben größere Präanalporen und eine verdickte Schwanzwurzel (zwei Schwellungen hinter der Kloake). Sie sind kräftiger gebaut und haben einen breiteren Kopf als die Weibchen.

Eiablage

Ein Winterschlaf bei einer Temperatur von 15–20 °C ist nicht unbedingt notwendig. Fünf bis zehnmal jährlich werden zwei weichschalige Eier in eine feuchte Sand-Torf-Mischung oder in feuchtes Torfmoos gelegt. Die Eier werden entfernt und in relativ trockenem Vermiculit bebrütet. Bei einer Temperatur von 28 °C schlüpfen nach ca. drei Monaten hauptsächlich Weibchen, bei ca. 32 °C nach sechs Wochen vor allem Männchen.

Zucht

Die Aufzucht ist nicht problematisch. Die 7–8 cm langen jungen Geckos fressen viel (täglich ca. fünf nicht zu große Insekten). Nicht gefressene Grillen dürfen nicht zu groß werden, sie könnten die Geckos anknabbern. Die Jungen liegen gerne in einer Schale mit feuchtem Torfmoos. Nach sechs bis 12 Monaten kann das Geschlecht bestimmt werden.

GEKKO GECKO (TOKEH)

Dieser populäre Gecko beißt kräftig und ausdauernd zu.

Beschreibung

Die bis 35 cm langen stahlblaugrauen Tiere tragen orange- bis rosafarbene Flecken. Ihren Namen verdanken sie den charakteristischen Lautäußerungen (Tok-kee-Rufe).

Verbreitungsgebiet

Ursprünglich Südostasien, heute auch andere tropische Gebiete. Der Tokeh lebt in Gebäuden und Wäldern und schläft tagsüber zum Beispiel in Ritzen.

Haltung

Für ein Pärchen braucht man ein Terrarium mit den Mindestmaßen 50 x 50 x 100 cm. Vor allem die

Frisch geschlüpfte Leopardgeckos (und ein Ei)

Tokeh (Gekko gecko)

Männchen sind aggressiv. Viele Klettergelegenheiten, kräftige Bambusstäbe und Verstecke genügen als Einrichtung. Sorgen sie für eine rF von 50–75 % und tagsüber für eine Temperatur von 25–35 °C, nachts für 20 °C. Die nachtaktiven Tiere sonnen sich nicht. An der Rückwand des Terrariums können Sie eine Heizplatte anbringen. Man kann die Tiere auch frei laufen lassen, aber dann finden sie meist zu wenig Futter.

Futter

Verfüttern Sie Insekten und nestjunge Mäuse. Tokehs trinken nicht aus einem Napf, deshalb müssen Sie das Terrarium jeden Abend besprühen.

Geschlechtsunterschiede

Die Männchen haben größere Präanalporen als die Weibchen.

Eiablage

Ein gut gefüttertes Weibchen legt fünf Paar Eier pro Jahr, die es an allen geeigneten Unterlagen festklebt. Bei einer Temperatur von 28–30 °C schlüpfen die Jungen nach zwei bis sechs Monaten. Am 5 cm langen Körper sitzt ein 4 cm langer schwarzweiß gestreifter Schwanz.

Zucht

Die Aufzucht ist unproblematisch; die Jungen sind mit einem Jahr erwachsen.

Verteidigung und Umgang

Von Geburt an öffnen Tokehs ihr Maul und drohen so bei Gefahr. Bei stärkerer Bedrohung beißen sie nach Möglichkeit zu. Fassen Sie die Tiere nur an, wenn es sich nicht vermeiden lässt. Sie beißen kräftig und lassen nicht mehr los. Tragen Sie am besten Handschuhe.

PAROEDURA PICTUS (MADAGASKAR-GROSSKOPFGECKO)

Dieser mittelgroße Bodengecko ist problemlos zu halten und genießt wachsende Popularität.

Beschreibung

Die Tiere ähneln Leopardgeckos, sind aber kleiner. Die Männchen werden ca. 16,5 cm lang (Schwanz 7 cm), die Weibchen 12,5 cm (Schwanz 4,5 cm). Es gibt unterschiedliche Farbvarianten. Diese Art ist nachtaktiv.

Verbreitungsgebiet

Savannen und halbwüstenartige Gebiete der südlichen Hälfte Madagaskars.

Haltung

Für ein Männchen mit einigen Weibchen reicht ein Terrarium mit einer Größe von 70 x 40 x 40 cm aus. Die Männchen sind mäßig aggressiv. Als Versteck und Eiablageplatz geben Sie einen dunklen Topf mit mäßig feuchtem Vermiculit in das Terrarium. Der Bodengrund (Sand) sollte nicht tiefer als 1 cm sein, sonst legen die Weibchen ihre Eier darin ab und man kann sie nur schwer finden.

Die Tiere sonnen sich nicht; erwärmen Sie das Terrarium tagsüber mit einer Glühlampe auf 25–35 °C,

Tokeh (Gekko gecko)

Detail eines Tokehfußes mit Haftlamellen

Madagaskar-Großkopfgeckos (Paroedura pictus), *Pärchen*

Paroedura pictus, *frisch geschlüpftes Jungtier*

nachts auf 20–25 °C. Die rF sollte bei 60–70 % liegen. Besprühen Sie das Terrarium zwei- bis dreimal pro Woche.

Futter

Verfüttern Sie vor allem Insekten. Gelegentlich können Sie auch weiches Obst reichen. Stellen Sie eine flache Schüssel mit Wasser in das Terrarium.

Geschlechtsunterschiede

Die Männchen haben einen wesentlich breiteren Kopf (3,5 cm) als die Weibchen (1,8 cm), eine verdickte Schwanzwurzel und sie sind größer als die Weibchen.

Fortpflanzung

Gewähren Sie den Tieren eine Winterruhe bei einer Temperatur von 20–25 °C. Die Paarung selbst dauert nicht lange. Die Weibchen können das Sperma speichern und so mehrere Gelege damit befruchten.

Eiablage

Die Weibchen legen im Abstand von zwei Wochen zwei hartschalige Eier in feuchtes Vermiculit, Sand oder Erde. Sie können bis 60 Eier pro Jahr legen, sind dann jedoch sehr erschöpft. Bei einer Temperatur von 30 °C und einer rF von 80–90 % schlüpfen die Jungen nach 55–60 Tagen.

Zucht

Die Jungen sind 2,7 cm lang und haben eine Schwanzlänge von 2 cm. Sie tragen bereits Haftzehen und klettern sehr gut. Man sollte sie einzeln aufziehen, um Streitereien zu vermeiden. Mit neun bis 12 Monaten sind sie geschlechtsreif.

DIE GATTUNG *PHELSUMA*

Schutzstatus: alle *Phelsuma*-Arten CITES/EU-Anhang B mit Ausnahme von *Phelsuma guentheri* (CITES/EU-Anhang A).

Diese populären Taggeckos gehören zu den tagaktiven Arten und sind nicht sehr scheu. Die meisten Vertreter dieser Gattung leben auf Madagaskar, den Seychellen und den Komoren. In der Regel werden sie nicht länger als 15 cm.

PHELSUMA MADAGASCARIENSIS (MADAGASSISCHER TAGGECKO)

Beschreibung

P. madagascariensis zählt zu den größten *Phelsuma*-Arten. Die Männchen werden bis 30 cm lang,

Madagassischer Taggecko (Phelsuma madagascariensis)

die Weibchen bis 25 cm. Beide Geschlechter haben einen großen Kopf und eine hellgrüne, von scharlachroten Zeichnungselementen unterbrochene Grundfarbe mit einem weißen Fleck auf der Kehle. Ein Schnauzenstrich verläuft vom Nasenloch bis zum Auge.

Bei der Unterart *P. m. sundbergi* sind die Flecken rund, oft mit einem grünen Zentrum. *P. m. grandis* (maximal 30 cm) und *P. m. madagascariensis* (maximal 22 cm) haben bizarr geformte Flecken. Letztgenannter Gecko ist stärker bläulich gefärbt als *P. m. grandis* und die rote Linie auf dem Kopf verläuft vom Nasenloch bis zum Auge. *P. m. kochi* (maximal 24 cm) zeigt ein dunkleres Grün und ist etwas schlanker als die anderen Unterarten.

Verbreitungsgebiet

P. madagascariensis lebt im Norden und Osten von Madagaskar an (glatten) Baumstämmen und Blättern in Wäldern, manchmal auch in Häusern.

Haltung

Richten Sie für ein Pärchen ein mindestens 40 x 40 x 80 cm großes Terrarium mit ausreichend vertikalen (glatten) Klettergelegenheiten (Bambus, Äste) ein. Die Geckos werden bei Bedarf darauf ruhen, schlafen und ihre Exkremente absetzen. Als Substrat eignet sich ein Gemisch aus Sand und Blumenerde. Bepflanzen Sie den Behälter mit kräftigen Pflanzen mit glatten Blättern wie Bogenhanf.

Terrarium mit glatter Rückwand (Bambus) für Taggeckos

Standings Taggecko (Phelsuma standingi) *mit Knickschwanz*

Goldstaub-Taggecko (Phelsuma laticauda)

Die Temperatur sollte tagsüber bei 25 °C liegen, unter Strahlern bei 35–40 °C und nachts bei 20–25 °C. Wenn direkt unter den Strahlern keine Sitzmöglichkeit vorhanden ist, hängen die Geckos oft an der Decke.

Einige Pflanzenleuchten oder Tageslicht sorgen für ein üppiges Pflanzenwachstum. Halten Sie das Terrarium relativ feucht (rF 60–80 %). Stellen Sie eine Wasserschale auf und besprühen Sie die Pflanzen dreimal wöchentlich. Belüften Sie gut.

Setzen Sie pro Terrarium ein Männchen zu einem Weibchen.

Madagassische Taggeckos können manchmal mit anderen, gleich großen, tagaktiven Echsen kombiniert werden, zum Beispiel mit Agamen.

Weitere *Phelsuma*-Arten

Die verschiedenen Taggeckoarten kommen hauptsächlich auf Madagaskar vor:

- *P. cepediana* (bis 15 cm), ein Taggecko von Mauritius, lebt gerne feucht und warm. Die Art ist dunkelblaugrün mit vielen roten Rückenflecken.
- Der Goldstaub-Taggecko *(P. laticauda*; 12 cm) bevölkert weite Teile Madagaskars und lebt auch auf den Komoren. Er liebt warme, trockene Tage und feuchte Nächte.
- Der Streifen-Taggecko *(P. lineata;* 12–14 cm), lebt auf Madagaskar. Diese Art ist hellgrün mit roten Flecken auf der Rückseite der Schwanzwurzel und hat oft einen dunkleren Seitenstreifen.
- Der Pfauenaugen-Taggecko *(P. quadriocellata;* bis 12 cm) lebt in Ost-, Mittel- und Süd-Madagaskar. Er liebt es feucht (vor allem nachts) und braucht eine Winterruhe bei 10 °C. Diese Art trägt auf den Hinterbeinen einen dunklen, blau umrandeten Fleck und auf dem grünen Rücken undeutliche rote Flecken.
- Der Standings Taggecko *(P. standingi*; bis 28 cm) stammt aus dem Süden Madagaskars. Er hat es gerne kontinuierlich warm und trocken. Die Tiere sind unauffällig blaugrau gefärbt, die Jungen sind farbiger.

Futter

Verfüttern Sie zweimal wöchentlich Insekten, Wiesenplankton, Wachsmottenlarven oder Fruchtfliegen sowie je einmal pro Woche Obst und Honigwasser. Verfüttern Sie keine zu fette Nahrung (Grillen), das macht die Tiere träge und vermindert ihre Fruchtbarkeit. Lassen Sie sie besser gelegentlich zwei Wochen fasten. Die Tiere brauchen viele Vitamine und Mineralstoffe. Bepudern Sie jedes Futter mit einem entsprechenden Präparat und legen Sie zerkrümelte Eierschalen oder Sepia in das Terrarium.

Taggeckos trinken selten aus einer Schale. Sprühen Sie täglich Wasser, das Sie mit Vitaminen, Mineralstoffen und Kaliumjodid anreichern. Die Tiere brauchen Jod, um das Hormon Thyroxin zu bilden. Es wird zum Aufbau und zur Instandhaltung des Skeletts, der Haut und der Geschlechtsorgane benötigt.

Phelsuma cepediana

Pfauenaugen-Taggecko (Phelsuma quadriocellata)

Die Männchen besitzen größere Femoral- und Präanalporen.

Goldstaub-Taggecko (Phelsuma laticauda), *eine Woche alt*

Geschlechtsunterschiede

Wenn die Männchen sechs Monate alt sind, weisen sie größere, kammförmige, gelbe Präanal- und Femoralporen, stets grellere Farben, einen etwas breiteren Kopf und eine verdickte Schwanzwurzel auf. Die Weibchen haben dickere Wangen.

Fortpflanzung

Ein Paar, das sich verträgt, sollte man nicht mehr trennen. Es wird sich nach einer Balz paaren. Wenn das Weibchen während des Beißrituals dem Männchen entfliehen will, kann es verletzt werden. Solche Wunden heilen jedoch schnell.

Eiablage

Die Weibchen kleben fünf- bis zehnmal pro Jahr zwei runde (hartschalige) Eier irgendwo fest. Während der Eiablage ist die Schale noch nicht gehärtet; die Eier können an den unmöglichsten Plätzen befestigt werden.

Inkubieren Sie die Eier bei einer Temperatur von 28–32 °C und einer rF von 70–90 %. Die Jungen schlüpfen bei einer Temperatur von 30 °C nach ungefähr 60 Tagen. Aus Eiern, die nicht aus dem Terrarium entnommen werden, können bei einer konstanten Temperatur von 25 °C noch nach fünf Monaten Junge schlüpfen. Sie sind 4 cm lang und häuten sich sofort.

Zucht

Zwischen Bambusästen und Bogenhanfblättern sind die Jungen vor ihren Eltern nicht sicher. Verwenden Sie besser separate Aufzuchtterrarien.

Die dünne Haut der Taggeckos kann beim Anfassen leicht verletzt werden. Außerdem werfen die Tiere – wie alle Geckos – ihren Schwanz leicht ab.

Nach drei oder vier Tagen beginnen die Jungen zu fressen. Geben Sie ihnen ausreichend Vitamine und Mineralstoffe.

Die Jungtiere sind mit 18 Monaten geschlechtsreif und dann auch Geschlechtsgenossen gegenüber weniger tolerant.

Verteidigung und Umgang

Einige Taggeckoarten können sehr zahm werden. Die meisten Tiere versuchen zunächst zu fliehen. Taggeckos können zwar beißen, aber nicht sehr kräftig. Wenn man sie anfasst, wird ihre dünne Haut leicht verletzt. Nachdem die Verletzung abgeheilt ist, bleibt eine Narbe zurück.

STENODACTYLUS PETRII (PETRIES DÜNNFINGERGECKO)

Dieser kleine Wüstengecko kann wie eine Maus quietschen.

Beschreibung

Die bis 10 cm langen, sandfarbig gefleckten Tiere tragen keine Haftlamellen.

Verbreitungsgebiet

Diese Bodenbewohner leben in Halbwüsten von Israel bis Algerien. Sie sind nachtaktiv.

Haltung

Eine kleine Gruppe braucht ein Wüstenterrarium mit den Maßen 40 x 30 x 30 cm. Sorgen Sie mithilfe einer Bodenheizung und einer Lampe für ein

Petries Dünnfingergecko (Stenodactylus petrii)

Temperaturgefälle von 30–40 °C tagsüber und 20 °C nachts. Die Tiere brauchen ausreichend Verstecke aus flachen Steinen oder Korkstücken.

Futter

Diese Geckos fressen viele kleine Insekten, zum Beispiel Grillen, Heuschrecken oder Larven der Getreideschimmelkäfer.

Geschlechtsunterschiede

Das Geschlecht ist nicht leicht zu bestimmen, denn auch die Weibchen haben eine leicht verdickte Schwanzwurzel.

Fortpflanzung

Die Tiere halten im Dezember und Januar bei einer Temperatur von 10 °C einen Winterschlaf. Ab März paaren sie sich. Eiablage und Zucht erfolgen wie bei der Gattung *Paroedura.*

Die Familie Iguanidae (Leguane)

Die Familie Iguanidae besteht aus fünf Unterfamilien mit über 700 Arten in ca. 60 Gattungen: Iguaninae (Leguane im engeren Sinn), Sceloporinae (Stachelleguane), Anolinae (Anolis), Basiliscinae (Basilisken) und Tropidurinae (Kielschwanzleguane).

In vielfältiger Form treten bei diesen Echsen Kämme, Helme und Kehlanhänge auf. Diese sind bei

Rotkehlanolis (Anolis carolinensis), *Männchen*

Rotkehlanolis (Anolis carolinensis), *Männchen*

den Männchen, die auffällige Drohgebärden und -haltungen zeigen, meist vergrößert. Die Männchen imponieren zum Beispiel durch Kopfnicken. Der Schwanz nimmt etwa zwei Drittel der Körperlänge ein. Leguane haben eine kurze dicke Zunge.

DIE GATTUNG *ANOLIS* (SAUMFINGER, ANOLIS IM ENGEREN SINN)

Diese Gattung besteht aus ca. 330 Arten meist kleiner tagaktiver Echsen. Sie kommen im südlichen Nordamerika, im tropischen Süd- und Mittelamerika und in der Karibik vor. Einige Arten sieht man häufig in Terrarien.

Beschreibung und Verbreitungsgebiet

Saumfinger sind schlanke kletternde Echsen mit Haftlamellen an den Unterseiten der Finger und Zehen. Sie können ihre Farbe verändern. Die Männchen haben eine große Kehlwamme, die sie mithilfe des gespreizten Zungenbeins im Erregungszustand aufrichten können. Der Schwanz hat in der Regel die doppelte Kopf-Rumpf-Länge.

Der Rotkehlanolis *(Anolis carolinensis)*, der im Südosten der Vereinigten Staaten (Florida), auf den Bahamas und auf Kuba lebt, ist grün oder braun mit einer rötlichen Kehlfahne. Diese Baum-, Strauch- und Gartenbewohner werden bis 20 cm lang. Die Art eignet sich für Anfänger.

Der Ritteranolis *(Anolis equestris)* aus Kuba und Florida wird bis 55 cm lang. Diese Art lebt hoch in den Bäumen. Ihre grünen rautenförmigen Schuppen

Rotkehlanolis (Anolis carolinensis), *Weibchen*

Ritteranolis (Anolis equestris), *erwachsenes Männchen*

liegen locker auf einer gelblichen Unterhaut. Dies erinnert an einen Panzer, daher der deutsche Name. Gestresste und kranke Tiere sind dunkel gefärbt. Im Gegensatz zu den Weibchen haben die Männchen eine bunte Kopfzeichnung. Die hellgrünen Echsen können sich braun verfärben. Beide Geschlechter haben eine sehr große rosa Kehlfahne. Der Schwanz ist seitlich leicht abgeflacht.

Anolis roquet summus (neuer Name: *Dactyloa r. s.)* ist die bekannteste der sechs auf Martinique vorkommenden Unterarten von *A. roquet.* Diese Regenwaldbewohner werden bis 22 cm lang. Die Männchen sind dank ihrer smaragdgrünen Grundfarbe sehr attraktiv. Die Weibchen haben typische Längsstreifen.

Anolis (bimaculatus) sabanus ist eine bis 18 cm lange Art von der Insel Saba. Diese Fels- und Baumstammbewohner haben eine Pantherzeichnung: schwarzbraune Flecken auf einer hellbraunen Grundfarbe. Die Kehlfahne ist gelblich.

Anolis sagrei (neuer Name: *Norops s.)* aus Kuba, Jamaika, Florida und den Bahamas ist braun mit dunklen und hellen Flecken. Die Weibchen haben einen gelben Rückenstreifen und zwei braune Streifen an den Flanken. Die Kehlfahne der Männchen ist rot bis orangefarben, die Schuppen sind gelb, schwarz oder weißlich umrandet. Die Weibchen erkennt man an der meist ausgebuchteten, Rauten bildenden Rückenlinie.

Anolis roquet summus, *erwachsenes Männchen*

Anolis sagrei, *imponierendes erwachsenes Männchen*

Die Eier des Rotkehlanolis (Anolis carolinensis) *finden Sie in einem schlicht eingerichteten Terrarium mit einer kleinen Eiablageschale am leichtesten wieder.*

Haltung

Ein Pärchen oder Trio braucht ein hohes üppig bepflanztes Terrarium mit den Mindestmaßen 30 x 30 x 50 cm und viele Klettermöglichkeiten. Zur Zucht von *A. equestris* setzt man ein Männchen mit drei Weibchen in ein ca. 100 x 80 x 150 cm großes Terrarium. Das aufdringliche Männchen verteilt seine Gunst auf mehrere Weibchen. Setzen Sie die Weibchen gleichzeitig in das Terrarium, damit sich das Männchen einem neuen Weibchen gegenüber nicht dominant verhält.

Die Männchen zeigen Territorialverhalten und tolerieren einander nicht; auch die Weibchen brauchen viel Platz. Bei einer Überbelegung des Terrariums reagieren die Tiere gestresst; sie fressen weniger und magern ab. Trennen Sie solche Tiere.

Als Substrat dienen Torf, Sand oder Walderde, eventuell gemischt mit Torfmoos. Die Tiefe des Bodengrunds sollte ungefähr die halbe Länge des Weibchens ausmachen.

Beleuchten Sie das Terrarium 12–14 Stunden täglich. Sorgen Sie tagsüber für eine Temperatur von

20–35 °C (unter einem Strahler) und eine rF von 60–80 % (bei *A. r. summus* 80–100 %). Nachts sollte eine Temperatur von 20–25 °C herrschen und die rF bei 80–95 % liegen.

Einige Anolisarten kann man eventuell mit großen nicht aggressiven Echsen, zum Beispiel *Phelsuma* spp., kombinieren. Bei der Art *A. equestris* ist davon jedoch abzuraten, da sie gegenüber den meisten anderen Mitbewohnern aggressiv ist und kleinere Genossen auffrisst.

Futter

Verfüttern Sie Insekten und kleine Spinnen. *A. equestris* frisst auch Nestmäuse und Fleischstückchen. Ab und zu gibt man auch süßes Obst und Honigwasser. Saumfinger trinken selten aus einer Wasserschale. Deshalb sollten Sie das Terrarium täglich besprühen oder Wasser über ein Tropfsystem anbieten. Vor allem *A. equestris* braucht viel Wasser.

Geschlechtsunterschiede

Die Männchen haben Präanalporen, meist eine größere Kehlfahne, eine verdickte Schwanzwurzel sowie einen größeren Kopf und Körper als die Weibchen.

Wenn bei jungen Weibchen von *A. equestris* gelbe Streifen an den Flanken zu sehen sind, können sie sich paaren. Mit eineinhalb bis zwei Jahren haben

Bei diesem Anolismännchen (Anolis marmoratus) *ist die verdickte Schwanzwurzel deutlich zu sehen.*

gesunde Männchen in der Paarungszeit eine verdickte Schwanzwurzel und einen breiteren Kopf. Die Männchen von *A. equestris* verbinden ihr Kopfnicken mit horizontalen Bewegungen. Die Weibchen antworten darauf mit Nicken.

Fortpflanzung

A. carolinensis und *A. sagrei* benötigen eine Winterruhe von ca. zwei Monaten bei einer Temperatur von 20–24 °C. Lassen Sie das Licht im Terrarium acht bis zehn Stunden pro Tag an. Füttern Sie weniger und sprühen Sie dreimal wöchentlich. Nach der Ruheperiode wird wieder täglich gesprüht.

Nach der Winterruhe sind die Männchen bereit zur Paarung. Sie zeigen dies mit Imponiergehabe. Die Paarungszeit dauert meist von Mai bis September.

Eiablage

Im Abstand von ein bis fünf Wochen werden ein oder zwei runde Eier 1–5 cm tief in lockeres, feuchtes Substrat in der Nähe einer Pflanze gelegt. Wenn das Substrat mit Silbersand bestreut ist, kann man gut sehen, wo das Weibchen gegraben hat. Suchen Sie die Eier, wenn die Flanken des Weibchens stark eingefallen sind. Sind sie unauffindbar, können die kannibalischen Eltern sie verzehrt haben.

Die Jungen schlüpfen bei einer Temperatur von 25–30 °C nach 40–70 Tagen, bei einer Temperatur von 18–24 °C erst nach 70–90 Tagen.

Zucht

Ziehen Sie die Jungen einzeln oder zu zweit in Miniterrarien auf. Sie erhalten die gleiche Nahrung wie die Eltern, allerdings in zerkleinerter Form. Verzichten Sie auf Wasserschalen, denn die Jungtiere könnten darin ertrinken. Junge *A. equestris* sind 12 cm lang und mit einem Jahr geschlechtsreif.

CROTAPHYTUS COLLARIS (HALSBANDLEGUAN)

Diese Echse beißt fest zu, wenn man ihr Gelegenheit dazu gibt.

Beschreibung

Die Unterarten dieser 20–35 cm langen Echsen variieren in ihrer Färbung. Die Grundfarbe ist Grün, Gelb oder Braun. Der 9–14 cm lange Körper ist oft mit hellen Flecken und dunklen Bändern bedeckt.

Ritteranolis (Anolis equestris), *junges Pärchen. Das Weibchen hat gelbe Streifen an den Flanken.*

Das Doppelhalsband besteht aus zwei schwarzen Streifen mit einem weißen Zwischenraum. Halsbandleguane sind tagaktiv, scheu und bissig. Wildfänge werden selten zahm, Nachzuchten durchaus.

Verbreitungsgebiet

Halsbandleguane bewohnen Halbwüsten, Steppen und lichte Wälder von Utah bis Missouri sowie von Texas bis Arizona und Nord-Mexiko.

Haltung

Ein Pärchen braucht ein geräumiges Steppenterrarium mit den Maßen 100 x 40 x 40 cm. Die Tagestemperatur sollte bei 25–35 °C liegen, unter Strahlern bei 45 °C. Nachts sollten Sie die Temperatur auf ca. 20 °C senken. Die Tiere laufen viel. Der Halsbandleguan ist ein echter Sonnenanbeter. Bauen Sie Verstecke aus Steinen. In großen Terrarien können die Tiere zusammen mit Chuckwallas (*Sauromalus* spp.) gehalten werden.

Futter

Insekten, nestjunge Mäuse, manchmal Obst oder Blätter. Halsbandleguane fressen in der Natur auch andere Echsen, die fast ihre eigene Größe haben. Stellen Sie ein Wasserschälchen in das Terrarium und sprühen Sie jeden Morgen.

Geschlechtsunterschiede

Das Männchen ist greller gefärbt, hat einen größeren Kopf, ist schwerer gebaut und hat eine dickere Schwanzwurzel als das Weibchen. Die Kehle der geschlechtsreifen Männchen ist blaugrün oder orangefarben. Trächtige Weibchen weisen im Nacken orangerote Flecken und Streifen auf.

Halsbandleguane (Crotaphytus collaris), *Pärchen*

Fortpflanzung

Nach einem Winterschlaf von zwei Monaten bei Temperaturen von 10–15 °C paaren sich die Tiere von April bis Juni. Die Flanken trächtiger Weibchen sind dann rot gefärbt. Während der Paarungszeit können die Männchen untereinander aggressiv werden. Diese Art wird eher selten gezüchtet.

Eiablage

Im Sommer werden zweimal vier bis sechs Eier in feuchten Sand gelegt. Befeuchten Sie das Substrat in einer Ecke des Terrariums, sobald das Weibchen fülliger wird.

Umgang

Diese Echse läuft manchmal nur auf ihren Hinterbeinen. Legen Sie zum Hantieren eine Hand vor die Echse und greifen Sie mit der anderen vorsichtig unter ihren Bauch.

IGUANA IGUANA (GRÜNER LEGUAN)

Schutzstatus: beide *Iguana*-Arten CITES/EU-Anhang B.

Diese große Echse wird gerne gehalten. Man muss jedoch vor dem Kauf bedenken, dass ein Babyleguan schnell wächst und sich zu einem ausgewachsenen Tier von ca. 1,8 m Länge entwickelt.

Beschreibung

Der Grüne Leguan ist ein tagaktiver Baumbewohner. Der Körper wird beim Männchen ca. 50 cm, beim Weibchen 40 cm lang. Die grüngrauen Tiere tragen oft dunkle Bänder auf Körper und Schwanz und einen Kamm auf Rücken und Schwanzbasis. Unter dem Kopf mit stumpfer Schnauze hängt ein häutiger Kehlsack mit einem großen Zackenkamm. Die Unterart *I. i. rhinolopha* aus den nördlichen Gebieten von Costa Rica trägt zwei oder drei Hörnchen auf der Nase, im Gegensatz zu *I. i. iguana* aus dem Süden Costa Ricas.

Verbreitungsgebiet

Der Grüne Leguan lebt in Mittel- und Südamerika sowie auf einigen karibischen Inseln. Er besiedelt unterschiedliche Biotope in Regenwäldern und kommt häufig an Flussufern vor.

Grüne Leguane (Iguana iguana) *haben einen großen Kehlsack.*

Schwarzleguane (Ctenosaura *spp.) tragen ihren Namen erst als erwachsene Exemplare zu Recht. Als Jungtiere sind sie grün.*

Dieses Tier sieht aus wie ein Männchen, ist aber ein Weibchen.

Haltung

Bedenken Sie bei der Anschaffung, dass ein erwachsener Grüner Leguan ein tropisches Regenwaldterrarium mit den Mindestmaßen 200 x 100 x 200 cm braucht. Darin können ein Männchen und zwei Weibchen gehalten werden.

Dominante Männchen sind untereinander oft unverträglich. Nur in sehr großen Terrarien mit vielen Versteckmöglichkeiten können mehrere Männchen gehalten werden.

Dieses Terrarium mit Grünen Leguanen nimmt ein Viertel des Hobbyraums ein. Es ist 2 x 1,5 x 2,5 m groß und wird überwiegend mit Halogenlampen beleuchtet.

Jungtiere werden in einem kleineren Terrarium aufgezogen. Stellen Sie dem Grünen Leguan stets ein hohes Terrarium mit vielen Kletterzweigen zur Verfügung. Die Tiere ruhen gerne auf einem horizontalen Zweig, hoch im Terrarium unter einem Strahler.

Bieten Sie Verstecke an, damit sich die Tiere nicht immerzu sehen müssen. Dicke PVC-Schläuche, in denen sich ein Brett oder ein Stück Fußbodenbelag befindet, eignen sich dazu ausgezeichnet.

Im Terrarium müssen Temperaturen von mindestens 25–30 °C herrschen, an den Plätzen unter den Lampen (mindestens ein Platz pro Tier) sogar 35–40 °C. Senken Sie die Temperatur nachts auf 20–25 °C.

Besprühen Sie das Terrarium und die Tiere täglich, damit das Klima dem natürlichen Lebensraum entspricht. Von Dezember bis April wird eine um 5 °C kühlere, trockenere Periode eingehalten.

Stellen Sie eine große Wasserschale in das Terrarium und reinigen Sie diese täglich. Verwenden Sie außerdem einen Wasserfilter. Erwärmen Sie das Wasser mit einer Bodenheizung oder über eine Heizung im Filter auf 25 °C. Leguane koten am liebsten über dem Wasser. Bedenken Sie das bei der Terrarieneinrichtung.

Bedecken Sie den Boden mit Linoleum, Fliesen, Torfmull oder Sägespänen. Ein scharfkantiger oder harter Bodenbelag (Kies, Blähton) ist ungeeignet.

Grüne Leguane lassen sich gut zusammen mit Dosenschildkröten *(Terrapene)* aus wärmeren Gebieten halten. Die Kombination mit Helmbasilisken oder Wasseragamen kann, aufgrund der Ähnlichkeit in Körperbau und Farbe zu Stress führen.

Von Mai bis September können Sie die Tiere an warmen Tagen in einem beheizten Außenterrarium halten (auch nachts, wenn die Temperatur über 20 °C bleibt).

Futter

Geben Sie den Tieren eine abwechslungsreiche Kost, vor allem Blattgemüse (60 %), Blüten (30 %) und Früchte (10 %). Das Laub von Bäumen verzehren Grüne Leguane besonders gerne.

Trächtige Weibchen fressen in den ersten fünf Wochen viel. Danach verzehren sie weniger bis nichts.

Bei diesem semiadulten Männchen ist die verdickte Schwanzwurzel zu erkennen.

Junge Tiere (bis ca. zwei Jahre) und trächtige Weibchen brauchen 15 % tierische Nahrung (Insekten, Eier). Ansonsten bevorzugen erwachsene Tiere pflanzliche Nahrung, füttern Sie maximal 5 % tierisches Futter. Zu viel tierische Nahrung führt zu Nierenproblemen.

Geschlechtsunterschiede

Die Bestimmung des Geschlechts ist nicht einfach. Mit ein bis zwei Jahren haben die Männchen einen größeren Kehlsack, 1–4 mm große Femoralporen (Weibchen: maximal 1 mm), eine dickere Schwanzwurzel und einen breiteren Kopf. Sie zeigen außerdem ein dominanteres Verhalten als die Weibchen. Während der Paarungszeit ist das Männchen oft intensiver rot, orange und gold gefärbt, vor allem bei der Unterart *I. i. rhinolopha.* Unterdrückte Männchen ähneln lange Zeit den Weibchen.

Fortpflanzung

Grüne Leguane balzen und kopulieren in der Wildnis zu Beginn der Trockenzeit (von November bis Januar). In Gefangenschaft verhalten sie sich oft anders: Wenn ein Paar nebeneinander liegt, folgt nach einer manchmal heftigen Balz mit Kopfnicken die Paarung. Es stimuliert die Tiere, wenn man sie einige Zeit getrennt hält. Die Weibchen versuchen bisweilen auch sich miteinander zu paaren.

Eiablage

In der Natur legen Grüne Leguane während der Trockenzeit (Februar bis April) ca. zwei Monate nach der Paarung 20–40 Eier in feuchtem (sandigen) Boden ab.

Stellen Sie eine 40 cm hohe Legekiste auf den oder in den Boden des Terrariums. Die Kiste muss so groß sein, dass das Weibchen Platz genug hat, um die Eier zu vergraben. Sie muss mit einer keramischen Wärmelampe von oben oder mit einer Bodenheizung auf ca. 30 °C erwärmt werden. Die Kiste wird mit einer feuchten Torf-Sand-Mischung gefüllt. Graben Sie die Eier möglichst schnell aus.

Wenn eine Legekiste fehlt, kann es zu Legenot kommen. Trächtige Weibchen können die Eier nicht ablegen und müssen im Notfall operiert werden, was Unfruchtbarkeit oder im schlimmsten Fall den Tod des Tiers zur Folge haben kann.

Manchmal werden die Eier auch in einer offenen Schachtel mit Erde gelegt; bisweilen lassen die Weibchen sie einfach von einem Ast fallen.

Befruchtete Eier sind 38 x 27 mm groß, unbefruchtete manchmal viel kleiner. Betten Sie die Eier in mit Wasser vermischtes Vermiculit (Verhältnis 1:1). Die Jungen schlüpfen bei einer Temperatur von 28–30 °C nach 65–90 Tagen. Höhere Werte führen zu einem höheren Anteil von Männchen. In der Natur schlüpfen die Jungen in der Regenzeit (Mai und Juni).

Zucht

Lassen Sie die hellgrünen Jungen (Körperlänge 6 cm; Schwanzlänge 17 cm) in einem nicht zu großen Terrarium (50 x 50 x 100 cm, später 100 x 60 x 100 cm) in einer Gruppe aufwachsen. Sie sind dann weniger scheu und lernen voneinander, zu fressen. Mischen Sie einige Male etwas Gartenerde oder Kot von gesunden erwachsenen Tieren unter das Futter, um die Jungen mit der richtigen Darmflora zu versorgen. Sägespäne können Verstopfung verursachen. Nach einem Jahr müssen die Tiere eine Kopf-Rumpf-Länge von 15 cm aufweisen. Mit drei bis vier Jahren sind sie geschlechtsreif, aber nach einem Jahr beginnt bereits der Streit um die Rangordnung. Wenn diese geregelt ist, hören die Gefechte meist schnell auf. Ähnliches gilt für neu angeschaffte Tiere.

Junger Grüner Leguan (Iguana iguana)

Versuchen Sie, Ihren Grünen Leguan zu zähmen, indem Sie ihn von klein auf mit der Hand füttern.

Verteidigung und Umgang

Grüne Leguane, die nicht an den Menschen gewöhnt sind, können aggressiv reagieren. Sie schlagen mit ihrem Schwanz, kratzen mit ihren scharfen Krallen und beißen. Solche Tiere müssen mit Lederhandschuhen angefasst werden. Besser ist es, sie bereits von klein auf an den Kontakt mit dem Menschen zu gewöhnen. Füttern Sie deshalb möglichst oft mit der Hand.

Ein älterer Leguan, der nicht an den Menschen gewöhnt ist, wird nur mit viel Geduld und nach vielen Kratzern handzahm. Setzen Sie den Leguan auf Ihren Arm und halten Sie diesen auf Augenhöhe. Sprechen Sie mit dem Tier und halten Sie es locker fest. Setzen Sie das Tier in das Terrarium zurück, wenn es ruhig ist.

PHRYNOSOMA (KRÖTENECHSEN)

Schutzstatus: *P. coronatum* CITES/EU-Anhang B.

Die 15 Arten der Krötenechsen (Gattung *Phrynosoma)* sehen aus wie eine verkleinerte Version der Bartagame. Krötenechsen sind schwer zu halten, meist sterben sie in Gefangenschaft schon nach einem Jahr.

Verbreitungsgebiet

Krötenechsen kommen in Nord- und Mittelamerika in Halbwüsten, Grasländern und lichten Waldgebieten vor.

Krötenechse (Phrynosoma platyrhinos)

Futter

Die Nahrung der meisten Krötenechsen besteht aus Ameisen und Termiten. Vermutlich spielt Ameisensäure eine wichtige Rolle bei der Verdauung. Grundsätzlich sollte man keine Wildfänge kaufen, da sie meist nicht lange überleben. Sie lassen sich lediglich einige Monate lang bei einer Diät aus Grillen und anderen Insekten halten.

Die Familie Lacertidae (Echte Eidechsen)

Schutzstatus: viele Arten sind im CITES/EU-Anhang A aufgelistet.

Diese Familie besteht aus mehr als 200 Arten in über 20 Gattungen. Es handelt sich um kleine bis mittelgroße Tiere mit der typischen Eidechsengestalt.

Beschreibung

Der schlanke Körper der Tiere ist stets kürzer als der Schwanz und mit gekielten, flachen oder perligen Schuppen besetzt. Am Kopf sitzen große Knochenplatten. Lacertidae haben weder einen Rückenkamm noch einen Kehlsack. Sie sind tagaktive Sonnenanbeter und gute Kletterer. *Lacerta* (Europa, Nordafrika und Westasien), *Podarcis* (Europa) und *Takydromus* (Südostasien) sind die bekanntesten Gattungen.

Zauneidechse (Lacerta agilis), *Weibchen*

Terrarium mit Perleidechsen (Lacerta lepida). *Links im Bild ist auf dem Boden eine imitierte Höhle aus Lehmsand zu sehen. Unter dem Versteck (rechts im Bild) hat ein Weibchen Eier abgelegt.*

Verbreitungsgebiet
Die Echten Eidechsen bewohnen trockene Biotope in gemäßigten und subtropischen Zonen Europas, Afrikas und Asiens. Einige Arten leben sogar am Polarkreis. Sowohl die aggressiven Männchen als auch die Weibchen bilden (oft recht kleine) Territorien und verteidigen diese fanatisch.

Haltung
Das Steppenterrarium mit Lehmsand als Substrat muss mindestens zehnmal so lang wie die Kopf-Rumpf-Länge der Tiere sein. Stellen Sie den Tieren Verstecke aus Stein zur Verfügung. Die Temperatur sollte tagsüber bei 23–28 °C (unter Strahlern bei 35 °C) liegen, nachts bei 15–20 °C. Lassen Sie die Lampen an, solange es draußen hell ist.
Die Männchen sind untereinander sehr unverträglich. Größere Arten sind schwer mit anderen Terrarientieren zu vergesellschaften.
Die europäischen und nordafrikanischen Arten können das ganze Jahr über in ein Außenterrarium gesetzt werden, sofern darin eine hohe, mit Lavasteinen und Laub gefüllte Tonne eingegraben ist. Die Tonne schützt die Tiere während des Winterschlafs vor Kälte und Nässe.

Futter
Gliedertiere (Wiesenplankton), die größeren Arten fressen auch kleine Nagetiere. Viele Spezies verzehren gelegentlich etwas Obst. Stellen Sie eine Wasserschale in das Terrarium und sprühen Sie einmal pro Woche.

Geschlechtsunterschiede
Die Männchen haben deutlich größere Femoral- und Präanalporen als die Weibchen, oft einen größeren Kopf und gröberen Körper, eine verdickte Schwanzwurzel und manchmal schönere Farben.

Fortpflanzung
Nach einem Winterschlaf von zwei Monaten bei einer Temperatur von 10–15 °C (nordafrikanische Arten) beziehungsweise 4–10 °C (europäische Arten) erfolgt die Paarung.

Eiablage
Die meisten kleinen Arten legen ein- bis zweimal jährlich zwei bis zehn Eier in feuchte Erde. *Lacerta lepida* legt bis zu 20 Eier. Bei einer Temperatur von 25–30 °C schlüpfen die Jungen nach ca. drei Monaten. *Lacerta vivipara* und einige *Eremias*-Arten sind eilebend gebärend (ovovivipar).

Zucht
Die Jungen können ohne nennenswerte Probleme in Gruppen aufgezogen werden.

Verteidigung
Echte Eidechsen sind in der Lage, bei Gefahr den Schwanz abzuwerfen (Autotomie). Er wächst zwar nach, erreicht aber nur selten die ursprüngliche Länge.

Umgang
Viele Lacertidae sind für ihre Aggressivität und ihre kräftigen Bisse bekannt. Einige Arten, wie zum Beispiel *Podarcis sicula,* werden sehr zahm.

LACERTA LEPIDA (PERLEIDECHSE)

Die Perleidechse ist die größte europäische Eidechse (noch nicht auf der CITES-Liste, aber unter anderem im Bundesartenschutzgesetz).

Beschreibung
Die Kopf-Rumpf-Länge beträgt bei Männchen bis 20 cm, die Gesamtlänge 60–80 cm. Die Weibchen werden bis 50 cm lang. Perleidechsen sind meist grünbraun und schwarz und haben an den Flanken zwei oder drei Reihen runde blaue Flecken.
Die Männchen der verwandten Art *L. pater* werden 45–55 cm lang, die Weibchen bis 50 cm. Sie sind grüngelb und haben an den Flanken weniger deutliche blaue Flecken. Schwanz und Hinterbeine sind oft braun. Diese ehemalige Unterart wird regelmäßig mit *L. lepida* gekreuzt.

Verbreitungsgebiet
L. lepida bewohnt trockene, dicht begrünte Hügelländer in Südwestfrankreich, Spanien und Portugal und ist von April bis Oktober aktiv. *L. pater* lebt in Tunesien, Marokko und Algerien und ist von Februar bis November aktiv.

Fortpflanzung
Nach dem Winterschlaf erfolgt die Paarung. Das Männchen beißt sich oberhalb der Hinterbeine des Weibchens fest, wobei es mit seinen Hinterbeinen

Perleidechsen (Lacerta lepida), *junges Pärchen*

Vor allem in der Paarungszeit sind die Femoral- und Präanalporen der Männchen sehr groß.

Perleidechsen (Lacerta lepida) *bei der Paarung*

dessen Schwanzwurzel umfasst und kopuliert. Das Weibchen legt bis zu dreimal jährlich fünf bis 20 Eier.

Zucht

Die Jungen schlüpfen bei einer Temperatur von 27 °C nach ca. zehn Wochen. Sie sind 5 cm lang. Die Männchen sind mit zwei Jahren geschlechtsreif, die Weibchen mit drei bis vier Jahren.

LACERTA VIRIDIS (SMARAGDEIDECHSE)

Schutzstatus: CITES/EU-Anhang A.

Die schlanke grüne Smaragdeidechse wird bis 40 cm lang, wobei der Schwanz alleine 25 cm lang ist.

Verbreitungsgebiet

Dicht begrünte Landschaften von Mittel- und Südeuropa bis nach Asien.

Geschlechtsunterschiede

Die Männchen haben eine verdickte Schwanzwurzel. Ihre Kehle ist in der Paarungszeit blau; diese Färbung kommt jedoch manchmal auch bei den Weibchen vor.

Eiablage

Nach dem Winterschlaf werden im Frühjahr und Sommer mehrere Male sechs bis 15 Eier gelegt. Die Jungen schlüpfen bei einer Temperatur von 27–32 °C nach 45–65 Tagen.

Zucht

Die Jungen sind braun und tragen eventuell feine Längsstreifen. Sie sind mit knapp zwei Jahren geschlechtsreif.

TAKYDROMUS SEXLINEATUS (SECHSSTREIFEN-LANGSCHWANZEIDECHSE)

Beschreibung

Takydromus sexlineatus hat einen bis 30 cm langen Schwanz und einen 6 cm langen Körper. Die Tiere sind dunkelbraun oder olivgrün und tragen auf dem Rücken hellere Längsstreifen. Sie können schnell laufen und sind aktive Jäger. Die Kieferränder werden mit der langen Zunge sauber geleckt.

Verbreitungsgebiet

T. sexlineatus bewohnt Hinterindien, die malaiische Halbinsel, Sumatra, Borneo und Java. Die Art lebt in warmen, sonnigen Grasfluren und lichten Wäldern.

Haltung

Eine kleine Gruppe von vier bis sechs Tieren braucht ein mindestens 100 x 40 x 40 cm großes relativ trockenes Terrarium. Die Temperatur sollte bei 22–28 °C liegen. Schaffen Sie mit Strahlern einige warme, trockene Stellen (35–40°C). Als Substrat dient trockener Lehmsand oder Walderde. Bieten Sie viele strauch- oder grasartige Gewächse zum Klettern an, zum Beispiel trockene Zweigbüschel oder lebende Pflanzen.

Diese Eidechsen werden häufig in Paludarien gehalten, in denen es zu feucht und zu kühl ist. Dort

Smaragdeidechse (Lacerta viridis), *Männchen*

Sechsstreifen-Langschwanzeidechse (Takydromus sexlineatus)

fühlen sie sich nicht wohl. Ein Paludarium mit warmen, trockenen Stellen, zum Beispiel unter Halogenstrahlern, ist hingegen gut geeignet.

Futter

T. sexlineatus frisst viele kleine Insekten, vor allem Fliegen und Heuschrecken. Relativ große Beutetiere werden zunächst in den Nacken gebissen, danach von ihren Gliedmaßen befreit und unter kräftigem Kauen verspeist.

Geschlechtsunterschiede

Die Männchen haben eine verdickte Schwanzwurzel, einige größere Femoralporen und stets einen dickeren Kopf als die Weibchen.

Eiablage

Ein Weibchen legt bis zu sechsmal jährlich maximal zehn Eier an feuchten Stellen ab.

Zucht

Reichen Sie den Jungen Fruchtfliegen und kleine Grillen. Junge und semiadulte Exemplare tragen eine grünliche Wachsschicht am Körper.

Die Familie Scincidae (Glattechsen oder Skinke)

Diese Familie besteht aus ca. 800 Arten in 50 Gattungen; einige haben kurze, aber gut entwickelte, andere stark reduzierte Beine. Die versteckt lebenden Glattechsen werden häufig zusammen mit anderen Eidechsen gehalten. Die bekanntesten Arten gehören zu den Unterfamilien Scincinae (Skinkartige) und Tiliquinae (Riesenskinkartige).

Beschreibung

Skinke haben einen zylinderförmigen, glatten und glänzenden Körper; Schnauze und Schwanz sind spitz. Die Zunge ist vorne leicht gekerbt. Viele Glattechsen sind scheu und graben sich häufig in den Sand ein. Kammähnliche Schuppen schützen die Ohröffnungen und verhindern so das Eindringen von Sand.

Verbreitungsgebiet

Diese Bodenbewohner leben in Afrika, Australien, Asien, Amerika und Europa in verschiedenen Biotopen.

Haltung

Ein Steppenterrarium sollte mindestens fünfmal so lang wie die Kopf-Rumpf-Länge der Tiere sein, mit einer tiefen Bodenschicht aus Sand. Halten Sie den Boden an einer Seite etwas feucht. Die Männchen einiger Arten sind (vor allem in der Paarungszeit) untereinander wenig verträglich.

Skinke besitzen keine Femoralporen. Die Männchen haben einen etwas breiteren Kopf und sind manchmal greller gefärbt als die Weibchen. Ihr Rumpf ist länger, der Schwanzansatz dicker. Etwa 30 % dieser Arten sind eilebend gebärend. Die Zucht ist unproblematisch.

Unbestimmte Mabuya-*Art aus dem Tschad*

Tüpfelskink (Eumeces schneideri)

Tüpfelskinke (Eumeces schneideri); *der fehlende Schwanz des hinteren Tiers wurde von einer Bartagame abgebissen.*

EUMECES SCHNEIDERI (TÜPFELSKINK) UND E. ALGERIENSIS (BERBERSKINK)

Der Tüpfelskink *(E. schneideri)* und der Berberskink *(E. algeriensis)* sind populäre große Skinke. Der Berberskink wurde früher als Unterart von *E. schneideri* betrachtet *(E. s. algeriensis)*.

Beschreibung

E. schneideri wird bis 36 cm lang, ist oberseits braun mit gelben oder roten Flecken und trägt an den Flanken eine gelbe Binde.

E. alteriensis wird bis 42 cm lang und trägt oberseits auf braunem Grund orangerote Flecken, die zu Querbinden geordnet sind. Die Flanken sind gelblich, die Unterseite ist weiß.

Verbreitungsgebiet

E. schneideri kommt in sieben Unterarten von Nordwest-Indien bis ins östliche Nordafrika vor.

E. algeriensis lebt in Marokko und Algerien. Beide Arten bewohnen heiße, trockene, sandige Gebiete. Die übrigen *Eumeces*-Arten kommen in halbtrockenen Gebieten Südasiens, Nordafrikas sowie Nord- und Mittelamerikas vor.

Haltung

Ein Pärchen braucht ein Wüstenterrarium mit den Mindestmaßen 80 x 30 x 40 cm. Als Substrat verwenden Sie am besten eine mindestens 5–10 cm tiefe Sandschicht. Beide Arten verstecken sich gerne im Sand. Die Temperatur sollte tagsüber unter Strahlern bei 38 °C liegen, sonst bei 28–30 °C. Nachts wird die Temperatur auf 18–20 °C gesenkt. Bringen Sie unter einem Strahler eventuell auch eine schwache Bodenheizung an, um aus dem Sand aufsteigende Sonnenwärme zu imitieren.

Die Männchen konkurrieren in der Paarungszeit manchmal heftig um die Gunst der Weibchen, deshalb sollten Sie nur ein Männchen pro Terrarium halten.

Futter

Insekten, nestjunge Mäuse und ab und zu weiche süße Früchte wie Bananen.

Geschlechtsunterschiede

Die Weibchen sind weniger grell gefärbt als die Männchen. Die Männchen sind schwerer und haben dickere Köpfe.

Fortpflanzung

Nach zwei bis drei Monaten Winterschlaf bei einer Tagestemperatur von 10–20 °C und einer Nachttemperatur von 10–15 °C mit einer sechs- bis achtstündigen Beleuchtungsdauer erfolgt die Paarung. Die Männchen kämpfen um die Weibchen. Bei der Paarung können die Weibchen von den aufdringlichen Männchen ernsthaft im Nacken verletzt werden. Sie kopulieren innerhalb einiger Wochen mehrmals am Tag. Nehmen Sie das Männchen eventuell nach einer erfolgreichen Paarung aus dem Terrarium.

Eiablage

Nach einer Tragezeit von sechs bis sieben Wochen werden fünf bis 20 Eier in Höhlen abgelegt. Das Weibchen bewacht die Eier kurzzeitig und befeuchtet sie, indem es sie tiefer eingräbt und darauf uriniert. Entfernen Sie die Eier, damit die erwachsenen Skinke sie nicht auffressen. Bei einer Temperatur von 28–30 °C schlüpfen die Jungen nach sieben bis zehn Wochen.

Tüpfelskinke (Eumeces schneideri) *bei der Paarung*

Zucht

Die ca. 13 cm langen Jungen verzehren das gleiche Futter wie die Eltern. Diese Skinke werden selten nachgezüchtet, deshalb ist über die weitere Aufzucht wenig bekannt.

Verteidigung und Umgang

Beim Hantieren können diese Skinke kräftig zubeißen. Ziehen Sie die Hand nicht zurück, sondern warten Sie ab, bis der Skink wieder loslässt. Man kann die Tiere an den Menschen gewöhnen, sie fressen aus der Hand und laufen am Arm entlang.

DIE GATTUNG *MABUYA* (MABUYEN)

Eine häufig gehaltene Gattung, über die jedoch relativ wenig bekannt ist.

Beschreibung

Mabuyen sind variabel gefärbte, 20 30 cm lange typische Skinke. Sie sind Bodenbewohner, oft gute Kletterer und meist scheu.

Verbreitungsgebiet

80 Arten leben in unterschiedlichen meist trockenen Biotopen (Ausnahme: Wüsten und dichte Wälder) in Südostasien, Afrika und im tropischen Amerika. *Mabuya perodetti* lebt in Tansania oft in der Nähe von Menschen.

Mabuya perodetti, *Männchen*

Mabuya perodetti, *Weibchen*

Papua-Riesenblauzunge (Tiliqua gigas), *Weibchen*

Gewöhnliche Blauzunge (Tiliqua scincoides), *Jungtier*

Haltung

Schaffen Sie in einem mindestens 100 x 40 x 40 cm großen trockenen Terrarium viele Verstecke und Klettermöglichkeiten. Verwenden Sie als Substrat Lehmsand. Die Rückwand des Behälters sollte strukturiert sein, damit die Tiere daran klettern und sich sonnen können. Die Temperatur sollte tagsüber unter Strahlern bei 32 °C liegen, sonst bei 25–26 °C und nachts bei 20 °C. Besprühen Sie das Terrarium zwei- bis dreimal wöchentlich, um die rF bei 30–40 % zu halten.

Futter

Insekten, kleine Spinnen und weiches süßes Obst, zum Beispiel Bananen.

Geschlechtsunterschiede

Die Männchen sind oft farbenprächtiger als die Weibchen. Es kann jedoch vorkommen, dass ein Weibchen aufgrund seiner Farbe für ein Männchen gehalten wird.

Fortpflanzung

Eier legende Arten vergraben 15–30 Eier im feuchten Boden. Einige Spezies sind eilebend gebärend. Die Jungen sind 8–10 cm lang und schön gefärbt.

TILIQUA SCINCOIDES UND *T. GIGAS*

Schutzstatus: beide Arten CITES/EU-Anhang D.

Die Gewöhnliche Blauzunge und die Papua-Riesenblauzunge sind beliebte Großskinke, die sehr zahm werden können.

Beschreibung

Blauzungen sind kräftig gebaute Skinke mit kurzen dicken Gliedmaßen und einem großen Kopf. Bei *T. scincoides* sind Beine und Rücken gleich gefärbt. *T. gigas* hat schwarze Beine und wird etwas größer (bis 50 cm). In Abhängigkeit vom Herkunftsgebiet haben die Tiere einen gold- oder silberfarbenen Rücken. Beide Arten wurden schon häufig in Gefangenschaft gekreuzt. *T. s. intermedia* hat deutlichere bräunliche Streifen auf dem hellbraunen Körper. Aufgrund der variablen Farbmuster ist es nicht leicht, die drei (Unter-)Arten auseinander zu halten.

Verbreitungsgebiet

T. scincoides lebt in Halbwüsten Nordost- und Südaustraliens, *T. gigas* auf Neuguinea.

Haltung

Ein Paar braucht ein mindestens 150 x 50 x 50 cm großes trockenes Steppenterrarium mit einer feuchten Stelle. Geben Sie Sand, eventuell gemischt mit Rinde oder Moos auf den Boden. Die scheuen Tiere brauchen Verstecke.

Die Temperatur sollte tagsüber bei 21 °C (unter Strahlern bei 27 °C) liegen, nachts bei ca. 15 °C. Die Tiere brauchen zum Baden eine große Wasserschale.

Futter

Beide Arten verzehren Früchte, Gemüse, Insekten, kleine Mäuse, nestjunge Ratten und Schnecken.

Nördliche Blauzunge (Tiliqua scincoides intermedia), *Weibchen*

Der Komodo-Waran (Varanus komodoensis) *ist in einigen Tiergärten zu besichtigen. Hier ein Jungtier im Zoo von Rotterdam.*

Futterverweigerer können Sie mit Vanillecreme zum Fressen anregen.

Geschlechtsunterschiede

Bei diesen Arten ist es nicht leicht, das Geschlecht zu bestimmen. Das Männchen kann man an der dickeren Schwanzwurzel und dem etwas breiteren Kopf erkennen.

Fortpflanzung

Die eilebend gebärenden Tiere bringen nach einer Winterruhe bei Temperaturen von 15–20 °C sechs bis 20 Junge zur Welt. Sie werden wie die Eltern gefüttert, aber mit kleineren Insekten.

Die Familie Varanidae (Warane)

Schutzstatus: vier Arten (unter anderem *V. komodoensis* und *V. griseus)* CITES/EU Anhang A, der Rest CITES/EU-Anhang B.

Diese Familie umfasst nur eine Gattung: *Varanus.* Alle 30 Arten sind geschützt, denn die Tiere selbst und ihre Eier werden verspeist und aus Haut und Gliedmaßen werden Genussmittel und Amulette hergestellt. Obwohl die Haltung an sich keine Probleme bereitet, tun sich viele Terrarianer mit diesen Tieren schwer.

Der Name Waran stammt aus dem Arabischen (El Ouaran = Echse). Am bekanntesten ist der Komodo-Waran *(V. komodoensis),* der bis 3 m lang und 135 kg schwer wird.

Goulds Waran (Varanus gouldii)

Varanus indicus

Steppenwarane kurz vor der Paarung: Das Männchen hat den Kopf erhoben.

Beschreibung

Warane sind imposante Tiere, die eine Länge von 15 cm bis 3 m *(V. salvator)* erreichen können. Sie haben einen langen, relativ runden Schwanz. Bei wasserliebenden Arten ist dieser seitlich abgeflacht, sie können daher gut schwimmen. An den Gliedmaßen befinden sich scharfe Krallen. Kennzeichnend für alle Warane sind außerdem ein langer Nacken und ein großer spitzer Kopf mit gut sichtbarer Ohröffnung. Warane können wie Schlangen züngeln und haben, ebenso wie Riesenschlangen keine Urinblase. Einige Tejus (Familie Teiidae aus Amerika) ähneln stark kleinen Waranen.

Verbreitungsgebiet

Warane kommen in Australien, Afrika und Südasien in verschiedenen Biotopen vor:

- *V. giganteus, V. griseus und V. gouldi* leben in Wüsten und Steppen.
- *V. niloticus, V. salvator* und *V. indicus* sind semiaquatisch.
- *V. exanthematicus* und *V. komodoensis* bewohnen Steppensavannen und lichte Wälder.
- *V. prasinus* lebt auf Bäumen.

Haltung

Das Terrarium sollte das Biotop nachahmen und muss mindestens sechsmal der Kopf-Rumpf-Länge entsprechen und dreimal so breit wie der Körper lang sein. Sorgen Sie tagsüber für eine Temperatur von 25–35 °C (45 °C unter Strahlern), nachts für 20–25 °C. Verwenden Sie als Substrat für trockene Terrarien Lehmsand und halten Sie die rF bei 60–70 %. In Feuchtterrarien verwenden Sie eine Mischung aus Rinde und Torf und achten auf eine rF von 70–90 %. Stellen Sie jedem Tier mindestens eine Höhle zur Verfügung und installieren Sie ein möglichst großes Wasserbecken im Terrarium, denn Warane baden und schwimmen gerne. Wechseln Sie regelmäßig das Wasser und filtrieren Sie es. Geben Sie keinen Sand in das Wasserbecken!

Die Männchen zeigen ein ausgeprägtes Territorialverhalten. Neue Tiere müssen beobachtet werden.

Futter

Warane sind überwiegend karnivore „Fressmaschinen". Auf ihrem Speiseplan stehen Nagetiere,

Junger Komodo-Waran (Varanus komodoensis)

Steppenwarane (Varanus exanthematicus), *Pärchen*

Junger Steppenwaran (Varanus exanthematicus)

Insekten, Fleisch, Eier und Küken. Sie werden häufig zu fett und fressen sogar Beutetiere, die eigentlich nicht in ihr Maul passen. Semiaquatische Arten erbeuten auch Krebsartige, Fische und andere Wassertiere. Mit den nach hinten gerichteten Zähnen werden Beutetiere in großen Stücken oder im Ganzen verschlungen.

Geschlechtsunterschiede

Die Bestimmung des Geschlechts ist bei Waranen schwierig. Die Männchen sind manchmal am etwas breiteren Kopf und an der verdickten Schwanzbasis zu erkennen; wenn man sie auf die Hand nimmt, drücken sie oft ihre Hemipenes nach außen.

Fortpflanzung

Manchmal stimuliert die Anwesenheit eines zweiten Männchens und/oder ein ritueller Kampf die Tiere zur Paarung. Passen Sie dabei auf, dass die Männchen einander nicht töten! Bei der Paarung wird das Weibchen in den Nacken gebissen. Etwa ein bis zwei Monate (manchmal später) nach der Paarung sucht das Weibchen einen Legeplatz. Im letzten Monat vor der Eiablage frisst das trächtige Weibchen wenig bis nichts.

Eiablage

Warane legen fünf bis 65 Eier in ein warmes Erdloch (Strahler!) und decken sie mit pflanzlichem Material ab. Die Eier werden durch die Zersetzungswärme ausgebrütet. Manchmal werden sie in einen warmen Termitenhügel gelegt. Zur Regenzeit, wenn die Erde weich ist, schlüpfen die Jungen; oft hilft ihnen die Mutter. Bei einer Temperatur von 22–28 °C und einer rF von 80–90 % geschieht dies meist nach 130–220 Tagen, manchmal auch schon nach 70 Tagen. Aus „überwinternden" Eiern schlüpfen die Jungen in der Natur nach 220–330 Tagen.

Bei einer Temperatur von 28 °C werden vor allem Männchen, bei 32 °C hauptsächlich Weibchen geboren.

Zucht

Junge Warane wachsen schnell. Sie brauchen Verstecke und Ruhe. Man zieht sie getrennt auf. Sie sind mit zwei bis fünf Jahren geschlechtsreif.

Verteidigung

Vor allem die größeren Warane haben kräftige Krallen und können einander mit ihren gut entwickelten Zähnen ernsthafte Verletzungen zufügen. Mit ihren kräftigen, scharfen Krallen zerfetzen sie sich gegenseitig die Haut. Bei Kämpfen schlagen sie mit dem Schwanz, der nicht abgeworfen werden kann. Warane koten und erbrechen zur Verteidigung. Sie drohen, indem sie schnauben und das Maul aufsperren.

Umgang

Viele Warane werden zahm, wenn sie von klein auf an den Menschen gewöhnt werden. Verlassen Sie sich jedoch nicht darauf: Ein Waran kann Sie jederzeit anfallen!

VARANUS EXANTHEMATICUS (STEPPENWARAN)

Schutzstatus: CITES/EU-Anhang B.

Die Unterarten *Varanus exanthematicus exanthematicus, V. e. angolensis* und *V. e. microstictus* werden anhand von Zahl und Lage der Schuppen auf Rücken, Kehle und Bauch unterschieden. *V. (e.) albigularis* wird heute als eigene Art angesehen.

Beschreibung

Der bis 1,5 m lange Steppenwaran ist braungrau mit Fleckenreihen und hat im Nacken große runde Schuppen.

Verbreitungsgebiet

Diese Steppen- und Savannenbewohner leben in

Nilwaran (Varanus niloticus), *Jungtier*

Drohender Nilwaran (Varanus niloticus), *ungefähr zwei Jahre alt*

Afrika südlich der Sahara (Ausnahme: west- und zentralafrikanischer Regenwald).

Eiablage

Bieten Sie dem Weibchen eine 1 m tiefe Kiste mit lockerem feuchtem Lehmsand an. Steppenwarane legen 15–45 Eier ca. 50 cm tief in einem Gangsystem ab. Wenn sie nicht graben können, werden die Eier im Terrarium verstreut und oft gefressen.

In zu gleichen Teilen gemischtem Vermiculit und Wasser schlüpfen die Jungen bei einer Temperatur von 27–32 °C nach 140–180 Tagen.

Zucht

Die 20 cm langen Jungen fressen nach sieben Tagen. Sie sind mit drei bis vier Jahren erwachsen.

VARANUS NILOTICUS (NILWARAN)

Schutzstatus: CITES/EU-Anhang B.

Der Nilwaran wird über 2 m lang, ist selbstbewusst und kann aggressiv reagieren. Bedenken Sie dies, bevor Sie sich ein solches Tier anschaffen.

Beschreibung

Der Nilwaran hat eine dunkle Grundfarbe (Grün, Grau, Schwarz oder Braun) mit hellen Querbändern. Junge Tiere sind schwarz und weisen am ganzen Körper weißgelbe runde Flecken auf. Ihr schlanker Kopf wird (vor allem bei Männchen) im Alter viel gedrungener. Die Schwanzlänge beträgt 60 % der Körperlänge.

Die Unterart *V. n. niloticus* hat helle Querbänder auf dem Rücken und eine schwarze Zunge. *V. n. ornatus* besitzt fünf Bänder und hat eine rosa Zunge.

Nilwaran (Varanus niloticus), *Jungtier*

Verbreitungsgebiet

Nilwarane leben in fast ganz Afrika (Ausnahme: Nordwesten). Diese wasserliebende Art kann eine Stunde unter Wasser ausharren. *V. n. ornatus* aus den westafrikanischen Küstengebieten bewohnt Wälder und braucht eine höhere rF und kühlere Temperaturen als *V. n. niloticus* aus offenen Landstrichen. Nilwarane sind gute Kletterer.

Fortpflanzung

Nilwarane sollten nicht gemeinsam gehalten werden. Sie werden nur zur Paarung zusammengesetzt. Tiere aus der Äquatorialzone paaren sich das ganze Jahr über, solche aus Südafrika hauptsächlich im Juni oder Juli.

Zucht

Die Jungen schlüpfen nach 130–220 Tagen und sind 20–30 cm lang. Mit drei Jahren, wenn sie ca. 1 m lang sind, werden sie geschlechtsreif. Sie sollten getrennt aufgezogen werden.

Die Unterordnung Serpentes (Schlangen)

Schlangen sind lang gestreckte beinlose Reptilien. Einige primitive Arten, zum Beispiel Riesenschlangen, besitzen noch Reste des Beckengürtels und

Ein Tigerpython (Python molurus) *frisst eine Ratte.*

Rudimente der Hinterextremitäten (Afterklauen). Aufgrund der hohen Wirbelzahl (maximal 435) sind sie äußerst beweglich. Schlangen kriechen mittels ihrer Bauchschuppen oder bewegen sich seitlich in sinusförmigen Wellen voran. Der Schwanz ist meist nicht deutlich vom Körper abgesetzt.

Futteraufnahme

Schlangen erwürgen oder vergiften ihre Beute. Beim Erwürgen drückt die Schlange immer fester zu, wenn das Beutetier ausatmet. Es kann dann nicht mehr einatmen und erstickt. Giftschlangen beißen ihre Beute und spüren sie dann mithilfe ihres Geruchssinns auf. Glatte Beutetiere, wie nestjunge Mäuse, Fische, Amphibien und Regenwürmer werden häufig lebendig hinuntergewürgt. Aufgrund der Möglichkeit, einzelne Knochen des Schädels auszurenken, können sich die Kiefer-Gaumen-Knochen beider Seiten unabhängig voneinander auch über große Beutetiere schieben. Dies wird außerdem noch durch die Beweglichkeit der Unterkieferhälften gegeneinander unterstützt.

Merkmale

Die Augenlider sind zu einer starren, durchsichtigen Membran verwachsen. Kurz vor der Häutung verfärbt sich diese „Brille“ blauweiß. Dann sollte man die nun schlecht sehende Schlange in Ruhe lassen, nicht füttern und das Terrarium feucht halten.

Schlangen haben weder Ohröffnungen noch Trommelfelle; sie sind vollkommen taub. Sie können aber Bodenvibrationen vahrnehmen. Ihre gespaltene Zunge überträgt Duftstoffe zum Jacobsonschen Organ.

Viele Riesenschlangen besitzen wärmeempfindliche Sinnesgruben an bestimmten Schuppen und Schildern. Ein äußerst wärmeempfindliches Organ in einer Grube zwischen Nasenöffnung und Auge ermöglicht ihnen, geringe Wärmeunterschiede in ihrer Umgebung wahrzunehmen und damit Beutetiere auch im Dunkeln aufzuspüren.

Die linke Lunge ist nur noch bei urtümlichen Gruppen vorhanden, die rechte endet in einem glattwandigen Luftsack. Manche Arten atmen über Tracheen. Auch alle anderen Organe sind mehr oder weniger asymmetrisch angelegt.

Verbreitungsgebiet

Die 2700 Schlangenarten kommen weltweit in gemäßigten bis tropischen Gebieten in unterschiedlichen Biotopen vor.

Haltung

Ein Schlangenterrarium muss bestimmte Voraussetzungen erfüllen:

Aufgrund der Fähigkeit, Ober- und Unterkiefer auszurenken und gegeneinander zu verschieben, kann eine Schlange sehr große Beutetiere verschlingen.

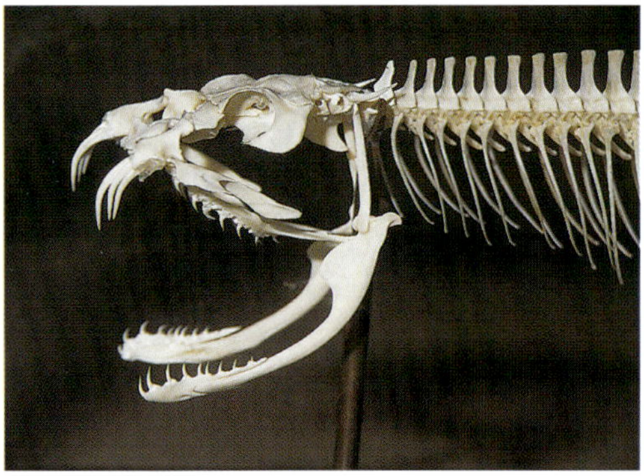

Schlangen mit blauweißen Augen und einer matten Färbung stehen kurz vor der Häutung.

Terrarium mit Tigerpythons (Python molurus)

- Die Grundfläche des Behälters sollte mindestens einmal der Gesamtlänge der Schlange entsprechen, denn bodenbewohnende und kletternde Schlangen brauchen viel Platz.
- Sauberkeit ist von größter Wichtigkeit. Reinigen Sie täglich die Wasserschale und entfernen Sie Exkremente möglichst sofort. Schlangen trinken viel. Bei verringerter Widerstandskraft erkranken sie schnell an Maulfäule (einer Bakterienkrankheit). Säubern Sie das ganze Terrarium mehrmals jährlich gründlich.
- Das Wasserbecken muss leicht zu reinigen und möglichst so groß sein, dass die Schlangen darin baden können. Es muss außerdem so schwer sein, dass die Tiere es nicht umwerfen können. Viele Schlangen nehmen ein Bad, bevor sie sich häuten oder wenn es in ihrem Terrarium zu warm ist. Schlangen koten gerne in das Wasser.
- Das Substrat muss problemlos austauschbar und zu reinigen sein. Geeignet sind Walderde, Torf, Baumrinde, Küchenpapier und Holzschnitzel.
- Stellen Sie den Tieren Verstecke wie Holzkisten, umgedrehte Blumentöpfe oder eine Schublade unter dem Terrarium (über ein Loch im Boden zu erreichen) zur Verfügung.
- Schlangen brauchen oft ein mäßig feuchtes Klima, aber in jedem Fall einen trockenen Platz mit einem für die Tiere unerreichbaren Strahler darüber oder einer Heizmatte darunter. Wenn die Temperatur zu hoch ist, liegen die Schlangen oft im Wasserbecken.
- Sorgen Sie für eine gute Belüftung durch Gitter auf dem Deckel des Terrariums. Vermeiden Sie Zugluft, die durch ein Belüftungsgitter unten in der Frontscheibe und ein zweites im Deckel entstehen kann.
- Äste zum Klettern sollten auch Schlangen angeboten werden, die selten klettern. Für Baumschlangen müssen sie horizontal angebracht sein. Äste helfen außerdem bei der Häutung, weil sich die Schlangen daran reiben können.
- Ein perfektes Türsystem ist besonders wichtig, denn Schlangen entwischen durch die kleinsten Löcher oder durch nicht ganz geschlossene Schiebetüren. Trotzdem eignen sich Schiebetüren bestens für Schlangen, denn sie stressen die Tiere weniger als eine Öffnung am Deckel des Terrariums.

Das Wasserbecken sollte so groß sein, dass die Schlange ganz hineinpasst.

Ein Tigerpython (Python molurus) *würgt eine Ratte.*

Die meisten Schlangenarten sind untereinander nicht aggressiv (außer gegenüber gleich großen Spezies).

Futter

Verfüttern Sie wöchentlich ein bis zwei Beutetiere; Riesenschlangen fressen nur alle drei bis vier Wochen ein großes Beutetier. Schlangen, die Fische verzehren, werden zwei- bis dreimal wöchentlich gefüttert. Vor einer Häutung oder während einer Ruheperiode lässt man sie fasten. Die Weibchen brauchen in der Paarungszeit und nach der Eiablage viel Futter. Trächtige Weibchen fressen machmal wenig bis nichts.

Die Beutetiere dürfen nicht dicker als die dickste Stelle der Schlange sein. Mit kleineren Futtertieren kann man Schlangen konstanter versorgen. Dies ist vor allem bei heiklen Fressern von Vorteil. Nach einer großen Beute frisst die Schlange manchmal lange Zeit nichts. Verfüttern Sie lebende, aufgetaute oder gerade getötete Beutetiere (Nagetiere). Bei letzterer Möglichkeit besteht für die Schlange keine Verletzungsgefahr und kein Verlust an Nährwerten. Füttern Sie Schlangen getrennt. Vermeiden Sie, dass zwei Schlangen an derselben Beute zerren. Sie können die Nahrungsaufnahme auch besser kontrollieren, wenn Sie die Tiere getrennt halten. Ziehen Sie die Hand nicht zurück, wenn die Schlange zubeißt. Falls Sie es dennoch tun, werden die Zähne durch die Haut gezogen und Sie verletzen sich und die Schlange viel schlimmer, als notwendig wäre. Schlangen, die sich festgebissen haben, können zum Loslassen gezwungen werden, indem man sie unter Wasser hält oder einen mit Alkohol getränkten Wattebausch auf ihre Nase hält.

Schlangen verweigern manchmal Futter, an das sie nicht gewöhnt sind (lebendig oder tot, als Futter an sich, aufgrund der Qualität des Futters oder wegen der Farbe der Futtertiere). Sie gewöhnen sich daran, wenn man ihnen ständig mehr von dem neuen Futter zusammen mit vertrauten Sorten anbietet, wenn man sie zu fressenden Schlangen setzt oder ihnen tote Beutetiere mit geöffneter Hirnschale oder geöffnetem Bauch anbietet.

Auch Schlangen, die gestresst (keine Verstecke, falsche Temperaturbedingungen) oder krank sind (zum Beispiel aufgrund von Vitaminmangel), die zu kalt gehalten werden oder zum verkehrten Zeitpunkt gefüttert werden, verweigern die Nahrungsaufnahme.

Verhindern Sie, dass zwei Schlangen gleichzeitig an einer Beute zerren. Hier streiten eine junge Erd- und eine Kornnatter um eine nestjunge Ratte.

Die Männchen haben eine verdickte Schwanzwurzel. Hier die Gelbe Erdnatter (Elaphe obsoleta quadrivittata).

Sondieren eines Königspythons (Python regius)

Die Kotabgabe erfolgt sieben bis 14 Tage nach der Mahlzeit. Unverdauliche Reste (Haare und Krallen) werden ausgeschieden. Konzentrierter Urin wird als feste weißgelbe Substanz abgegeben.

Geschlechtsunterschiede

- Ausgewachsene Weibchen sind oft größer als erwachsene Männchen und haben bisweilen einen kürzeren Schwanz (unzuverlässiges Merkmal).
- Wie viele andere Echsen haben auch Schlangenmännchen eine verdickte Schwanzwurzel; bei Weibchen läuft der Schwanz ohne Zäsur spitz zu. Beim Vergleich ist dies am besten von unten zu sehen. Bei einigen Arten, wie dem Königspython *(Python regius)*, ist dies allerdings kein verlässliches Merkmal.
- In der Schwanzwurzel der Männchen befinden sich die Hemipenes. Diese paarigen unterschiedlich langen Kopulationsorgane haben die Form von zwei hohlen Schläuchen, die in Ruheposition dicht hinter dem Kloakenspalt in der Schwanzwurzel liegen. Das Ein- und Ausstülpen erfolgt vorwiegend muskulär im Zusammenhang mit einer verringerten oder verstärkten Durchblutung. Bei der Kopulation verankert das Männchen einen Hemipenis in der Kloake des Weibchens.
- Zur Geschlechtsbestimmung kann man sich einer gleitfähig gemachten Sonde bedienen (sondieren), die unter vorsichtigem Drehen so tief wie möglich in die Kloake eingeführt wird. Bei Weib-

Das Zählen der Schuppen nach dem Sondieren: Zwei Schuppen, diese Schlange ist weiblich.

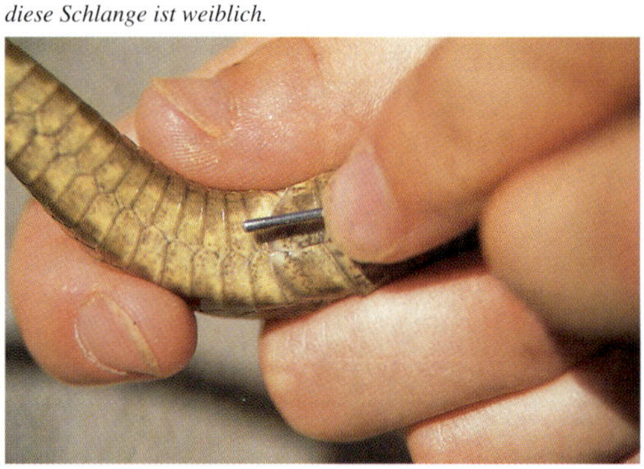

chen lässt sich die Sonde nicht so tief einführen wie bei Männchen, da sie bei Letzteren die Länge der eingestülpten Hemipenes misst. Die Penetration wird an den Schuppen auf der Schwanzunterseite abgelesen; bei vielen Schlangenarten ist die Penetrationstiefe (gemessen an der Zahl der Schwanzschuppen) bereits dokumentiert. Die Untersuchung erfolgt mit einer Spezialsonde aus rostfreiem Stahl, deren Durchmesser sich nach der jeweiligen Art richtet. Als Gleitmittel verwendet man häufig Vaseline oder ein medizinisches Gel, womit jedoch möglicherweise die Samenzellen abgetötet werden. Deshalb sollte man diese Mittel nicht kurz vor der Paarung verwenden. Dieses Untersuchungsverfahren ist eine etwas riskante Methode. Lassen Sie Ihr Tier nur von einem Fachmann sondieren! Eine empfehlenswerte Alternative stellt eine physiologische Kochsalzlösung dar.

- Bei jungen Schlangen bestimmt man das Geschlecht folgendermaßen: Man drückt mit dem Daumen behutsam auf die Stelle hinter der Kloake und bewirkt damit beim Männchen das Ausstülpen der Hemipenes. Sieht man nichts, handelt es sich vermutlich um ein Weibchen. Auch diese Methode sollte von einer erfahrenen Person durchgeführt werden.
- Bei Riesenschlangen sind die Sporne (Beinreste) bei den Männchen meist deutlich länger.
- Wenn man den Daumen von der Kloake zum Schwanz schiebt, kann man manchmal fühlen, wie sich die Hemipenes zurückziehen. Diese Methode ist jedoch unzuverlässig.

Fortpflanzung

Nach einer Stimulierung (Winterschlaf, Regenperiode, zeitweilige Trennung der Geschlechter) kommen die Tiere in Paarungsstimmung. Manchmal verweigern die Männchen vor der Kopulation die Futteraufnahme. Die Weibchen fressen dagegen sehr viel. In der Paarungszeit halten die unruhigen Schlangen häufig recht rüde Körperkontakt. Viele Arten kopulieren nach einer Häutung des Weibchens. Die Paarung kann mehrere Stunden dauern; die beiden Partner umschlingen einander dabei. Das Männchen führt einen seiner Hemipenes in den weiblichen Kloakenspalt ein.

Gelbe Erdnattern bei der Paarung

Eiablage

Einige Wochen oder Monate nach der Paarung werden die Eier meist in einer Höhle oder Spalte abgelegt. Richten Sie rechtzeitig eine Eiablageschale ein, die mit Torfmoos, Torfmull oder Walderde gefüllt ist. Fehlt ein guter Legeplatz, werden verklumpte, eingetrocknete Eier abgelegt.

Einige Wochen vor der Eiablage verweigert das Weibchen die Nahrung, es häutet sich, sucht warme Plätze auf oder nimmt eine andere Körperhaltung ein. Dann kriecht es in den feuchten Boden. Nach

Gemeine Kornnatter (Elaphe guttata) *bei der Eiablage*

Nach dem ersten Schnitt mit dem Eizahn kann es noch lange dauern, bis die Schlange schlüpft. Stören Sie die Tiere nicht.

Gelege der Gemeinen Kornnatter (Elaphe guttata)

Plastikschälchen mit Eiern und Behälter zur Einzelaufzucht

der Eiablage bleibt das Weibchen noch einige Tage liegen. Schauen Sie täglich nach, ob Eier abgelegt wurden, nehmen Sie diese aus dem Terrarium und legen Sie sie, ohne sie zu drehen, in einen Brutapparat. Miteinander verklebte Eier dürfen Sie nicht trennen, abgestorbene oder unbefruchtete können Sie mit einer Injektionsnadel entfernen.

Inkubation

Lesen Sie hierzu den Abschnitt „Inkubation der Eier" (S. 190–193). Der Brutapparat muss so sicher schließen, dass keine Schlange entweichen kann.

Zucht

Schlüpfende Schlangen machen mit ihrem Eizahn den ersten Schnitt in die Eischale. Dabei dürfen sie nicht gestört werden. Bei einigen Arten dauert es zwei Wochen, bis die Jungen aus dem Ei schlüpfen. Die Tiere werden einzeln gesetzt, zum Beispiel in Plastikschalen mit 0,5–5 l Inhalt, die mit Küchenpapier, einem kleinen Wasserschälchen und einem Eckarrangement aus Lavasteinen (Versteck und Häutungshilfe) eingerichtet sind. Die Temperatur sollte bei 30 °C liegen und die rF muss hoch sein (bessere Häutung, geringere Austrocknung). Wechseln Sie täglich Wasser und Papier aus. Hält man die nervösen, schnell beißenden jungen Schlangen einzeln, ist die Kontrolle über jedes Tier optimal, wenn die Methode auch zeitaufwändig ist.

Die kleinen Schlangen häuten sich meist nach ca. einer Woche. Während dieser Zeit fressen sie fast nichts. Danach werden nestjunge Mäuse, Regenwürmer, Fischstückchen oder andere kleine Beutetiere verfüttert. Einige Schlangen fressen schon am Tag nach der Häutung, andere erst einen Monat später. Entfernen Sie während der Fütterung den Wassernapf, da Futtertiere, zum Beispiel nestjunge Mäuse, schnell ertrinken. Vermerken Sie auf der Plastikschale das Datum der Futtergabe und umkreisen Sie den Tag, an dem die Beute gefressen wurde beziehungsweise streichen Sie die Tage durch, an denen die Schlangen nicht gefressen haben. Wenn die Tiere dreimal gefressen haben, können sie eventuell zusammen mit Artgenossen in einem größeren Terrarium (30 x 40 x 50 cm) mit Verstecken und einem Wasserbecken, in dem sie auch baden können, gehalten werden.

Futterverweigerer kann man überzeugen, indem man ihnen tote Beutetiere mit geöffneter Hirnschale anbietet oder sie zusammen mit ihrer Beute in ein kleines Becken setzt.

Zwangsfütterung

Im äußersten Notfall (wenn die Schlangen nach der ersten Häutung nicht fressen wollen oder merklich abmagern) kann man die Tiere zwangsfüttern. Mit einer Plastikpinzette fassen Sie ein totes, glattes, kleines Beutetier hinter dem Kopf und stopfen es mit viel Geduld in das Maul der Schlange. Massieren Sie, während Sie das Maul gut zuhalten, die

Blut saugende Milben entdeckt man oft erst in der Wasserschale.

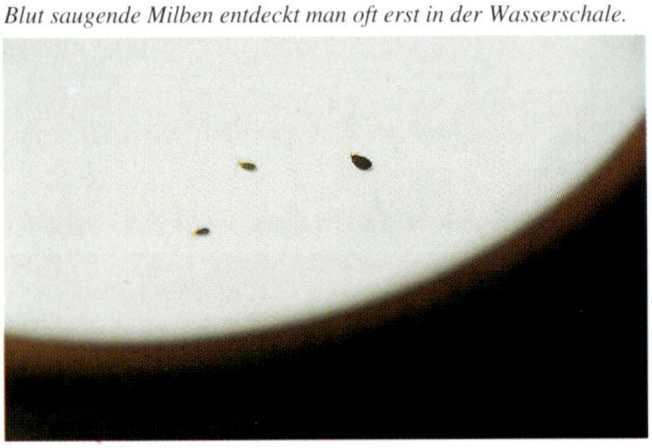

Halten Sie eine Schlange an mehreren Stellen fest und fixieren Sie eventuell den Kopf, wenn Sie ein bissiges Tier hochheben.

Korrekter Umgang mit einem Schlangenhaken

Korrekter Umgang mit einem Schlangenhaken

Beute in den Magen (etwa auf einem Drittel der Körperlänge). Manchmal fressen die Schlangen bereits nach der ersten Zwangsfütterung selbstständig, manchmal erst nach der zehnten.

Krankheiten

Lesen Sie zunächst die Angaben auf S. 193–197.

Eine gesunde Schlange zeigt folgende Merkmale:

- Sie fühlt sich kräftig und nicht schlaff an (vor allem Riesenschlangen) und wirkt nicht aufgequollen.
- Der Rücken ist rund.
  Sie züngelt viel und schnell, wenn ihr etwas vorgehalten wird.
- Die Schnauze schließt gut.
- Die Haut ist glatt, ohne Häutungsreste oder abstehende Schuppen.
- Die Kloake ist sauber.
- Die Häutung erfolgt in einem Stück (meist innerhalb einer Stunde).
- Die Augen sind klar und ohne Dellen.
- Sie ruht zusammengerollt, keinesfalls lang ausgestreckt.

Fisch fressende Schlangen können an Vitamin-B_1-Mangel leiden. Eine Schlange mit bläulich weißen Augen wird sich innerhalb kurzer Zeit häuten. Sie darf nicht gestört werden. In sehr trockenen Terrarien kann die Häutung problematisch verlaufen. Auch Vitamin-A-Mangel führt zu einer schlechten Häutung. Solche Tiere werden in ein lauwarmes Wasserbad gesetzt.

Austrocknung ist unter anderem an tief liegenden Augen mit eingedellten Lidern zu erkennen. Schlangen verbrennen sich oft an Wärmesteinen oder Lampen, die im Terrarium für sie erreichbar sind. Die Schuppen verfärben sich bei leichten Verbrennungen schwarz. Paramyxoviren kann man daran erkennen, dass sich die Tiere verkrampfen und den Kopf nicht gerade halten. Diese Schlangen züngeln dann langsam und ziellos. Manchmal stehen die Schuppen ab und die Schlange trocknet aus. Vor allem Riesenschlangen sind sehr empfindlich. Entfernen Sie das erkrankte Tier sofort aus der Gruppe und versorgen Sie es mit Vitamin B. Wenn es nicht frisst, versuchen Sie es mit Zwangsfütterung.

Sollten alle Maßnahmen fehlschlagen, wenden Sie sich an einen Tierarzt, der Erfahrung im Umgang mit Reptilien hat, oder bitten Sie einen erfahrenen Terrarianer um Rat.

Umgang

- Halten Sie friedfertige ungiftige Schlangen mit zwei Händen locker so fest, dass das Gewicht auf beide Hände verteilt ist.
- Fassen Sie aggressive ungiftige Schlangen schnell möglichst dicht hinter dem Kopf, ohne allzu stark zu drücken, legen Sie eventuell Daumen und Mittelfinger hinter den Kiefer und den Zeigefinger auf den Kopf. Wenn Ihnen die Handhabung Schwierigkeiten bereitet, verwenden Sie ein Handtuch oder einen Schlangenhaken.
  Fassen Sie das Tier dann in der Mitte an und heben Sie es vorsichtig hoch. Die Verbindung zwischen dem ersten Halswirbel und dem Kopf wird schnell verletzt, wenn man die Schlange nur am Kopf hochhebt. Für sehr große Schlangen braucht man eine Person pro Meter Länge.
- Wenn man kleine Schlangen hinter dem Kopf fasst, kann man ihnen das Genick brechen. Man ergreift sie deshalb mit einigen Fingern in der Körpermitte.
- Manchmal beißen Schlangen beim Füttern zu. Ziehen Sie die Hand nicht zurück. Ein Biss tut kaum weh und wird vermutlich nicht nennenswert bluten. Wenn Sie von einer Giftschlange gebissen werden, sollten Sie einen erfahrenen Arzt aufsuchen. Viele Schlangen bringen bei Gefahr und kurz vor einem Biss den Vorderkörper in eine S-Form; ihre Schwanzspitze zittert. Eine entwichene Schlange kann in eine Kiste gelockt werden, die mit feuchter Walderde gefüllt ist, wenn dort ein totes Beutetier liegt und die Kiste auf einer Wärmeplatte steht. Kontrollieren Sie regelmäßig, ob die Schlange hineingeschlüpft ist.
- Halten Sie ein Holzstäbchen bereit, das Sie benötigen, wenn Sie die Schnauze einer Schlange öffnen müssen. Schieben Sie das Stäbchen quer zwischen die Kiefer, sodass die Schlange nach einiger Zeit die Schnauze öffnet. Die ausstülpbare Luftröhre ist deutlich sichtbar. Jetzt kann der Gesundheitszustand des Tiers kontrolliert werden.

Agkistrodon bilineatus *(Mexikanische Mokassinschlange), giftig!*

Man kann auch Medizin mittels einer langen, mit Gleitmittel versehenen Silikonsonde verabreichen. Echte Futterverweigerer (einige Schlangen fressen von Natur aus einige Monate nicht) können nun mit nicht zu großen Beutetieren zwangsgefüttert werden. Legen Sie alles bereit, bevor Sie eine derartige Aktion starten.

Transport

Größere Schlangen werden in einem Leinensack (Kissenhülle) verpackt, der mit einer Schnur zugebunden wird. Kleine Schlangen setzt man mit saugfähigem Papier in eine Plastikschale.

Giftschlangen

Nur 10 % aller Schlangenarten sind giftig (etwa 250–300 Arten). 1,5 Millionen Menschen werden jährlich von Giftschlangen gebissen, 30 000–40 000 sterben daran.

Giftschlangen beißen blitzschnell ihre Beute, die je nach Stärke des Gifts sofort stirbt und verzehrt wird oder noch fliehen kann und von der Schlange verfolgt wird.

Für den Menschen ist der Biss einer Giftschlange nicht immer tödlich; man sollte jedoch im Umgang mit giftigen Schlangen stets vorsichtig sein. Beachten Sie deshalb folgende Punkte:

- Behandeln Sie jede unbekannte Schlange wie eine Giftschlange. Nehmen Sie das Tier nicht in die Hand und seien Sie vorsichtig. Giftschlangen beißen selbst durch Handschuhe und Leinensäcke hindurch, manchmal sogar durch ihren eigenen Unterkiefer. Experten verwenden einen Schlangenhaken, mit dem sie den Kopf des Tiers auf den Untergrund drücken und ihn anschließend seitlich und an der Oberseite festhalten.
- Trauen Sie dem angegebenen Namen, zum Beispiel, wenn Sie sich eine Schlange zuschicken lassen, nicht blind.
- Einige Giftschlangen, wie Klapperschlangen, sind eilebend gebärend. Schon manche Liebhaber sind am Biss einer unerwarteten Nachzucht gestorben.
- Einige Giftschlangen sind sehr preiswert. Dies verleitet zu Spontankäufen. Wenn man jedoch keine Erfahrung im Umgang mit Giftschlangen hat, bringt man nicht nur sich, sondern auch andere in Gefahr.
- Das jeweilige Bundesland legt fest, ob und wie man gefährliche Tiere halten darf. Informieren Sie sich über die aktuelle Gesetzeslage.
- In einem Giftschlangenterrarium muss man die Tiere separieren können, zum Beispiel in ihrem Versteck, sodass man das Terrarium gefahrlos reinigen kann.
- Bringen Sie Schlösser an den Terrarientüren an und informieren Sie Ihre Familie, was im Notfall zu tun ist.

Die Familie Boidae (Riesenschlangen)

Schutzstatus: einige Arten CITES/EU-Anhang A, der Rest CITES/EU-Anhang B.

Riesenschlangen sind meist nachtaktive Würger. Sie haben zwei entwickelte Lungen und Reste der Hinterbeine sind als Aftersporne an der Kloake sichtbar.

Die bekanntesten der vier Unterfamilien sind die Boinae (Boas, Anakondas) und die Pythoninae (Pythons). Sie sind oft in verschiedenen Farben getarnt (Braun, Schwarz, Weißgelb). Pythons haben zwei Reihen subcaudaler Schuppen hinter der Kloake, Boas nur eine Reihe. Beide Unterfamilien besitzen große Zähne.

Eine Klapperschlange, giftig!

Abgottschlange (Boa constrictor) *und Tigerpython* (Python molurus)

Verbreitungsgebiet

Mit wenigen Ausnahmen stammen Boinae aus Südamerika, Pythoninae aus Afrika, Asien und Australien.

Haltung

Riesenschlangen brauchen selbstverständlich ein großes Terrarium und ein Wasserbecken, in das sie gut hineinpassen. Halten Sie den Boden frei von Inventar; als Substrat dient Rinde oder Walderde. Aquarienkies und Sägemehl sind nicht geeignet.

Futter

Mäuse, Ratten, Hamster, Kaninchen, Tauben und Hühnchen. Alle ein bis zwei Wochen werden beispielsweise Nagetiere, Wachtel- oder Eintagsküken verfüttert. Die Fütterung erfolgt auf einem flachen Stein oder das Futter wird mit einer langen Pinzette angeboten. Füttern Sie nicht aus der Hand!

Junge Boas können zum Fressen bewegt werden, indem man ihnen aufgetaute Mäuse anbietet, die mit dem Aroma von Eintagsküken versehen sind. Zweige zum Klettern können bei Salomonenboas die Fresslust anregen. Winzige Jungtiere brauchen Futterbröckchen, zum Beispiel Mäuseschwänze.

Viele Riesenschlangen können mithilfe ihrer Wärmesinneszellen warmblütige Beutetiere aufspüren.

Geschlechtsunterschiede

Beim Sondieren dringt man beim Weibchen vier bis sechs Schuppen tief ein, beim Männchen zehn bis 15 Schuppen. Das Männchen hat oft längere Sporne und eine verdickte Schwanzwurzel.

Fortpflanzung

Einige (vor allem südamerikanische) Arten paaren sich nur nach einem Streit zwischen mehreren rivalisierenden Männchen.

Eiablage

Boas sind eilebend gebärend, Pythons legen Eier. Fast alle Arten bebrüten die Gelege, indem sie auf ihnen liegen und ihren Körper regelmäßig zusammenziehen. Durch diese Muskelkontraktion entsteht Wärme, die die Temperatur der Eier um 10 °C erhöhen kann. Entfernen Sie die Eier vorsichtig, indem Sie ein Handtuch über das brütende Weibchen legen, es aufheben und die Eier wegnehmen. Brütende Weibchen können sehr aggressiv sein.

Abgottschlange (Boa constrictor)

Zucht

In den ersten drei bis vier Jahren wachsen Riesenschlangen schnell, danach wesentlich langsamer.

Umgang

Riesenschlangen können zahm werden. Bedenken sie, dass man zum Hochheben einer Riesenschlange eine Person pro Meter braucht. Pythons können sehr aggressiv sein. Nehmen Sie gefährliche Schlangen in einer inaktiven Phase in die Hand, zum Beispiel am frühen Morgen.

Eine Riesenschlange von 2,5 m Länge ist stärker als die meisten erwachsenen Menschen. Es besteht immer die Gefahr, dass man von einer solch großen Schlange erwürgt wird, wenn man sie sich zum Beispiel um den Hals legt. Die Schlange kann in Panik geraten und drückt etwas stärker zu, um nicht zu fallen. Wenn man nun versucht, den Zugriff der Schlange zu lockern, kann es vorkommen, dass sie noch fester zudruckt. Fassen Sie eine würgende Schlange am Schwanz und wickeln Sie das Tier los, stützen Sie dabei seinen Körper ab.

BOA CONSTRICTOR (ABGOTTSCHLANGE)

Schutzstatus: CITES/EU-Anhang B.

Die Gattung *Boa* umfasst nur eine Art mit vielen Unterarten. *Boa constrictor* hat ungefähr 25 dunkle Sattelflecken auf hellbraunem Untergrund. Vor allem bei jungen Tieren sind die letzten Sattelflecken

Deutlich erkennbare Sporne bei einem Tigerpythonmännchen

Abgottschlange (Boa constrictor)

oft rotbraun. Unterarten aus dem Nordosten Südamerikas werden auch „Rotschwanzboas" genannt. Abgottschlangen werden 3–4 m lang, erreichen einen Durchmesser von 12–17 cm und werden bis zu 60 kg schwer. Sie haben einen breiten Kopf und sind hauptsächlich dämmerungs- und nachtaktiv.

Verbreitungsgebiet

Die Abgottschlange bewohnt vor allem begrünte Regionen in der Nähe von Gewässern in Steppen und Savannen, aber auch in Wäldern von Mexiko bis Nord-Argentinien. Erwachsene Exemplare sind hauptsächlich Boden-, junge Tiere eher Strauchbewohner.

Es gibt viele Unterarten. *B. c. constrictor* stammt aus Südamerika. Die dunkel gefärbte *B. c. occidentalis* (CITES/EU-Anhang A) kommt in Paraguay, Bolivien und Argentinien vor. *B. c. imperator* wird selten länger als 1,5 m und lebt in Mexiko sowie im Nordwesten von Südamerika.

Haltung

Ein Pärchen braucht ein Terrarium mit den Mindestmaßen 120 x 70 x 100 cm. Die Temperatur sollte tagsüber bei 27–32 °C liegen (unter Strahlern bei 35–40 °C), nachts bei 22–25 °C (Strahler und Bodenheizung). Besprühen Sie das Terrarium täglich, die rF sollte bei 80 % liegen. Boas brauchen Ruhe, vor allem wenn man sie züchten möchte.

Geschlechtsunterschiede

Die Sonde dringt beim Männchen zehn Schuppen, beim Weibchen nur zwei bis vier Schuppen tief ein.

Fortpflanzung

Von Oktober bis Dezember brauchen die Tiere eine Ruhezeit bei einer Temperatur von ca. 20 °C. Sie sollten in dieser Zeit möglichst einzeln bei einer rF von ca. 70 % gehalten werden.

Stellen Sie den Schlangen Verstecke und ein Wasserbecken zur Verfügung und beschränken Sie die Beleuchtung auf vier bis sechs Stunden pro Tag. Nach der Ruhezeit werden Temperatur und Luftfeuchtigkeit langsam erhöht.

Füttern Sie einige Wochen lang sehr gut, bevor Sie drei Männchen zu einem Weibchen setzen. Die Männchen stimulieren einander zur Paarung; meist müssen sie drei bis vier Wochen balzen.

Boa constrictor *(Abgottschlange)*

Ein bis zwei Wochen nach der Paarung findet die Ovulation statt. Dies sieht man an einer erheblichen Verdickung bei ca. 65 % der Gesamt-Körper-Länge, gerade hinter der Stelle, bis zu der eine Beute verschlungen wird. Das Weibchen wird nun isoliert und gut gefüttert. In den letzten sechs bis acht Wochen der Tragezeit frisst es wenig. Verfüttern Sie nicht zu große, frisch getötete Beutetiere.

Geburt

16–23 Tage nach der Ovulation unterziehen sich die Weibchen einer langsamen Häutung. 96–114 Tage später erfolgt die Geburt, meist zwischen März und Mitte Juni (Boinae sind eilebend gebärend). Das Weibchen wird ein bis sieben Tage, bevor die 15 bis maximal 70 Junge schlüpfen, unruhig. Nach der Geburt durchbrechen die Jungen schnell die dünne Eimembran.

Zucht

Die Jungschlangen sind 20–30 cm lang, häuten sich nach ein bis drei Wochen und fressen dann bereits halberwachsene Mäuse. Junge Boas wachsen während der ersten zwei Jahre schnell und sind mit drei Jahren bei einer Länge von 1,75–2 m geschlechtsreif.

Grüner Baumpython (Chondropython viridis)

Grüne Hundskopfboa (Corallus caninus)

***CHONDROPYTHON VIRIDIS* (GRÜNER BAUMPYTHON)**

Schutzstatus: CITES/EU-Anhang B.

Der Grüne Baumpython, *Chondropython viridis,* gehörte früher zur Gattung *Morelia* und wird manchmal auch *Python viridis* genannt. Die Art gilt als aggressiv und schwer zu halten.

Beschreibung

Der Grüne Baumpython wird bis 1,8 m lang und ist grün (selten blau) mit weißen Flecken. Sein Körper ist im Durchmesser dreieckig und er trägt auf dem Kopf kleine Schuppen. Die Schuppen, in denen die Nasenlöcher sitzen, sind vorne an der Schnauzenspitze angeordnet. Auf den Lippen befinden sich Wärmesinneszellen, sie fehlen jedoch auf der Rückseite der Oberlippe. Der Grüne Baumpython ähnelt der Grünen Hundskopfboa *(Corallus caninus)* aus dem tropischen Regenwald im nördlichen Südamerika. Bei der Grünen Hundskopfboa sind die Kopfschuppen jedoch groß, die Nasenlöcher sitzen seitlich an der Schnauzenspitze und die Wärmesinneszellen sind über die gesamte Ober- und Unterlippe verteilt.

Verbreitungsgebiet

Regenwälder auf Neuguinea und in Nordaustralien.

Haltung

Halten Sie den Grünen Baumpython in einem hohen Terrarium mit horizontalen Ästen (ca. 5 cm Durchmesser). Befestigen Sie mit feuchtem Torfmoos gefüllte Verstecke, die Baumhöhlen imitieren, an den Wänden.

Besprühen Sie das Terrarium zweimal täglich mit handwarmem Wasser; die rF sollte bei 70–80 % liegen. Die Temperatur sollte tagsüber 25–30 °C betragen (unter Strahlern 40–45 °C) und nachts 20–25 °C.

Die Männchen können während der Paarungszeit Gefechte austragen, deshalb sollten Sie nur ein Männchen pro Terrarium einsetzen.

Futter

Wachtel- und Eintagsküken sowie Nagetiere. Grüne Baumpythons sind heikle Fresser.

Geschlechtsunterschiede

Die Männchen haben größere Sporne als die Weibchen. Beim Sondieren dringt man beim Männchen ca. zehn Schuppen tief ein, beim Weibchen nur zwei Schuppen.

Grüner Baumpython (Chondropython viridis), *Jungtier*

Dunkler Tigerpython (Python molurus bivittatus): *Beim Fressen kann die Luftröhre nach außen gestülpt werden.*

Dieser Dunkle Tigerpython (Python molurus bivittatus) *trägt eine vollständige „Speerspitze" auf dem Kopf.*

Fortpflanzung

Senken Sie ab Oktober die Temperatur acht Wochen lang auf 20–22 °C und reduzieren Sie die Beleuchtungsdauer auf acht bis zehn Stunden pro Tag. Nach dieser Ruhephase gehen Sie langsam auf die Normalwerte zurück. Die Paarung findet zwischen den an einem Ast hängenden Tieren statt.

Eiablage

Das Weibchen legt fünf bis 30 Eier in Torfmoos und bebrütet sie.

Zucht

Das Weibchen legt die Eier nach einer Tragezeit von sechs bis sieben Wochen. Entfernen Sie sie von der Mutter und inkubieren Sie sie bei einer Temperatur von 30 °C und einer hohen rF, ohne dass sie nass werden. Beim Schlüpfen sind die Jungen gelb mit brauner Zeichnung oder rotbraun. Die Jungen färben sich meist nach einem Jahr grün und sind mit zwei Jahren geschlechtsreif.

***PYTHON MOLURUS* (TIGERPYTHON)**

Der Tigerpython ist eine bis 8 m lange, massige Würgeschlange. Der Dunkle Tigerpython, *P. m. bivittatus* (CITES/EU-Anhang A), kommt von China bis Indonesien vor. Die dunkle Zeichnung auf seinem Kopf, hat die Form einer Speerspitze. Tigerpythons, die in Terrarien gehalten werden, gehören fast immer dieser Unterart an. Häufig sind Albinoformen, die „grüne Form" und einige andere Farbvarietäten im Handel erhältlich.

Auch Albino-Tigerpythons sind im Handel erhältlich.

Der Helle Tigerpython, *P. m. molurus* (CITES/EU-Anhang A), aus Indien und Sri Lanka, ist nur selten zu erhalten. Bei dieser hell gefärbten Unterart beginnt die Speerspitze in Höhe der Augenhöhlen. Sie hat keine schwarzen Ränder.

Verbreitungsgebiet

Der Tigerpython bewohnt Savannen und offene Wälder, aber auch feuchte Biotope in Südostasien. Auf den Philippinen kommt er nicht vor.

Haltung

Man braucht ein großes Terrarium (eigentlich von Zimmergröße) mit einem großen, festen und leicht zu reinigendem Wasserbecken. Die meist inaktiven Schlangen baden sehr gerne.

Die Temperatur sollte tagsüber bei 27–30 °C liegen (unter Strahlern bei 35–40 °C) und nachts bei 22–25 °C. Besprühen Sie das Terrarium täglich.

Geschlechtsunterschiede

Die Männchen haben größere Sporne als die Weibchen. Beim Sondieren dringt man beim Männchen zehn bis 15 Schuppen tief ein, beim Weibchen nur drei bis fünf Schuppen.

Fortpflanzung

Die Art ist nicht schwer zu züchten. Von Oktober bis Dezember wird die Temperatur allmählich auf 23 °C gesenkt und dann sechs Wochen lang niedrig gehalten. Füttern Sie weniger und sprühen Sie nicht mehr täglich. Reduzieren Sie die Beleuchtung auf vier Stunden pro Tag.

Während der kühlen Periode sitzen die Tiere getrennt. Bevor sie wieder zusammengeführt werden, muss man sie gut füttern. Dann erfolgt die Paarung. Vier Wochen später stellt das Weibchen die Nahrungsaufnahme ein und zwei bis drei Monate nach der Paarung legt es die Eier ab.

Eiablage

Stellen Sie eine mit feuchtem Torfmoos gefüllte Legekiste bereit. Manchmal werden die Eier in das Wasserbecken gelegt.

Aus 15 bis maximal 100 Eiern schlüpfen die Jungen bei einer Temperatur von 30–32 °C im Brutapparat nach 60–75 Tagen.

Zucht

Die 45–60 cm langen Jungschlangen fressen nach der ersten Häutung bereits erwachsene Mäuse. Sie sind manchmal mit zwei Jahren schon 2,5–3 m lang, 20 kg schwer und geschlechtsreif.

Königspython (Python regius)

Umgang

Im Gegensatz zum Netzpython, *P. reticulatus* (bis 9 m), und zum Felsenpython, *P. sebae* (bis 7 m), ist der Tigerpython nicht aggressiv. Sie sollten jedoch im Umgang mit Riesenschlangen stets vorsichtig sein.

PYTHON REGIUS (KÖNIGSPYTHON)

Schutzstatus: CITES/EU-Anhang B.

Dank seines friedfertigen Charakters, seiner geringen Größe, der schönen Farben und des niedrigen Preises für Wildfänge ist der Königspython bei Terrarianern sehr beliebt.

Kaufen Sie jedoch, zumindest als Anfänger, keine Wildfänge, denn sie sind als Futterverweigerer, Parasitenträger und als sehr stressanfällige Schlangen bekannt.

Beschreibung

Der Königspython wird 1,5–2 m lang. Bei Gefahr versteckt er seinen Kopf zwischen den Körperwindungen und bildest so eine perfekte Kugel. In Terrarien legt er dieses Verhalten rasch ab.

Verbreitungsgebiet

Diese Art lebt in tropischen Regenwäldern und auf trockeneren Grasflächen in West- und Mittelafrika. Königspythons jagen passiv am Boden und auf Bäumen.

Königspython (Python regius): *Die Öffnungen der Wärmesinneszellen an der Oberlippe sind deutlich sichtbar.*

Haltung

Halten sie *P. regius* in einem hohen Terrarium mit den Mindestmaßen 120 x 60 x 60 cm, das Sie mit dicken gegabelten Kletterästen ausstatten. Königspythons brauchen außerdem Verstecke mit einer Öffnung an der Oberseite.

Tagsüber sollte die Temperatur 28–30 °C (unter Strahlern 32–35 °C) betragen und nachts 20–25 °C (mit Bodenheizung). Erwärmen Sie den Wasserteil auf 25 °C.

Die rF sollte bei 75–80 % liegen. Besprühen Sie das Terrarium dreimal pro Woche.

Futter

Wildfänge sind dafür bekannt, dass sie das Futter verweigern. Königspythons zeigen oft eine Vorliebe für ein bestimmtes Nagetier, zum Beispiel für Wüstenratten.

Prinzipiell ist die Schlange dämmerungsaktiv, sie kann aber auch tagsüber Beute fangen. Gut angepasste Tiere fressen von Oktober bis April wenig bis nichts. Halten Sie die Schlangen in dieser Zeit nachts etwas kühler und etwas trockener als gewöhnlich.

Geschlechtsunterschiede

Beim Sondieren dringt man beim Männchen zehn Schuppen tief ein, beim Weibchen nur drei Schuppen.

Fortpflanzung

Die Zucht ist mit harmonierenden Elterntieren unter Einschaltung einer Phase mit kühlen Nächten möglich. Die Tiere kopulieren während der kühlen Periode. Erhöhen Sie einen Monat nach der Paarung Temperatur und Luftfeuchtigkeit.

Eiablage

Die Legekiste wird mit feuchtem abgekochtem Torf gefüllt, auf dem sich eine Schicht Watte befindet. Etwa vier Monate nach der Paarung legt das Weibchen sechs bis zehn Eier. Bei einer Temperatur von 30 °C schlüpfen die Jungen zwei bis drei Monaten später.

Zucht

Beim Schlüpfen sind die Jungen 40–45 cm lang. Nach drei Jahren, wenn die Tiere 1 m messen, erlangen sie die Geschlechtsreife.

Elaphe taeniura *(CITES /EU-Anhang D) aus Südostasien*

Umgang

Königspythons beißen normalerweise nicht und sind sehr ruhig. Nehmen Sie die Tiere, zumindest am Anfang, möglichst selten in die Hand. Diese Art ist nicht sehr stressanfällig. Nach dem Füttern lässt man die Schlange grundsätzlich in Ruhe, damit sie die Beute nicht erbricht.

Die Familie Colubridae (Nattern)

Mit zwei Dritteln aller bekannten Arten (in 185 Gattungen und 14 Unterfamilien) ist dies die größte und vielfältigste Familie. Sie kommt mit Ausnahme der Polarregionen auf der ganzen Erde vor.

Colubridae haben kurze Zähne; die Toxine der meisten giftigen Arten sind für den Menschen ungefährlich. Die Unterfamilie Colubrinae umfasst die bekanntesten Gattungen: *Coluber, Elaphe, Lampropeltis, Opheodrys, Pituophis* und *Lamprophis*. Die Gattungen *Natrix, Nerodia* und *Thamnophis* gehören zu den Natricinae (Wassernattern).

DIE GATTUNG *ELAPHE* (KLETTERNATTERN)

Die Gattung *Elaphe* besteht aus 60 Arten kräftiger Schlangen, die unterschiedliche Biotope (unter anderem Wälder) in Nordamerika, Asien und Europa bewohnen. Vor allem viele nordamerikanische Spezies eignen sich auch für Anfänger.

Die Ringelnatter (Natrix natrix) *ist gesetzlich geschützt.*

Gemeine Kornnatter (Elaphe guttata guttata)

Elaphe guttata guttata *'missing black'*

Die hier genannten amerikanischen *Elaphe*-Arten gehören inzwischen zur Gattung *Pantherophis.*

Beschreibung und Verbreitungsgebiet

Kletternattern sind variabel gefärbte, relativ schlanke, lange Schlangen mit deutlich abgesetztem Kopf, einem geteilten Analschild und kleinen Zähnen. Die hier beschriebenen Arten sind meist nicht oder kaum aggressiv und wenig anfällig für Stress.

Die Gemeine Kornnatter, *Elaphe guttata guttata,* ist sehr beliebt. Diese 1,5–1,8 m lange Schlange ist lebhaft rot, orange, braun und schwarz gefärbt. Die Bauchseite überzieht ein Schachbrettmuster. Diese Kornnatter lebt im Süden und Westen der Vereinigten Staaten und in Nordmexiko vor allem in Nadelwäldern. Es gibt viele Farbvarianten wie 'missing black', 'albino', 'red albino' und 'Miami face'.

Die Gelbe Erdnatter, *Elaphe obsoleta quadrivittata,* aus den nordostamerikanischen Wäldern, wird 1,7–2 m lang. Mit vier braungelben Streifen auf gelbem Untergrund ähnelt sie der Vierstreifennatter, *E. quatuorlineata,* aus Südeuropa.

Die Graue Erdnatter, *Elaphe obsoleta spiloides,* bewohnt wenig bewaldete Gebiete im Osten der Vereinigten Staaten. Sie ist grau mit graubraunen Flecken und wird 2–2,5 m lang. Sie klettert gut.

Die Amarnatter, *Elaphe schrencki schrencki,* bewohnt Wälder in Nordost-China, Korea und im Osten der ehemaligen UdSSR. Die tiefschwarze (manchmal dunkelbraune) Schlange mit gelben, grauen oder weißen unscharfen Binden wird bis 1,8 m lang. Diese Unterart ähnelt *Lampropeltis getulus getulus.*

Gelbe Erdnatter (Elaphe obsoleta quadrivittata)

Haltung

Ein Trio braucht ein relativ trockenes Becken mit den Mindestmaßen 100 x 40 x 40 cm und eine große Wasserschale.

Die Temperatur sollte bei 25–30 °C liegen, unter Strahlern bei 35–40 °C. Halten Sie *E. schrencki* kühler.

Klettergelegenheiten werden zwar selten genutzt, sollten aber dennoch zur Verfügung stehen.

Futter

Nagetiere, ab und zu kleine Vögel. In der Natur verzehren Kletternattern manchmal auch Eier, Eidechsen und Amphibien.

Geschlechtsunterschiede

Die Männchen haben eine dickere Schwanzwurzel als die Weibchen. Beim Sondieren dringt man beim Männchen vier bis sechs Schuppen tief ein, beim Weibchen nur ein bis zwei Schuppen.

Fortpflanzung

Ab Mitte Oktober wird das Füttern eingestellt. Der Winterschlaf dauert bei einer Temperatur von 10 °C zwei bis drei Monate. Von März bis Juni paaren sich die Tiere. Füttern Sie dann reichlich.

Graue Erdnatter (Elaphe obsoleta spiloides)

Diese Elaphe schrencki schrencki *vertauscht ihre graubraune Jugendzeichnung mit der dunkleren Zeichnung der erwachsenen Tiere.*

Eiablage

Die fünf bis 30 Eier werden vier bis neun Wochen nach der Paarung gelegt. Deshalb stellt man Anfang April eine Eiablagekiste auf, die mit mäßig feuchtem Torf, Walderde oder Torfmoos gefüllt ist. Suchen Sie ab April bis Juni regelmäßig nach Eiern. Kurz nach einer Häutung suchen Sie täglich. Manchmal folgt ein zweites Gelege.

Inkubation

Von Mitte Juni bis September legt das Weibchen bei einer Temperatur von 25–30 °C und einer rF von 70–90 % nach 55–70 Tagen die Eier.

Lampropeltis getulus holbrooki

Kalifornische Kettennatter (Lampropeltis getulus californiae)

Kettennatter (Lampropeltis getulus nigritus)

E. schrencki hält die Eier manchmal noch einen Monat im Körper zurück, bevor sie sie ablegt. Die Art ist nicht eilebend gebärend, die Inkubationszeit entsprechend kürzer.

Zucht

Die 25–40 cm langen Jungen der beschriebenen Arten fressen meist als erste Nahrung Mäuse, die einen Tag alt sind. Verfüttern Sie Fleischstreifen von Hühnchen, Tauben oder Hühnerherzen, die Sie mit Vitaminen und Kalk anreichern.

Die Farbe der Jungtiere weicht von jener der Eltern ab. Junge Gelbe Erdnattern gleichen jungen Grauen Erdnattern. Sie sind mit zwei bis drei Jahren geschlechtsreif.

DIE GATTUNG *LAMPROPELTIS* (KÖNIGSNATTERN)

Die sieben Arten und zahlreichen Unterarten der Gattung *Lampropeltis* müssen einzeln gehalten werden, da auch andere Schlangen (selbst Artgenossen) auf ihrem Speiseplan stehen. Bis auf *L. getulus* und *L. calligaster* werden die *Lampropeltis*-Arten in Zukunft zur Gattung *Oseola* gerechnet.

Beschreibung

Königsnattern sind robuste Schlangen mit einem mäßig abgesetzten Kopf, einem runden Körper und einer ungeteilten Analschuppe. Die variable Färbung und die vielen Unterarten führen zu Verwir-

Mexikanische Königsnatter (Lampropeltis mexicana alterna), *Jungtier*

rung bei der taxonomischen Einteilung. Viele Arten tragen Querbänder.

Die Kettennatter, *Lampropeltis getulus,* wird bis 2 m lang. Die sieben Unterarten *(L. g. californiae, floridana, getulus, holbrooki, nigritus, niger* und *splendida)* sind schwarz oder braun gefärbt mit weißen oder gelben Streifen oder Tüpfeln. Vor allem bei *L. g. californiae* kann die Zeichnung variieren, auch innerhalb eines Geleges: gelbe oder weiße Längs- oder Querstreifen auf schwarzem oder braunem Untergrund. Der kettenartigen Zeichnung verdanken die Tiere ihren Namen.

L. mexicana variiert in verschiedenen Farbzeichnungen, zeigt aber hauptsächlich orangerote Bänder, denen auf gräulicher Grundfarbe ein je schwarzer und weißer Saum folgt. Diese Spezies lebt noch versteckter als die anderen Arten. Es gibt vier Unterarten, wobei *L. m. alterna* manchmal als eigene Spezies betrachtet wird.

L. pyromelana, L. triangulum und *L. zonata* imitieren die giftigen rot-gelb-schwarz-gelb-rot gebänderte Korallenschlangen *(Micrurus* spp. und *Micruroides* spp.). Von der Falschen Kornschlange, *L. triangulum,* gibt es viele Unterarten; sie wird 1,5–1,8 m lang.

Verbreitungsgebiet

Diese bodenbewohnende Gattung kommt von Süd-Kanada bis ins nördliche Südamerika, vor allem aber in den Vereinigten Staaten und Mexiko vor. Die eigentlich dämmerungs- und tagaktiven Tiere sind im warmen Sommer nachtaktiv.

Haltung

Setzen Sie Königsnattern wegen ihres kannibalischen Verhaltens einzeln. Die Haltung in der Gruppe kann gut gehen, wenn man reichlich füttert. Halten Sie die Terrarien trocken. Die Temperatur sollte tagsüber bei 25–30 °C liegen (unter Strahlern bei 40 °C), nachts bei 15–20 °C. Die Tiere brauchen Verstecke und ein Wasserbecken zum Baden.

Futter

Königsnattern fressen Schlangen, Echsen, Fische und Kleinsäuger. Verfüttern Sie während und nach der Paarungszeit so viele Beutetiere, wie die Schlangen aufnehmen können.

Geschlechtsunterschiede

Beim Sondieren dringt man beim Männchen sieben bis zehn Schuppen tief ein, beim Weibchen nur ein bis zwei Schuppen.

Fortpflanzung

Setzen Sie das Männchen in der letzten Woche der vier- bis sechswöchigen Winterruhe zum Weibchen. Die Paarung (März bis Juni) erfolgt nach einer Temperaturerhöhung und dauert 24 Stunden.

Eiablage

Königsnattern legen bis zu zweimal jährlich von Mai bis Mitte August fünf bis 25 längliche Eier. Es kommt vor, dass die Schlangen die gerade gelegten Eier eines anderen Muttertiers auffressen. Halten Sie deshalb die Weibchen vor der Eiablage getrennt. Bei einer Temperatur von 26–30 °C schlüpfen die Jungen nach 60–75 Tagen.

Zucht

Ziehen Sie die 20–30 cm langen Jungen wie junge *Elaphe*-Arten auf.

Verteidigung

Einige *Lampropeltis*-Arten sondern Kot ab, wenn man sie in die Hand nimmt.

DIE GATTUNG *NERODIA*

Die Amerikanische Wasserschlange ernährt sich von Fisch, ist eilebend gebärend und etwas dicker als die Strumpfbandnatter.

Lampropeltis triangulum sinaloae

Diese Jungtiere von Lampropeltis getulus californiae *stammen aus einem Gelege, tragen jedoch jeweils eine andere Zeichnung.*

Raue Grasnatter (Opheodrys aestivus)

Raue Grasnatter (Opheodrys aestivus)

Thamnophis proximus *frisst einen Schwanzlurch*

Opheodrys-*Eier im Alter von einem Monat*

Die Südliche Schwimmnatter *(Nerodia fasciata)* ist bei Terrarianern sehr beliebt. Sie wird 90 cm bis 1,5 m lang und braucht ein relativ trockenes Terrarium mit einer robusten Wasserschale.

Die Tagestemperatur sollte bei 20–25 °C liegen, unter Strahlern etwas höher.

OPHEODRYS AESTIVUS (RAUE GRASNATTER)

Opheodrys aestivus ist eine 80 cm bis 1 m lange, schlanke, grasgrüne, tagaktive Schlange. Die Lippen sind weiß, der Schwanz ist lang und die Analschuppe ist geteilt. Diese Art hat gekielte Schuppen und fühlt sich rau an.

Die Glatte Grasnatter, *O. vernalis,* aus dem südöstlichen Kanada und dem Nordosten der Vereinigten Staaten hat glatte Schuppen und wird bis 60 cm lang.

Verbreitungsgebiet

Diese Schlange lebt in Sträuchern und auf Wiesen in dicht bewachsenen (halb)feuchten Biotopen vom Südosten der Vereinigten Staaten bis zum Nordosten von Mexiko.

Haltung

Ein Trio braucht ein mindestens 40 x 40 x 80 cm großes gut bepflanztes Terrarium mit einem großen Wasserteil. Die Temperatur sollte tagsüber bei 24–25 °C liegen (unter Strahlern bei 30 °C) und nachts bei 20 °C. Die rF sollte 70–80 % betragen. Besprühen Sie das Terrarium zweimal täglich leicht. Stellen Sie eine Kiste mit mäßig feuchtem Torfmull auf, über dem eine Moosschicht liegt.

Futter

Heuschrecken, Grillen, Raupen und Spinnen. Verfüttern Sie auch andere Insektenarten, wenn die Schlange das Futter verweigert. Grasnattern fressen manchmal auch Echsen oder Amphibien.

Fortpflanzung

Diese Schlange wird äußerst selten erfolgreich nachgezüchtet. Gewähren Sie den Tieren eine Winterruhe von zwei bis vier Monaten bei einer Temperatur von 10–15 °C. Sie paaren sich vor allem im Frühjahr. Die drei bis 19 Eier werden in feuchten Torf gelegt, sind 3 cm lang und werden nach 55–75 Tagen abgelegt. Die 12–15 cm langen Jungen sind graugrün und mit ein bis zwei Jahren geschlechtsreif.

Chancen für eine erfolgreiche Haltung

Die Schlange hat den Ruf, dass sie schlecht zu halten ist. Die Tiere wurden in der Vergangenheit oft lange bei verschiedenen Zwischenhändlern gehalten. Stress und ein schlechter Gesundheitszustand führten sofort oder Wochen später bei einem Hobbyterrarianer zum Tod. Wenn die Tiere nicht zu oft „zwischengelagert" werden, können sie überleben.

DIE GATTUNG *THAMNOPHIS* (STRUMPFBANDNATTERN)

Diese Gattung umfasst ca. 20 Arten und ist bei Anfängern beliebt.

Gemeine Strumpfbandnatter (Thamnophis sirtalis sirtalis)

Beschreibung und Verbreitungsgebiet

Strumpfbandnattern kommen in unterschiedlichen Biotopen in Wassernähe (und häufig auch in der Nähe von Menschen) von Kanada bis ins nördliche Südamerika vor.

Diese schwarzen oder grünen Schlangen tragen meist drei helle Längsstreifen (Strumpfbänder), einige Arten zeigen ein Fleckenmuster. Das Analschild ist, im Gegensatz zur Gattung *Natrix* (Kielrückennattern) ungeteilt.

T. proximus hat sechs Unterarten. Sie kommen von den Vereinigten Staaten bis nach Costa Rica vor und werden 80 cm bis 1,2 m lang. Der Schwanz nimmt ein Viertel bis ein Drittel der Gesamt-Körper-Länge ein. Acht Lippenschuppen (Labialia) befinden sich am Oberkiefer. Die drei hellen Längsstreifen kontrastieren mit der dunklen Grundfarbe. Der Seitenstreifen verläuft auf der dritten und vierten Schuppe (von den Bauchschuppen nach oben gezählt). Auf dem Kopf liegen nebeneinander zwei ovale Punkte. *T. proximus* wurde früher als Unterart von *T. sauritus* betrachtet, der sie stark ähnelt. Letztere hat einen braunen Streifen auf den Rändern der Rückenschuppen; die Punkte auf dem Kopf fehlen.

Die Gemeine Strumpfbandnatter, *T. sirtalis,* hat 12 Unterarten im südlichen Kanada, in den Vereinigten Staaten und in Mexiko. Die maximal 1,3 m lange Art hat eine variable Färbung, die Längsstreifen kontrastieren deutlich mit dem Rest des Rückens. Die Seitenstreifen verlaufen auf der zweiten und dritten Schuppe. Zwischen den Streifen sind rote Punkte oder schwarze Flecken zu erkennen. Die Art hat am Oberkiefer sieben Lippenschuppen.

T. sirtalis infernalis aus den kalifornischen Küstengebieten zeigt eine Reihe roter Flecken auf den Flanken. Der Kopf hat eine rote Oberseite.

T. sirtalis parietalis aus Süd-Kanada ist zwischen den Rücken- und Seitenstreifen rotschwarz gewürfelt; die Kopfoberseite ist olivgrün.

T. sirtalis similis aus Nord-Florida hat einen gelben oder gelbbraunen Rückenstreifen und blauweiße Seitenstreifen. Die Rückseite ist grünlich mit einer doppelten Reihe dunkler Flecken.

Gemeine Strumpfbandnatter (Thamnophis sirtalis sirtalis)

T. sirtalis sirtalis hat gelbe Streifen und ist seitlich grünbraun mit einer doppelten Reihe schwarzer Flecken. Die Fäbung variiert, manchmal ist der Rücken rot. Diese Unterart kommt vom Osten der Vereinigten Staaten bis Iowa und Missouri vor.

Haltung

Diese aktiven semiaquatischen Schlangen brauchen ein gut belüftetes Terrarium mit den Mindestmaßen 100 x 40 x 40 cm. Vermeiden Sie Zugluft. Die Temperatur sollte tagsüber bei 20–27 °C liegen (unter Strahlern bei 35 °C), nachts bei 18–20 °C. An warmen Sommertagen kann die Temperatur so weit ansteigen, dass man die Lampen ausschalten muss. Die Tiere brauchen einen trockenen Platz, zum Beispiel über einer Bodenheizung).

Ein hygienischer Boden (Fußbodenbelag) verhindert, dass das Terrarium feucht wird. Blumenerde fördert Blut saugende Milben; Strumpfbandnattern sind hierfür anfällig. In trockenen Terrarien empfiehlt sich eine Mischung aus Walderde und Flusssand. Die Wasserschale muss groß genug sein, braucht aber nicht erwärmt zu werden. Ihr Rand muss mindestens 5 cm über dem Wasser und dem Bodensubstrat herausragen, sodass das Terrarium nicht zu feucht wird und das Wasser nicht verschmutzt werden kann.

Viele Äste dienen als Klettermöglichkeiten; auch Verstecke müssen vorhanden sein. Die Schlangen brauchen Ruhe.

Thamnophis sirtalis parietalis

Thamnophis proximus

Futter

Verfüttern Sie zweimal wöchentlich lebende Fische, Fischfilet und Regenwürmer. Manchmal fressen Strumpfbandnattern auch nestjunge Mäuse oder Rindfleisch. Achten Sie darauf, dass Sie die Tiere nicht überfüttern. In der Natur erbeuten Strumpfbandnattern überdies Frösche und manchmal auch Skinke, Eidechsen und Krebsartige.

Erhitzen Sie tote Fische auf 80 °C, um das Thiamin zu zerstören. Vitamin-B_1-Mangel führt zu Nervenstörungen, die sich unter anderem in merkwürdigen Schlängelbewegungen zeigen. Bestäuben Sie den Fisch mit einem Vitaminpräparat, das Vitamin B_1 enthält. In Forelle, Hering, Kabeljau, Makrele, Schellfisch, Hecht, Stockfisch und Weißling ist kein Thiamin vorhanden.

Schlangen fangen lebende Fische, indem sie aus hängender Position in das Wasser stoßen oder mit geöffneter Schnauze schnell durch das Wasser schwimmen. Die Beute wird oft bei lebendigem Leib verzehrt.

Geschlechtsunterschiede

Die Männchen haben eine verdickte Schwanzwurzel, einen längeren Schwanz, einen schmaleren, weniger abgeflachten Kopf und sind dünner sowie oft wesentlich kleiner als die Weibchen. Beim Sondieren dringt man beim Männchen vier bis sechs Schuppen tief ein, beim Weibchen nur ein bis zwei Schuppen.

Fortpflanzung

Nach dem Winterschlaf (acht Wochen bei einer Temperatur von 10–15 °C) werden die Tiere sofort zueinander gesetzt. Sie paaren sich meist von März bis Mai, oft unmittelbar nach der ersten, auf den Winterschlaf folgenden Häutung. Eine kleine Gruppe stimuliert zur Paarung, die einige Stunden dauert. Die Weibchen können das Sperma lange aufbewahren.

Eiablage

Alle Arten sind (ei)lebend gebärend. Nach meist zwei bis drei Monaten Tragezeit bringt ein Weibchen fünf bis 30 *(T. proximus)* oder sogar 80 *(T. sirtalis)* Junge zur Welt. Ungefähr eine Woche vor der Geburt stellt das Weibchen die Nahrungsaufnahme ein.

Junge Sumpfschildkröten (hier die Mississippi-Höckerschildkröte, Graptemys kohnii), *gehören zu den meist verkauften Reptilien.*

Schildkrötenmännchen haben einen breiteren und längeren Schwanz als die Weibchen. Bei der Amboina-Scharnierschildkröte (Cuora amboinensis) *ist vor allem die Schwanzwurzel dicker.*

Zucht

Setzen Sie die Jungen in ein eigenes Terrarium, damit sie nicht versehentlich gefressen werden. Füttern Sie die ca. 20 cm langen, sehr schlanken Jungtiere nach einigen Tagen mit Regenwürmern, 2–3 cm großen Fischen oder klein geschnittenem Fischfilet.

Eine halbe Stunde nach dem Füttern einer Gruppe muss man aufpassen, dass die Tiere einander nicht gegenseitig fressen.

Alle Arten wachsen schnell und sind mit eineinhalb bis drei Jahren geschlechtsreif.

Umgang

Diese Ruhe liebenden, oft scheuen Schlangen sollten Sie möglichst wenig anfassen. Wenn man sie zu fest anpackt, können sie zubeißen.

Die Ordnung Testudines (Schildkröten)

Diese Reptilienordnung schützt sich durch einen Rückenpanzer (Carapax) und einen Bauchpanzer (Plastron), die aus Knochenplatten und Hornschilden bestehen. Der ganze Panzer ist Teil des Skeletts, der Rückenpanzer ist fest mit den Rückenwirbeln und den Rippen verbunden.

Echte Weichschildkröten, die Papua-Schildkröte und die Lederschildkröte besitzen anstelle der Hornschilde eine dicke lederartige Haut, die den Knochenpanzer bedeckt.

Alle herausragenden Körperteile können in den Panzer zurückgezogen werden. Der Schultergürtel liegt unter den Rippen, Teile sind im Knochenpanzer integriert.

Der Kiefer ist zahnlos mit kräftigen Schneiden. Diese Kieferschneiden bestehen aus Horn und können scharfkantig (Fleischfresser) oder gesägt (Pflanzenfresser) sein.

Die am häufigsten gehaltenen Schildkröten gehören zur Unterordnung Cryptodira (Halsberger-Schildkröten) mit zehn Familien. Sie können ihren Kopf dank einer s-förmigen Krümmung der Halswirbelsäule vollständig in den Panzer zurückziehen. Die wichtigsten Familien sind Testudinidae (Landschildkröten), Emydidae (Sumpfschildkröten) und Chelydridae (Alligatorschildkröten).
Zur Unterordnung Pleurodira (Halswender-Schildkröten) zählen zwei Familien: Pelomedusidae (Pelomedusen-Schildkröten) und Chelidae (Schlangenhalsschildkröten). Sie können Kopf und Hals nicht (Schlangenhalsschildkröten) oder nur unvollständig (Pelomedusen-Schildkröten) in den Panzer zurückziehen und schmiegen sie deshalb nur seitlich gewendet in die vordere Panzeröffnung.

Verbreitungsgebiet

Die ca. 220 Arten aus 75 Gattungen kommen in den unterschiedlichen Biotopen aller (sub)tropischen und vieler gemäßigten Zonen vor.

Haltung

Der Terrarientyp ist abhängig von der Gattung und wird dort behandelt. Alle Schildkröten reagieren empfindlich auf Zugluft. Viele Arten, zum Beispiel jene aus den gemäßigten Regionen Nordamerikas, können den Sommer über im Freien gehalten werden. Sie dürfen jedoch nicht zu früh nach draußen gebracht werden.
Schildkröten aus den Vereinigten Staaten, Europa und Nordafrika können das ganze Jahr in einem Kalthaus verbringen.
Wildfänge sind dafür bekannt, dass sie an zahlreichen (Innen-)Parasiten leiden. Oft scheiden sie Amöben *(Entamoeba invadens)* aus. Echsen sterben bei einem derartigen Befall innerhalb weniger Wochen. Deshalb sollten Sie alle Schildkröten zunächst einzeln für sechs Wochen in Quarantäneterrarien setzen, den Kot untersuchen lassen und die Tiere gegebenenfalls behandeln, bevor Sie sie zu anderen Reptilien setzen.
Prophylaktisch können Sie den Neuankömmlingen zehn Tage lang Metronidazol (50–75 mg/kg Körpergewicht) verabreichen.

Köhlerschildkröten (Chelonoidis carbonaria) *bei der Paarung*

Durch regelmäßiges Wiegen können Sie feststellen, ob schon Eier gelegt worden sind.

Geschlechtsunterschiede

Die Geschlechter sind bei erwachsenen Tieren und manchmal bei semiadulten Exemplaren unterscheidbar.

- Bei fast allen Schildkröten haben die Männchen einen dickeren und längeren Schwanz. Außerdem liegt die Kloake näher an der Spitze.
- Bei vielen Sumpfschildkröten haben die Männchen an den Vorderbeinen eine oder mehrere längere Krallen, die beim Paarungsritual eingesetzt werden.
- Bei vielen (Sumpf-)Schildkröten ist der Rückenpanzer der Weibchen höher und weniger eckig gebaut. Beim Männchen ist er hinten oft stärker abgeflacht. Vor allem bei den Landschildkröten haben die Männchen einen konkaven Bauchpanzer, bei den Weibchen ist er flach. Dies sorgt für mehr Halt bei der Paarung.
- Bei vielen Arten sind die erwachsenen Weibchen größer und schwerer als die Männchen, die manchmal einen größeren Kopf haben.
- Die Geschlechter unterscheiden sich manchmal in Farbe und Struktur des Rückenpanzers.

Fortpflanzung

Ein Winterschlaf ist für Schildkröten aus Gebieten mit einer kühlen Jahreszeit vorteilhaft, obwohl er zur Fortpflanzung nicht unbedingt notwendig ist. Tropische Arten kennen trockene und feuchte Zeiten und werden zur Paarung stimuliert, wenn man

Halten Sie kranke oder verletzte Sumpfschildkröten getrennt.

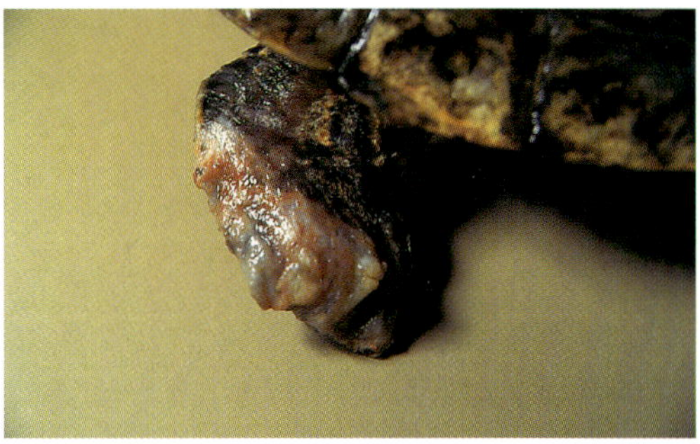

solche saisonalen Abweichungen simuliert. Sie paaren sich nach einer oft lange dauernden Balz.

Eiablage

Kurz vor der Eiablage werden die Weibchen unruhig und beginnen zu graben. Eine schnelle deutliche Gewichtszunahme (regelmäßig wiegen) weist auf Trächtigkeit hin.

Alle Schildkröten legen ihre Eier in mäßig feuchtes Substrat. Fast immer verhärtet sich die Eischale.

Zucht

Die Bruttemperatur (22–32 °C bei Arten aus gemäßigten Gebieten) bestimmt bei vielen Reptilien das Geschlecht. Bei Schildkröten entwickeln sich bei niedrigeren Temperaturen meist mehr Männchen, bei höheren mehr Weibchen.

Junge Schildkröten werden abwechslungsreich gefüttert. Vitamin- und Mineralstoffpräparate sind unerlässlich.

Kleine Arten sind mit ca. fünf Jahren, größere mit zehn Jahren geschlechtsreif.

Krankheiten

Lesen Sie zunächst die Angaben auf S. 193–197.

- Der Panzer ist normalerweise hart und unbeschädigt. Bei einem Mangel an Kalzium- oder Vitamin D_3 wird der Panzer weich und deformiert. Eine Ausnahme bilden die Echten Weichschildkröten (Familie Trionychidae).
- Beim Laufen muss eine Schildkröte ihren Bauchpanzer vom Boden abheben. Andernfalls hat sie schwache oder krumme Beine.
- Die meisten Schildkröten ziehen die Kopf und Gliedmaßen in den Panzer zurück, wenn man sie stört. Beim Versuch, die Beine aus dem Panzer zu ziehen (nicht zu wörtlich nehmen), müssen die Tiere Widerstand leisten. Sumpfschildkröten versuchen zu fliehen und zappeln, wenn man sie hochhebt. Eine auf dem Rücken liegende Schildkröte muss versuchen sich umzudrehen.
- Kontrollieren Sie vor allem bei Wildfängen die Hautfalten (Achseln beziehungsweise Leisten) auf Außenparasiten (Milben) und lassen Sie den Kot der Tiere untersuchen (Flagellaten, Würmer).

Die obere Schildkröte leidet an Vitamin-D_3-Mangel oder an Kalziummangel; ihr Panzer weist Beulen auf.

Schnappschildkröte (Chelydra serpentina)

- Schildkröten mit Schimmelpilzbefall werden, nachdem man die infizierten Stellen gesäubert hat, eine Stunde lang in einer Kaliumpermanganat- (1 g/100 ml Wasser) oder Kochsalzlösung (10 g/l Wasser) gebadet.
- Vor allem bei Landschildkröten darf der Kot nicht dünnflüssig sein.
- Schildkröten mit einem „Papageienschnabel" wird hartes Futter verabreicht; die Schnauze wird sorgfältig abgefeilt.
- Landschildkröten mit trockener, sich ablösender Haut an Beinen und Hals haben vermutlich einen Überschuss an Vitamin A zu verzeichnen. Auf Dauer können sogar offene Wunden entstehen. Solche Tiere erhalten eine Vitamin-A-arme Diät, die Wunden werden sachgemäß behandelt.

Halten Sie kranke und verletzte Sumpfschildkröten einzeln, weil sonst die Gefahr besteht, dass sie angefressen werden.

Umgang

Wenn man Sumpfschildkröten seitlich anfasst, kann das so lange gut gehen, bis das Tier dank seines unerwartet langen Halses zubeißt, kratzt oder sich mit den kräftigen Beinen befreit und auf den Boden fällt. Halten Sie Sumpfschildkröten an der Rückseite des Panzers fest.

Eine große Schnappschildkröte *(Chelydra serpentina)* und die Geierschildkröte *(Macroclemys temminckii)* können so kräftig zubeißen, dass sogar ein Finger abgetrennt werden kann. Sie werden an den Hinterbeinen oder am Schwanz emporgehoben, wobei die Bauchseite zum Träger zeigt.

Landschildkröten sind meist wesentlich friedlicher und können an beiden Seiten des Panzers festgehalten werden.

Wenn man Medizin verabreichen möchte, ist es oft nicht einfach, den Kopf zu fassen. Dies sollte eine erfahrene Person versuchen. Sie wird abwarten, bis die Schildkröte ihren Kopf herausstreckt und diesen blitzschnell fassen. Wenn man die Hinterbeine in den Panzer drückt, kommt meist nach einiger Zeit der Kopf zum Vorschein. Der Kopf bissiger Schildkröten kann nach außen gezogen werden, wenn man sie in ein Tuch beißen lässt. Zieht man die Vorderbeine seitwärts, kann man den Kopf, even-

Zimmerterrarium mit Testudo horsfieldii

Griechische Landschildkröte (Testudo hermanni)

tuell mit einem l-förmigen Haken unter dem Oberkiefer packen. Bei Dosenschildkröten muss man viel Geduld haben und blitzschnell sein, um den Kopf zu fassen.
Zum Öffnen der Schnauze können Sie einen Holzspatel zwischen die Kiefer klemmen und vertikal drehen. Während Sie den Kiefer offen halten, kann eine zweite Person eine mit Gleitmittel bestrichene Sonde in den Schlund einführen, bis sie Widerstand fühlt. Stecken Sie die Sonde nicht in die Luftröhre, sie befindet sich hinten an der Zungenbasis. Halten Sie die Schildkröte nach dem Verabreichen von Flüssigkeit noch etwas vertikal.

Verpacken

Schildkröten werden in zugfreien stabilen Kisten verpackt. Halten Sie die Tiere warm.

Die Familie Testudinidae (Landschildkröten)

Schutzstatus: *T. graeca, T. hermanni, T. kleinmanni* und *T. marginata* CITES/EU-Anhang A; alle übrigen Arten CITES/EU-Anhang B.

Beschreibung

Landschildkröten haben einen hoch gewölbten, stark verknöcherten Panzer, der nur selten mit Gelenken ausgestattet ist. Die Zehen sitzen an runden, säulenförmigen Beinen. Zehen und Finger sind bis auf die oft nur kurzen Krallen verwachsen. Viele Landschildkröten werden 50–100 Jahre alt.

Verbreitungsgebiet

Landschildkröten kommen hauptsächlich in Afrika, aber auch in Europa, Amerika und Asien vor.

Haltung

In einem möglichst großen Terrarium werden Verstecke aus Steinen und Holz angeboten. Seien Sie sparsam mit Pflanzen, sie werden gerne angefressen! Tagsüber wird mit Wärmestrahlern und UV-Lampen genügend Wärme erzeugt. Die Lufttemperatur sollte höher sein als die des Bodens. Einige Arten wie *Testudo hermanni* können den Sommer über in einem Außenterrarium gehalten werden.
Man kann Landschildkröten einmal wöchentlich 30 Minuten in einem Becken mit lauwarmem Wasser baden und putzen (nicht *A. horsfieldii;* keinesfalls mit Seife!).

Futter

Verfüttern Sie zwei- bis dreimal wöchentlich überwiegend Pflanzenkost. Reichen Sie erwachsenen Tieren maximal 15 % tierische Nahrung (Regenwürmer, Schnecken), junge Tiere erhalten etwas mehr (maximal 30 %). Sehr junge Tiere brauchen viel Kalk und Vitamin D_3. Bieten Sie möglichst abwechslungsreiche Kost an.

Fortpflanzung

Die Männchen balzen, indem sie mit dem Kopf nicken und Geräusche von sich geben. Die Weibchen können Sperma speichern und damit noch nach vier Jahren Eier befruchten.

Zucht

Im Aufzuchtterrarium herrschen grundsätzlich die gleichen Bedingungen wie im Terrarium der Eltern, nur junge europäische Arten werden einige Grad kühler gehalten. Die Hälfte des Bodens wird befeuchtet, um Missbildungen des Panzers zu vermeiden. Stellen Sie ein flaches Wasserbecken bereit und sprühen Sie täglich.
Die Jungen fressen einige Tage nach dem Schlüpfen klein geschnittene Blätter und weiches Obst. Sie brauchen 15–30 % tierische Nahrung.
Nur der erste Winterschlaf kann übergangen werden. Lassen Sie junge Schildkröten nicht zu schnell wachsen, da sonst der Panzer keine schön abgerundet Form annimmt. Die Tiere sind mit fünf bis zehn Jahren geschlechtsreif.

Umgang

Landschildkröten beißen selten und sind meist friedfertig. Sie können an den Seiten festgehalten werden. Sie dürfen sich nicht freistrampeln und dann herunterfallen.

AGRIONEMYS HORSFIELDII (VIERZEHEN-LANDSCHILDKRÖTE)

Synonym: *Testudo horsfieldii*
Schutzstatus: CITES/EU-Anhang B.
Relativ kleine häufig gehaltene Landschildkröte.

Beschreibung

Die Weibchen werden bis 20 cm, die Männchen bis 16 cm groß. Ihr sandfarbener Rückenpanzer mit dunklen Flecken ist oval und abgeflacht. Diese Art trägt einen Endnagel an der Schwanzspitze. Vierzehen-Landschildkröten haben als einzige Landschildkröten nur vier Krallen an jedem Bein. Sie graben tiefe Gänge.

Verbreitungsgebiet

Diese Art bewohnt sandige oder lehmige Steppen in Südwest- und Zentralasien (Afghanistan, Iran, Pakistan, ehemalige UdSSR) und ist dort von April bis Mitte September aktiv. In sehr trockenen Gebieten halten die Tiere eine Sommerruhe.

Haltung

Legen Sie ein Steppenterrarium mit mindestens 2 m^2 Grundfläche und Sand oder Lehmsand als Substrat an. Die Tagestemperatur sollte 25–35 °C betragen, unter Strahlern 40–45 °C.

Die Männchen verhalten sich anderen Schildkrötenarten gegenüber sehr aggressiv, auch wenn diese dreimal so groß sind wie sie selbst.

Futter

A. horsfieldii verzehrt hauptsächlich Pflanzenkost.

Geschlechtsunterschiede

Die Männchen haben einen dickeren, längeren Schwanz als die Weibchen.

Fortpflanzung

Winterschlaf: siehe *Testudo hermanni*. In der Natur paaren sich die Tiere im August und September und legen im Mai und Juni die Eier. Im Terrarium kopulieren sie oft schon im zeitigen Frühjahr und legen zehn Wochen später die Eier.

Vor der Paarung nickt das Männchen mit dem Kopf, läuft um das Weibchen und beißt es. Wenn das Weibchen stehen bleibt, beginnt die Paarung.

Agrionemys horsfieldii; *das dunklere Männchen nickt mit dem Kopf und läuft vor der Paarung um das Weibchen herum.*

Vierzehen-Landschildkröte in der Eiablagekiste

Köhlerschildkröte (Chelonoidis carbonaria)

Eiablage

Das Weibchen gräbt in lockerem sandigem Substrat eine Grube und legt zwei bis drei ovale Eier hinein. Bei einer Temperatur von 30–32 °C schlüpfen die Jungen nach 65–70 Tagen, bei niedrigeren Werten erst nach 80–100 Tagen.

CHELONOIDIS CARBONARIA (KÖHLERSCHILDKRÖTE)

Früher: *Testudo* oder *Geochelone carbonaria*

Schutzstatus: CITES/EU-Anhang B.

Beschreibung

Diese Art hat einen schwarzen Rückenpanzer (30–50 cm) mit hell gefleckten Hornplatten. Die nördliche Form trägt auf Gliedmaßen und Kopf gelbe bis gelbrote Schuppen, die südliche Form nur rote Flecken.

Verbreitungsgebiet

Köhlerschildkröten leben in Südamerika, von Venezuela bis Nord-Argentinien. Sie bewohnen unterschiedliche Biotope, von Savannen bis zu Randgebieten von Regenwäldern. Beachten Sie bei der Haltung die Herkunft der Schildkröte. Eine schlechte Häutung kann bedeuten, dass das Terrarium zu trocken ist.

Haltung

Das Terrarium sollte eine Grundfläche von 4 m^2 haben. Legen Sie trockene Laubstreu oder Torf auf den Boden. Bieten Sie einen Unterschlupf und Verstecke an. Die Temperatur sollte tagsüber bei 25–30 °C liegen, unter Strahlern bei 45 °C und nachts bei 20–22 °C. Arbeiten Sie mit leistungsstarken UV-Lampen und Wärmestrahlern. Die nördliche Form braucht eine hohe rF (80 % tagsüber, fast 100 % nachts). Installieren Sie einen Wasserfall oder einen Luftbefeuchter und erwärmen Sie das ca. 15 cm hohe Wasserbecken auf 25 °C. Nördliche Köhlerschildkröten meiden grelles Licht.

Diese Schildkröten bauen zur Eiablage eine Nestgrube. Bieten Sie eine 100 x 50 x 50 cm große

Köhlerschildkröten (Chelonoidis carbonaria)

Die Sporne der Maurische n Landschildkröte (Testudo graeca)

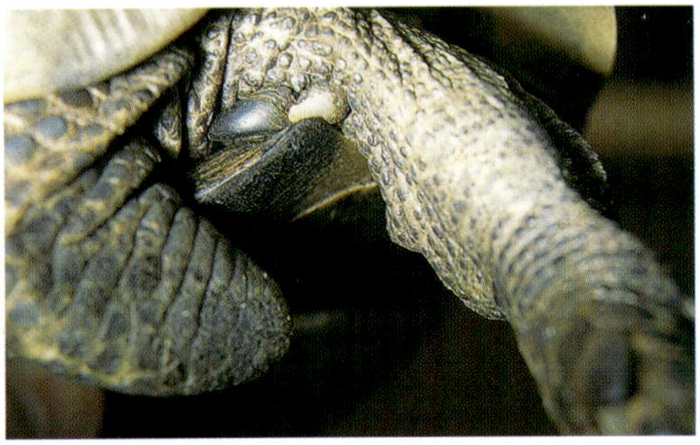

Kiste, die mit Walderde gefüllt ist, für die Eiablage an. Das Weibchen vergräbt die Eier bis 20 cm tief im Boden, den es vorher mit Urin einweicht.

Die Köhlerschildkröte kann mit Grünen Leguanen im gleichen Terrarium gehalten werden.

Futter

Pflanzenkost mit maximal 20 % Obstanteil.

Geschlechtsunterschiede

Die Männchen haben einen konkaven Bauchpanzer und einen längeren, dickeren Schwanz als die Weibchen.

Fortpflanzung

Die nördliche Form paart sich in der Natur von August bis Oktober. In Gefangenschaft hängt dies von den simulierten Jahreszeiten ab. Die Männchen erzeugen bei der Balz auffällige Geräusche.

Eiablage

Die Eiablage wird nicht deutlich durch eine Futterverweigerung der Weibchen angekündigt. Von September bis April legen die Weibchen bis zu drei Gelege mit zwei bis 15 Eiern in eine Nestgrube. Wenn das Weibchen beim Nestgraben gestört wird, kann Legenot entstehen und das Weibchen sterben.

Betten Sie die Eier in einen Teil Sand mit zwei Teilen Gartenerde oder Vermiculit (nur mäßig feucht). Bei einer Temperatur von 28–30 °C schlüpfen die Jungen nach vier bis sechs Monaten.

Zucht

Die Jungen beginnen, je nach der Größe des Dotterrests, nach einigen Tagen zu fressen. Füttern Sie nicht zu eiweißreich. Das Geschlecht der Jungtiere

Schwanzendnagel einer Griechischen Landschildkröte

kann man erst nach sechs Jahren feststellen. Mit sieben bis acht Jahren sind sie geschlechtsreif.

TESTUDO HERMANNI, T. GRAECA UND T. MARGINATA

Schutzstatus: *Testudo hermanni* CITES/EU-Anhang A.

Die Griechische Landschildkröte, *Testudo hermanni,* ist die Landschildkröte, die am häufigsten gehalten wird. Mit ihr wird oft gezüchtet. Sie ist geschützt, da bis 1977 Millionen Griechischer Landschildkröten als Heimtiere eingeführt wurden.

Beschreibung

T. hermanni hat ein zweigeteiltes Schwanzschild und einen Nagel an der Schwanzspitze.

T. h. boettgeri, die am häufigsten gehaltene und gezüchtete Unterart, wird bis 25 cm groß (Weibchen) und hat schwarze Flecken auf dem Bauchpanzer. Der runde Rückenpanzer wird nach hinten deutlich breiter.

T. h. hermanni wird bis 18 cm groß. Sie hat einen ovalen Panzer mit deutlichen Farbunterschieden. Auf dem Bauchpanzer befinden sich zwei schwarze Bänder. Die Mittelnaht zwischen dem dritten Paar Hornschilden ist schmaler als die zwischen dem fünften Paar (bei *T. h. boettgeri* ist es umgekehrt).

Die Maurische Landschildkröte, *T. graeca,* mit drei Unterarten wird bis 30 cm groß. Sie hat meist ein

Bei der Griechischen Landschildkröte ist das Schwanzschild meist zweigeteilt, bei der Maurischen Landschildkröte nicht.

ungeteiltes Schwanzschild, keinen Nagel an der Schwanzspitze und links und rechts von der Schwanzwurzel zwei Sporne (große, harte, verwachsene Schuppen) an den Beinen. Die Sporne sind der einzige auffällige Unterschied. Die Art ist empfindlich gegen Krankheiten und Stress und deshalb für Anfänger nicht empfehlenswert.

Die Breitrandschildkröte, *T. marginata,* wird bis 35 cm groß und ist meist schwarz. Der Hinterrand des Carapax ist weit nach außen gezogen, der Panzer insgesamt markant gestreckt.

Verbreitungsgebiet

Diese Schildkrötenarten bewohnen Steppen und trockene Wälder. Ihr Bestand ist bedroht. Es werden jedoch viele Nachzuchttiere angeboten.

T. hermanni boettgeri kommt vom östlichen Italien bis in die Türkei, im Norden bis Bulgarien und Rumänien vor.

T. hermanni hermanni kommt von Nordost-Spanien bis West-Italien, einschließlich der Inseln vor.

T. graeca bewohnt fast alle Mittelmeerländern bis in den Mittleren Osten.

T. marginata lebt hauptsächlich im südlichen Griechenland und (eingeführt) auf Sardinien.

Haltung

In einem Terrarium mit einer Grundfläche von mindestens 3 m² für ein Pärchen sollte die Temperatur tagsüber 25–30 °C, unter Strahlern 35–40 °C und nachts 15–20 °C betragen. Schaffen Sie, zum Beispiel mit Pflanzen, kühle, schattige Verstecke. Die Wasserschale muss flach sein, aber mindestens den Durchmesser der Schildkröte haben.

Außenterrarium für Schildkröten

Nur Männchen haben einen nach innen gewölbten Bauchpanzer.

Junge Griechische Landschildkröte neben einem Ei

Geben Sie den Tieren ein abwechslungsreiches Substrat (Sand, Gras, Steine, Holz), das Sie an einigen Stellen feucht halten. Erwachsene Tiere brauchen eine Eiablagekiste mit feuchtem Substrat.

Im Sommer ist ein Freilandaufenthalt ideal. Gewöhnen Sie die Tiere allmählich an die Außentemperaturen. Sorgen Sie für viel Sonne und schaffen Sie schattige Stellen. Platzieren Sie an einem warmen Platz eine 60 x 60 cm große Kiste mit lockerem Substrat. Darauf legen Sie eine Schicht Heu. Der Eingang zeigt nach Osten (Morgensonne). Verankern Sie den Zaun um das Terrarium mindestens 50 cm tief im Boden, um zu verhindern, dass die Tiere entwischen. Die oberirdische Abgrenzung sollte mindestens doppelt so hoch sein, wie die Schildkröte lang ist, und eine nach innen überhängende Oberkante haben.

Sichtblenden sorgen dafür, dass sich die Schildkröten nicht ständig sehen müssen (auch wichtig für Innenterrarien).

Futter

Abwechslungsreiche Pflanzenkost.

Geschlechtsunterschiede

Die Männchen bleiben kleiner als die Weibchen; sie haben einen dickeren, größeren Schwanz und einen deutlich konkaven Bauchpanzer.

Fortpflanzung

Die Tiere halten bei einer Temperatur von 5–10 °C drei bis vier Monate lang Winterschlaf. Stellen Sie ihnen eine Kiste mit einer 30 cm tiefen, lockeren Schicht aus Erde, Laub und Sand zur Verfügung, damit sie sich eingraben können. Überwintern Sie die Schildkröten im Keller, in einem Kalthaus oder im Freien in der Kiste. In letzterem Fall müssen sich die Tiere 1 m tief eingraben können. Decken Sie die Oberfläche mit einer dicken Lage Laub oder Heu ab und halten Sie mit einem Gitter Nagetiere fern. Befeuchten Sie ab und zu das Substrat.

Landschildkröten paaren sich in der Natur im September und Oktober, in Terrarien auch im Sommer. Die Männchen können dabei kämpfen.

Eiablage

Zwei- bis dreimal jährlich werden ein bis 12 Eier von April bis Ende Juli in lockeres sandiges Substrat gelegt. Bei einer Temperatur von 28 °C schlüpfen nach 60–65 Tagen mehr Männchen, bei 32 °C nach 55–60 Tagen vor allem Weibchen.
Jungtiere dürfen mit einem Jahr nicht viel mehr als 40 g und mit zwei Jahren etwa 70 g wiegen.

Die Familie Emydidae (Sumpfschildkröten)

Die meisten Sumpfschildkrötenarten kommen in Nordamerika oder Asien vor. Es werden hauptsächlich aquatische Gattungen wie *Trachemys, Chrysemys, Pseudemys, Graptemys* und *Cuora* gehalten. Dosenschildkröten (Gattung *Terrapene)* bilden eine Ausnahme: Sie können ihren Panzer zuklappen.

Beschreibung

Sumpfschildkröten leben oft semiaquatisch. Ihr Plastron weist in vielen Fällen Gelenke auf. Mit Ausnahme der Dosenschildkröten besitzen sie einen stromlinienförmigen, abgeflachten Panzer. Sie haben seitlich abgeflachte Beine, die Zehen sind frei und mit Spannhäuten verbunden. Die Tiere können 25–50 Jahre alt werden.

Haltung

Ein großer Wasserteil sollte höchstens so tief sein, wie die größte Schildkröte breit ist, sodass hineingefallene Tiere nicht ertrinken. Das Wasser wird auf 18–25 °C erwärmt.
Auf den Glasboden wird ein weiches Substrat gelegt, denn auf rauem Boden würde der Bauchpanzer schnell verschleißen. Unter 17 °C fressen Sumpfschildkröten nichts bis wenig. Vermeiden Sie Zugluft und Unterkühlung!
Sorgen Sie für einen trockenen Platz im Landteil, über dem sich ein kräftiger Strahler befindet, sodass die Schildkröten darunter bei einer Temperatur von 35–40 °C völlig trocknen können, sonst besteht die Gefahr einer Pilzinfektion. Die „Sonnenbank" wird in Wassernähe angebracht, damit die Tiere direkt ins Wasser fliehen können.
Im Landteil (mit gleichen Teilen Sand, Aquarienkies und einer Mischung aus Rinde, Torf und Erde als Substrat) können die Tiere Eier legen. Bieten Sie diese Möglichkeit nur während der Legeperiode an, da sonst das Wasser zu stark verschmutzt wird.
Eine (schwimmende) befestigte Insel vergrößert den Lebensraum; die Schildkröten können auch darunter schwimmen. Sumpfschildkröten geben viele Exkremente ab, deshalb wird ein guter biologischer Filter oder ein großer Außenfilter benötigt, der mindestens einmal pro Monat gereinigt werden muss. Ersetzen Sie wöchentlich ein Drittel des Wasser durch temperiertes Leitungswasser.
Viele Sumpfschildkröten können gemeinsam gehalten werden. Träge Fische werden schnell gefressen, schnelle Fische haben eine Überlebenschance.
Die Krallen der Tiere müssen nicht geschnitten werden. Geben Sie Steine in das Aquaterrarium, damit die Tiere ihre Krallen abwetzen können.

Salmonellen

Vor allem junge Sumpfschildkröten sind Bakterienträger für Salmonellen. Symptome sind Erbrechen, Bauchschmerzen und Diarrhö. Besonders sind Kinder betroffen, da sie gerne mit den Tieren „spielen". Die Bakterien verbreiten sich über verschmutztes Wasser. Nach dem Umgang mit Sumpfschildkröten (auch vor und nach dem Wasserwech-

Mississippi-Höckerschildkröte (Graptemys kohnii)

Amboina Scharnierschildkröte (Cuora amboinensis) *in einem Terrarium mit schwimmendem Landteil*

Es ist kein Problem, Sumpfschildkröten abwechslungsreich zu füttern.

Amboina-Scharnierschildkröte (Cuora amboinensis)

Carolina-Dosenschildkröte (Terrapene carolina), *verschlossen*

sel) sollte man sich immer die Hände waschen. Es gibt gute Desinfektionsmittel für Terrarien.

Futter

Diese Allesfresser brauchen ca. 50 % tierische Nahrung, junge Tiere mehr. Sie fressen Süßwasserfische, Fleisch (tote Nagetiere, Rindfleisch, Regenwürmer), Gemüse und Obst. Füttern sie zwei- bis dreimal wöchentlich. Tiere, die hauptsächlich mageres Fleisch und/oder fertiges Sumpfschildkrötenfutter bekommen, werden in erster Linie an Vitamin-A-Mangel leiden. Dieser Mangel verursacht Augenentzündungen. Ein Mangel an Kalzium oder Vitamin D_3 führt zu weichen Panzern. Ergänzen Sie das Futter mit Vitamin- und Mineralstoffpräparaten. Kalzium kann auch in Form von Eierschalen verabreicht werden.

Fortpflanzung

Einige nordamerikanische Sumpfschildkröten überwintern unter Wasser auf oder im Boden. Sie atmen dann über die Haut.

Viele Sumpfschildkröten paaren sich im Wasser und vergraben die Eier an Land. Einige *Cuora*- und alle *Terrapene*-Arten paaren sich an Land.

CUORA AMBOINENSIS (AMBOINA-SCHARNIERSCHILDKRÖTE)

Diese häufig angebotene Schildkröte verschließt bei Bedrohung ihren Bauchpanzer.

Beschreibung

Diese Schildkröten haben einen ovalen bis runden, (dunkel-)braunen, 15–20 cm großen Rückenpanzer. Das einfache Gelenk im Bauchpanzer bei *C. a. amboinensis* hat kaum eine Wirkung. Auf dem dunkleren Rückenpanzer sitzt ein Kamm, der bei älteren Tieren weniger deutlich zu sehen ist. Die Ränder des Panzers sind gebogen. Kopf und Nacken sind braun mit gelben Längsstreifen auf der Oberseite und gelb mit braunen Streifen auf der Unterseite.

Von den drei Unterarten hat *C. a. amboinensis* den niedrigsten, *C. a. kamaroma* den höchsten Rückenpanzer, der von *C. a. couri* liegt dazwischen.

Auch die Bauchzeichnung ist jeweils verschieden.

Verbreitungsgebiet

C. amboinensis lebt in Sümpfen und anderen wasserreichen Gebieten Südostasiens (Philippinen, Molukken und Sulawesi). Man findet die Tiere meist im Wasser.

Haltung

Ein Aquaterrarium mit einer Größe von 100 x 40 x 40 cm eignet sich für ein Trio. Der Landteil sollte mindestens 20 x 40 cm groß und 10 cm tief sein. Die Tagestemperatur darf nicht unter 25 °C sinken. Die Wassertemperatur sollte bei 25 °C liegen.

Futter

Allesfresser, siehe Abschnitt „Sumpfschildkröten; Futter".

Geschlechtsunterschiede

Die Weibchen sind runder, etwas größer und haben oft Bissnarben im Nacken (Paarung). Erwachsene Männchen haben einen konkaven Bauchpanzer, eine dickere Schwanzbasis und einen längeren Schwanz; hinter den Augen ist ihr Kopf breiter.

Fortpflanzung

Die Tiere halten in einer dunklen Kiste mit trockenem Substrat bei einer Temperatur von 15–20 °C acht Wochen Winterschlaf. Danach erfolgt die Paarung. Trennen Sie die aufdringlichen Männchen anschließend von den Weibchen.

Eiablage

Das Weibchen legt zwei bis drei Eier. Bei befruchteten Eiern zeichnet sich innerhalb einer Woche ein helles Band um die Eimitte ab. Die Jungen schlüpfen bei Temperaturen von 25–32 °C nach 60–85 Tagen. Unbefruchtete Eier sind gelblich.

Zucht

Siehe „Sumpfschildkröten; Zucht bei Rotwangen-Schmuckschildkröten". Junge Tiere haben noch drei Kämme auf dem Rückenpanzer.

TERRAPENE CAROLINA UND *T. ORNATA*

Schutzstatus: alle Arten CITES/EU-Anhang B.

Die Carolina-Dosenschildkröte und die Schmuck-Dosenschildkröte verdanken ihre Namen dem mittleren Quergelenk auf dem Bauchpanzer, mit dessen Hilfe sie die Vorder- und Hinterlappen hochklappen können, sodass der Panzer rundum fest verschlossen ist.

Beschreibung

Der hohe Panzer ähnelt dem einer Landschildkröte. Zwischen den frei liegenden Zehen der kurzen

Beine sind Reste von Spannhäuten zu erkennen. Dosenschildkröten leben vorwiegend an Land, jedoch in feuchtem Gelände, möglichst in der Nähe von seichten Wasseransammlungen. Die Arten sind meist dunkelbraun mit gelborangefarbener Zeichnung, aber es gibt Varietäten, Kreuzungen und Ausnahmen, sodass eine genaue Bestimmung nicht einfach ist.

Bei *T. carolina* (sechs Unterarten), die bis 16 cm groß wird, bildet das vorderste Schild mit dem Rücken einen Winkel von 50° und mehr; das Gelenk befindet sich in Höhe des fünften Randschilds. *T. c. carolina* hat an den Hinterbeinen meist vier Zehen und wird 12–14 cm groß. *T. c. triunguis* hat an den Hinterbeinen meist drei Zehen und wird 11–13 cm groß.

Bei *T. ornata* (zwei Unterarten) bildet das vorderste Schild mit dem Rücken einen Winkel von maximal 45°, das Gelenk befindet sich in Höhe des fünften Randschilds. *T. o. ornata* (10–12 cm) hat kaum gelbe Linien auf dem Rückenpanzer; das Gelenk befindet sich in Höhe der Naht zwischen dem fünften und sechsten Randschild. *T. o. luteola* (12–13 cm) hat viele Linien und das Gelenk befindet sich in Höhe des sechsten Randschilds.

Verbreitungsgebiet

T. carolina lebt in Süd-Kanada und den USA, *T. ornata* ist in Nordamerika und Mexiko beheimatet. Die Tiere sind vor allem morgens und abends aktiv.

Haltung

Das Terrarium sollte eine Grundfläche von mindestens 2 m^2 haben. Das feuchte Substrat des Landteils, eine Mischung aus Lehm, Sand, Torf, Rinde und Erde, muss mindestens 20 cm tief sein, denn die scheuen Schildkröten graben gerne. Die Wasserschale sollte 5 cm tief und so groß sein, dass die Tiere darin baden können. Die Temperatur sollte tagsüber bei 22–24 °C liegen, unter Strahlern bei 28 °C und nachts bei 15 °C. Verwenden Sie lokal eine Bodenheizung.

T. carolina kann in ein geschütztes Außenterrarium gesetzt werden. Die Männchen sind manchmal untereinander unverträglich.

Schmuck-Dosenschildkröte (Terrapene ornata)

Terrapene carolina triunguis *bei der Paarung*

Futter

Regenwürmer, Insekten und weiches Obst. Säubern Sie die Wasserschale täglich.

Geschlechtsunterschiede

Die Männchen haben einen längeren, dickeren Schwanz als die Weibchen. Männchen von *T. c. carolina* haben einen konkaven Bauchpanzer; bei *T. c. triunguis* ist der Panzer nicht so stark konkav. Die Zehennägel sind bei den Männchen länger, kräftiger und stärker gekrümmt.

Fortpflanzung

Beide Arten halten von November bis März einen Winterschlaf in lockerem Boden bei einer Temperatur von ca. 15 °C. Nach der Balz erfolgt die Paarung. Dabei hält sich das Männchen am Weibchen fest, fällt meist hintenüber und wird manchmal stundenlang kopulierend durch das Terrarium geschleift. Die Weibchen können das Sperma einige Jahre lang speichern.

Eiablage

Ab Juni werden zwei bis acht Eier pro Gelege in feuchtem Substrat vergraben. Die Jungen schlüpfen bei einer Temperatur von 22–30 °C nach 50–125 Tagen.

Zucht

Die 3 cm großen Jungschildkröten fressen das Gleiche wie die Eltern, brauchen aber einen größeren Anteil an tierischer Nahrung. Zerkleinern Sie die

Terrapene carolina triunguis; *während der Paarung fällt das Männchen meist vom Rücken des Weibchens.*

Diese Rotwangen-Schmuckschildkröte lebt in einem Außenterrarium mit großem Teich und sonnt sich gerade.

Nahrung, bevor Sie sie verfüttern. Halten Sie etwa die Hälfte des Aufzuchtterrariums feucht.

TRACHEMYS SCRIPTA ELEGANS (ROTWANGEN-SCHMUCKSCHILDKRÖTE)

Schutzstatus: CITES/EU-Anhang B.

Die Rotwangen-Schmuckschildkröte gehörte früher zu den Gattungen *Pseudemys* beziehungsweise *Chrysemys*. Sie war zweifellos das beliebteste Terrarientier, bis 1998 die Einfuhr verboten wurde. In Amerika werden frei lebende Weibchen zur Eiablage gesammelt. Die gerade geschlüpften Schildkröten werden mit leerem Magen exportiert und erhalten oft erst nach drei Monaten Futter.

Rotwangen-Schmuckschildkröten werden manchmal von unerfahrenen Personen in zu kleinen einfachen Becken ohne Heizung und Filter gehalten. Die meisten Tiere sterben unter solchen Umständen innerhalb weniger Monate.

Oft werden sie auch in einem Tümpel oder Graben ausgesetzt. Dort sind sie eine Bedrohung für die heimische Fauna. In Ländern, in denen die Europäische Sumpfschildkröte noch vorkommt, ist die Rotwangen-Schmuckschildkröte für diese ein gefürchteter Konkurrent.

Beschreibung

Die Weibchen werden bis 30 cm, die Männchen bis 20 cm groß. Sie sind grün gefärbt und haben schwarze Punkte und Streifen sowie grellrote Wangenflecken. Der Rückenpanzer ist gelblich mit schwarzen Flecken.

Rotwangen-Schmuckschildkröten (Trachemys scripta elegans)

Verbreitungsgebiet

Die Rotwangen-Schmuckschildkröte lebt im Osten und Südosten der USA (subtropisches Klima) an ruhige Seen und Flüssen mit üppiger Vegetation.

Haltung

Ein Pärchen braucht ein Aquaterrarium, das mindestens 120 x 50 x 50 cm groß ist. Beachten Sie auch im Abschnitt „Sumpfschildkröten“ die Punkte „Haltung“ und „Salmonellen“. Die Wassertemperatur sollte ca. 18–22 °C betragen.

Kombinieren Sie die Rotwangen-Schmuckschildkröten nicht mit viel kleineren oder wesentlich ruhigeren Sumpfschildkröten. *Graptemys*-Arten, zum Beispiel *G. kohnii,* die 15–30 cm große Mississippi-Höckerschildkröte, und *Cuora*-Arten sind geeignete Mitbewohner.

Im Sommer (von Mai bis September) können die Tiere in einen sonnig gelegenen, geschützten Garteneich gesetzt werden, wenn dort auch Schattenplätze zur Verfügung stehen. Die Ufer dürfen nicht alle steil sein. Ein dicker Baumstamm im Wasser dient als Sonnenbank. Das Teichwasser sollte gefiltert werden. Sumpfschildkröten sind gute Kletterer; bauen Sie deshalb eine glattwandige Einfriedung mit überhängendem Rand, die mindestens zweimal so hoch ist, wie die Schildkröten lang sind.

Rotwangen-Schmuckschildkröten legen die Eier im Sand unter eine gläsernen Überdachung ab. Sorgen Sie dafür, dass der Temperaturunterschied nicht zu groß ist, wenn die Tiere ins Freie gehen. Sie überwintern in einem mindestens 1 m tiefen Teich.

Futter

Allesfresser, siehe Abschnitt „Sumpfschildkröten“.

Geschlechtsunterschiede

Die Männchen haben längere Krallen an den Vorderfüßen als die Weibchen, einen langen Schwanz mit verdicktem Ansatz und einen leicht konkaven Bauchpanzer.

Fortpflanzung

Diese Art braucht zum Überwintern von Dezember bis Februar eine Temperatur von 3–5 °C oder eine

Eine Eiablagekiste mit feuchtem Sand

Winterruhe bei 10–15 °C und nur sechs Stunden Beleuchtung täglich. Natürlicherweise ruhen Rotwangen-Schmuckschildkröten in lockerem Boden unter Wasser. Die Tiere paaren sich kurz nach dem Winter, aber auch nach einem Wasserwechsel. Während der Kopulation beißt das Männchen das Weibchen in den Nacken und kann es verletzen.

Eiablage

Von März bis Mai legen die Weibchen ein- bis zweimal (mit einer Pause von einem Monat) vier bis 20 Eier. Manchmal werden diese nach einem Substratwechsel (feuchter Sand) in die Eiablagekiste gelegt. Bei einer Temperatur von 28–30 °C schlüpfen die Jungen 65–105 Tage später.

Zucht

Die Jungen werden in einem kleinen Aquaterrarium aufgezogen, mit einem Landteil zum Beispiel aus Steinen. Über dem Landteil sollte ein Strahler brennen, sodass sich die Schildkröten bei ca. 35 °C aufwärmen und gut trocknen können. Die Wassertemperatur sollte bei ca. 25 °C liegen.

Der Panzer der jungen Schildkröten ist ca. 2 cm groß; sie wachsen schnell. Verfüttern Sie die gleiche Nahrung, die Sie den Eltern reichen, ergänzt durch Wasserflöhe, Tubifex und andere Wassertierchen. Junge Schildkröten brauchen viel Kalzium und Vitamine (D). Stellen Sie den Jungen sowohl sonnige als auch schattige Plätze zur Verfügung.

Die Ordnung Crocodylia (Krokodile)

Schutzstatus: fast alle Arten CITES/EU-Anhang A (inklusive *Caiman crocodilus apaporiensis* und *Osteolaemus tetraspis*).

Alle anderen Arten (unter anderem die anderen Unterarten von *Caiman crocodilus, Alligator mississippiensis* und *Paleosuchus*-Arten) CITES/EU-Anhang B.

Jungtiere der relativ kleinen Arten (vor allem der Brillenkaiman, *Caiman crocodilus)* sehen recht niedlich aus und werden häufig spontan angeschafft. Wenn Krokodile schlecht versorgt werden, sterben sie schnell; versorgt man sie gut, werden sie schnell zu groß und zu gefährlich. Bereits mit drei Jahre alten Tieren hat man Schwierigkeiten bei der Haltung. Tiergärten übernehmen selten „ausgemusterte" Krokodile, da Neulinge in einer Gruppe schlecht akzeptiert werden und für viel Stress und Aggression sorgen. Beachten Sie dies, bevor Sie sich ein Tier anschaffen!

Krokodile eignen sich kaum für „normale" Terrarianer. Besichtigen Sie vor dem Kauf ausgewachsene Tiere in einem Reptilienhaus.

Lassen Sie sich also nicht zu einem Spontankauf verleiten, denn das kann für Sie und das Tier unangenehme Folgen haben.

Die Ordnung Crocodilia besteht aus drei Familien mit insgesamt acht Gattungen: Crocodylidae *(Crocodylus, Osteolaemus, Tomistoma)*, Alligatoridae *(Alligator, Caiman, Melanosuchus und Paleosuchus)* und Gavialidae *(Gavialis)*.

Beschreibung

Krokodile sind massig gebaute Tiere mit einem kräftigen, seitlich abgeplatteten Ruderschwanz. An den relativ kurzen Extremitäten befinden sich je fünf Finger beziehungsweise vier Zehen. Die Zehen sind durch Spannhäute verbunden. Die Augen haben Ober- und Unterlid sowie Nickhaut. Der äußere Gehörgang ist durch eine Ohrklappe verschließbar. Die Nasenlöcher befinden sich auf der Schnauzenspitze und sind ebenfalls durch Hautklappen verschließbar. Die Zähne sitzen in den Kiefern in tiefen Wurzelbetten. Sie dienen nur zum Ergreifen und Festhalten der Beute, nicht zum Kauen.

Der Hautpanzer besteht oberseits aus großen, höckrigen, verknöcherten Hornschilden, die ventralen Schilde sind gewöhnlich kleiner und nur selten verknöchert. Auf beiden Rückenseiten verlaufen Kämme, die erst über dem Schwanz miteinander

Augen, Ohren und Nasenlöcher sind oft die einzigen Teile, die aus dem Wasser herausschauen (die Aufnahme entstand auf einer Krokodilfarm in Thailand).

Mississippi-Alligator (Alligator mississippiensis)

Terrarium mit jungem Brillenkaiman

Brillenkaiman, erwachsenes Tier

verschmelzen. Das Herz ist vierkammerig; zwischen den beiden Vorkammern befindet sich eine Klappe. Sie schließt sich, wenn das Krokodil taucht, sodass sauerstoffreiches Blut zuerst in den Kopf und nicht direkt in die inneren Organe gelangt. Dieses Systems ist mit leistungsfähigen Lungen kombiniert; ein Krokodil kann deshalb länger als eine Stunde unter Wasser bleiben.

Der Krokodilkaiman *(Caiman crocodilus;* vier Unterarten) wird bis 2,7 m lang und ist dunkelgrün. Die Jungtiere sind braungrün mit schwarzen Flecken. Zwischen den Augen befindet sich eine Querleiste (wie ein Steg zwischen Brillenläsern).

Der manchmal angebotene Mississippi-Alligator *(Alligator mississippiensis)* wird bis 6 m lang. Glattstirnkaimane *(Paleosuchus-*Arten) werden bis 1,5 m lang und das Stumpfkrokodil *(Osteolaemus tetraspis)* erreicht eine Länge von 1,7 m.

Verbreitungsgebiet

Brillenkaimane sind von Mittelamerika bis ins mittlere Südamerika verbreitet. Der Mississippi-Alligator lebt im Südosten der USA. Glattstirnkaimane bewohnen das nördliche und mittlere Südamerika und das Stumpfkrokodil stammt aus dem tropischen Westafrika.

Haltung

Krokodile benötigen eine geräumige Anlage mit einem großen Landteil und einem etwas kleineren Wasserteil. Die Wassertemperatur darf nicht unter 25 °C sinken. Der Wasserteil wird gut filtriert; das

Wasser muss regelmäßig gewechselt werden. Wer die Tiere in die Badewanne setzen will, sollte sich die Anschaffung noch einmal überlegen …
Viele Krokodile leben in den Tropen und Subtropen. Ihrer Heimat entsprechend fühlen sie sich am Tage bei einer Luft- und Bodentemperaturen zwischen 25 und 32 °C wohl. In der Nacht sollten die Werte um 2–4 °C reduziert werden. Pflanzen müssen an eine Stelle gesetzt werden, die die Tiere nicht erreichen können. Es eignen sich große kräftige Arten wie *Marantha* oder *Philodendron* spp. Ebenso muss eine Heizlampe mit UVB-Strahlung angebracht werden.

Futter

Krokodile sind Fleischfresser. Sie verzehren Nagetiere, Fische, Rindfleisch, Herz, Hühnchen und Küken. Gewöhnen Sie die Tiere möglichst an tote Beute. Füttern Sie ein- bis zweimal wöchentlich. Mit einem blitzschnellen Stoß reißt das lauernde Krokodil die Beute aus der Hand eines unvorsichtigen Pflegers. Krokodile zerkleinern ihre Beute, indem sie sie in Stücke reißen.
Schlechte Fresser wollen manchmal Fische in stehendem Wasser fressen, dort können sie die Beute besser sehen.
Vor allem wenn Fisch ohne Gräten oder Fleisch ohne Knochen verfüttert wird, müssen Sie ausreichend Kalzium anbieten. Ein Anzeichen für Kalkmangel ist eine Fehlstellung der Zähne. Geben Sie zweimal wöchentlich ca. 500 IE Vitamin D_3 pro kg Körpergewicht oder bieten Sie UV-Strahlung an.

Geschlechtsunterschiede

Äußerlich ist kein Geschlechtsunterschied festzustellen. Endoskopie ist riskant (Narkose!).
Bei Krokodilen und Kaimanen ab einer Größe von 80 cm kann man die Kloake mit einem oder zwei Fingern abtasten (siehe Foto unten), während eine andere Person das Tier mit zwei Händen festhält. Die Kiefer müssen dabei zugebunden werden. Mit dem mit Gleitmittel eingecremten Finger erfühlt

Geschlechtsbestimmung bei einem Brillenkaiman von 90 cm Größe

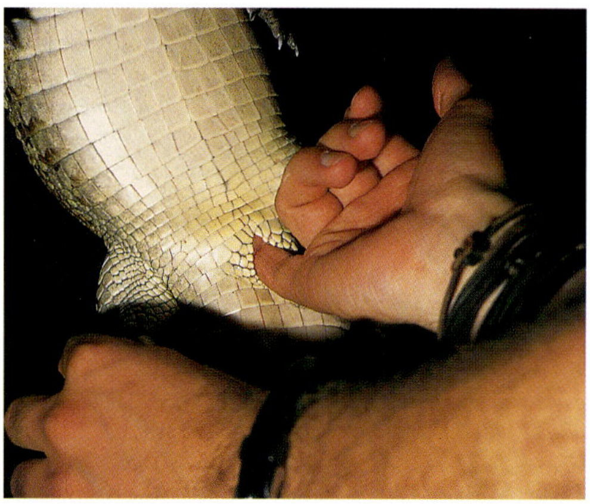

Ein junger Brillenkaiman verspeist eine Maus.

man beim Männchen (in Kopfrichtung), den ausstülpbaren, einfachen, gewundenen Penis, beim Weibchen nichts anderes als die Kloakenwand. Größere Exemplare können zur Geschlechtsbestimmung in eine schmale Transportkiste gesetzt werden, die an der Unterseite eine Schiebetür hat.
Die (oft größeren) Männchen verteidigen ihr Revier und locken Partner durch Gebrüll an. Auch die Weibchen vieler Arten können Geräusche erzeugen. Zum typischen Balzverhalten gehört es auch, mit dem Kopf auf das Wasser zu schlagen. Junge Tiere (bis 75 cm) quaken, blasen, quietschen oder grunzen.

Fortpflanzung

Die Paarung findet Seite an Seite im Wasser statt. Aufgrund der ausgestreckten Lage und der Form von Penis und Kloake kann sie einige Minuten bis Stunden dauern. Der Wasserteil muss für Brillenkaimane wenigstens 1 m tief sein. Die Jungen schlüpfen im März oder April mit dem Einsetzen der Regenzeit.

Eiablage

Krokodile sind die einzigen Reptilien, die Nistmaterial in Form von Blättern, Stroh, Schilfrohr, Zweigen, Sand oder Erde anhäufen, um darin ihre Eier abzulegen. Stellen Sie den Tieren deshalb ausreichend Material zum Nestbau, den das Weibchen übernimmt, zur Verfügung.
Das Gelege (20–100 Eier) wird vom Weibchen bewacht. Wenn es seine Eier abgelegt hat, entfernen Sie diese und inkubieren Sie sie bei einer optimalen Temperatur (30–32 °C) und einer rF von 80–100 %. Die Eier dürfen keinesfalls gedreht werden, sondern müssen in der Lage in das Substrat eingebettet werden, in der sie abgelegt und gefunden wurden. Die Jungen schlüpfen nach 73–75 Tagen.

Zucht

Frisch geschlüpfte Kaimane zehren zunächst den Dottersack auf. Danach fressen sie Süßwasserfische, Insekten, Weichtiere, Gliederfüßer, Krebsartige und Säugetiere. Wechseln Sie das Wasser regelmäßig.
Die Jungtiere werden in Gruppen gleich großer Exemplare aufgezogen; größere Tiere fressen kleinere Artgenossen.

Ein Brillenkaiman wächst in den ersten Jahren jeweils ungefähr 10–20 cm pro Jahr und ist mit einer Länge von 1,5 m geschlechtsreif.
Eine erfolgreiche Zucht ist Glücksache, problematisch ist bei diesen Tieren vor allem eine verantwortungsbewusste Weitergabe der Jungen.

Krankheiten

Lesen Sie zunächst die Angaben auf S. 193–197.
Kranke oder neu angeschaffte Tiere können am besten in einem nicht zu großen Wasserbecken mit stehendem Wasser beobachtet werden. Krokodile sind oft Amöbenträger. Normalerweise ist das kein Problem, aber nach einer Phase, in der die Tiere gestresst wurden (Fang, Transport), können ihre Widerstandskräfte stark vermindert sein.
Vermeiden Sie Kalkmangel (Rachitis) durch gutes und abwechslungsreiches Futter und eine ausreichende Gabe von Kalzium und Vitamin D_3. Krokodile können auch unter Legenot leiden.

Verteidigung und Umgang

Krokodile können sehr bissig sein. Nur wenn sie von klein auf an Menschen gewöhnt sind, kann man es nach einigen Jahren verantworten, die Tiere ruhig und vorsichtig in die Hand zu nehmen. Ergreifen Sie kleine Krokodile (bis 1 m) von unten hinter dem Kopf und fixieren Sie dann mit der anderen Hand Hinterbeine und Schwanzbasis. Decken Sie bei größeren Exemplaren erst die Augen mit einer Binde ab. Schnüren Sie mit einem Riemen die Schnauze zu und halten Sie diese fest. Man kann auch am Vorderbein einen Riemen befestigen, um zu vermeiden, dass das Krokodil sich umdreht und dabei sich selbst würgt. Binden Sie die Schnauze mit einem Tuch oder Gaze, keinesfalls jedoch mit Klebeband zu.
Denken Sie stets daran, dass Sie die Tiere nur im Notfall anfassen sollten. Neben den scharfen Zähnen haben Krokodile einen sehr kräftigen Körper und Schwanz. Schon ab 1,5 m Länge können sie ernsthaft gefährlich werden.

Brillenkaiman im Ei

Der Umgang mit diesem 90 cm langen Exemplar ist jetzt noch unproblematisch …

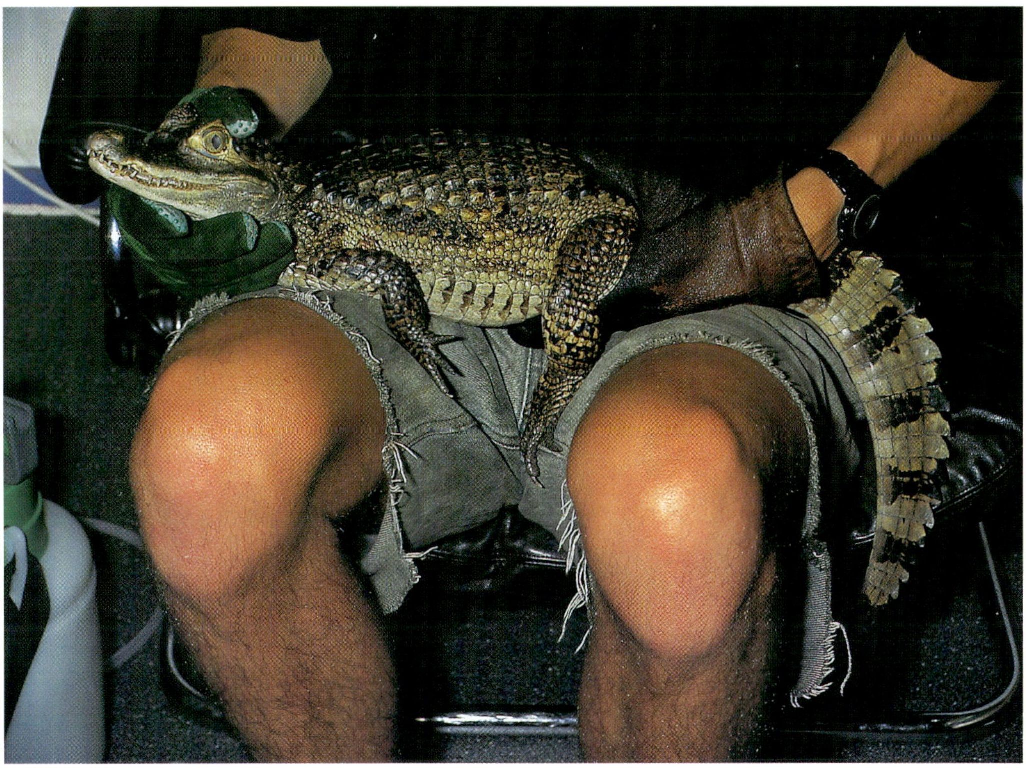

Korallenfinger (Litoria caerulea)

Die Klasse Amphibia (Amphibien)

Amphibien sind Wirbeltiere, die zur Fortpflanzung im Normalfall das Wasser aufsuchen müssen. Einige Arten leben sowohl an Land als auch im Wasser, andere hingegen fast ausschließlich aquatisch oder terrestrisch.

Amphibien werden in drei Ordnungen unterteilt: Anura oder Salientia (Froschlurche, ca. 4600 Arten), Urodela oder Caudata (Schwanzlurche, ca. 450 Arten) und Apoda oder Gymnophiona (Blindwühlen, mehr als 160 Arten).

Haut

Die Amphibienhaut ist dünn, oft feucht und glitschig und bei vielen Arten mit Giftdrüsen (Warzen) übersät. Erwachsene Amphibien atmen durch Lungen und über die Haut oder nur über die Haut (Salamander). Larven atmen über die Haut und (wenigstens einige Tage oder Wochen) über äußere Kiemen.

Nur wenige Amphibien leben in trockenen Gebieten. Sie können sich nicht in der Sonne aufwärmen, um eine höhere Körpertemperatur zu erreichen. Die Temperaturregulierung erfolgt über eine Verfärbung der Haut. Starke Strahlung reflektieren die Tiere, indem sie eine hellere Färbung annehmen.

Amphibien können lange unter Wasser bleiben, da sie über die Haut atmen. Die dünne Haut ist nicht nur für Sauerstoff, sondern auch für andere Gase und Flüssigkeiten durchlässig. Die Tiere häuten sich meist nachts und fressen die alte Hülle oft auf.

Fast alle Amphibien sondern Hautsekrete ab; sie riechen abstoßend, sind oft giftig, schrecken Räuber ab und fördern die Wundheilung. Waschen Sie sich die Hände, wenn Sie Amphibien berührt haben, denn die Sekrete können unter anderem die Augen reizen.

Haltung

Amphibien bevorzugen ein feuchtes bis sehr feuchtes (Aqua-)Terrarium oder Aquarium. Erhöhen Sie die rF durch regelmäßiges Sprühen oder durch einen Wasserfall, reduzieren Sie jedoch niemals die Belüftung. Für viele Arten ist eine Beregnungsanlage ideal, die täglich morgens und abends eine Stunde lang eingeschaltet wird.

Die Tiere brauchen viele Verstecke, die jedoch nicht aus scharfkantigen Materialien bestehen dürfen.

Halten Sie das Terrarium nicht zu warm (15–20 °C für Tiere aus gemäßigten Zonen, 20–28 °C für tropische Arten). TL-Lampen spenden viel Licht und nicht zu viel Wärme und sind deshalb gut geeignet. Eventuell bringt man auch einen kleinen UV-Strahler (7 Watt) an. Ausreichende Belüftung schützt vor Schimmelpilz- und Bakterieninfektionen. Auch saures Substrat (Torf, Walderde, Farnwurzeln) verhindert Infektionen. Säubern Sie die Dekoration, das Substrat und die Scheiben regelmäßig. Wenn Sie

Kohtao-Wühle (Ichthyophis kohtaoensis) *aus Südostasien, eine Blindwühle*

Auch Amphibien häuten sich: alte Haut einer Riesenkröte.

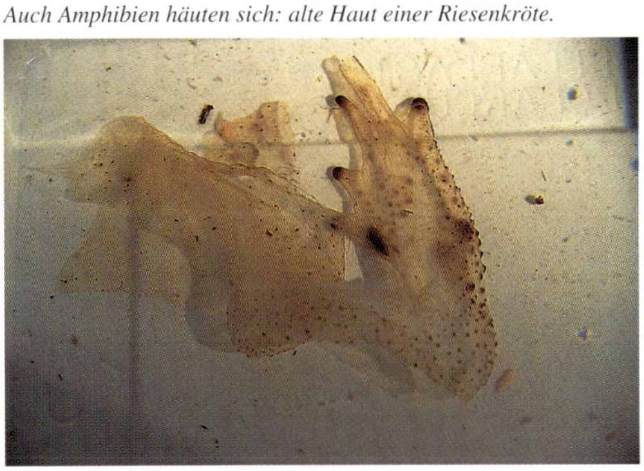

Dieser Frosch (möglicherweise Leptopelis bufonoides*) aus der afrikanischen Sahelzone befindet sich im Sommerschlaf. Seine helle Farbe reflektiert die Strahlung, damit er nicht zu warm wird und austrocknet.*

Die Eier eines Axolotls (Ambystoma mexicanum)

Die Larve eines Echten Wassermolchs (Triturus)

Spülmitteln verwenden, müssen Sie stets gut nachspülen. Entfernen Sie Futterreste sofort, filtrieren Sie den Inhalt große Wasserbecken und wechseln Sie wöchentlich ein Drittel des Wassers.

Futter

Alle erwachsenen Amphibien sind Fleischfresser (Karnivoren). In der Natur verzehren fast alle Arten ausschließlich lebende Beutetiere. Bestäuben Sie das Futter (vor allem für junge Tiere) regelmäßig mit einem Multivitamin- und Mineralstoffpräparat. Füttern Sie kleine Amphibien alle ein bis zwei Tage, größere ein- bis zweimal wöchentlich.

Geschlechtsunterschiede

Bei Amphibien sind die Geschlechtsunterschiede oft nur an erwachsenen Tieren während der Paarungszeit zu erkennen. Adulte Weibchen sind meist fülliger als die Männchen. Weitere Geschlechtsunterschiede werden bei den jeweiligen Arten beschrieben. Kaufen Sie mindestens sechs Exemplare, wenn die Geschlechter nicht zu unterscheiden sind.

Winterschlaf

Amphibien aus Gebieten mit kalten Wintern verfallen in einen Winterschlaf. Senken Sie allmählich über einige Wochen die Temperatur und reduzieren Sie die Beleuchtungsdauer. Setzen Sie die Tiere dann in eine mit Luftlöchern versehene Plastikschale, die mit Torfmull und -moos gefüllt ist, und stellen Sie diese sechs bis zehn Wochen an einen dunklen Platz (Temperatur: 5–10 °C). Sprühen Sie jeden zweiten Tag. Der umgekehrte Prozess kann schneller ablaufen. Für junge und kranke Amphibien gibt es keinen Winterschlaf.

Eiablage

Viele Amphibien legen Eier, die keine Schale haben, sondern von einer gelatineartigen Masse umgeben sind. Sie werden oft im Wasser abgelegt. Bei Arten, die ihre Gelege an einer feuchten Stelle über dem Wasser platzieren, finden die embryonale und die larvale Entwicklung (bei einigen Arten auch die Metamorphose) teilweise bereits im Ei statt. Aus den Eiern der meisten Spezies schlüpfen fischartige aquatische Junge, die Larven oder Quappen.

Metamorphose

Amphibienlarven gehen nach einer Metamorphose als erwachsene Amphibien an Land. Während dieser Verwandlung werden die Kiemen durch einfache Lungen ersetzt, die Beine und der Schwanz (bei Kröten und Fröschen) verschwinden und eventuell wird der Magen-Darm-Trakt an die karnivore Lebensweise angepasst. Das Herz mit ursprünglich einer Kammer und einem Bogen hat nach der Metamorphose eine Kammer und zwei Bogen.

Amphibienlarven regenerieren sich gut, verletzte Körperteile wachsen schnell nach.

Zucht

Für die Zucht von Amphibienlarven verwendet man neutrales bis schwach saures Wasser. In zu alkalischem Wasser kristallisieren gelöste Kalksalze aus und stehen dann nicht mehr für den Aufbau des Skeletts zur Verfügung. Auch bei hohen Temperaturen ist weniger Kalzium verfügbar.

Arbeiten Sie hygienisch. Motorbetriebene Filter können Eier oder Larven ansaugen. Luft- oder Bodenfilter sind diesbezüglich ungefährlich und sorgen für klares bewegtes Wasser. Wechseln Sie regelmäßig ein Drittel des Wassers. Verwenden Sie Regen- oder Leitungswasser, das mindestens 24 Stunden belüftet wurde. Die Wassertemperatur sollte bei 18–24 °C liegen. Die schwächsten Larven werden eingehen.

Krankheiten

Bei gesunden Amphibien

- ist die Haut intakt. Verletzungen, weiße Flecken und Eiter weisen auf Infektionen hin.
- sind Becken und Rückgrat nicht sichtbar. Sollte dies der Fall sein, ist das Tier unterernährt oder von Würmern befallen.
- sind die Augen klar und offen.

Amphibien sitzen tagsüber oft still oder sind zum Schlafen abgetaucht. Wenn sie gestört werden, sollten sie fliehen oder eine Schreck- beziehungsweise Abwehrhaltung einnehmen (Kröten und Unken).

Wenn man Amphibien in zu feuchten Terrarien oder Aquarien hält, können sich Krankheiten ungehindert ausbreiten. Isolieren Sie kranke Tiere unverzüglich, kochen Sie das Substrat oder desinfizieren Sie es. Kein Gegenstand, der mit dem erkrankten Tier oder seinem Terrarium in Berührung gekommen ist, darf mit einem anderen Behälter in Kontakt kommen.

Amphibien, die aufgedunsen wirken, sind krank. Oft sind sie mit einzelligen Parasiten infiziert. Lassen Sie die Tiere und ihren Kot vom Tierarzt untersuchen. Das Anschwellen oder Aufblasen des Körpers als Drohgebärde ist dagegen natürlich und gibt keinen Anlass zur Sorge.

Wildfänge und gestresste Tiere beherbergen oft Würmer. Dies erkennt man zum Beispiel daran, dass die Flanken eingefallen sind und das Rückgrat deutlich sichtbar ist. Stress entsteht durch häufiges Anfassen, durch zu viele (männliche) Tiere in einem Terrarium oder durch falsche Haltung. Erkrankte Tiere werden drei Tage oral mit 10–30 mg Fenbendazol pro Kilogramm Körpergewicht behandelt. Sie können auch einen Teil Levamisol mit zwei bis drei Teilen Wasser verdünnen. Geben Sie hierzu eventuell 1 g Flagyl-Puder (gegen Flagellaten) pro 100 ml. Gießen Sie die Lösung durch einen Kaffeefilter. Besprühen Sie den Rücken des Tiers mit Wasser und träufeln Sie dann einen Tropfen pro 3–5 g Körpergewicht darauf. Die Lösung können Sie einige Monate im Kühlschrank aufbewahren.

Amphibienlarven lassen sich nicht so leicht entwurmen. In den ersten drei Monaten nach der Metamorphose können die Tiere durch die Nebenwirkungen einer Wurmkur sehr belastet werden.

Flagellaten führen zu Abmagerung (Futterverweigerung) und Diarrhö. Diese Protozoen können im Kot nachgewiesen werden. Behandeln Sie wie oben beschrieben oder setzen Sie befallene Tiere in eine Lösung von 400 mg Dimetridazol/l Wasser.

Schimmelpilzinfektionen sind als weiße Flecken auf der Haut zu sehen. Sie werden in erster Linie durch Verletzungen, Stress und falsche Haltung (zu warm/unhygienisch) verursacht. Besprühen Sie befallene Tiere mit Trypaflavin (10 mg/l Wasser), sorgen Sie für perfekte hygienische Verhältnisse oder setzen Sie befallene Tiere täglich fünf Minuten in ein Wasserbad mit 2 % Malachitgrün, bis die Infektion abgeklungen ist.

Die häufigste bakterielle Infektion ist die „Red-Leg"-Krankheit, die sehr ansteckend ist, zu Blutvergiftung und schließlich zum Tod führt. Sie äußert sich in Form von Hautrötungen und- blutungen am Bauch und an den Beinen. An diesen Stellen bilden

Ein Wurm aus einem toten Laubfrosch

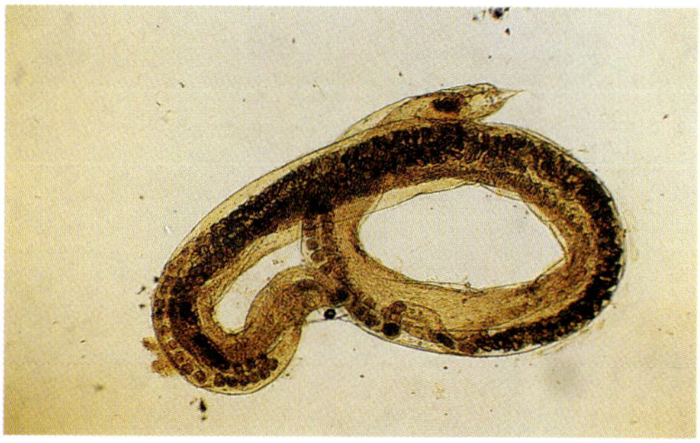

Schimmelflecken auf einem Feuerbauchmolch

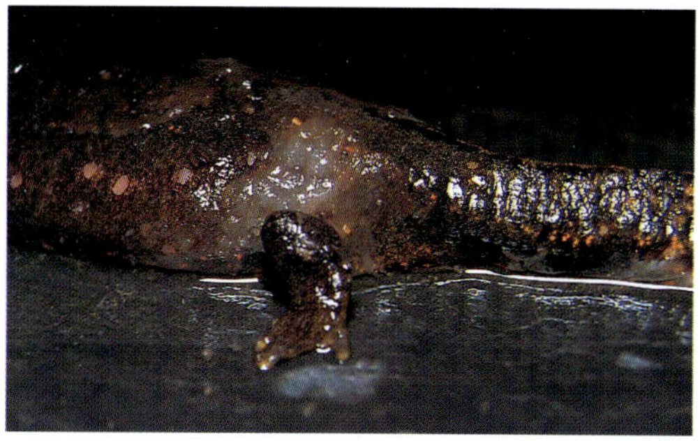

sich Geschwüre. Die Krankheit bricht aus, wenn zu viele Tiere dicht aufeinander sitzen, wenn zu hohe Temperaturen im Terrarium herrschen oder wenn die Insassen Stress ausgesetzt sind. Vor allem *Aeromonas*-Bakterien sind Auslöser der Primärinfektion, oft folgt sekundär eine Schimmelpilzinfektion. Isolieren Sie erkrankte Tiere, halten Sie sie bei einer Temperatur von 18 °C, fügen Sie 6 g Salz/l Wasser zu und behandeln Sie sie mit Antibiotika (Tierarzt).

Salamander, die das Futter verweigern, sich gestört bewegen, sich nicht vollständig häuten, ihre alte Haut nicht auffressen und im schlimmsten Fall offene Wunden (bis auf die Knochen) haben, leiden an der Salamanderpest. Diese tödliche Krankheit ist die Folge von zu basischem oder zu warmem Wasser, schlechtem Futter oder mangelnder Hygiene. In einem frühen Stadium kann man die Krankheit mit Antibiotika (Tierarzt) behandeln. Arbeiten Sie hygienisch und desinfizieren Sie die Terrarien.

Tiere mit epileptischen Anfällen leiden unter einem Mangel an Kalzium oder Vitamin D_3. Eine kleine UV-Lampe sorgt für die Synthese von Vitamin D_3. Dann kann Kalzium aufgenommen werden. Bestäuben Sie das Futter mit Kalziumlaktat.

Die Ordnung Anura (Froschlurche)

Beschreibung

Zur Ordnung Anura (oder Salientia) zählen Frösche und Kröten. Sie verlieren mit der Metamorphose ihren Schwanz. Am kompakten Körper sitzen zwei Beinpaare. Die Hinterbeine sind allgemein kräftig entwickelt. Froschlurche haben je vier Finger und fünf Zehen. Ihr Trommelfell ist meist gut zu sehen. Ihr Quaken wird durch eine oder zwei Schallblasen, die sich entweder unter der Kehle oder hinter den Mundwinkeln befinden, verstärkt.

Verbreitungsgebiet

Froschlurche bewohnen verschiedene Biotope auf der ganzen Welt mit Ausnahme der Polarregionen.

Haltung

Baumfrösche und andere Kletterer brauchen ein hohes Terrarium, Bodenbewohner eine große Bodenfläche. Das Terrarium darf nicht zu kalt, aber auch nicht zu warm werden. Die meisten Arten brauchen eine Temperatur von 18–26 °C, im Sommer sollte es nachts um 5 °C kühler sein. Viele Frösche, die im Terrarium gehalten werden, sterben während einer langen Hitzeperiode im Sommer. Stellen Sie das Terrarium an einen kühlen Platz oder kühlen Sie es entsprechend. Frösche und Kröten verstecken sich gerne, schaffen Sie deshalb genügend Unterschlupfmöglichkeiten. Männchen zeigen oft Territorialverhalten und stressen sich so gegenseitig. Frösche und Kröten sind eine Gefahr für alle Mitbewohner, die in ihr Terrarium gesetzt werden. Oft vertragen die anderen Tiere das giftige Hautsekret nicht, das Froschlurche produzieren. Dies gilt zum Teil sogar für Artgenossen. Wildfänge sind oft gestresst; solche Tiere brauchen, um zur Ruhe zu kommen, ein dunkles Terrarium.

Futter

Frösche und Kröten sind Karnivoren und können auch schnelle Beutetiere mit ihrer langen, vorschnellbaren Zunge oder im schnellen Vorwärtssprung (kombiniert mit einer kürzeren Zunge) packen. Verfüttern Sie lebende Beutetiere, die gut in das Froschmaul passen, zum Beispiel Insekten, kleine Nagetiere oder Regenwürmer. Bestäuben Sie das Futter mit Vitamin- und Mineralstoffpräparaten.

Geschlechtsunterschiede

Das Geschlecht ist bei vielen Arten, vor allem an subadulten Tieren, oft schwer zu bestimmen.

- Erwachsene Männchen sind meist kleiner als die Weibchen und manchmal greller gefärbt.
- Nur die Männchen produzieren Paarungsrufe. Ihre Schallblase ist im Ruhezustand an der dünnen, faltigen Kehlhaut zu erkennen. Die Männchen haben oft größere Trommelfelle als die Weibchen. Zur Abwehr (beim Anfassen) können auch die Weibchen Geräusche erzeugen.
- Bei vielen Arten, die sich bei der Paarung umklammern (Amplexus), hat das Männchen Brunstschwielen (verhornte Hautpolster) an Zehen, Vorderarmen, Brust, Bauch oder Kinn.
- Aus dem gleichen Grund haben Männchen oft längere und kräftigere Vorderbeine als Weibchen.

Die Vorderbeine eines Ochsenfroschweibchens (links) und eines Männchens der gleichen Art. Beim Männchen sind die Brunstschwielen erkennbar.

Kuba-Laubfrosch (Hyla septentrionalis)

Ein Grasfrosch (Rana temporaria) *inmitten seines Laichs*

- Die Männchen der Pfeilgiftfrösche haben an den Finger- und Zehenspitzen breitere Haftscheiben als die Weibchen.

Viele nachtaktive Froschlurche lassen sich nur anhand ihres Rufs aufspüren. Die Chance, dass nur Männchen verkauft werden, ist daher sehr groß.

Fortpflanzung

Bei fast allen Froschlurchen kommt es zu einer äußeren Befruchtung. Das Männchen umklammert das Weibchen von oben, genau hinter den Vorder- oder vor den Hinterbeinen. Während des Amplexus werden Eier und Spermien gleichzeitig (meist im Wasser) ausgestoßen.

Eiablage

Froschlurche legen ihre Eier als große Klumpen, Schnüre (Bufonidae), kleine Haufen oder einzeln ab. Einige Arten behalten Eier, Larven und manchmal sogar die jungen Frösche bei sich (Brutpflege). Viele Frösche legen ihre Eier nach einem Wasserwechsel (mit kaltem Wasser).

Zucht

Erwachsene Frösche neigen zum Kannibalismus. Geben Sie deshalb die Eier in ein separates Zuchtbecken mit einer Wassertemperatur von 18–22 °C. Hier ist Hygiene besonders wichtig.

Kaulquappen von Fröschen und Kröten sind meist Omnivoren (Allesfresser). Sie verzehren nach drei bis vier Tagen überwiegend pflanzliche Nahrung (Algen, Brennnessel- und Salatpüree, gekochten Spinat), aber auch gehackte Mückenlarven oder Regenwürmer und pulverisiertes Flockenfutter. Zur Kalziumversorgung legen Sie ein Stück Sepiaschale ins Wasser. Die Kaulquappen verschiedener Arten können gemeinsam aufgezogen werden (Ausnahme: Kaulquappen von Pfeilgiftfröschen).

Anfangs haben die Kaulquappen zwei Paar äußerer Kiemen. Mit Bildung der Kiemenhöhlen entwickeln sich innere Kiemen. Zum Ausstoßen der Atemluft dient meist ein Atemloch (Spiraculum) an der linken Kopfseite (Ausnahme: Larven der Schwanzlurche). Bei den Larven der Froschlurche entwickeln sich die Hinterbeine vor den Vorderbeinen (im Gegensatz zu jenen der Schwanzlurche). Die Vorderbeine brechen meist schnell durch ein Loch im Kiemensäckchen hervor. Legen Sie rechtzeitig einen Deckel auf das Terrarium! Manchmal gehen

Die Riesenkröte links im Bild wird falsch gehalten und bläht sich auf.

die Larven schon an Land, wenn die Vorderbeine gerade erst durchgebrochen sind und die Larven noch einen Schwanz besitzen. Bieten Sie flach ansteigende Ufer und Schwimmpflanzen wie *Pistia stratiotes* oder *Eichhornia crassipes* an.

Sobald der Schwanz resorbiert ist, kann man Springschwänze oder Fruchtfliegen verfüttern. Denken Sie an Vitamin- und Mineralstoffpräparate!

Verteidigung und Umgang

Frösche und Kröten versuchen zu fliehen oder nehmen eine Drohhaltung ein, indem sie zum Beispiel ihren Körper aufblähen. Die meisten Froschlurche können Hautsekrete ausscheiden. Diese (giftigen) Stoffe können, ebenso wie der Urin einiger Amphibienarten, Hautreizungen verursachen.

Frösche und Kröten fühlen sich oft schleimig an. Sie müssen vorsichtig behandelt werden, um Verletzungen zu vermeiden.

Fassen Sie Amphibien möglichst selten mit den Händen an: Lassen Sie die Tiere, ohne sie zu berühren, in eine Dose laufen beziehungsweise springen. Angefeuchtete Hände oder Handschuhe verhindern Hautreizungen. Waschen Sie sich nach dem Anfassen der Tiere immer gründlich die Hände.

Verpacken Sie Froschlurche in Plastikschalen mit feuchtem Papier und einem Stück Moos. Einige Amphibien müssen einzeln verpackt werden, da sie nicht mit dem Hautsekret von Artgenossen in Berührung kommen dürfen. Aquatische Amphibien geben Sie in einen Plastikbeutel mit wenig Wasser und viel Luft.

Entwischte Amphibien fangen Sie ein, indem Sie ein nasses Handtuch unter einen Kasten legen.

Familie Bufonidae (Echte Kröten)

Die bekanntesten Kröten gehören zur Gattung *Bufo,* wie *Bufo bufo* (Erdkröte) und *Bufo marinus* (Agakröte). Die Geburtshelferkröte, *Alytes obstetricans,* gehört zu den Scheibenzünglern (Discoglossidae), nicht zu den Echten Kröten.

Beschreibung

Kröten haben einen untersetzt gebauten Körper, der meist mit Warzen bedeckt ist. Die Gliedmaßen sind kurz und kräftig, Schwimmhäute fehlen meist. Die Männchen haben immer rudimentäre Ovarien (Biddersche Organe). Die Pupille ist horizontal. Kröten sind im Allgemeinen nachtaktiv.

BUFO MARINUS (AGAKRÖTE ODER RIESENKRÖTE)

Beschreibung

Bufo marinus ist eine bis 25 cm lange, 2 kg schwere, dunkel- oder graubraune Kröte. Auf dem Kopf befinden sich Knochenleisten. Die Ohrdrüsen (Paratoiden), zwei Giftdrüsen hinter den Augen, sind bei dieser Art sehr groß. Zur Verteidigung wird aus diesen Drüsen Bufotoxin ausgeschieden. Dieser Stoff ist sehr giftig und wegen seiner halluzinogenen Wirkung bekannt.

B. marinus ist eine der beiden giftigsten Krötenarten, ihr Toxin kann zu Herzstillstand führen.

Verbreitungsgebiet

Die Riesenkröte bewohnt in gemäßigten bis tropischen Gebieten von Süd-Texas bis Argentinien Wälder und Felder. Diese Art wurde, zum Beispiel in Australien, zur Bekämpfung des Zuckerrohrkäfers angesiedelt.

Haltung

Kröten sind normalerweise träge Tiere, die selten springen. Oft sind sie grabende Bodenbewohner, aber es gibt auch aquatische Arten.

Die Agakröte braucht mindestens 50 x 50 cm Bodenfläche mit einem ca. 10 cm tiefen, mäßig feuchten Bodensubstrat (Walderde, Torf-Sand-Mischung oder eine Schaumgummimatte).

Kröten baden und koten gerne in eine große Wasserschale. Reinigen Sie das Substrat, sobald es nach Ammoniak riecht. Die Temperaturen sollten bei 23–28 °C liegen.

Diese Riesenkröte scheidet über ihre Ohrdrüse Bufotoxin aus.

Bei dieser Agakröte (Bufo marinus) *sieht man deutlich die große Ohrdrüse (Paratoide).*

Futter

Agakröten fressen große Insekten, Regenwürmer, Nagetiere, Schnecken, kleinere Froschlurche (auch Artgenossen) und Fleischstückchen.

Geschlechtsunterschiede

Die Männchen sind kleiner und schlanker als die Weibchen. Sie haben Brunstschwielen an den Vorderbeinen. Manchmal ist die Schallblase sichtbar.

Fortpflanzung und Eiablage

Der Amplexus beginnt oft schon an Land, wonach die Tiere das Wasser aufsuchen. Die Männchen geben trillernde Rufe von sich.

B. marinus hält keinen Winterschlaf und legt bis zu zweimal jährlich maximal 20 000 Eier als Eischnüre in langsam fließendem oder stehendem Gewässer ab.

Zucht

Die Larven schlüpfen nach einigen Tagen und durchlaufen nach ein bis drei Monaten die Metamorphose. Sie sind mit ein bis zwei Jahren geschlechtsreif.

Verteidigung

Wenn Kröten gestört werden, drohen sie zunächst, indem sie dem Angreifer den Rücken zuwenden

Riesenkröten (Pärchen). Beim Männchen ist die Kehlhaut dunkler als beim Weibchen die Schallblase.

Bei der Agakröte (Bufo marinus) *haben nur die Männchen braune Brunstschwielen an den Fingern.*

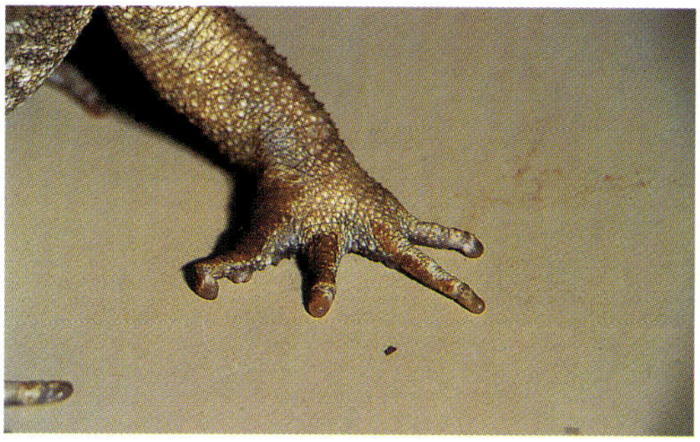

und sich aufblähen. Eventuell wird Bufotoxin ausgeschieden oder die Kröten urinieren auf die Hand. Tragen Sie Handschuhe!

Die Familie Ceratophrydae (Hornfrösche)

CERATOPHRYS ORNATA UND *C. CORNUTA* (SCHMUCK-HORNFROSCH UND SURINAM-HORNFROSCH)

Die Gattung *Ceratophrys* umfasst zehn Arten und gehörte früher zu den Leptodactylidae. *C. ornata* wird häufig angeboten.

Beschreibung

Diese großen Frösche haben einen kurzen Kopf auf einem runden Körper und kurze Beine. *C. cornuta* wird bis 20 cm groß, *C. ornata* bis 15 cm. Unter der Haut befinden sich verknöcherte Platten. Das Maul nimmt die halbe Breite des Körpers ein. Über jedem Auge befinden sich hornartige Hautfortsätze. Sie sind bei *C. ornata* wie kleine Knötchen, bei *C. cornuta* wie große spitze Zipfel geformt. Die Farbe variiert; meist sind die Tiere grün mit braunen, roten und schwarzen Flecken oder Streifen. Die Haut ist mit kleinen Warzen bedeckt.

Verbreitungsgebiet

C. ornata lebt in den Pampas (sumpfigen Grasländern) von Argentinien bis Süd-Brasilien.

C. cornuta bewohnt Tümpel in Regenwäldern von Nordost-Brasilien bis zu den Guayana-Staaten und West-Ecuador.

Haltung

Hornfrösche sitzen den ganzen Tag auf der Stelle und warten auf Beute; dabei wühlen sie sich halb in feuchten Boden ein (Torfmull, Torfmoos, Walderde). Wechseln Sie das Substrat regelmäßig, da reichlich Kot anfällt. Hornfrösche brauchen eine tiefe Substratschicht, eine Wasserschale und eine Temperatur von 25–28 °C. Sprühen Sie zweimal wöchentlich. Wenn es zu trocken wird, umhüllen sich die Hornfrösche mit einem Schleimkokon. Setzen Sie jeweils nur einen Frosch in ein Terrarium.

Futter

Dieses „Maul auf Beinen“ frisst viele große Insekten, Nagetiere, Regenwürmer und Fische. Achten

Schmuck-Hornfrosch (Ceratophrys ornata)

Surinam-Hornfrosch (Ceratophrys cornuta)

Sie darauf, die Tiere nicht zu überfüttern und gestalten Sie den Speiseplan abwechslungsreich.

Fortpflanzung und Eiablage

Die Zucht ist schwierig. Simulieren Sie eine Trockenzeit, indem Sie die Feuchtigkeit reduzieren und die Temperatur erhöhen. Die Frösche graben sich ein und umgeben sich mit einem „Kokon“. Nach acht Wochen werden Temperatur und Feuchtigkeit wieder erhöht. Die Tiere paaren sich nun und legen hunderte von Eiern im Wasserbecken ab.

Zucht

Die Jungen werden wie die Eltern versorgt. Sie sind vor und nach der Metamorphose kannibalisch. Sie fressen alles, was in ihr Maul passt.

Verteidigung

Hornfrösche besitzen meist zahnartige Kieferfortsätze und können den Pfleger schmerzhaft in den Finger beißen.

Die Familie Dendrobatidae (Baumsteigerfrösche)

Baumsteigerfrösche werden auch Farb-, Färber- oder Pfeilgiftfrösche genannt.

Schutzstatus: alle *Dendrobates-*, *Phyllobates-*, *Allobates-*, *Epipedobates-*, *Minyobates-* und *Phobobates-*Arten CITES/EU-Anhang B.

Die Familie besteht aus acht Gattungen mit mehr als 160 Arten tagaktiver Frösche. Vor allem die populären kleinen *Dendrobates-* und *Phyllobates-*

Arten mit ihren leuchtenden Warnfarben werden oft in Terrarien gehalten.
Südamerikanische Indianer streichen die Pfeile ihrer Blasrohre an der Haut von *P. terribilis* und *P. aurotaenia* entlang. Deshalb werden diese Frösche auch „Pfeilgiftfrösche" genannt. Selbst winzige Giftmengen, die in die Blutbahn gelangen, können einen Menschen töten!

Beschreibung

Baumsteigerfrösche werden meist 1–6 cm lang. Sie sind schlank und sehr farbenprächtig. Das Farbmuster kann (vor allem bei der Gattung *Dendrobates*) innerhalb einer Art stark variieren. Die acht Gattungen unterscheiden sich unter anderem durch Hautgift, relative Fingerlänge, Bezahnung und durch das Fortpflanzungsverhalten. Die meisten Arten haben keine Schwimmhäute zwischen den Zehen. Pfeilgiftfrösche besitzen auf der Oberseite der Fingerspitzen Haftscheiben.
Die Gattung *Dendrobates* hat stark verbreiterte Fingerspitzen; der erste Finger ist kürzer als der zweite. Bei *Epipedobates*- und *Phyllobates*-Arten sind diese Finger gleich lang und haben mäßig verbreiterte Fingerspitzen. Bei letzterer Gattung zeigen die jungen Tiere orangefarbene oder gelbe Streifen vom Auge bis zum Schenkel. Die Schenkel sind hellgrün oder metallisch blau gefleckt. *Colostethus*-Arten sind hauptsächlich braun gefärbt. Die Tiere sind nicht scheu, zeigen ein drolliges Verhalten und pfeifen viel.
Die meisten Baumsteigerfrösche leben in Mittel- und Südamerika auf dem Boden, an Ufern oder maximal in wenigen Metern Höhe. Einige Arten leben ausschließlich in Baumkronen. Viele Spezies sind heute aufgrund der Eingriffe in das Ökosystem Regenwald in ihrer Existenz bedroht.
Im Folgenden finden Sie einige Arten, die auch für den unerfahrenen Terrarianer geeignet sind:
Der Goldbaumsteiger *(Dendrobates auratus)* ist meist grünschwarz oder graubraun, wobei das Grün in Form von Querbändern, Flecken oder Pünktchen am Körper und an den Beinen auftritt. Die Tiere der Population von Taboga haben einen goldenen Glanz, dem sie ihren Namen verdanken. Eine Population aus Panama trägt schwarze und blaue Querbänder. Sie wird 3–4 cm lang.
Die gelbschwarze Art *D. leucomelas* ist territorial. Dieser ca. 4 cm lange zutrauliche Frosch kreuzt sich

Dendrobates ventrimaculatus

Dendrobates tinctorius

mit *D. tinctorius* und *D. auratus;* diese Spezies sollten daher nicht zusammen gehalten werden.
D. quinquevittatus wird bis 2,5 cm lang. Diese Art trägt je nach Population auf schwarzem Untergrund gelbe, grüne oder orangefarbene Längsstreifen mit einigen Querverbindungen. Die Beine sind in den Farben Schwarz, Rot, Grün oder Blau gefleckt oder marmoriert.
Einige Arten haben einen orangefarbenen oder gelben Kopf *(D. fantasticus)* oder Rücken *(D. reticulatus). D. arboreus* lebt ausschließlich in Baumkronen.
D. ventrimaculatus wird am häufigsten gehalten. Er wird 1,5–2,2 cm lang und trägt gelbe Längsstreifen auf schwarzem Untergrund.
Die meist gelbschwarzblaue Art *D. tinctorius* weist viele Farbspielarten auf. Die Weibchen werden maximal 6 cm lang.
Epipedobates tricolor wird bis 2,5 cm lang und ist rotbraun mit gelber, grüner oder weißer Streifenzeichnung. Diese Art ist eine ausgezeichnete Wahl für den unerfahrenen Terrarianer.
Phyllobates vittatus ist schwarz mit zwei orangefarbenen Längsstreifen und blauschwarz marmorierten Beinen. Diese Art wird maximal 3 cm lang.

Verbreitungsgebiet

Dendrobates auratus ist von Nicaragua bis Panama anzutreffen, *D. leucomelas* kommt in Venezuela vor, *D. quinquevittatus* stammt aus Peru, Ecuador, Kolumbien, Brasilien und Französisch-Guayana und *D. tinctorius* ist in Nordbrasilien, Surinam und Französisch-Guayana beheimatet.
Epipedobates tricolor findet man von Südwest-Ecuador bis Peru.
Phyllobates vittatus bewohnt das pazifische Tiefland im Süden Costa Ricas.

Haltung

Die Männchen verteidigen Territorien, die einige Meter umfassen. Die Weibchen (mit kleineren Territorien) fressen oft die Eier eines benachbarten Weibchens auf.
Ein Pärchen braucht ein Paludarium mit den Mindestmaßen 50 x 40 x 40 cm. Der Boden muss Feuchtigkeit speichern können, darf aber nicht nass sein. Bromelien, Filmdosen (zur Hälfte mit Wasser gefüllt) oder halbierte Kokosnussschalen auf Petri-

Dendrobates tinctorius *hat viele Farbvarianten; hier ein Exemplar aus Oyapogne (Französisch-Guayana)*

schalen dienen den Tieren als Verstecke oder Eiablageplätze.

Die rF sollte 80–100 % betragen. Sprühen Sie regelmäßig; das Sprühwasser sollte eine Temperatur von 25–30 °C haben. Sie können auch einen Wasserfall oder eine Beregnungsanlage im Terrarium installieren, um die hohe rF aufrecht zu halten. Belüften Sie Leitungswasser 24 Stunden lang, um Chlor abzubauen.

Die meisten Baumsteigerfrösche fühlen sich bei Tagestemperaturen von 22–24 °C wohl. Achten Sie darauf, dass die Werte nicht über 28 °C steigen. Senken Sie sie nachts auf 18–22 °C. Die Wassertemperatur sollte bei 23 °C liegen.

Bergbewohner wie *Epipedobates tricolor* müssen kühler gehalten werden. Sie benötigen tagsüber eine Temperatur von 20–22 °C und nachts 18–20 °C.

Mit Ausnahme von *Colostethus*- und *Aromobates*-Arten tragen alle Pfeilgiftfrösche zur Verteidigung stark giftige Sekrete in der Haut. Baumsteigerfrösche, die in Gefangenschaft leben und ihrer, aus giftigen Insekten bestehenden Naturkost beraubt sind, verlieren im Lauf der Zeit ihre Giftigkeit. Dennoch sollte man die Tiere möglichst selten anfassen.

Pfeilgiftfrösche zeigen Territorialverhalten. Sie ringen und kämpfen, auch mit Vertretern anderer Arten. Ein gestresster, toter oder hochgiftiger Frosch ist deshalb im Terrarium eine Gefahrenquelle für Mitbewohner (auch für Artgenossen). Am besten halten Sie in einem Terrarium nur eine Art.

Filmdose und Kokosnussschalen auf Petrischalen dienen als Verstecke und Eiablageplätze.

Wer trotzdem mehrere Spezies vergesellschaften möchte, kann eine bodenbewohnende Art, zum Beispiel *D. tinctorius, D. auratus* oder *P. vittatus,* mit einer kletternden wie *D. quinquevittatus* halten.

Auch die Vergesellschaftung bodenbewohnender Pfeilgiftfrösche mit klein bleibenden Laubfröschen, Kröten und Eidechsen ist möglich, wenn diese aus feuchten Biotopen kommen und das Terrarium zusätzlich einen warmen, trockenen Bereich aufweist.

Futter

Frucht- und Stubenfliegen, Heuschrecken, Wiesenplankton, junge Bänder- und Steppengrillen, kleine Wachsmotten und ihre Larven. Baumsteigerfrösche fressen in der Natur zwar Ameisen, doch europäische Arten eignen sich nicht als Futter. Einige Dendrobatiden, zum Beispiel *D. tinctorius,* sind bei schlechter Fütterung sehr anfällig für Krankheiten. Eine schlechte Kondition der Eltern, zum Beispiel durch unzureichende Aufnahme von Vitaminen und Mineralstoffen, ist die häufigste Ursache für so genannte „Streichholzbeine" bei Fröschen, die sich gerade umgewandelt haben. Jede Zucht mit schwächlichen Exemplaren sollte vermieden werden. Wenn die Frösche ihre Larven zum Wasser bringen können, was dem natürlichen Brutverhalten entspricht, kommen weniger Streichholzbeine vor.

Geschlechtsunterschiede

Die Weibchen sind 2–5 mm länger und rundlicher als die Männchen. Diese haben manchmal größere Haftscheiben an den Zehen, die so aussehen, als ob sie nicht aus einer, sondern aus zwei Scheiben bestehen würden. Manchmal weist die Schallblase der Männchen „Abnutzungsflecken" auf. Bei Männchen von *D. tinctorius* und *D. azureus* sind die zweiten und dritten Zehen dicker.

Fortpflanzung und Eiablage

Durch Flöten, Trillern oder Zirpen, auffälliges Verhalten und rituelle Umklammerung verteidigen die Männchen ihr Territorium und locken Weibchen an. Wenn die rF hoch ist (Regenzeit), führt das Männchen seine Partnerin an einen dunklen, feuchten, glatten Eiablageplatz. Dies kann ein Blatt, eine Filmdose, ein Schälchen unter einer Kokosnussschale oder ein Blumentopf sein. Nach einem „Tanz" legen einige Arten zwei bis drei Eier, andere bis zu 25. Danach ergießt das Männchen sein Sperma auf die Eier.

Männchen und Weibchen bewachen und befeuchten die Eier. Nach ein bis zwei Wochen trägt (meist) das Männchen die Kaulquappen auf seinem Rücken in ein stehendes Gewässer, eine Pfütze, einen Behälter oder zur Blattachsel einer Bromelie. Der Transport des Geleges kann eine Woche dauern. Dank des großen Eidotters können die Larven ohne zusätzliche Nahrung überleben. Dieses Fortpflanzungsverhalten hat zahlreiche Varianten. Bei *D. quinquevittatus* finden Befruchtung und Eiablage im Wasser einer Bromelienachsel statt.

Im Terrarium sollte sich das natürliche Brutverhalten entfalten können. Wenn dies nicht gelingt, kann man Eifraß durch andere Frösche und Schimmelpilzinfektionen vermeiden, indem man die Eier einige Stunden oder Tage nach der Ablage entfernt. Mit der dunkleren Seite nach oben werden sie an einen dunklen Platz in ein Schälchen mit einem Wasserstand von 1 mm (Temperatur: 22–23 °C) gelegt. Erhöhen Sie den Wasserstand auf 1–2 cm, wenn die Larven schlank geworden sind und sich lebhaft im Ei hin und her bewegen. Entfernen Sie weißliche unbefruchtete Eier. Befruchtete Eier sind heller und nach sieben bis 18 Tagen entwickelt.

Epipedobates tricolor legt alle zehn bis 14 Tage 15–25 Eier, bevorzugt auf ein Bromelienblatt oder in eine Filmdose. Nehmen Sie die Eier nicht aus dem Terrarium. Sie entwickeln sich bei einer Tagestemperatur von 22 °C binnen 15 Tagen und werden vom Männchen zum Wasser getragen. Die Metamorphose erfolgt nach ca. zwei Monaten.

Zucht

Ziehen Sie geschlüpfte *Dendrobates*-Larven in Glas- oder Plastikgefäßen bei einer Temperatur von 22–24 °C auf. Halten Sie die Tiere getrennt, um Kannibalismus zu vermeiden. Die omnivoren oder herbivoren Larven von *Phyllobates, Colostethus*

Dendrobates leucomelas, *Pärchen*

Dendrobates azureus

Männchen von Epipedobates tricolor *bei den Eiern*

und *Epipedobates tricolor* können gruppenweise in kleinen Aquarien aufgezogen werden.
In den ersten drei bis vier Tagen fressen die Larven noch nichts. Verfüttern Sie anschließend fein geriebenes Aquarienflockenfutter, gehackte Regenwürmer oder Tubifex, Wasserflöhe, Grindalwürmchen, Algen oder andere pflanzliche Nahrung. Wechseln Sie alle zwei Tage das Wasser. Verwenden Sie weiches, fast pH-neutrales Wasser, das mindestens 24 Stunden belüftet wurde. Putzen Sie einzellige Tiere und Algen nicht von den Scheiben.
Sie können Baumsteigerfrösche auch in größeren Anlagen halten, in denen mehrere Becken mit einer perforierten Unterseite in einer großen Wasserschale stehen. Ein biologischer Filter säubert das Wasser, das unter den Becken fließt. Die perforierten Gefäße können auch an der Oberfläche eines Aquariums mit gefiltertem Wasser treiben. Schimmelpilz- oder Bakterieninfektionen können mit wenig Methylenblau oder Malachitgrün bekämpft werden.
Zuerst entwickeln sich bei den Larven die Hinterbeine und die Färbung. Setzen Sie die Larven nach acht bis 20 Wochen, wenn sich die Vorderbeine zeigen, in ein kleines abgedecktes Terrarium mit guten Möglichkeiten, an Land zu gelangen, denn die jungen Frösche ertrinken leicht.
Legen Sie feuchtes Moos, Torf oder Kork auf den Boden und verwenden Sie eine Filmdose als Unterschlupf.
Füttern Sie die jungen Frösche mit kleinen Heuschrecken, Blattläusen, Fruchtfliegen und Grillen, sobald der Schwanz resorbiert worden ist.
Die Tiere sind mit einem halben bis zwei Jahren geschlechtsreif und werden je nach Art zwischen drei und 15 Jahre alt.

Verteidigung

Das stark alkalische Hautgift von Baumsteigerfröschen bleibt bei Wildfängen nicht lange wirksam. Nachzuchten produzieren nahezu kein Gift mehr, da ihnen die giftigen Stoffe, die sie mit dem heimatlichen Futter (hauptsächlich Ameisen und Termiten) aufnehmen, fehlen.
Das Gift wird erst gefährlich, wenn es in die Blutbahn gelangt. Im Organismus des Froschs wehrt es Parasiten, Krankheiten (Schimmelpilze, Bakterien) und Räuber ab.
Nur das Gift von *Phyllobates terribilis, P. bicolor* und *P. aurotaenia* kann selbst einen Menschen töten. Diese Arten sind in Kolumbien beheimatet. *Colostethus*-Arten besitzen kein alkalisches Hautgift.

Umgang

Lesen Sie hierzu den entsprechenden Abschnitt auf S. 275.
Zeigen Sie Respekt vor den Tieren und gehen Sie vorsichtig mit ihnen um, damit Sie Reizungen der Schleimhaut vermeiden. Waschen Sie Ihre Hände nach dem Anfassen der Tiere gründlich. Baumstei-

Die Larve eines Pfeilgiftfroschs in einem Glas

Dendrobates lehmanni

Epipedobates tricolor, *Weibchen*

gerfrösche sind anfällig für Stress und können vor Schreck tot umfallen (manchmal verfallen sie allerdings nur Schreckstarre).

Die Familie Discoglossidae (Scheibenzüngler)

Zur Familie der Scheibenzüngler zählt die Gattung *Bombina,* die aus vier Arten besteht und bei Terrarianern sehr beliebt ist.
B. bombina (Rotbauchunke) und *B. variegata* (Gelbbauchunke) werden bis 5 cm lang. *B. orientalis* (Chinesische Rotbauchunke) erreicht eine Länge von 7 cm und *B. maxima* (Riesenunke) ist mit bis 9 cm die größte Art dieser Gattung.

BOMBINA ORIENTALIS (CHINESISCHE ROTBAUCHUNKE)

Diese reizende, lebhafte und hübsche Unke ist problemlos zu halten und leicht zu züchten. Sie ist für den unerfahrenen Terrarianer bestens geeignet.

Beschreibung

Die Chinesische Rotbauchunke hat einen grünlichen Rücken mit schwarzen Flecken. Der Bauch ist zinnoberrot (bei Nachzuchten meist gelborange) mit grauen bis blauschwarzen Flecken. *B. orientalis* hat große Schwimmhäute zwischen den Zehen. Das Trommelfell ist kaum sichtbar.

Verbreitungsgebiet

Chinesische Rotbauchunken bewohnen kühle, stehende und langsam fließende Gewässer in China, Korea und Ost-Sibirien.

Haltung

Die Tiere sind nicht sehr anspruchsvoll und können gut in einem Aquaterrarium, Riparium oder Paludarium gehalten werden. Sie brauchen sauberes Wasser (Filter oder Wasserwechsel). Ein zu starker Filter kann junge Unken oder Larven ansaugen. Die kleinen Unken wechseln häufig zwischen Wasser- und Landteil hin und her. Das Substrat des Landteils sollte aus lockerem Sandboden mit Torfmoosauflagen bestehen.
B. orientalis verträgt keine Temperaturen über 30 °C, kann aber bis 5 °C überleben. Im Sommer können Sie die Tiere auch in den Gartenteich setzen.

Geschlechtsunterschiede

Die Männchen sind kleiner als die Weibchen und haben kleine Brunstschwielen am Daumen. In Paarungsstimmung ertönen ihre Rufe. Sie haben außerdem längere und kräftigere Vorderbeine.

Fortpflanzung und Eiablage

B. orientalis hält bei einer Temperatur von 5–15 °C eine Winterruhe. Stellen Sie den Tieren Blätter und Moos zur Verfügung, damit sie sich darin verstecken können. Nach der Winterruhe springen die Männchen alles an, was ungefähr gleich groß ist, und sind so eine Gefahr für einige Laubfrösche.
Tiere in guter Verfassung legen (vor allem nach einem Wasserwechsel mit kaltem Wasser) ca. 100 Eier, die sie überall anheften oder einfach auf dem Boden ablegen.

Zucht

Die Zucht ist unproblematisch. Erwachsene Tiere fressen die Jungen auf; setzen Sie sie deshalb in ein eigenes Terrarium.

Verteidigung

Gestörte Unken tauchen zum Aquariumboden ab. An Land legen sie sich auf den Rücken.

Die Familie Hylidae (Laubfrösche)

Diese Familie besteht aus ungefähr 600 Arten meist nachtaktiver Laubfrösche. Bekannte Gattungen sind *Hyla, Phyllomedusa, Agalychnis* und *Litoria.*

Beschreibung

Laubfrösche haben verbreiterte Fingerkuppen, die als Saugnäpfe dienen. Das Trommelfell ist sichtbar. Sie haben ein breites Maul und große Augen.
Tagsüber kleben sie meist an einem Blatt oder an der Scheibe des Terrariums. Ihre grüne Oberseite stellt eine perfekte Tarnung dar. Arten, die oft auf Ästen oder Rinde sitzen, sind meist braun. Wenn am Tag gefüttert wird, sind die meisten Spezies auch tagsüber aktiv.

Verbreitungsgebiet

Laubfrösche kommen fast auf der ganzen Welt vor. Ausnahmen bilden die Polargebiete und Afrika süd-

Chinesische Rotbauchunke (Bombina orientalis)

Chinesische Rotbauchunke (Bombina orientalis)

Dieser Rotaugen-Laubfrosch hält sich mit seinen Saugnäpfen an der Glasscheibe des Terrariums fest.

lich der Sahara. Auch im Raum von Indien bis Süd ostasien sind sie nicht beheimatet.

Haltung

Laubfrösche leben hauptsächlich auf Bäumen und brauchen ein hohes Terrarium. Die Größe des Terrariums hängt von der Aktivität und vom Territorialverhalten der jeweiligen Art ab. Bepflanzen Sie das Terrarium mit großblättrigen Pflanzen der Gattungen *Croton, Cyperus, Dracaena, Marantha, Philodendron* oder *Vriesea.*

Einige große Blätter sollten knapp über dem relativ großen Wasserteil hängen. Je nach Art muss das Wasser erwärmt werden.

Futter

Insekten und nachtaktive Wachsmotten sind ideal.

Die Männchen haben oft eine deutlich sichtbare Schallblase, beim Bellenden Laubfrosch (Hyla gratiosa) *ist sie gelb.*

Geschlechtsunterschiede

Die Männchen sind kleiner als die Weibchen und haben oft eine deutlich sichtbare, unpaare Schallblase unter der Kehle. Bei einigen *Hyla*-Arten tragen die Männchen an einem Finger einen Dorn.

Fortpflanzung und Eiablage

Viele Laubfrösche legen während einer Regenzeit nach einer trockenen Periode Eier. Diese Saison wird durch regelmäßiges Sprühen oder mittels einer Beregnungsanlage simuliert.

AGALYCHNIS CALLIDRYAS (ROTAUGEN-LAUBFROSCH)

Die attraktiven und populären Frösche sind für unerfahrene Terrarianer nicht geeignet.

Ein erwachender Rotaugen-Laubfrosch (Agalychnis callidryas)

Beschreibung
Die Gattungen *Agalychnis* und *Phyllomedusa* gehören zur Unterfamilie Phyllomedusinae und stellen ähnliche Haltungsansprüche. Ihr Körper und ihre Beine sind schlank, die Schwimmhäute klein, die Haftscheiben mäßig groß. Finger und Zehen, mit denen sie eher klettern als springen (vor allem die Gattung *Phyllomedusa),* stehen einander gegenüber. Die Gattung *Agalychnis* zeigt je nach Herkunft Farbvarianten. Die Grundfarbe ist Grün. Die Iris ist feuerrot. An den Flanken verlaufen gelbblaue Streifen (bei Wildfängen sind diese oft greller als bei Nachzuchten).
Der Rotaugen-Laubfrosch ist nachtaktiv und zeigt ein faszinierendes Verhalten, wenn er aufwacht: Er reibt sich die Augen und „gähnt".

Verbreitungsgebiet
Feuchte und warme Waldgebiete von Südmexiko bis Panama. Isolierte Populationen bewohnen Küstenstreifen und Tiefebenen.

Haltung
Der Rotaugen-Laubfrosch braucht aufgrund seines territorialen Verhaltens und zur Fortpflanzung ein großes Terrarium (zum Beispiel ein Kalthaus). Die Männchen sollten mindestens 50 cm Abstand zueinander halten können. Ein Pärchen wird in einem Terrarium mit den Mindestmaßen 100 x 50 x 100 cm gute Zuchtresultate liefern.
Tiere aus Mexiko benötigen eine Tagestemperatur von 22–28 °C, die südlicheren Arten 20–25 °C. Simulieren Sie eine Regenzeit. Das Wasser im Wasserteil muss schwach sauer sein.

Futter
Verfüttern Sie große Wachsmotten, Grillen, Fliegen und Wiesenplankton in ausreichenden Mengen.

Geschlechtsunterschiede
Die Männchen werden 5,5 cm, die Weibchen 7 cm lang. Sie sind fülliger als die Männchen und haben von oben gesehen ein stumpferes Maul. Beide Geschlechter stecken quakend ihr Territorium ab, aber nur das Männchen stößt einen Paarungsruf aus.

Fortpflanzung und Eiablage
A. callidryas paart sich während der Regenzeit. Im Amplexus klettert ein Pärchen oder Trio ins Wasser. Das Weibchen nimmt Wasser auf, klettert nach oben, legt die Eier auf ein Blatt und befeuchtet sie mit dem aufgenommenen Wasser. In einer Paarungsnacht kann ein Weibchen bis zu fünf Gelege mit insgesamt 250 Eiern produzieren. Diese sind 2–3 mm groß und blaugrün gefärbt. Besprühen Sie die Eier nicht, aber halten Sie das Terrarium feucht.

Zucht
Die Larven schlüpfen nach sieben Tagen und sind ca. 12 mm lang. Sie werden in kleinen Gruppen in 10–15 cm hohem Wasser aufgezogen. Sie fressen Mikroorganismen von der Wasseroberfläche, Flockenfutter, Brennnesselpulver und Plankton. Die Metamorphose erfolgt nach 40–50 Tagen, wenn die Larven 4,5–5 cm messen. Die 2,5 cm langen Frösche färben sich erst nach einigen Monaten um.

PHYLLOMEDUSA HYPOCHONDRIALIS (MAKI-LAUBFROSCH)

Beschreibung
Diese bis 4 cm langen Frösche haben tagsüber meist einen grünen Rücken, nachts ist er oft braun. Die Beine sind an der Innenseite orangeschwarz gestreift. Die ersten beiden Finger beziehungsweise Zehen stehen den anderen gegenüber. Mit diesen Greifhänden umfassen die Frösche Zweige und Stängel.
Die Kaulquappen der Unterart *P. h. azurea* haben einen blauen Schwanz.

Verbreitungsgebiet
Diese Baumbewohner leben in Wald- und Savannengebieten mit ausgeprägten trockenen und feuchten Jahreszeiten im nördlichen und mittleren Südamerika (bis zum Ostrand der Anden).

Haltung
In einem üppig bepflanzten tropischen Regenwaldterrarium brauchen die Männchen Territorien mit einem Durchmesser von mindestens 50 cm. Die Temperatur sollte 23–28 °C betragen. Sorgen Sie für eine gute Belüftung und eine nicht zu hohe rF.

Geschlechtsunterschiede
Die Männchen sind kleiner, schlanker und weniger füllig als die Weibchen.

Ein erwachsener Rotaugen-Laubfrosch (Agalychnis callidryas)

Dieser ruhende Phyllomedusa hypochondrialis *ist noch braun, kann sich aber binnen kurzem grün umfärben.*

Maki-Laubfrosch (Phyllomedusa hypochondrialis)

Korallenfinger (Litoria caerulea)

Fortpflanzung und Eiablage

Die Zucht ist nicht einfach. Eine nasse, kühle Periode von drei Monaten, gefolgt von einer trockenen, warmen Phase stimuliert die Frösche zur Paarung. Nach einer mehrtägigen Umklammerung werden 40–80 befruchtete Eier und einige hundert „Wasserreservoireier" (Schutz gegen Austrocknung) auf einem großen Blatt über dem Wasser abgelegt. Das Blatt wird tütenförmig zusammengeklebt. Wenn man es öffnet, sterben die Eier ab. Halten Sie die Tiere nach der Paarung trockener, um Schimmelpilz- und Bakterieninfektionen zu vermeiden.

Zucht

Die Larven schlüpfen nach ungefähr acht Tagen. Sie fressen Flockenfutter, blanchiertes Gemüse und Algen. Etwa 50 Tage später wandeln sie sich um.

LITORIA CAERULEA (KORALLENFINGER)

Beschreibung

Dieser problemlos zu haltende, populäre Frosch ist grün, grünblau oder braun; seine Haut ist wachsartig. Vom Auge zum Ansatz der Vorderbeine zieht sich eine Hautfalte.

Verbreitungsgebiet

L. caerulea lebt an Tümpeln und in Wäldern Nord- und Ostaustraliens sowie Neuguineas. Die Tiere genießen von April bis November eine trockene Saison, ansonsten ist es stets feucht.

Haltung

Für eine kleine Gruppe von bis zu sechs Tieren benötigen Sie ein Terrarium mit den Mindestmaßen 80 x 40 x 60 cm. Richten Sie es mit kräftigen Zweigen und robusten Pflanzen ein. Als Substrat dienen Laub und Buchenrindenschnitzel. Sorgen Sie für eine gute Belüftung, aber vermeiden Sie Zugluft. Die Frösche brauchen tagsüber eine Temperatur von 26–32 °C, nachts 20–24 °C. Achten Sie darauf, dass sie nicht auf eine heiße Lampe springen können, um Verbrennungen zu vermeiden. Die Tiere sollten in einer großen Wasserschale baden können. Die rF sollte bei 50–60 % liegen. Besprühen Sie das Terrarium einmal täglich mit wenig Wasser.

Futter

Die Frösche können Tag und Nacht (von Hand) mit Insekten, Regenwürmern und toten, bewegten Mäu-

Korallenfinger (Litoria caerulea)

sen gefüttert werden. Achten Sie darauf, dass die Tiere nicht verfetten.

Geschlechtsunterschiede

Die Männchen sind kleiner als die Weibchen, lassen manchmal eine Schallblase sehen und stoßen einen lauten Paarungsruf aus.

Fortpflanzung und Eiablage

Erhöhen Sie nach einer trockenen Saison die rF auf 70–85 %, indem Sie öfter sprühen. Die Tiere werden nach einigen Wochen, wenn sie Umklammerungsversuche unternehmen, in ein feuchtes Terrarium mit einer Beregnungsanlage gesetzt. Das Wasser muss 5 cm hoch stehen. Innerhalb weniger Tage werden mehrere hundert Eier gelegt; die Larven schlüpfen nach einem bis drei Tagen. Sie sind Omnivoren (Allesfresser). Nach fünf bis zehn Wochen findet die Metamorphose statt. Die jungen Frösche wachsen schnell.

Umgang

L. caerulea ist ein ruhiger Frosch. Fassen Sie die Tiere möglichst selten an.

Die Familie Pipidae (Zungenlose Frösche)

Diese Familie besteht aus vier Gattungen: *Pipa* (sieben Arten; Wabenkröten aus Südamerika), *Xenopus* (15 Arten; Krallenfrösche aus Mittel- und Südafrika), *Hymenochirus* und *Pseudhymenochirus* (vier beziehungsweise eine Art; Zwergkrallenfrösche aus Mittel- und Südafrika).

Beschreibung
Diese flachen, grauen bis braunen Frösche leben überwiegend aquatisch. Sie haben Schwimmhäute zwischen den Hinterbeinen und Augen ohne Augenlider (Ausnahme *Pseudhymenochirus*). Die Zunge fehlt.

Haltung
Halten sie Zungenlose Frösche in Aquarien mit einer Wassertemperatur von 10–32 °C. Die Tiere müssen ungefähr gleich groß sein, um Kannibalismus zu vermeiden.

Futter
Tubifex, (zerhackte) Regenwürmer, Wasserflöhe und andere Wassertierchen, gehacktes Fleisch, kleine Fische (nicht für Zwergkrallenfrösche) und Amphibieneier. Verfüttern Sie so viel, wie die Tiere innerhalb von fünf bis zehn Minuten fressen können. Übrig gebliebenes Futter entfernen Sie.

Geschlechtsunterschiede
Die Weibchen tragen drei Papillen an der Kloakenöffnung. Vor allem bei *Xenopus* sind sie deutlich als Röhren zwischen den Hinterbeinen zu erkennen.

Fortpflanzung und Eiablage
Die Männchen umfassen die Weibchen unmittelbar vor den Hinterbeinen. Legen Sie ein Drahtgeflecht auf den Boden, durch das zwar die Eier, aber nicht die Tiere fallen können. So vermeiden Sie, dass der Laich aufgefressen wird.

Zwergkrallenfrosch (Hymenochirus boettgeri)

Umgang
Zum Transportieren fangen Sie die Frösche mit einem Kescher und setzen sie in einen Beutel mit wenig Wasser und viel Luft.

HYMENOCHIRUS BOETTGERI (ZWERGKRALLENFROSCH)

Der Zwergkrallenfrosch wird immer wieder angeboten, auch für Gemeinschaftsaquarien mit Fischen. Es gibt drei Unterarten: *H. boettgeri boettgeri, H. b. feae* und *H. b. camerunensis.*

Beschreibung
Der Rücken dieser braungrauen Froschart ist mit stachligen Knötchen und braunen Punkten übersät. Die Männchen werden bis 3,5 cm, die Weibchen bis 4 cm lang. Die Tiere haben Schwimmhäute zwischen Zehen und Fingern, Krallen an drei Zehen und einen kleinen spitzen Kopf.

Verbreitungsgebiet
Zwergkrallenfrösche bewohnen in Westafrika stehende Gewässer mit üppigem Bewuchs und weichem, schwach saurem bis neutralem Wasser.

Haltung
Stellen Sie ein Aquarium mit mindestens 5 l Wasser pro Frosch und Sand oder Kies als Substrat zur Verfügung. Steine und Pflanzen dienen als Verstecke, lassen Sie aber genügend Freiraum zum Schwimmen. Die Tiere brauchen auch einen kleinen Landteil. Das Aquarium muss dicht geschlossen sein, sonst klettern die Frösche heraus.
Stellen Sie den Behälter an einen sonnigen Platz oder beleuchten Sie es gut, nur dann werden sich die Tiere paaren. Sie sonnen sich gerne, halb unter Wasser, in der Nähe einer Glühlampe oder eines Strahlers und ruhen auf Pflanzen oder Gegenständen. Halten Sie die Wassertemperatur bei 23–30 °C.

Geschlechtsunterschiede
Erwachsene Weibchen sind größer und fülliger als die Männchen, die eine deutlich sichtbare Schwellung hinter den Vorderbeinen haben.

Fortpflanzung und Eiablage
Kühles, frisches Wasser und das Zusammensetzen sonst getrennt lebender Zuchttiere stimulieren zur

Krallenfrosch (Xenopus laevis). *Beim Weibchen sind zwischen den Hinterbeinen die Kloakenlippen deutlich zu sehen.*

Das Aquarium muss dicht schließen, um Ausbruchsversuche zu verhindern.

Zwergkrallenfrosch (Hymenochirus boettgeri)

Surinamische Wabenkröte (Pipa pipa)

Paarung. Während der Umklammerungsversuche zirpen die Männchen. Sie umfassen die Weibchen im Hüftbereich. Der ein bis zwei Tage dauernde Amplexus kann sich wochenlang wiederholen, bevor es zum Ablaichen kommt. Die Weibchen setzen 100–200 Eier ab, die Sie entfernen müssen, damit die Elterntiere sie nicht auffressen. Nach einigen Tagen kann das Weibchen erneut Eier absetzen. Verhindern Sie, dass es sich dabei erschöpft.

Zucht

Der pH-Wert des Wassers ist für die Zucht nicht relevant. Bei einer Temperatur von 26 °C schlüpfen die Kaulquappen nach zwei Tagen. Die 4 mm langen braunen Larven schwimmen in den ersten Tagen an der Oberfläche. Mit ihren großen Augen suchen sie einzellige Tiere, zum Beispiel Infusorien, die man in einem gesonderten Behälter kultivieren kann. Die Metamorphose beginnt, wenn die Larven 15 mm lang sind und ist nach fünf bis acht Wochen abgeschlossen.

Die Jungtiere sind mit 12–18 Monaten geschlechtsreif.

Verteidigung

Bei Gefahr können Zwergkrallenfrösche in eine Art Schreckstarre verfallen.

PIPA PIPA (SURINAMISCHE WABENKRÖTE)

Beschreibung

Diese bis 20 cm lange, graubraune, flache Kröte hat einen rechteckigen Körper und einen dreieckigen Kopf. Die Finger enden in sternförmigen Sinnesorganen, Krallen fehlen. Die nachtaktiven Tiere tragen Schwimmhäute zwischen den Zehen.

Verbreitungsgebiet

Wabenkröten bewohnen langsam fließende und stehende Gewässer im Norden Südamerikas und im Amazonasbecken (auch im Kulturland).

Haltung

Zwei bis drei Exemplare brauchen ein mindestens 80 x 40 x 60 cm großes, nicht zu stark beleuchtetes Aquarium mit vielen Verstecken. Wegen des Paarungsrituals muss das Becken hoch sein. Die Wassertemperatur sollte bei 25–30 °C liegen. Verwenden Sie gute Filteranlagen für diese Vielfraße. Lassen Sie die Tiere nicht verfetten.

Geschlechtsunterschiede

Die Männchen haben eine sichtbare Schallblase und dunkle, 2 cm lange Brunstschwielen an den Hinterbeinen.

Fortpflanzung und Eiablage

Während einer Reihe von „Unterwasser-Saltos“ legt das Weibchen 100–300 Eier zwischen ihren Rücken und den Bauch des sie umklammernden Männchens. Nach der Befruchtung werden die Eier in Poren der Rückenhaut geschoben. Innerhalb von 24–36 Stunden sind die Eier von der Haut überwuchert. In diesen Brutkammern auf dem Rücken des Weibchens entwickeln sich binnen drei bis fünf Monaten fast 2 cm lange Jungkröten

Das Weibchen ist nach dem Entlassen der Jungen sehr mitgenommen und muss optimal gefüttert werden. Die Jungen sind mit einem bis eineinhalb Jahren bei einer Länge von 12–15 cm geschlechtsreif.

XENOPUS LAEVIS (KRALLENFROSCH)

Dieser Frosch ähnelt bezüglich des Äußeren, der Haltungsansprüche und der Fortpflanzung *Hymenochirus boettgeri.*

Beschreibung

Diese bis 10 cm langen graubraunen Frösche mit dunklen Flecken haben eine glatte Haut und Krallen an den innersten drei Zehen. Schwimmhäute befinden sich nur zwischen den Zehen. Albinoformen sind häufig im Handel erhältlich.

Verbreitungsgebiet

Der Krallenfrosch bewohnt in Süd- und Ostafrika stehende (oft trübe) Gewässer.

Haltung

Eine Gruppe von sechs Krallenfröschen braucht ein 80 x 40 x 40 cm großes Aquarium. Die Tiere vertragen Wassertemperaturen von 15–35 °C; die Optimalwerte liegen bei 22–25 °C. Stellen Sie das Aquarium an einen Platz mit Morgensonne; es darf sich dort jedoch mittags nicht überhitzen.

Geschlechtsunterschiede

Die Weibchen sind größer als die Männchen und tragen um die Kloake drei kleine Fortsätze. Die Männchen haben während der Paarungszeit an den Fingern Brunstschwielen.

Krallenfrosch (Xenopus laevis)

Krallenfrosch (Xenopus laevis)

Fortpflanzung und Eiablage

In Afrika paaren sich die Tiere während der Regenzeit. In Aquarien werden sie zur Paarung stimuliert, wenn sich mehrwöchige kühle Phasen (Wassertemperatur: 12–15 °C) mit warmen Phasen abwechseln. Die Frösche laichen unter Wasser ab. Im ganzen Aquarium werden 500–2000 Eier verteilt. Nehmen Sie die Eier sofort heraus, damit sie nicht von den Eltern gefressen werden. Die Larven sind nach zwei bis drei Tagen schlupfreif.

Zucht

Die Kaulquappen tragen am Maul zwei Barteln und sind Filtrierer. Sie werden bei einer Wassertemperatur von 20–25 °C gehalten. In den ersten Wochen füttert man keine großen Brocken (Algen oder Brennnesselpulver, Trockenfutter für Fische), denn sie könnten Verstopfung verursachen. Zerkleinern Sie deshalb das Futter. Die Metamorphose erfolgt nach fünf bis sieben Wochen. Die Weibchen wachsen schneller. Die Tiere sind innerhalb eines Jahrs geschlechtsreif.

Besonderheiten

Die Frösche wurden früher häufig in Labors gezüchtet und für Schwangerschaftstests verwendet.

Die Familie Ranidae (Echte Frösche)

Zu dieser Gattung mit ca. 200 Arten gehören der Grüne Wasserfrosch *(Rana esculenta)*, der Seefrosch *(Rana ridibunda)* und der Grasfrosch *(Rana temporaria)*. Der Ochsenfrosch *(Rana catesbeiana)* und andere große Arten werden manchmal zum Verzehr gefangen oder sogar gezüchtet.

Beschreibung

Echte Frösche haben eine typische Froschgestalt sowie spitz zulaufende Finger und Zehen. Sie besitzen ein breites, bezahntes Maul. Tiere, die hauptsächlich aquatisch leben, sind meist grün, haben große Schwimmhäute und überwintern oft unter Wasser (zum Beispiel der Ochsenfrosch). Braun gefärbte Tiere mit weniger entwickelten Schwimmhäuten suchen nur zur Fortpflanzung das Wasser auf. Große, dunkle, plumpe Arten mit Warzen leben oft in Bergbächen.

Verbreitungsgebiet

Echte Frösche kommen mit Ausnahme von Australien, großen Teilen Südamerikas und den Polargebieten auf der ganzen Welt vor.

Haltung

Die meisten Arten springen und eignen sich wegen der enormen Verletzungsgefahr nicht für Terrarien. Man kann Arten aus den gemäßigten Zonen im Gartenteich halten. Für die meisten übrigen Raniden genügt ein Terrarium mit einem Landteil aus Torf und einem seichten Wasserteil. Sprühen Sie täglich.

Der Grüne Wasserfrosch (Rana esculenta)

Der Ochsenfrosch (Rana catesbeiana)

Ochsenfrösche fressen alles, was in ihr Maul passt, selbst erwachsene Mäuse.

RANA CATESBEIANA (OCHSENFROSCH)

Schutzstatus: CITES/EU Anhang B.

Vor einigen Jahren war es „modern", sich Ochsenfrösche für den Gartenteich zu kaufen. Die Frösche entkamen jedoch oft und störten das Gleichgewicht der heimischen Fauna. Glücklicherweise konnten sich die Tiere wegen unserer strengen Winter kaum fortpflanzen. Der Import in Länder der Europäischen Union ist heute reglementiert.

Beschreibung

Diese massigen, meist grünen oder braunen Lurche werden bis 20 cm lang.

Verbreitungsgebiet

Der Ochsenfrosch ist in Nordamerika beheimatet und lebt vorwiegend aquatisch.

Haltung

Ein Pärchen sollte ein Uferterrarium (Riparium) mit den Mindestmaßen 100 x 50 x 50 cm und einem großen Wasserteil zur Verfügung haben.

Futter

Lebende Beutetiere (bis hin zu erwachsenen Mäusen). In der Natur werden auch Krebse, Schlangen und Schildkröten gefressen.

Geschlechtsunterschiede

Die stets bunteren und kleineren Männchen haben große schwarze Brunstschwielen an den Daumen, die meist auch außerhalb der Paarungszeit sichtbar sind. Außerdem besitzen die Männchen ein größeres Trommelfell.

Der Paarungsruf der Männchen erinnert an das Brüllen eines Stiers. Deshalb heißen die Frösche in Amerika „bullfrogs". Die unpaare Schallblase ist kehlständig.

Der Ochsenfrosch springt von Natur aus nicht viel, sodass er in einem relativ kleinen Uferterrarium gehalten werden kann. Dieses 100 x 50 x 50 cm große Becken hat eine Rückwand aus PUR-Schaum.

Fortpflanzung und Eiablage

Auf den Winterschlaf (bei einer Temperatur von ca. 15 °C) folgen Paarung und Laichablage (in Ballen). Einige tausend Eier werden im Frühjahr zwischen Wasserpflanzen abgelegt.

Zucht

Unter natürlichen Umständen kann die Entwicklung der Jungen mehrere Jahre dauern.

Verteidigung

Die Männchen verteidigen ihre Territorien erbittert.

Die Familie Rhacophoridae (Ruderfrösche)

Diese große afrikanisch-asiatische Familie ist das Gegenstück zu den Laubfröschen (Hylidae). Einige Wissenschaftler werten die Unterfamilie Hyperolinae als eigene Familie und stellen die Mantelinae und Rhacophorinae zu den Ranidae (Echte Frösche). Wichtige Gattungen sind *Afrixalus, Hyperolius, Kassina, Mantella* und *Rhacophorus.*

DIE GATTUNG *HYPEROLIUS* (RIEDFRÖSCHE)

Es gibt mehr als 100 schwer zu bestimmende Arten mit vielen Unterarten. Die bekannteste Spezies ist *H. marmoratus.*

Beschreibung

Die farbenprächtigen Frösche haben meist einen (dunkel-)grünen oder braunen Rücken mit roter, gelber, weißer oder blauer Zeichnung. Der Bauch ist weiß oder gelblich gefärbt. Mit ihren langen, schlanken Gliedmaßen und ihren Haftscheiben können die Tiere sehr behände klettern. Die Innenseite der Gliedmaßen ist meist rötlich gefärbt. Riedfrösche werden 2,5–4 cm lang und haben große Augen. Das kleine Trommelfell ist kaum oder gar nicht sichtbar. Die Schwimmhäute sind klein und

Die Gattung Afrixalus *unterscheidet sich vor allem durch die vertikale Pupille von der Gattung* Hyperolius. *Hier* A. dorsalis *aus Süd-Kamerun.*

zwischen den Fingern kaum, zwischen den Zehen halb entwickelt. Die nachtaktiven Tiere sonnen sich gerne.

Verbreitungsgebiet

Riedfrösche bewohnen Afrika, südlich der Sahara, offene Savannen, Wälder, Gärten und Grasflächen. Oft findet man sie auch an der Küste.

Haltung

Die Männchen verteidigen kleine Territorien und konkurrieren um Rufwarten. Für eine Gruppe von sechs Tieren muss das Terrarium die Mindestmaße 100 x 50 x 50 cm haben. Ein Viertel der Bodenoberfläche sollte ein Becken mit 10 cm tiefem (Regen-)Wasser einnehmen. Dort treiben Schwimmpflanzen wie *Pistia stratiotes.* Schilf und andere Pflanzen sollten darin fest eingepflanzt sein.

Die Tagestemperatur sollte das ganze Jahr über 28–32 °C betragen.

Futter

Verfüttern Sie kleine Insekten und sprühen Sie täglich Wasser, das Sie mit Vitaminen und Mineralstoffen anreichern.

Geschlechtsunterschiede

Die Kehle ist bei den Männchen von hellerem Gelb. Die Tiere verstärken ihre Rufe mit einer großen (meist grauen), einfachen Schallblase, die manchmal orangefarben gesprenkelt ist. In der Fortpflanzungszeit unterscheiden sich die Geschlechter manchmal durch ihre Färbung.

Fortpflanzung und Eiablage

Wenn die Tage länger werden oder wenn es regnet, beginnen die Männchen zu quietschen und kämpfen mit anderen Männchen. Während der Paarung legt das Weibchen zehn bis 100 Eier in Schaumnestern an der Wasseroberfläche, an Schwimmpflanzen und manchmal auch an Land ab.

Zucht

Die Eier sind bei einer Temperatur von 22–24 °C binnen vier bis zehn Tagen entwickelt. Reichen Sie den Kaulquappen nach drei Tagen Flockenfutter, Algen und anderes Grünfutter. Nach der Metamorphose (vier bis sechs Wochen später) sind die Frösche meist grün mit gelben Streifen. Sie sind mit sechs bis 18 Monaten geschlechtsreif. Vermeiden Sie Inzucht!

Anschaffung

Riedfrösche werden in Afrika anhand ihrer Rufe aufgespürt, das heißt es werden hauptsächlich Männchen importiert. Kaufen Sie mindestens zehn Exemplare, da es meist nicht so einfach ist, Tiere (Weibchen) der gleichen (Unter-)Art zu erhalten.

MANTELLA AURANTIACA (GOLDFRÖSCHCHEN)

Schutzstatus: alle *Mantella*-Arten: CITES/EU-Anhang B.

Die Gattung *Mantella* umfasst ca. elf Arten, wovon *M. aurantiaca, M. madagascariensis* (früher *M. cowani)* und *M. viridis* die bekanntesten sind.

Beschreibung

M. aurantiaca ist ein grellgelber bis orangeroter Frosch mit einer Größe von 2–2,5 cm.

Verbreitungsgebiet

M. aurantiaca lebt auf Madagaskar in der mächtigen Mutterbodenschicht des Walds. Von Oktober bis April ist dieser Lebensraum sehr feucht. Tagsüber variiert die Temperatur zwischen 20 und 28 °C, nachts liegt sie bei 16–22 °C. In den übrigen Monaten beträgt die Temperatur tagsüber 15–20 °C, nachts ca. 10 °C. Von Juli bis September ist das Biotop trocken und die Frösche sitzen in tiefen

Dunkelbäuchiger Riedfrosch (Hyperolius fusciventris) *Weibchen*

Unbestimmte Hyperolius-*Art*

Unbestimmte Hyperolius-*Art*

Goldfröschchen *(Mantella aurantiaca)*

Bei den Männchen der Goldfröschchen sind die hellen Harnleiter am Bauch sichtbar.

Höhlen im Boden. Dort sind sie vor Trockenheit und Kälte geschützt und legen ihre Eier ab. Wenn die Früchte von den Bäumen fallen, verzehren die Goldfröschchen Millionen von Fruchtfliegen.

Haltung

Das gut belüftete Terrarium sollte die Mindestmaße 80 x 40 x 50 cm haben. Setzen Sie wenigstens zwei Männchen pro Weibchen ein.

Das Substrat sollte Feuchtigkeit speichern können und eine Moosauflage haben. Stellen Sie eine kleine flache Wasserschale an einen kühlen Platz und reinigen Sie sie zweimal pro Woche. Beleuchten Sie das Terrarium mit schwachen UV-Lampen im Sommer 12–14 Stunden, im Winter 10 Stunden.

Das Terrarium muss gut verschlossen sein, denn Goldfröschchen entwischen selbst durch die kleinste Ritze.

Futter

Verfüttern Sie Frucht- und Stubenfliegen, Wiesenplankton, Blattläuse und Grillen.

Geschlechtsunterschiede

Die Männchen bleiben kleiner als die Weibchen, sind schlanker, haben eine dunklere Kehle, Schwielen an den Schenkelinnenseiten und im Kloakenbereich und machen ein pfeifendes Geräusch.

Bei den Männchen von *M. aurantiaca* sind die beiden Harnleiter als weiße Linien unter der Bauchhaut sichtbar.

Fortpflanzung und Eiablage
Die territorialen Männchen stimulieren sich gegenseitig (machmal aggressiv) zur Fortpflanzung. Eventuell ist ein Winterschlaf zu erwägen. Die Paarung vollzieht sich meist unbemerkt.
Die Tiere pflanzen sich in der Natur von November bis Januar fort; im Terrarium kann man das ganze Jahr über mit Gelegen rechnen. Die 20–100 Eier sind 1,5 mm groß und werden in feuchte Verstecke gelegt (unter Moospolster oder Küchenpapier). Sie dürfen nicht dem Licht ausgesetzt werden und sollten zwei bis fünf Tage unverändert liegen bleiben, bis die Jungen kurz vor dem Schlüpfen stehen. Befeuchten Sie die Eier mit abgekochtem und auf 20–25 °C abgekühltem Regenwasser oder mit destilliertem Wasser. Wenn die Eier halb unter Wasser liegen, können sich die Larven in temperierte Bereiche (ca. 22 °C) verlagern.

Zucht
Die 8 mm langen weißen Quappen sind omnivor (pflanzliche Nahrung, Fischfutter). Nach einigen Tagen färben sie sich braun.
Halten Sie die Larven in einem 30 x 15 cm großen Becken mit einem Wasserstand von 3–5 cm in schwach saurem Wasser, in das Sie einige Pflanzen setzen. Die Wassertemperatur sollte 20–23 °C betragen. Belüften Sie das Wasser in den ersten drei Wochen und halten Sie es sauber, indem Sie es regelmäßig auswechseln und tote Larven entfernen.
Die Hinterbeine der Tiere entwickeln sich nach ca. einem Monat, die Vorderbeine nach zwei Monaten. Sorgen Sie dafür, dass die Jungfrösche leicht an Land kriechen können. Setzen Sie die 5–7 mm langen braunen Frösche in Aufzuchtbecken. Verfüttern Sie Springschwänze und Blattläuse, später auch Fruchtfliegen. Wenn die Goldfröschchen 1,5 cm lang sind, färben sie sich orange.

Verteidigung und Umgang
Die Haut von *M. aurantiaca* und *M. madagascariensis* enthält Alkaloide, die denen bestimmter Baumsteigerarten ähneln. Jungtiere sterben manchmal auf der Stelle, wenn man sie stresst. Erwachsene Tiere verfallen in eine Schreckstarre.

Die Männchen von Mantella aurantiaca *sind kleiner und schlanker als die Weibchen.*

Mantella madagascariensis

Die Ordnung Urodela (Schwanzlurche)

Man kann die 450 Arten der Ordnung Urodela (oder Caudata) nach ihrer Lebensweise in zwei Gruppen unterteilen: Landsalamander (Salamander) gehen selten oder nie ins Wasser, Wassersalamander (Molche) verbringen wenigstens einige Monate des Jahrs im Wasser. Außerdem haben Landsalamander einen runden Schwanz, Wassersalamander einen abgeflachten Ruderschwanz.

Beschreibung
Die meisten Schwanzlurche erreichen eine Länge von 5–30 cm. Die Vorder- und Hinterbeine sind fast gleich groß und schwach entwickelt. Die Tiere sind im Allgemeinen träge. Ihr Schwanz ist meist länger als der Körper. Die Augen sind klein, Ohröffnungen fehlen. Die Lungen sind einfach gebaut oder nicht vorhanden. Lungenlose Arten atmen über die Haut und die Mundschleimhäute. Landsalamander sind oft grell gefärbt, um Feinde abzuschrecken.

Verbreitungsgebiet
Mit Ausnahme der Gattung *Bolitoglossa* (Echte Pilzzungensalamander) kommen alle Arten auf der nördlichen Halbkugel vor.

Haltung
Schwanzlurche benötigen ein feuchtes, nicht zu warmes Terrarium mit einem großen Wasserteil

Aquaterrarium mit Salamandern und Luftfilter

(wenigstens zur Paarungszeit), der leicht zu reinigen sein muss. Wählen Sie ein Substrat, in dem sich kein Schmutz festsetzen kann (Kies von 2–3 mm Durchmesser oder Sand). Setzen Sie zur Eiablage Wasserpflanzen in den Wasserteil und ersetzen Sie wöchentlich ein Drittel des Wassers durch kaltes frisches Wasser; das stimuliert die Tiere oft innerhalb weniger Tage zur Paarung. Schwanzlurche verstecken sich tagsüber gerne unter Steinen, Holz oder Rinde. Das Substrat des Landteils darf nicht scharfkantig sein (Walderde, Torfmull oder Torfmoos). Eine Hälfte des Terrariums sollte feucht, die andere trocken gehalten werden. Schwanzlurche können dann selbst die Feuchtigkeit regulieren. Tiere, die zu feucht gehalten werden, erkranken an Schimmelpilz- oder Bakterieninfektionen.

Stellen Sie das Terrarium an einen Platz mit Morgensonne, aber ohne pralle Mittagssonne. Verschließen Sie das Becken sorgfältig, da auch Molche gut klettern können.

Schwanzlurche vertragen nicht zu viel Wärme. Temperaturen von 22 °C im Sommer und bis 10 °C im Winter sind den meisten Arten angenehm. Zu viel Wärme verkürzt das Leben der Tiere und verhindert die Eiablage. Viele (tropische) Arten halten, wenn es zu heiß ist, an einem kühlen Ort einen Sommerschlaf.

Schwanzlurche überwintern im Waldboden oder im lockeren Bodengrund von Gewässern. Arten aus den gemäßigten Zonen überwintern bei Temperaturen von 5–10 °C. Vergesellschaften Sie Schwanzlurche nicht mit großen oder lebhaften Tierarten.

Aquaterrarium mit Feuerbauchmolchen (Cynops pyrrhogaster)

Regenwürmer sind ein ausgezeichnetes Futter für Schwanzlurche.

Die verdickte Kloake eines Axolotlmännchens

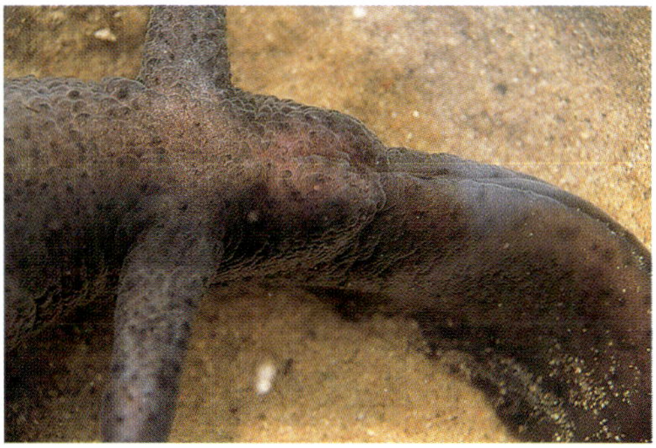

Futter

Schwanzlurche fressen Regenwürmer, Tubifex, Enchyträen, Nacktschnecken, Wasserflöhe, Insekten und ihre Larven, Fische, nestjunge Mäuse und Ratten. Junge Molche können Sie gelegentlich mit Hackfleisch, Rinderherz oder Fisch verwöhnen. Halten Sie den Wasserteil sauber, indem Sie Futterreste sofort entfernen. Schwanzlurche fangen ihre Beute, indem sie ihr Maul schnell öffnen, wodurch (unter Wasser) eine Sogwirkung entsteht, oder indem sie plötzlich ihre klebrige Zunge vorschnellen lassen.

Geschlechtsunterschiede

Die Männchen der Molche bilden normalerweise in der Paarungszeit größere Hautsäume aus, zum Beispiel einen Kamm auf Rücken und/oder Schwanz, und sind greller gefärbt. Sie sind oft kleiner als die Weibchen und haben einen längeren Schwanz. Die Männchen der Landsalamander sind stets größer als die Weibchen.

Die Kloake der Weibchen ist bei manchen Arten während der Paarungszeit in Längsrichtung angeschwollen und leicht geöffnet. Die Kloakenlippen der Männchen sind noch stärker geschwollen, um den Drüsen Platz zu bieten, die unter anderem die Gallerte für die Spermatophoren produzieren.

Manchmal haben die Männchen an den Unterseiten der breit angesetzten Vorderbeine raue Verdickungen oder Brunstschwielen, die ihnen bei der Umklammerung während der Paarung Halt verschaffen.

Fortpflanzung

Tiere in guter Verfassung paaren sich meist nach dem Winterschlaf.

Die Männchen locken die Weibchen mit ihrem Balzverhalten an; durch ihre prächtige Färbung, indem sie mit den Flossen fächeln, Runde um Runde schwimmen, während das Weibchen festgehalten wird, oder indem sie Duftstoffe aus den kloakalen Drüsen abgeben. Dieser Duft wird durch Schwanzfächeln verbreitet.

Nach der Balz läuft das Weibchen hinter dem Männchen her. Dabei setzt dieses mehrere Spermatophoren auf dem Aquarienboden ab, von denen das Weibchen mindestens eine aufnehmen muss. Dank dieser innerer Befruchtung sind einige Arten eilebend gebärend. Die Weibchen können das Sperma in der Nähe der Kloake speichern.

Eiablage

Das Weibchen befruchtet und legt die Eier meist einige Tage nach der Paarung. Sie werden in der Regel unter Wasser an Pflanzen, Holz oder Steinen abgesetzt. Einige Arten bewachen die Eier. Viele Lungenlose Salamander (Familie Plethodontidae) entwickeln sich an feuchten Stellen außerhalb des Wassers vollständig.

Zucht

Entfernen Sie die Eier sofort aus dem Aquarium, denn die Eltern fressen sowohl den Laich als auch die Larven. In den ersten Tagen liegen die Larven meist ruhig auf dem Boden. Danach werden die karnivoren Larven mit sehr fein gesiebtem Wasser aus Gräben und später mit Salinenkrebschen *(Artemia)*, Wasserflöhen, Mückenlarven, (zerhackten) Tubifex und wenig Eigelb gefüttert. Die Larven sollten gut im Futter stehen. Entfernen Sie Futterreste sofort.

Die Temperatur sollte zwischen 18 und 25 °C liegen. Sortieren Sie die Larven regelmäßig nach Größe, um Kannibalismus zu vermeiden.

Die Larven haben einen seitlich abgeflachten und stark erhöhten Ruderschwanz. Vor den drei äußeren

Ein lungenloser Salamander

Ei und Larve eines Axolotls (Ambystoma mexicanum)

Die Larve eines Echten Wassermolchs (Triturus). *Bei den Schwanzlurchen bilden sich zuerst die Vorderbeine.*

Ein erwachsener Axolotl (Ambystoma mexicanum). *Wenn man entsprechende Hormone verabreicht und den Wasserstand senkt, kommt es auch bei Axolotl (und anderen Tierarten, die Neotenie kennen) zur Metamorphose.*

Kiemenpaaren tragen sie fühlerartige Haftorgane, die verschwinden, sobald sich die Vorderbeine entwickelt haben. Bei den meisten Arten sind die äußeren Kiemen nach der Metamorphose verschwunden. Einige Arten, zum Beispiel Axolotl, machen keine Metamorphose durch und pflanzen sich folglich im larvalen Stadium fort (Neotenie).

Verteidigung

Schwanzlurche leben versteckt und sind meist nachtaktiv. Viele Arten scheiden wie Frösche Hautgifte aus. Einige Spezies haben grelle Tarnfarben und können den Schwanz abwerfen.

Umgang

Wassersalamander werden mit einem Kescher gefangen und in einem Plastikbeutel mit viel Luft und wenig Wasser verpackt. Landsalamander werden (mit gewaschenen feuchten Händen) angefasst; sie können in einem Plastikschälchen mit feuchtem Papier oder Moos verpackt werden.

Die Familie Ambystomatidae (Querzahnmolche oder Salamander)

***AMBYSTOMA MEXICANUM* (AXOLOTL)**

Schutzstatus: CITES/EU-Anhang B.

Der Axolotl *(Ambystoma mexicanum)* ist der bekannteste Querzahnmolch. Unter natürlichen Um-

Bei Ambystoma mexicanum *gibt es oft Albinos.*

ständen findet keine Metamorphose statt. Es ist jedoch möglich, die Metamorphose künstlich herbeizuführen. Erwachsene Tiere haben jeweils drei fransenartige Kiemenäste beiderseits des Kopfs.

Beschreibung

Axolotl sind bis 30 cm lange schwarzgraue Tiere mit dunklen Kiemen, einem kompakten Körper und einem breiten, abgeflachten Kopf mit kleinen Augen. Der seitlich abgeflachte Schwanz ist kürzer als der Körper. Die weit verbreiteten Albinoformen haben rote Kiemen. Axolotl bewegen sich kaum im Wasser. Sie atmen durch Kiemen, aber auch durch die Haut und die Lungen und schnappen regelmäßig an der Wasseroberfläche nach Luft. Abgebissene Kiemen (sie ähneln Tubifex) oder Gliedmaßen können innerhalb weniger Wochen regeneriert werden. Die Tiere werden bis 25 Jahre alt.

Verbreitungsgebiet

In ihrem Herkunftsland Mexiko sind Axolotl stark gefährdet.

Haltung

Halten Sie eine Gruppe von zwei bis vier Axolotl in einem Aquarium mit den Mindestmaßen 80 x 40 x 40 cm bei einer Temperatur von 15–20 °C im Sommer und 5–10 °C im Winter. Das Wasser sollte 30 cm hoch und mit vielen Pflanzen besetzt sein. Vergesellschaften Sie Axolotl nicht mit Fischen.

Geschlechtsunterschiede

Die Männchen haben eine verdickte Kloake, sind größer und haben einen längeren Schwanz als die relativ fülligen Weibchen.

Fortpflanzung und Eiablage

Eine Abkühlung um ca. 10 °C (mittels Eis oder kalten Wassers) simuliert herbstliche Kühle oder die Schneeschmelze im Frühling. Der folgende Temperaturanstieg stimuliert gut gefütterte Tiere schnell zur Paarung und Eiablage. Während eines „Tanzes“ um das Weibchen und unter Schwanzfächeln setzt das Männchen Spermatophoren ab.

Nehmen Sie Eier und Pflanzen aus dem Aquarium und ziehen Sie die Jungen in einem Becken mit einem 5 cm hohen Wasserstand auf. Aus den 200–1000 Eiern schlüpfen bei einer Temperatur von 15–20 °C nach 15–20 Tagen 7 mm lange Larven. Sie sind mit ein bis zwei Jahren geschlechtsreif.

Axolotl: Wildfarbe und Albino

Die Familie Salamandridae (Echte Salamander und Molche)

Diese große Familie mit vielen Gattungen, Arten und Unterarten lebt auf der nördlichen Halbkugel.

Beschreibung

Vertreter dieser Familie haben einen runden (Gattung *Salamandra)* oder seitlich abgeflachten Schwanz (Gattung *Triturus).* Die Haut der Tiere ist rau oder glatt, aber nicht schleimig. Echte Salamander haben Lungen.

Haltung

Siehe *Caudata,* einige *Cynops-* und *Pleurodeles-*Arten brauchen jedoch höhere Temperaturen.

CYNOPS-ARTEN (FEUERBAUCHMOLCHE)

Vertreter dieser Gattung werden häufig angeboten.

Beschreibung

Der Schwertschwanzmolch *(Cynops ensicauda;* 11–14 cm) ist dunkel gefärbt mit gelbem oder orangefarbenem Bauch. Auf dem Rücken trägt er graue Flecken.

Der Zwergfeuerbauchmolch *(C. orientalis;* 7–9 cm) ist dunkel gefärbt mit rotorangefarbenem Bauch. Der Schwanz ist im Querschnitt abgerundet.

Der Feuerbauchmolch *(Cynops pyrrhogaster;* bis 12 cm) ist wie *C. orientalis* gefärbt. Sein Schwanz hat eine dünne Spitze.

Schwertschwanzmolch (Cynops ensicauda)

Zwergfeuerbauchmolch (Cynops orientalis)

Feuerbauchmolch (Cynops pyrrhogaster)

Verbreitungsgebiet

Je nach Art Süd-Japan, Japan oder China.

Haltung

Für eine Gruppe von zehn Molchen benötigen Sie ein Aquaterrarium mit den Mindestmaßen 80 x 40 x 40 cm und einem großen Wasserteil. Die Temperatur sollte bei 14–18 °C liegen *(C. ensicauda* benötigt ca. 25 °C). Für die Eiablage brauchen die Tiere viele Pflanzen. Feuerbauchmolche hängen gerne zwischen den Wurzeln von Schwimmpflanzen wie der Muschelpflanze *(Pistia stratiotes)* und der Wasserhyazinthe *(Eichhornia crassipes).*

Geschlechtsunterschiede

Nach dem Winterschlaf wird das Weibchen fülliger und das Männchen bildet breitere Schwanzsäume aus.

Fortpflanzung

Nach dem dreimonatigen Winterschlaf bei Temperaturen von 4–7 °C muss ein Pärchen sich vor der Paarung aneinander gewöhnen. Halten Sie sechs bis zehn Molche in einem Becken. Die Tiere paaren sich wie *Triturus-*Arten ohne Körperkontakt.

Eiablage

Die ungefähr 200 Eier werden an (Schwimm-) Pflanzen abgesetzt und sind bei einer Temperatur von 15–17 °C nach zwei Wochen entwickelt.

Die Metamorphose erfolgt drei bis vier Monaten später.

NOTOPHTHALMUS VIRIDESCENS (GRÜNLICHER WASSERMOLCH)

Diese interessanten Tiere durchlaufen drei Entwicklungsstadien.

Beschreibung

Die olivgrünen bis braunen Molche mit ca. fünf roten bis gelben Seitenflecken werden bis 12 cm lang. Die Hinterbeine sind länger als die Vorderbeine.

Verbreitungsgebiet

Kleine beschattete Gewässer im gemäßigten Osten Nordamerikas.

Grünlicher Wassermolch, rote Phase

Grünlicher Wassermolch, grüne Phase

Haltung

Eine Gruppe braucht ein Aquarium (mindestens 50 x 30 x 30 cm) mit einem Wasserstand von 10 cm und einige Inseln, zum Beispiel aus Kork. Die Temperatur sollte bei ca. 20 °C liegen. Beleuchten Sie das Aquarium acht bis zehn Stunden täglich mit einer TL-Lampe.

Geschlechtsunterschiede

Die Männchen haben in der Paarungszeit Brunstschwielen, eine halbrunde Kloake (die der Weibchen ist kegelförmig) und einen höheren Kamm.

Fortpflanzung

Zuchttiere werden sechs bis acht Wochen bei einer Temperatur von 10–12 °C in einem dunklen Becken mit einem Wasserstand von 5 cm und schwimmenden Inseln gehalten. Danach kommen sie in ein Aquarium mit Wasserpflanzen (Wassertemperatur: 20 °C). Dort werden die Spermatophoren während einer (aggressiven) Umarmung übertragen.

Eiablage und Zucht

Die 200–300 im Frühling an Wasserpflanzen abgelegten Eier sind nach drei bis fünf Wochen entwickelt. Halten Sie die Larven in 10 cm hohem Wasser mit Inseln aus Steinen und Moos. Nach einigen Monaten können sich die Tiere unterschiedlich weiterentwickeln:

- Wenn der Wasserspiegel nach drei Monaten sinkt, gehen die Larven an Land und verbringen die folgenden ein bis drei Jahre als hübsche orangerote Landsalamander („Rotmolche") zwischen der Streu des feuchten Waldbodens. Sprühen Sie täglich und erhöhen Sie allmählich den Wasserstand, damit die Tiere in das grüne aquatische Erwachsenenstadium übergehen und sich fortpflanzen.
- Wenn stets genügend Wasser vorhanden ist, leben die Larven weiterhin aquatisch und nehmen sofort die Farbe erwachsener Tiere an.

PLEURODELES WALTL (SPANISCHER RIPPENMOLCH)

Der Spanische Rippenmolch ist mit 20–30 cm Länge Europas größter Schwanzlurch.

Beschreibung

Diese gräulichen oder dunkelgrünen Tiere mit schwarzen Flecken haben einen orangegelben Längsstreifen (Aalstrich). Die Bauchseite ist gelblich gefärbt. Auf der Haut befinden sich viele kleine Höcker, jene an den Flanken sind orangefarben bis gelb. Der Körper ist rund, der Schwanz abgeflacht. Am flachen Kopf sitzt ein breites Maul.

Verbreitungsgebiet

Diese im Prinzip nachtaktiven Tiere leben in stehenden Gewässern und langsam fließenden Flüssen in Marokko und auf der Iberischen Halbinsel.

Haltung

Ein Paludarium eignet sich für diese Art, die meist im Wasser lebt, bestens. Legen Sie Korkinseln auf die Wasseroberfläche oder errichten Sie einen Landteil aus Holz oder Steinen. Als Substrat verwenden Sie Aquarienkies; Höhlen und Pflanzen dienen als Verstecke und Eiablageplätze.

Rippenmolche sind gegenüber Tieren der gleichen Größe nicht aggressiv. In einem 1 m großen Aquarium können gut sechs Exemplare gehalten werden. Die Tiere fühlen sich bei einer Temperatur von 15–20 °C wohl. Im Sommer darf die Temperatur nicht zu lange auf 30 °C ansteigen. Entfernen Sie täglich nicht gefressene Futterreste.

Futter

Die Tiere verzehren Regenwürmer, Tubifex, Wasserinsekten, kleine Fische, Amphibienlarven, Fischfilet und Gehacktes. Bei sehr hohen Temperaturen und während der Winterruhe fressen sie wenig.

Spanischer Rippenmolch (Pleurodeles waltl), *Weibchen*

Spanischer Rippenmolch (Pleurodeles waltl), *Männchen*

Die Männchen haben „breitbeinig" angesetzte Vordergliedmaßen mit dunklen Brunstschwielen.

Geschlechtsunterschiede

Die Männchen sind kleiner und schlanker als die Weibchen und tragen einen längeren Schwanz. Vor allem in der Paarungszeit haben sie eine geschwollene Kloake, dickere Gliedmaßen und dunkle Brunstschwielen an den Innenseiten der Vorderbeine. Die Weibchen sind schwer gebaut.

Fortpflanzung

Eine Winterruhe von einigen Wochen in kaltem Wasser (5–10 °C) und eine verkürzte Tageslänge stimulieren zur Paarung. Auch eine Überwinterung in feuchtem Torfmull oder Moos ist möglich. Bei der Paarung, meist zwischen September und Mai, arbeitet sich das Männchen unter das Weibchen, greift sie mit seinen Vorderbeinen und hält sich an ihren Vorderbeinen fest. Beide schwimmen eine Zeit lang herum. Dann umkreisen sie einander mehrmals, wobei das Männchen die Spermatophoren absetzt, die das Weibchen aufnimmt.

Eiablage

Einige Tage nach der Paarung legt das Weibchen zehn bis viele hundert weiße Eier. Es klebt sie in Trauben oder einzeln an Pflanzen, Dekorationsmaterial und an die Scheiben des Behälters. Je nach Temperatur (17–22 °C) schlüpfen die 5–10 mm langen Larven ein bis drei Wochen später.

Zucht

In den ersten fünf Tagen liegen die Tiere auf dem Aquarienboden; es bilden sich die äußeren Kiemen. Verfüttern Sie jetzt Infusorien und Salinenkrebse. Später können Sie größeres Futter geben. Wenn Sie das Wasser täglich wechseln, wachsen die Tiere schnell. Die Vorderbeine entwickeln sich nach ungefähr 20 Tagen, die Hinterbeine nach 35 Tagen. Die äußeren Kiemen verschwinden und die Tiere verändern ihre Körperform. Die Metamorphose findet nach 100–150 Tagen statt, wenn die Larven ca. 5 cm lang sind.

Sortieren Sie die Jungtiere während der Aufzucht nach Größe, um Kannibalismus zu vermeiden. Mit neun Monaten bis zwei Jahren sind die Tiere geschlechtsreif.

Verteidigung

Die nach oben gerichteten Rippen fühlen sich hart an; das schreckt Räuber ab.

Die Ordnung Apoda (Blindwühlen)

Blindwühlen werden selten in Gefangenschaft gehalten. Die meisten der 160 Arten der Gattung Apoda (oder Gymnophiona) leben unterirdisch, deshalb ist über diese Tiere nur wenig bekannt. Nur die Familie Typhlonectidae lebt ausschließlich aquatisch. Hierzu gehört auch die bekannteste Art *Typhlonectes compressicauda.*

Beschreibung

T. compressicauda wird maximal 52 cm lang. Die Tiere sind blaugrau mit dünnen dunklen Ringen. Sie haben eine glatte, schleimige Haut und einen kleinen breiten Kopf. Der Unterkiefer ist kurz. Der Schwanz ist konisch-dreieckig mit einem weißen Fleck um die Kloake. Manchmal werden Blindwühlen fälschlicherweise als „Aale" bezeichnet. Sie sind aber keine Fische. Blindwühlen atmen durch Lungen und über die Haut.

Verbreitungsgebiet

Blindwühlen leben ausschließlich in den Tropen. *T. compressicauda* bewohnt ruhig fließende, leicht saure Gewässer von Französisch-Guayana und Guayana bis zum Amazonasgebiet von Brasilien und Peru. Die Tiere leben im Wasser oder bewohnen Höhlen an sumpfigen Ufern.

Typhlonectes compressicauda

Haltung

Bringen Sie maximal 20 semiaquatische Blindwühlen in einem 80 x 40 x 40 cm großen Aquarium unter, dessen Deckel gut schließt. Sorgen Sie für sehr weiches (1°dH) und saures (pH-Wert 5–6,5) Wasser, das eine Temperatur von 24–30 °C haben sollte.

Filtern und wechseln Sie das Wasser regelmäßig. Blindwühlen reagieren auf zu viel Kalk und Eisen im Wasser empfindlich. Sie bekommen dann (neben Häutungsproblemen) weiße Flecken auf der Haut und sterben über kurz oder lang.

Beleuchten Sie das Aquarium dieser dämmerungs- und nachtaktiven Tiere mit einer TL-Lampe. Die Tiere sitzen gerne in Verstecken aus Steinen und Holz.

Die Bepflanzung sollte bei diesen stark wühlenden Tieren gut verankert sein. Sie können auch Schwimmpflanzen wie Javafarn, Javamoos, Wasserpest und Hornblatt einsetzen.

Futter

Verfüttern Sie zweimal wöchentlich abwechselnd Regenwürmer, Tubifex, Wasserflöhe, Rinderherz, Mückenlarven, Fisch und Enchyträen. Halten Sie das Wasser sauber, entfernen Sie Futterreste sofort.

Geschlechtsunterschiede

Der weiße Fleck um die Kloake ist bei den Männchen wesentlich größer als bei den Weibchen.

Fortpflanzung

Blindwühlen werden durch einen Wasserwechsel mit weichem, sauberem Wasser zur Paarung stimuliert. Bei der Kopulation umklammern die Tiere einander mehr als eine Stunde lang mit ihren Hinterteilen fest, sodass das Sperma übertragen werden kann. Das Männchen verfügt zum Festhalten über ein Fortpflanzungsorgan, das Phallodeum, das nach der Paarung gerade noch sichtbar ist. Das Sperma ist von einem Drüsensekret umgeben.

Geburt

Aquatische Blindwühlen sind im Gegensatz zu grabenden Arten eilebend gebärend. Die Weibchen bringen ca. sieben Monate nach der Paarung bis zu zehn Junge zur Welt, die 10–14 cm lang sind. Sie tragen an ihrem Kopf zwei weißliche, rot geäderte Kiemensäckchen, die innerhalb von zwei Tagen abfallen.

Typhlonectes compressicauda, *Kopf*

Zucht

Trennen Sie die Jungen, die wie die Eltern versorgt werden, damit jedes Tier ausreichend Futter erhält. Wechseln Sie das Wasser regelmäßig. Die Männchen sind mit 26 cm geschlechtsreif, die Weibchen mit 45 cm.

T. compressicauda wird ca. vier Jahre alt.

Umgang

Fangen Sie Blindwühlen mit einem Käscher und verpacken Sie sie in einem Plastikbeutel mit viel Luft und wenig Wasser.

Blindwühlen, die sich schlecht häuten, können Sie mit einem nassen Tuch von ihrer alten Haut befreien.

Krankheiten

Tiere mit weißen Flecken auf der Haut leben in zu hartem oder verunreinigtem Wasser oder leiden an einer Schimmelpilzinfektion. Verwenden Sie weiches Wasser (Regenwasser) und halten Sie es sauber. Setzen Sie ein Fungizid ein, das sich für Aquarien eignet.

Der weiße Fleck um die Kloake ist bei den Männchen wesentlich größer als bei den Weibchen.

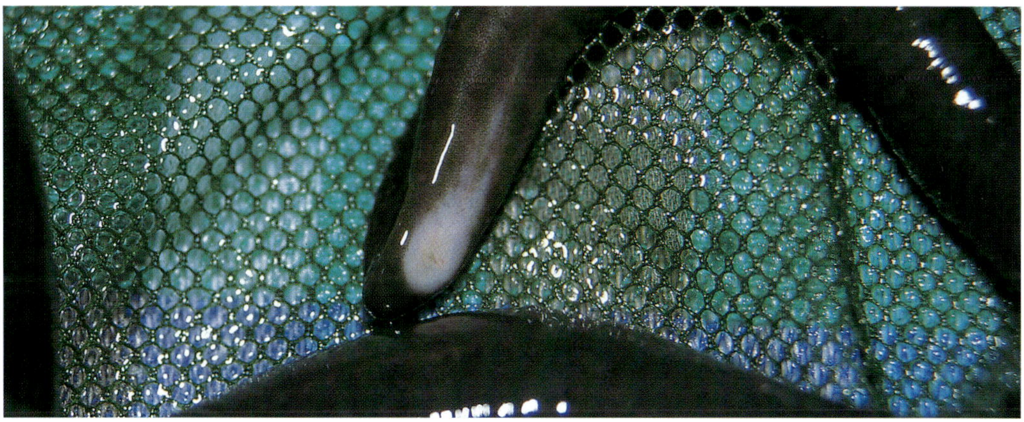

Glossar

Abdomen: Hinterleib
Adult: erwachsen, geschlechtsreif
Ametabol: keine Metamorphose durchlaufend
Amplexus: Umklammerung vor und während der Kopulation
Analschild: Schuppe über oder vor der Kloake
Aquatisch: im Wasser lebend beziehungsweise wachsend
Autotomie: Schutzverhalten bei vielen Wirbellosen und Wirbeltieren: Bei Gefahr werden bestimmte Körperteile, zum Beispiel Gliedmaßen, an vorgebildeten Bruchstellen abgeworfen. Diese Körperteile bilden sich meist wieder neu.

Barteln: Fadenförmige Hautanhängsel am Maul
Biddersches Organ: verkümmerter Eierstock bei männlichen Echten Kröten, der nach dem Entfernen der Hoden funktionstüchtig wird.
Biotop: Natürlicher Lebensraum (meist eher kleinräumig
Bulbus: Begattungsorgan der Spinnenmännchen

Caput: Kopf der Insekten
Carapax: Rückenschild der Spinnen; Rückenpanzer der Schildkröten
Cephalothorax: Kopfbruststück beziehungsweise Vorderkörper
Cerci: Tastborsten am Hinterleib von Insektenweibchen
Cheliceren: scherenartige Mundwerkzeuge
Chitin: Hornähnlicher Stoff im Panzer der meisten Gliedertiere
Chitinpanzer: Außenskelett der Gliedertiere
Chromatophoren: Pigmentzellen bei Tieren, die den Farbwechsel der Haut ermöglichen.
CITES: Convention on International Trade in Endangered Species; auch: Washingtoner Artenschutzübereinkommen (WA). Internationaler Vertrag zum Handel mit bedrohten Tierarten.
Coxa: Hüfte; erstes Beinglied der Spinnentiere und Insekten
Cuticula: aus Chitin bestehendes Außenskelett der Gliederfüßer

Diapause: Ruheperiode

Ecdysis: Häutung
Eilebend gebärend: Das Weibchen behält die Eier im Leib, bis die Jungen schlüpfen. Die heranwachsenden Embryos werden nicht von der Mutter ernährt.
Empolus: Spitze des Bulbus
Epigyne: weibliches Geschlechtsorgan der Spinnen
Exuvie: alte Haut (nach der Häutung)

Femoralporen: Poren an der Innenseite der Oberschenkel vieler Echsenarten
Femur: Schenkel; drittes Beinglied der Spinnentiere und Insekten
Filtrierer: Lebewesen, die sich von winzigen Futterpartikeln ernähren, die sie aus dem Wasser filtern.

Genus: Gattung (taxonomische Kategorie)
Gonaden: Geschlechtsdrüsen beziehungsweise Keimdrüsen
Gonopoden: scherenartige männliche Geschlechtsorgane bei Hundertfüßern
Gynander: „Scheinzwitter“ mit teils männlichen, teils weiblichen Geschlechtsmerkmalen
Gynandromorphismus: Scheinzwittertum ohne hormonelle Steuerung der Geschlechtsunterschiede (genetisch bedingte Abweichung)

Habitat: großräumiger Lebensraum. Ein Habitat kann unter Umständen mehrere Biotope umfassen.
Hämolymphe: Blutplasma der Gliedertiere
Hemimetabole Metamorphose: unvollkommene Verwandlung (ohne Puppenstadium)
Hemipenes: paarige Fortpflanzungsorgane der männlichen Schlangen und Echsen
Herbivoren: Pflanzenfresser, Vegetarier
Holometabole Metamorphose: vollkommene Verwandlung (mit Puppenstadium)

I. E.: internationale Einheit (zur Dosierung von Medikamenten)
Imago: erwachsenes Insekt
Infusorien: Aufgusstierchen
Inkubation: das künstliche Ausbrüten (Zeitigen) der Eier

Jacobsonsches Organ: Zusätzliches Geruchsorgan der Amphiben und Reptilien mit Ausnahme der Chamäleons und Krokodile, bei denen es nur embryonal angelegt ist.

Karnivoren: Fleischfresser
Kloake: Körperöffnungen, in die Verdauungs-Genitaltrakte münden.
Kopulation: Paarung

Labium: Unterlippe der Mundwerkzeuge von Gliederfüßern
Larve: Jugendstadium von Insekten und Lurchen vor der Metamorphose

Mandibeln: Oberkiefer; erstes Paar der Mundwerkzeuge der Gliederfüßer

Maxillen: das zweite und dritte Paar der Mundwerkzeuge bei Insekten, Krebstieren und Tausendfüßern
Metamorphose: Gestaltwandel; Übergang vom Larvenstadium zum erwachsenen, fortpflanzungsfähigen Tier
Metatarsus: Mittelfuß; sechstes Beinglied der Spinnentiere

Nekrose: das Absterben von Körpergewebe
Neotenie: Eintritt der Geschlechtsreife im Larvenstadium
Nephridien: Nierenorgane

Ocellen: Punkt- oder Einzelaugen
Omnivoren: Allesfresser
Oothek: Eipaket beziehungsweise -kokon verschiedener Insektenarten
Opisthosoma: Hinterleib der Skorpione
Oral: über das Maul aufnehmend
Ovarien: Eierstöcke
Ovipar: Eier legend; die Eier solcher Arten werden innerlich oder beim Ablegen besamt.
Ovipositor: Legebohrer
Ovovivipar: Eilebend gebärend; die Embryos entwickeln sich im Ei unterschiedlich weit und schlüpfen nach der Geburt sofort.

Parthenogenese: Jungfernzeugung; Entwicklung aus unbefruchteten Eizellen
Patella: Knie; viertes Beinglied der Spinnentiere
Pedipalpen: Kiefertaster; „Scheinbeine"
Plastron: Bauchpanzer der Schildkröten
Präanalporen: Poren vor der Kloake bei vielen Echsenarten
Prosoma: Kopfbruststück (Vorderleib)
Protozoon: Urtierchen

Receptaculum seminis: weiblicher Spermienspeicher
rF: relative Luftfeuchtigkeit
Rostrum: nach vorn weisender, spornartiger Kopffortsatz bei Insekten und Krebstieren
Rudimentär: nicht vollständig entwickelt beziehungsweise zurückgebildet

Scopula: Hafthärchen
Segment: Abschnitt oder Ring der Beine oder des Körpers
Sonde: langes Silikon- oder Metallstäbchen
Sondieren: Verfahren zur Geschlechtsbestimmung bei Schlangen
Spermathek: Samentasche der Weibchen zur Aufbewahrung von Sperma
Spermatophore: Spermapaket, das vom Männchen abgesetzt und vom Weibchen aufgenommen wird.
Spezies: Art
Spiraculum: Atemloch der Kaulquappen
Sternit: Bauchschild des Hinterleibs
Sternum: Brustschild an der Unterseite des Kopfbruststücks
Stigma: Atemöffnung
Stridulieren: das Erzeugen von zirpenden Geräuschen durch das Aneinanderreiben von Körperteilen
Subspezies: Unterart
Substrat: Bodengrund im Terrarium
Symptom: Krankheitsanzeichen

Tarsus: Fuß; letztes Beinglied der Spinnentiere und Insekten
Taster: antennenförmige Beine
Tergit: Rückenschild des Hinterleibs
Terrestrisch: an Land lebend
Thorax: Brust
Tibia: Schienbein; viertes Beinglied der Insekten, fünftes Beinglied der Spinnentiere
Toxin: Gift
Toxisch: giftig
Tracheen: Fächerlungen der Spinnentiere; Atemröhren im Körper der Gliederfüßer
Tragezeit: der Zeitraum zwischen der Befruchtung und der Eiablage beziehungsweise der Geburt der Jungen
Trochanter: Schenkelring; zweites Beinglied der Spinnentiere und Insekten

Univoltin: ein Gelege beziehungsweise eine Generation pro Jahr produzierend

Vivipar: lebend gebährend; die Embryos echter viviparer Arten werden vom mütterlichen Organismus versorgt.

Wiesenplankton: Futtertiere, die auf Wiesen gefangen werden.
Wildfang: Ein Tier, das in seinem natürlichen Lebensraum im Herkunftsland gefangen wurde und in einem anderen Land zum Kauf angeboten wird.

Die Fotos

Fast alle Fotos in diesem Buch habe ich selbst aufgenommen. Weitere Fotos stammen von meiner Freundin Anne-Marije Koster.
Für die meisten Nahaufnahmen habe ich einen Makrokonverter zwischen einer Spiegelreflexkamera und einem 35–200 mm Zoomobjektiv verwendet. Ein Blitzgerät mit Leitzahl 45 wurde auf die Intensität für Blende 11 eingestellt. Das Objektiv arbeitete wegen des Konverters mit Blende 5,6. Bei schlechten Lichtverhältnissen oder beim Fotografieren durch Glas wurde Blende 4 eingestellt.
Um die Qualität des Fotos von *Romalea microptera* (S. 108 unten links) zu verbessern, habe ich mit zwei Blitzgeräten gearbeitet. Der Hauptblitz beleuchtet von links die Unterlage, der Tochterblitz von rechts das Objekt. Dies ergibt eine tiefere Ausleuchtung und geringere Reflexionen. Der Film hatte eine Empfindlichkeit von 50 ASA. Die Auflösung ist damit wesentlich höher als bei den gebräuchlichen Filmen mit 100 ASA.
Bei Supermakroaufnahmen, wie dem Samenpaket auf S. 175 unten links oder der Spermatophore einer Fangheuschrecke (Foto unten), habe ich das Objektiv mit Klebeband auf einem Umkehrring verkehrt herum auf den Makrokonverter gesetzt. Das Objektiv verkleinert dann nicht, sondern vergrößert. Um trotzdem eine möglichst hohe Tiefenschärfe zu erreichen, habe ich in ein Stück Karton ein Loch gestanzt. Dieser Karton zwischen Objektiv und Konverter diente als Blende. Die Belichtungszeit liegt dann bei 10 Sekunden.
Beim Fotografieren der Tiere habe ich versucht, auch auf den Hintergrund zu achten. Wir haben das Tier zum Beispiel möglichst an oder auf eine Pflanze gesetzt und diese vor einen dunklen Hintergrund gestellt.
Einige Tiere, zum Beispiel viele Vogelspinnen, habe ich zum Fotografieren nicht gestört und im Terrarium belassen. Dies erklärt manchmal die sichtbaren Glasscheiben und den nicht ganz so ansprechenden Hintergrund.
Einige Fluginsekten wie die Fangheuschrecke auf der folgenden Seite habe ich in den Tropen fotografiert.
Kein einziges Tier wurde beim Fotografieren ernsthaft gestört oder verletzt.

Spermatophore einer Fangheuschrecke aus dem Tschad

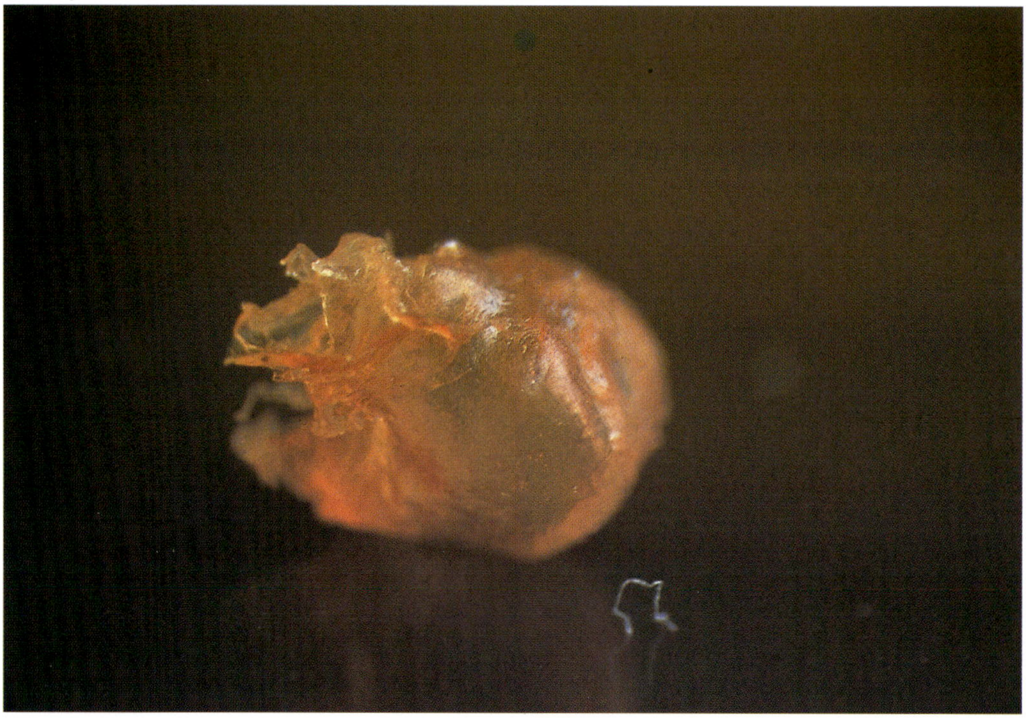

Fangheuschrecke aus dem Tschad

Literatur

Bauer, L. und andere: Ein Paludarium oder Riparium als Hobby.
Studienvereinigung das Paludarium, 1997.

Davis, R. und V.: Das BLV Terrarienbuch.
BLV Verlagsgesellschaft mbH, München, 1998.

Henkel, F.-W. und W. S. Schmidt: Terrarien – Bau und Einrichtung.
Verlag Eugen Ulmer, Stuttgart, 1997.

Herrmann, H. J.: Amphibien im Aquarium.
Verlag Eugen Ulmer, Stuttgart, 1994.

Hevers, J. und E. Liske: Lauernde Gefahr, das Leben der Gottesanbeterinnen.
Voigt Druck, Gifhorn, 1991.

Kampen, T. van: Grundkurs Terrarium.
Franckh-Kosmos Verlags-GmbH & Co., Stuttgart, 1997.

Klaas, P.: Vogelspinnen im Terrarium.
Verlag Eugen Ulmer, Stuttgart, 1989.

Kallas, S., W. Meyer, R. Lippe und W. Schmidt: Kleintiere im Terrarium.
Landbuch-Verlag, Hannover, 1995.

Köhler, G.: Der Grüne Leguan.
Verlag Gunther Köhler, Offenbach, 1994.

Löser, S.: Exotische Insekten, Tausendfüßer und Spinnentiere.
Verlag Eugen Ulmer, Stuttgart, 1991.

Manthey, U. und N. Schuster: Agamen.
Herpetologischer Fachverlag, Münster, 1992.

Schmidt, G.: Vogelspinnen.
Blüchel und Philler Verlag, Minden, 1989.

Schmitz, S.: Terrarientiere.
BLV Verlagsgesellschaft mbH, München, 1997.

Wilms, T.: Dornschwanzagamen.
Herpeton-Verlag, Offenbach, 1995.

Zeitschriften

DATZ (Deutsche Aquarien- und Terrarienzeitschrift).
Essen.

Herpetofauna (Die Zeitschrift für den Terrarianer)

Elaphe (Zeitschrift und Mitteilungsblatt der Deutschen Gesellschaft für Herpetologie und Terrarienkunde e. V.)

Reptilia (Fachmagazin zur Terraristik).
Münster.

Sauria (Eine Zeitung der Terrariengemeinschaft Berlin e. V.)

Zeitschrift für Herpetologie und Terrarienkunde.
Deutsche Gesellschaft für Herpetologie und Terrarienkunde (DGHT).

Register

Junge Fangheuschrecke

Danksagung

Ich möchte mich bei den im Folgenden aufgeführten Spezialisten und Laien
für die kritische Durchsicht des Manuskripts bedanken. Ich konnte sie immer
um Rat fragen und durfte Fotos machen.

Anne-Marije Koster, Erwin Blezer, Ronny Dobbelsteijn, Coen Elemans (Reptilien),
Sandy van Felius (Vogelspinnen),
Kim D'Hulster (Insekten),
Marja Kik (Krankheiten und Futter), Mirjam de Koning, Leo Koopman (Futtertiere),
Hans Rotteveel (ERATO, Holland, Insekten und Spinnentiere),
G. J. Tolido (CITES-Büro, Gesetze), J. P. de Vries (Beleuchtung),
Hans Waardenburg (Chamäleons),
Tonnie Woeltjes (Amphibien),
Prof. Dr. P. Zwart (Reptilien)
und Henk Zwartepoorte (Reptilien).

Weiterhin danke ich all denjenigen, bei denen ich fotografieren durfte
und die mich beraten haben, besonders
Johan van Gorkom (Gespenstheuschrecken),
Tim bij 't Vuur (Vogelspinnen),
Arendo Flipse, Herr Jeekel (Gliederfüßer),
Arie van der Meijden, Maurice Starren und Gerrit Vergonet.